KB268414

새 인구론

새 인구론

인구의 공간적 · 사회적 접근

A New Argument over Population

A Spatial and Social Approach

조혜종 지음

조혜종 (전 전남대학교 사회교육학부 교수)

1941년 광주에서 태어났다. 서울대학교 사범대학 지리학과를 졸업하고 동 대학원에서 석사학위를 취득, Netherlands I.T.C.(Diploma), 고려대학교 대학원에서 박사과정을 수료하고, 일본 입정대학 대학원에서 지리학 박사학위를 취득했다.

한국지리교육학회 부회장, 대한지리학회 부회장, 미국 유타대학 연구교수, 일본 입정대학 객원 연구원을 역임하고 현재 학교법인 춘광학원 이사, 광주광역시 동구 선거관리위원을 맡고 있다.

저서로 『인문지리학요론』(공저), 『인구지리학개론』이 있고, 『한국지명요람』, 『21세기웅진학습백과』, 『전라남도지(인구편)』 등에 공동 참여하였다. 논문으로는 "남부 이탈리아 Alianello 지역의 농업적 토지평가에 관한 연구", "지리학사조의 변천과 지리교육", "전남 인구중심의 이동에 관한 연구 : 1960~1980", "Lorenz 곡선의 집중지수에 의한 전남 인구집중도 측정과 분석", "Utah주 인구특성과 Mormon의 영향", "인구변화 및 노년인구에 관한 한국과 일본의 비교연구" 등이 있다.

새 인구론
인구의 공간적 · 사회적 접근

초판 발행 | 2006년 2월 27일
3쇄 발행 | 2019년 7월 10일
지은이 | 조혜종
펴낸이 | 김선기
펴낸곳 | (주) 푸른길
등록 | 1996년 4월 12일 제16-1292호
주소 | (08377) 서울특별시 구로구 디지털로 33길 48 대륭포스트타워 7차 1008호
전화 | 02-523-2907   팩스 | 02-523-2951
e-mail | purungilbook@daum.net
홈페이지 | www.purungil.co.kr

값 20,000원

ISBN | 978-89-87691-65-7 93300

*잘못된 책은 바꿔 드립니다.

책머리에

창밖으로 부지런히 사람들이 오간다. 대부분이 학생들이지만 그들 중에는 열심히 운동을 하고 있는 아저씨, 아줌마들도 있고 다정히 손을 잡고 데이트하는 노인들도 눈에 띈다. 저 많은 사람들이 지구촌의 한 공간을 점유하고, 사회를 구조하고, 또 변화시켜 가는 것이겠지, 생각하고 있노라면 누구 하나 존재 이유가 없는 허상은 결코 없다.

우리가 인구를 연구해야 할 필요를 느끼는 이유는 어디에 있는 것인가, 라는 생각에 이른다면 그에 대한 대답은 명확하다. 바로 앞서 말한 바와 같이 모든 인구가 특정한 공간을 점유하고 있으며 사회를 구성하고 변화시켜 가는 주체이기 때문이다. 사회와 세계와 지구촌이 인구라고 하는 각각의 사회집단으로 구성되어 있고 이들의 활동 여하에 따라 변화되어 가고 있다. 인구집단으로서의 특성은 인구 그 자체로서의 문제도 문제려니와 도시, 교통, 산업, 주택, 보험, 가족, 보건, 삶의 질, 어느 하나와도 관련되지 않는 것이 없다. 무엇보다도 거기에는 인류의 역사가 있고 문화가 있다는 것이 가장 큰 이유이다.

아까보다 더 많은 사람들이 더 부지런하게 창밖을 오간다. 오늘 나는 당신들이 이루어 놓은 당신들의 인구역사를 쓰고 있노라고 말하고 싶다. 1990년대에 내가 쓴 『인구지리학개론』의 체제를 유지하되, 내용 면에서는 많은 것을 새롭게 하였다. 인구를 지리학적 측면에서뿐만 아니라 사회학적 측면에서도 접근을 시도하려고 애썼다.

그동안 수많은 나의 어리석음에도 불구하고 아껴 주시고 사랑해 주시는 모든 분들께 감사의 말씀을 드리고 싶다. 이 책이 나오기까지 필요한 자료는 물론 늦게까지 함께 고생해 준 곽미숙 선생님께 진심으로 고마움과 감사의 말씀을, 그리고 서슴지 않고 출판을 허락해 주신 푸른길의 김선기 사장님과 편집을 맡아 준 김다롱 님께도 같은 말씀을 전해 드리고 싶다.

우리 모두가 함께하는 이 사회의 구성원 모두는 행복해할 수 있는 권리가 있다. 그리고 그 권리가 꼭 누려질 수 있도록 각자의 책임을 다할 수 있는 의무도 함께 있다.

2006년 2월 어느 날
316호 연구실에서
조 혜 종

제3부 인구와 사회

<그림, 사진, 표 목차>

Ⅰ. 인구의 개념 및 연구의 필요성

인류의 역사는 곧 지표 공간을 점유하고 끊임없이 변화시켜 온 인구의 역사이다. '인구'라는 용어는 생물학적 분류 개념인 '인간'과는 달리 사용되는 개념으로 사회학적 의미로서의 인간 집단을 의미한다. 인구는 인구 그 자체를 통계적으로 분석하는 통계학적 인구의 의미로 사용되거나 인구의 사회적 역할이나 기능 또는 행태를 중심으로 한 사회학적 인구의 의미로 사용될 수도 있다. 또한 인구학에서 결코 빼놓을 수 없이 중요하게 다루어져야 할 인구의 개념은 공간과 관련하여 다루어지는 지리학적 인구이다. 즉 인구는 기능적이고 통계적인 의미로서뿐만 아니라 공간(지역)적 의미로서도 자주 사용되어 왔다.

인구가 갖는 의미를 분명하게 선을 그어 분류할 수 있는 학술적 근거는 매우 모호하다. 설령 그러한 규정이 있다 하더라도 그것은 인구를 포괄적으로 연구하는 데 장애가 될 뿐이며, 필요에 따라 제한적인 의미를 부여할 수 있을 뿐이다.

제목에서 보는 바와 같이 제2부에서는 인구를 거주 공간의 일정 지역과 관련하여 논하고자 하는 것이며, 따라서 대부분의 인구는 일정한 국가 영역 또는 그 영역 속의 행정상 일부를 형성하는 지리적 공간과 밀접하게 관련하여 분석한다. 물론 인구는 매우 복잡하게 얽혀진 사회현상과 총체적으로 관련되어 있기 때문에 반드시 공간과 지역에 국한시킬 수만은 없다.

또한 인구는 특정 공간에서 사회를 형성하고 생존 활동을 영위하는 구체적인 인구집단으로 볼 수 있으며, 따라서 어떤 지역의 인구현상은 그 사회의 자연적 · 문화적 · 정치적 · 경제적 제 조건을 반영하는 특정 시대의 사회적 소산이라 할 수 있다.

이상에서 설명한 바와 같이 인구가 갖는 의미는 학자와 연구 분야에 따라 다양하게 해석될 수 있지만, 그 공통적 특성은 인구가 공간 변화의 원천이며 주체가 되는 기초적 집단이라는 데 있다. 그러므로 인구는 학술적으로는 모든 사회 변화 과정을 예측하고 평가하는 데 기초적 자료가 되는 통계적 모집단으로서의 인구의미를 갖는다.

인구는 모든 활동의 주체인 만큼 어떤 특정 부문의 분석을 위한 계량적 투입 자료가 되거나 지역 간의 비교에서 지표(指標)로서의 역할을 한다. 이 때 각각의 용도에 적합한 지표를 적용하려면 이에 관한 기본적인 인구개념과 인구통계의 이해가 수반되어야 한다. 이와 관련하여 인구의 규모, 성장, 인구의 구조적 특성과 공간 분포, 그리고 이들의 변화와 그 원인의 규명 등은 인구연구의 주요 내용이며 어느 특정 부문에 지표를 제공하기 위해서도 필수적으로 요구되는 과정이다. 그리고 총체적으로 인구현상에 대한 분석은 각 지역의 특이한 인구 성장 과정과 그 유형 및 이에 따라 대두되는 각종 인구문제를 해결하기 위한 정책적 차원에서도 매우 중요하게 여겨지고 있다.

Ⅱ. 인구학의 연구대상

인구학(demography)은 1855년 프랑스의 수학자 기야르(A. Guillard)가 처음으로 사용한 용어인데 그리스 어로 demos(시민·평민)와 graphy(기술하다)가 합성된 것으로 '인구에 관한 기술'을 뜻한다. UN다중언어인구학사전(United Nations Multilingual Demographic Dictionary)에 따르면 '인구학은 인간 집단에 관한 과학적 연구이며 주로 그들의 규모, 구조 및 발전에 관하여 관심을 둔다'고 기술하고 있다. 여러 인구학자들의 정의에 의하면 '인구학은 인구에 관한 경험적이고 수리적이며 통계적인 연구로서 주로 인구규모의 변화, 인구구성, 인구의 공간적 분포에 초점을 맞추는 것(Bogue, 1969)', '인구학의 본질은 인구수, 인구구성, 인구분포를 분석하며, 출생, 사망, 인구이동, 사회적 이동(신분 변화)의 상호작용을 통해 인구수, 인구구성 및 인구분포가 어떻게 변화하는가를 통계적·수학적인 방법을 이용하여 분석하는 것(Hauser & Duncan, 1959)', '인구학이란 인구자료를 기초로 과학적 분석 방법을 적용하여 추출된 체계화된 지식체로서, 인구학자들의 주된 임무는 인구의 수와 지리적 분포, 인구변화 등의 관련된 자료를 수집하고 통계적 처리를 한 후 그 결과를 분석·기술·해석하는 것(Smith, 1960)' 등으로 설명된다.

한편, 피터슨(Peterson, 1975)은 인구학을 형식인구학(formal demography)과 인구연구(population studies)로 구분하였다. 형식인구학은 인구학적인 현상을 순수하게 수량적인 측면에서 이론적으로 연구하는 분야로서, 인구학적인 현상에 관련된 제반 요인들과 수리적·통계적인 방법을 적용하여 분석하는 것이며 이를 인구분석(demographic analysis) 또는 순수인구학(pure demography)이라고 한다. 이에 대하여 인구연구는 인구의 통계적 변수뿐만 아니라 사회, 경제, 정치, 기타 관련 분야와의 관계까지도 포괄하여 다룬다. 또한 인구연구는 인구학의 이론이 실제로 인구와 관련된 제반 사회현상을 설명하는 데 어떻게 적용될 수 있는가 하는 인구정책에 관련된 문제까지도 다루는 것이 일반적이다. 따라서 과거의 인구학은 인구변동의 요인 중에서도 출생 및 사망에 관련된 인구동태 통계자료나 이들 사이의 상호 관련 등에만 관심을 두고 인구이동이라든가 인구의 재분포, 도시화 문제 등에는 무관심했다. 그러나 오늘날은 인구이동과 같은 공간 변화에도 주의를 기울이고 연구 방법으로서 모형화하고 이론화한다.

인구학자들은 출생·사망·이동의 인구변화 요소에 많은 관심을 두지만 혼인·이혼·사회이동과 같은 요소도 다룬다. 인구학은 이들 모든 요인들과 관련하는 자료의 수집과 분석에, 그리고 사회적, 생물학적, 경제적, 정치적, 지리적, 생태적 및 역사적 배경과 관련하여 이들 자료를 해석하는 데 관심을 둔다.

인구학의 기본 과제는 주로 인구수나 구조로서 표현되는 인구현상의 파악에 있으나 그것이 곧 인구학의 궁극적 목표나 전제는 아니다. 인구에 대한 관심은 인구문제의 인식과 이해에서 출발하며 이것이 곧 궁극적 연구목적이라고 할 수 있다. 오늘날 인구문제가 세계적인 관심의 대상이 되고 있는 것은 바로 그것이 개개인의 생활을 조건짓고, 사회의 여러 환경에 커다란 영향을 주며, 나아가서는 인류의 장래에 매우 중요한 의미를 갖는다는 사실에 대한 인식이 널리 확산되고 있기 때문이다. 이러한 의미에서 인구학은 다른 어떤 사회과학보다 실용적이며 현실적이고 원천적이며 미래 지향적인 학문이라고 할 수 있다.

대부분의 사회과학 분야의 연구들이 인구와 관련되어 있기 때문에 미국의 경우 인구학은 사회학의 한 분야로 발달해 왔다. 한편 영국은 인구에 관한 연구가 주로 경제학적 관점에서, 그리고 일본의 경우는 보건·의학적인 측면과 관련하여 발전해 왔다. 인구현상에 관해 체계적으로 분석하는 학문인 인구학 자체가 본질적으로 독자적인 연구영역을 지닌 독립적 학문이라기보다는 다학문적 성격(multi-discipline)을 띠고 있다. 앞에서도 말한 바와 같이 인구는 지표 공간 변화의 동인(動因)이기 때문이다.

Ⅲ. 인구지리학

앞에서 언급한 바와 같이 인구에 관한 연구는 범학문적 성격을 가지고 있어서 사회학·경제학·지리학·보험학·사회복지학 등 여러 학문 분야의 연구목적과 필요에 따라 적용될 수 있다.

인구를 연구하는 데 기초가 되는 자료나 기법이 지역(공간)과 관련되어 사용되거나 서술될 때 지역의 인구적 특성은 분석되는 것이며 이것을 목표로 한 인구연구를 인구지리학(population geography)이라 한다. 인류 문화가 발전되어 오면서 자연 그 자체보다는 자연이라고 하는 지표에서 자연과 밀접하게 관련된 인간 활동에 보다 관심을 갖게 되었다. 인간의 정치·경제·사회·문화 활동이 모두 지표상에서 이루어지고 있으며 이러한 인문 활동이 자연과 어떤 관련을 맺고 상호작용하고 있는가를 이해해야 할 필요를 인식한다는 것은 곧 자연공간 속의 우리의 삶을 이해한다는 것이다.

인구지리학에 대한 구체적이고 명확한 언급은 아마도 트레와다(Trewartha, 1953)에 의한 것일 것이다. 그는 처음으로 인구의 지리적 연구의 틀을 마련한 사람이다. "인구의 수, 밀도, 특성은 모든 지리학의 필수적 배경이 된다. 인구야말로 다른 모든 요소들이 그로부터 관측되고 의미를 부여받을 수 있는 판단의 척도가 된다.""인구지리학은 지리학의 중심적 요소이다."라고 했으며, 후슨(Hooson, 1960)은 인구지리학의 본질이 지표상에 존재하는 인구의 불균형분포와 관련됨을 강조했다. 또한 젤린스키(Zelinskey, 1966)는 인구지리학을 '장소의 지리적 특성이 형성되어 가는 방식을 다루는 과학'으로 규정짓고 일련의 인구현상이 그들의 행태적 법칙을 추구하는 동안 시·공간 변화와 함께 수많은 다른 비인구적 현상에 상호작용을 하게 된다고 했다. 그는 장소의 총체적 특성을 구성하기 위한 인구의 공간적 측면을 다루는 것이 인구지리학이라고 말하면서 다음의 세 가지 측면을 주장했다. 즉, 인구수와 그 특성의 입지에 관한 단순한 기술, 이들의 공간적 분포를 설명하는 것, 그리고 인구현상을 지리적으로 분석하는 것이 그것이다. 한편, 클라크(Clarke, 1972)는 인구의 분포·구성·이동·성장이 장소라고 하는 공간변화와 어떻게 관련되는가를 구현하는 것이 인구지리학이라고 하였다. 인구가 공간과 상호작용하여 나타나는 인구현상의 특성과 변화를 다루는 것이야말로 인구지리학의 본질이라 할 수 있을 것이다. 그리고 각 지역의 인구현상은 그 지역 고유의 자연현상과 그 공간에서 전개된 정치 · 경제 · 사회와 불가분의 관계를 갖는다.

이상과 같은 인구지리학의 성격상, 전술한 바 있는 피터슨의 인구학 분류에 따른다면 인구지리학은 형식인구학보다는 인구연구에 가까운 것으로 보아야 할 것이다.

Ⅳ. 인구자료

인구현상을 파악하는 데 사용되는 자료는 여러 가지가 있으나 현대 인구학에서 인구분석에 필요한 가장 기본적인 인구통계 자료로는 인구센서스(census), 동태통계(vital registration), 표본조사(sample survey)의 세 가지 유형이 있다. 이들은 대개 국가 차원의 인구조사를 통해서 얻어지는 것들이나, 표본조사는 그 외에도 비정부 차원의 연구소나 개인의 연구목적에 의해서 부분적으로 행해질 수도 있다.

1. 인구센서스

1) 센서스의 의미와 특성

원래 '센서스'란 용어는 라틴 어의 'censere(켄세레)'와 'censor(켄소르)'에서 유래된 것으로 'censere'는 '값을 매기다 · 평가하다(value)' 또는 '세금을 부과하다(tax)'라는 의미이며 censor는 로마 시대에 로마 시민 등록과 징세를 담당하는 관리를 이르는 말이다. 이로써 처음부터 센서스의 시행 목적이 노동력이나 병력 또는 세수(稅收)를 평가하고 확보하려는 데 있었음을 알 수 있다.

인구조사 통계자료로서 가장 원천적인 것이 센서스인데 일정한 조사지역 내의 조사단위 (인구·주택·산업·종교 등)에 대한 전수조사(全數調査)를 뜻한다. 센서스는 여러 가지로 정의할 수 있겠으나 UN(1958)은 'the total process of collecting, compiling, and publishing demographic, economic, and social data pertainig, at a specified time or times, to all persons in a country or delineated territory' 라고 규정하고 있다. 즉, '특정 시기에 특정 국가나 정해진 영역 내의 모든 사람에 속하는 인구적, 경제적, 사회적 자료를 수집, 분석, 공표하는 전 과정' 이라는 것이다.

초기의 센서스와는 달리 근대적 의미의 센서스는 다음과 같은 몇 가지 특성을 가지고 있다. 첫째, 개인별 조사(personal enumeration)이다. 이는 조사 항목이 각 개인을 대상으로 하고 있으며, 따라서 개인별로 응답하는 것을 의미한다. 둘째, 보편성(universality)이다. 이 원칙은 조사지역 내의 모든 사람을 포함하는 조사가 이루어져야 한다는 것이다. 병원, 호텔, 병영, 교도소, 오지 등 어떤 특정 지역의 사람을 제외시키거나 빠뜨려서는 안 된다는 것이다. 셋째, 어느 한 시점을 기준으로 시행되어야 하는 동시성(simultaneity)이 있어야 한다. 예를 들어 한국은 대체로 10월 1일을 기준시점으로 하였으나 1980년부터는 11월 1일을 시점으로 하고 있다. 그러나 실제로 어느 한 시점에서 전체를 동시에 실시한다는 것은 불가능하므로 거의 모든 국가들은 일정한 조사기간을 설정하여 그 기간 내에 조사를 실시하고 있다. 그러나 조사의 동시성을 갖추기 위해 응답은 어디까지나 특정의 조사시점을 기준으로 해야 한다는 것에 유념해야 한다. 넷째, 센서스는 일정 기간마다 규칙적으로 반복되어 시행되어야 한다는 이른바 주기성(週期性, periodicity)이 있어야 한다. 만일 이것이 결여되면 센서스 자료의 시계열적(時系列的) 비교 분석이 어려워진다.

2) 센서스 조사방법

인구수를 조사할 때 어디서 자료를 수집하고 그것을 어디에 귀속시키느냐에 따라 센서스 단위 지역의 인구수가 달리 평가된다. 영국은 조사시점에서 특정지역에 현존하고 있는 인구집단을 모두 그 지역의 인구로 간주하는 이른바 현주주의(現住主義, de facto)를 채택하고 있는 반면, 미국은 조사시점에서 개개인의 지역적 위치와는 상관없이 통상적이고 법적으로 등록된 거주지역을 그 지역의 인구집단으로 간주하는 상주주의(常住主義, de jure)

를, 그리고 브라질은 두 가지 방법을 혼용하고 있다. 현주주의 센서스는 시행 당시 모든 사람이 어디에 위치하고 있었는가를 정확히 보여 주는 대신 여행자, 단기체류자, 일시부재자 등에 의해서 인구수가 증감된다는 단점이 있다. 또한 상주주의는 인구의 일시적 이동에 영향을 받지 않는다는 장점 대신에 조사지역으로부터 인구를 법적 거주지로 이첩해야 하는 시간적, 경제적 비용과 일상적 내지 법적 거주지가 어디인가를 명확히 정하기가 때로는 애매하고 난처한 경우가 있다는 것이다.

한국은 1960년 이전에는 전자의 방법을 따랐으나, 그 이후에는 후자를 따르고 있다. 한국에서의 상주인구란 원칙적으로 조사시점을 기준으로 하여 3개월 이상 동일한 지역에 거주한 인구집단을 말하지만 실제로는 주민등록지를 상주지로 파악하고 있다. 현주주의와 상주주의의 구별은 인구조사 방법상 매우 중요한 의미를 가지며 양자 간에는 '상주인구＝현주인구＋(일시부재인구－일시현주인구)' 의 등식이 성립한다.

3) 센서스의 역사

■ 세계의 센서스 역사

역사상 센서스가 처음 시작된 때는 정확히 알 수 없으나, 인구조사는 인류의 역사와 함께해 왔다고 볼 수 있다. 원시사회에서는 가족 또는 종족 단위로 사냥 등 식량 마련을 위하여 또는 구성원의 관리를 위하여 단순히 수를 헤아리는 아주 기초적인 형태의 인구조사가 있었을 것으로 추측할 수 있다. 센서스의 어원이나 시행목적이 전술한 바와 같이 징병, 징세, 노역과 관련되는 것이라면 그와 같은 개연성은 더욱 충분할 것이다. 문헌상으로 보면 비록 단편적이기는 하지만 고대 바빌로니아에서 기원전 3600년 이전에, 그리고 이집트에서는 기원전 3000년 경 피라미드 건축을 위해 인구조사를 실시하였던 것으로 기록되어 있다. 중국의 한 문헌에는 기원전 2200년경에 우(禹)나라 순제(舜帝) 때 인구조사가 실시되어 당시 우나라의 인구가 1,350만 명이었던 것으로 기록되어 있다고 하며, 한(漢)나라 때는 중앙 및 지방 관서에 인구통계 담당관을 두었다고 전해진다. 그러나 이 당시의 인구조사 대상자는 전투 가능한 남성이나 납세자 또는 일정한 연령에 도달한 성인 남성이고, 여성이나 어린아이는 제외되었을 것으로 추측된다. 구약성서 민수기에도 인구조사에 관한 기록이

상세히 나와 있다. 모세가 이스라엘 민족을 이끌고 이집트를 빠져나와 가나안 땅으로 이동하기 직전인 기원전 1250년에 광야에서 20세 이상 성인 남자를 대상으로 인구조사를 실시하였다. 당시의 조사는 광야 생활을 효율적으로 관리하는 한편, 가나안 지역 정복을 위한 군대를 조직하기 위한 것으로 이스라엘 민족이 자연적 집단에서 신정적(神政的) 국가 체제를 형성하는 계기가 되었다.

기원전 550년경 로마 제국 시대에도 인구조사가 실시되었으며 기원전 435년에는 켄소르(censor)에 의해서 시행되었다. 특히 기원전 5년에 아우구스투스 황제는 로마 제국에 속한 전 지역에 걸쳐 대대적인 인구조사를 시행하였다. 중세에는 센서스에 대한 별다른 기록이 없다. 그러나 영국을 점령, 지배한 윌리엄 1세에 의하여 정복지의 통치상, 특히 조세 징수의 목적으로 1086년에 만든 『둠즈데이북(Domesday Book)』이 있다. 이것은 일종의 토지대장으로 정복 전(前)과 조사 당시의 각 영지의 영주명과 직할면적, 노동자·농민수, 공유지(삼림·목초지·방목지 등)의 면적, 쟁기의 수, 토지평가액 등 광범위한 토지 및 인구에 관련된 조사 기록이 있다. 유례없는 상세하고 방대한 전국적 조사 기록인 둠즈데이북은 중세 유럽사 연구에 귀중한 자료가 되고 있다. 도로, 경지, 취락 등이 가장 잘 발달했다는 13~14세기 잉카제국 시대에는 상당히 높은 수준의 인구조사가 시행된 것으로 알려져 왔다. 오늘날과 유사한 센서스가 시행된 곳으로는 1665년 캐나다의 퀘벡 주가 있지만, 그것은 한 국가 내의 특정 지역만을 대상으로 한 것에 불과했다. 전 국가적으로 센서스가 시행된 것은 1749년 스웨덴이 처음인 것으로 알려져 있고, 이어서 노르웨이, 덴마크 등지로 확산되었다(표 Ⅳ-1).

표 Ⅳ-1. 세계 각국의 센서스 첫 시행 연도

국명	연도	국명	연도	국명	연도
스웨덴	1749	루마니아	1859	노르웨이	1760
이탈리아	1861	덴마크	1769	그리스	1861
미국	1790	헝가리	1869	영국	1801
독일	1871	오스트리아	1818	인도	1881
벨기에	1829	불가리아	1893	폴란드	1829
이집트	1897	네덜란드	1829	러시아	1897
프랑스	1835	일본	1920	스위스	1837
한국	1925	캐나다	1851	중국	1953
에스파냐	1857				

자료 : Peters and Larkin(1989)

미국은 대부분의 유럽 국가들보다 일찍이 1790년에 센서스가 처음 시행되었다. 센서스 통계가 하원 의석수라든가 각 주의 세입 배당액을 결정지을 뿐만 아니라 고속도로·공공 위생·복지 및 각종 연방정부의 보조금이 각 지역의 1인당 국민소득과 인구수준에 밀접하게 연관되어 있어 인구통계는 매우 중요한 역할을 한다.

19세기 중반까지는 서부 유럽의 전 국가가 규칙적으로 센서스를 시행하였다. 아시아에서는 인도(1881년)가, 아프리카에서는 이집트(1897년)가 가장 먼저 시행하였다. 그러나 중요한 것은 센서스의 시행 경험이나 연도보다는 센서스의 정기적 시행 및 센서스 사이의 시간적 간격(regular interval)이다. 예를 들어 중국의 경우 1953년, 1964년, 1982년, 1990년, 2000년과 같이 매우 불규칙하게 시행되고 있다.

UN에서는 1960년을 '세계 센서스의 해'로 정하고 당시까지 미시행되었던 국가들에게 센서스의 중요성을 인식시키고, 특히 아프리카 여러 국가들의 센서스 시행을 도와주었다. 그 결과 1965~1974년(1970년 라운드)에 센서스를 시행한 세계 총 국가 수는 전체의 90%에 달하였다. 1995년 제28차 및 1999년 제30차 유엔통계위원회(UN Statistical Commission)의 보고서에 따르면 1985~1994년(1990년 라운드)에 인구센서스를 실시한 국가는 201개국이며 이 기간에 아프리카의 나미비아(1991년)와 차드(1991년), 아시아의 오만(1993년)과 북한(1993년)이 처음으로 인구센서스를 실시하였다. 북한은 UNFPA(유엔인구활동기금)의 지원을 받아 1993년 12월 31일을 기준으로 하고 조사 범위는 인구의 기본 사항 5개 항목, 경제 활동 상태에 관한 4개 항목, 출산에 관한 2개 항목 등 총 11개 항목에 이르는 매우 간단한 형식의 센서스였다.

1990년 라운드에 인구센서스를 실시한 국가들의 인구는 전 세계인구의 95%에 달한다. 1975~1994년에 센서스를 시행하지 않은 국가는 10개국으로 이는 섬나라 국가이거나 도시 국가들이며 캄보디아, 레바논, 앙골라 등은 전쟁과 같은 국가 혼란으로 인하여 시행하지 못하였다.

■ 한국의 역사

우리나라의 인구조사는 예로부터 행해진 흔적이 여러 곳에서 발견되고 있다. 그러나 조선 시대 이전의 것은 매우 단편적이고 부정확하여 인구의 수나 구조를 시계열적으로 분석하기란 불가능하다. 그러므로 우선 고문서 기록을 통하여 추적 가능한 자료를 살펴보고자 한다.

인구조사 사료는 우리나라 국가 형성의 시원기(始原期)인 고조선 시대까지 거슬러 올라갈 수 있을 것이다. 왜냐하면 어떤 형태로든 국가 권력이 필요로 하는 징병이나 부역 또는 공조(貢租)를 위해서는 호구조사가 필수불가결했을 것이기 때문이다. 그러나 추적할 수 있는 자료는 한사군(漢四郡, 기원전 108~기원후 82년) 시대까지이다. 『전한서지리지(前漢書地理志)』에 의하면 한사군에서 가장 번성했던 낙랑군의 전성기에는 62,812호(戶)에 406,748구(口)가 25현(縣)에 분포하고, 현도군은 45,000호에 231,845구가 3현에 분포한 것으로 기록되어 있다. 여기에는 여성과 유년 및 노년인구가 제외된 것으로 보인다.

또한 『동사보유(東史補遺)』에 의하면 고구려 광개토왕(392~413년) 시대에는 210, 508호, 고구려 멸망 시인 668년에는 696,000호에 달하였으며, 『신당서(新唐書)』에는 백제의 최성 시에 152,000호, 멸망 시에는 670,000호가 있었던 것으로 기록되어 있다(金哲, 1965; 善生永助, 1925).

고려 시대에는 체계적으로 정비된 호적제도를 갖추고 있어 호구조사도 상당히 엄했던 것으로 보인다. 경종 원년(976년)에는 토지제도인 전시과(田柴科)가 편성됨으로써 호구제도에 준엄한 벌칙 사항이 마련되어 있었고 16~59세의 남정(男丁)에게는 국역의 의무를 규정하고 있었다. 즉, 『고려사』 식화지(食貨志)에는 '국(國)'의 제도로서 민(民)이 나이 16세가 되면 정(丁)이 되어 국역에 복무하고 60세가 되면 노(老)가 되어 국역에서 면제된다. 이를 위해 주군(州郡)은 매년 인구를 조사하고 민적을 정리하여(計口籍民) 호부(戶部)에 제출하며, 호부에서는 이 호적에 의거하여 징병, 조역을 선정한다'고 기록되어 있다(김민경, 2000). 그러나 여러 차례의 전란과 사전(私田)의 증가에 따른 병역·부역 및 공조의 기피로 인하여 호구제도는 별로 효과적이지 못했던 것으로 생각되며, 때문에 말기 공민왕 20년(1371년)에는 호구조사를 새로이 강화한 것으로 알려져 있다(진단학회, 1961).

조선 시대에는 기록상 수차례 호구조사가 실시되어 어느 정도 호구의 대체적인 추계는 가능해졌으나 신뢰도에서는 여전히 문제점을 노출하고 있다. 조선 초기의 호구조사는 고려 시대의 호적제도를 답습한 것이었으나 누락 방지를 위해 '인보장법(隣保長法)', '호패법(號牌法)' 등을 통하여 점차 보완하였다. 세종(世宗) 10년(1428년)에는 '호구성급규정(戶口成給規定)'과 '호구식(戶口式)'이 제정되어 호적은 주민의 신고에 의하여 발급해 주었으며 3년마다(子·卯·午·酉式年) 호구조사를 시행하여 호적을 개정하였다. 이리하여 조선의 호구조사 제도는 성종(1470~1494년) 때까지는 대체로 확립되었다.

표 Ⅳ-2는 『동국문헌절요(東國文獻節要)』, 『증보문헌비고(增補文獻備考)』, 『연려실기술

표 IV-2. 조선 시대의 호구조사

연대	호수	인구수	호당인구	비고
태조 4년(1395)	153,403	322,746	2.1	①
태조 6년(1397)	180,246	370,365	2.1	②
세종 10년(1482)	16,921	103,328	6.1	③
인조 17년(1639)	441,827	1,511,165	3.4	
인조 23년(1645)	505,911	1,738,888	3.4	
효종 2년(1651)	580,539	1,810,484	3.2	
현종 1년(1660)	758,417	2,479,658	3.3	
현종 10년(1669)	1,313,652	5,018,744	3.8	
숙종 7년(1681)	1,376,842	6,218,342	4.5	
숙종 16년(1690)	1,514,000	6,957,907	4.6	
숙종 25년(1699)	1,333,330	5,774,739	4.3	④
숙종 37년(1711)	1,466,245	6,394,028	4.3	
숙종 47년(1721)	1,559,488	6,799,079	4.3	
영조 8년(1732)	1,713,849	7,237,446	4.2	
영조 17년(1741)	1,685,884	7,192,848	4.3	
영조 26년(1750)	1,783,044	7,328,867	4.1	
영조 35년(1759)	1,690,715	6,968,856	4.1	
정조 1년(1777)	1,715,371	7,388,523	4.2	남 : 3,537,786 여 : 3,700,737
정조 13년(1789)	1,752,837	7,403,606	4.2	남 : 3,607,376 여 : 3,796,230
순조 7년(1807)	1,764,504	7,561,403	4.3	
헌종 3년(1837)	1,591,936	6,708,529	4.2	
철종 3년(1852)	1,588,875	6,810,206	4.3	
고종 1년(1864)	1,703,450	6,828,521	4.0	
광무 8년(1904)	1,419,899	5,928,802	4.2	
광무 10년(1906)	1,384,493	5,793,976	4.2	⑤
동년	2,742,263	12,934,282	4.7	⑥
융희 1년(1907)	2,333,087	9,781,671*	4.2	남 : 5,174,531 여 : 4,407,815
융희 2년(1908)	2,772,503	13,040,701*	4.7	
융희 3년(1909)	2,787,891	13,090,856*	4.7	조선총독부통계연보

* 일본인 및 외국인 수를 포함한 인구수임.

①과 ②는 경오부(京五部)의 조사가 누락된 것. ③은 팔도가 누락된 경오부만의 조사 기록임.

④는 흉년으로 인하여 함경 · 평안도가 누락된 것. ⑤는 한국 정부 내무부 조사에 따른 것.

⑥은 같은 해 10월에 경무고문부(警務顧問部)의 일본 관청에 의한 조사임.

자료 : 善生永助(1925), 『朝鮮の人口硏究』, 朝鮮印刷株式會社, 14–18

박규상(1977), 『인구문제와 인구정책』, 한얼문고, 222–223

(練藜室記述)』, 기타 고문서 등을 통하여 조선 시대의 호구조사표를 만든 것이다.

호구조사는 숙종 대에 16회, 영조 대에 17회나 시행되었으며 정조 대에는 처음으로 여성과 유년, 노년층 등 전 인구가 조사대상에 포함되었다. 특히 정조 17년(1789년)에는 한성 5부를 비롯하여 군, 면, 리, 그리고 섬별, 남녀별로 상세히 조사되어 종전에 비해 훨씬 정밀한 조사가 시행되었다. 그러나 당시 남성보다 여성이 약 20만 명 더 많은 것으로 보아 병역 기피를 위한 남성들의 미신고가 상당수 있었던 것으로 추측되기도 한다.

조선 시대의 호구제도 역시 그 목적은 세금부과, 징병, 부역동원 등이었지만 이 외에 신분제도를 유지하기 위한 목적도 있었다. 특히, 노비제도를 유지하기 위한 강력한 수단으로도 사용되었다. 갑오개혁 때 노비 등 신분제도가 폐지됨에 따라 고종 원년(1896년) '호구조사규칙'이 제정되어 식년 호구조사가 매년 상주인구 조사로 전환되었다.

그러나 조선 시대 역시 부정기적인 조사시기와 인구수의 심한 변화로 보아 신빙성에 문제가 있다. 예를 들어 현종 원년(1660년)부터 불과 9년 사이에 호수(戶數)와 인구 모두가 2배로 급증했다던가, 세종 10년(1428년)~인조 17년(1639년) 약 200년간의 조사 결여, 순조 7년(1807년)~광무 10년(1906년)의 인구감소, 광무 10년~융희 1년(1907년)의 불과 1년 사이 호구의 급증, 그리고 조선조 전반에 걸친 호당(戶當)인구의 과소 등이다.

한편, 일제 초기인 1909년 '호구조사규칙'이 '민적법(民籍法)'으로 대치되면서 치안을 담당하는 경찰관서에 민적부(民籍薄)를 비치하도록 하였으며, 1920년에 대대적인 국세조사(國勢調査)를 실시하려 하였으나 1919년 3·1 운동으로 인하여 실시 계획이 좌절되고 말았다.

우리나라가 소위 근대적 의미의 센서스를 처음 시행한 것은 1925년 조선총독부에 의한 '간이국세조사(簡易國勢調査)'였다. 1925년 10월 1일 0시 현재 조선 내에 현주하고 있는 사람을 대상으로 실시하였으며, 조사항목은 성명, 성별, 생년월일, 혼인 상태, 본적(국적), 상주지 등 6개 항목이었다. 이후 5년 간격으로 광복 직전인 1944년까지 5회 실시하였고, 대한민국 정부 수립 후 1949년에는 남북분단으로 어쩔 수 없이 남한만을 대상으로 시행하였다. 1960년 센서스에서는 1949년과 1955년 센서스에서 현주인구를 조사하였던 것과는 달리 당시 대부분의 국가에서 적용하던 상주인구를 조사하였다. 인구 외에 처음으로 주택과 농업에 관한 조사를 병행하였으며, 이 조사에 앞서 센서스 실시를 위한 준비단계로서 사전조사와 시험조사를 실시하였다. 또한 조사된 가구 중 일부를 표본추출 기법으로 추출, 재조사하여 센서스의 정밀도를 평가하는 사후조사(Post Enumeration Survey: PES)도 처

표 IV-3. 한국의 인구센서스 역사

기준일	명칭	특징
1925. 10. 01.	간이국세조사	최초의 인구센서스
1930. 10. 01.	국세조사	최초로 직업 항목 조사
1935. 10. 01.	국세조사	
1940. 10. 01.	국세조사	
1944. 05. 01.	인구조사	
1949. 05. 01.	총인구조사	최초로 인구이동 항목 조사
1955. 09. 01.	간이 총인구조사	
1960. 12. 01.	인구주택 국세조사	최초로 주택 부문 조사, 노동력 개념 적용, 경제 활동 및 출산력 사항에 대해 20% 표본 집계
1966. 10. 01.	인구센서스	10% 표본조사 병행(경제 활동, 출산력 항목)
1970. 10. 01.	총인구 및 주택조사	10% 표본조사 병행(경제 활동, 출산력, 인구이동, 일부 주택 항목)
1975. 10. 01.	총인구 및 주택조사	5% 표본조사 병행(경제 활동, 출산력, 인구이동, 일부 주택 항목)
1980. 11. 01.	인구 및 주택센서스	15% 표본조사 병행(경제 활동, 출산력, 인구이동, 통근 통학 항목)
1985. 11. 01.	인구 및 주택센서스	성씨·본관 조사, 전 항목 전수조사
1990. 11. 01.	인구주택총조사	10% 표본조사 병행(경제 활동, 출산력, 인구이동, 일부 주택 항목), OMR 입력 방식 도입
1995. 11. 01.	인구주택총조사	10% 표본조사 병행(경제 활동, 인구이동, 통근 통학, 일부 주택 항목), 빈집 조사표 사용, 래스터 지도 사용
2000. 11. 01.	인구주택총조사	10% 표본조사 병행(경제 활동, 인구이동, 통근 통학, 정보화 및 노령화 관련, 일부 주택 항목), 수치 지도 사용, PC 지방(12개) 분산 입력 및 에디팅

자료 : 조선총독부, 경제기획원, 통계청, 인구센서스

사진 IV-1. 거리의 센서스 홍보물(광주광역시 북구 일곡동)

사진 Ⅳ-2. 신문지상을 통해서 센서스 시행을 알리는 홍보물

사진 Ⅳ-3. 인터넷을 통해서 센서스 시행을 알리는 영문(英文) 홍보물

음으로 도입하였다. 이와 같이 1960년 센서스는 조사기획에서 자료처리 및 평가에 이르기까지 근대적 조사 체계를 갖추고 실시한 최초의 조사로서 현재 우리나라 센서스의 근간을 이루고 있다.

1949년과 1955년 센서스는 내무부 소관하에, 1960년 이후는 경제기획원, 1990년 이후는 통계청에 의해서 시행되고 있다.

한국의 인구센서스 시행 역사와 각 센서스의 특징을 정리해 보면 표 Ⅳ-3과 같다.

4) 센서스의 항목 및 문제점

■ 센서스의 항목

센서스는 한 국가(단위 지역)의 인구에 대한 1차적인 정보이며 이에 대한 정부의 지원,

법적 지위, 운영의 범위와 규모, 투입된 자원의 면에서 볼 때 다른 어떠한 방법으로 수집된 자료와 비교될 수 없을 정도로 충실하고 심도 높은 내용 분석을 가능하게 하는 인구정태의 직접조사이며, 여러 사회조사 가운데서도 가장 기초적이면서 방대한 성격을 띠고 있다.

실제로 조사된 센서스의 항목은 국가에 따라, 그리고 시행 시기에 따라 다르다. 미국의 경우 1790년에 처음 실시된 센서스 조사항목은 주소, 성명, 성, 연령, 자유인(백인, 비백인), 노예 등 매우 간단하였다. 그러나 1960년의 것을 보면 주소, 농장 소재지, 성명, 가구주와의 관계, 성, 연령, 혼인상태, 인종, 모국어, 본인 및 부모의 출생지, 1년과 5년 전의 거주지, 현주소의 거주기간, 직업, 실직 및 실직기간, 근무지, 교통수단, 소득, 교육수준, 사회보장 또는 퇴직 상태, 제대군인 연금수혜자, 초혼연령, 결혼시기와 횟수, 자녀수 등 광범위하다. 센서스 시기와 관련되는 조사항목을 예로 들어 보면 가구주와의 관계, 혼인 여부는 1880년 이후에 설정되었고 이민 연수, 영어구사능력은 1890~1930년에만 조사되었다. 노예 신분에 관한 항목은 1840년 이전에만 있었으며 동산 및 부동산, 모국어 등은 불규칙적으로 조사되었다(Peters and Larkin, 1979).

한국에서 1990년 센서스에 시행한 조사 방법으로는 주택의 위치와 거리, 인구밀집 정도에 따라 우편배부 · 우편회수(mail-out, mail-back)와 조사원 배부 · 우편 회수, 그리고 우편배부 · 조사원 회수의 세 가지 방법이 적용되었다. 우편 조사법은 센서스 실시 비용과 응답자의 부담 감소 측면뿐만 아니라 응답 가구의 비밀보호 차원에서 장점을 가지고 있다. 그러나 가구로부터 조사표의 회수율이 낮을 경우 추적조사(追跡調査, follow-up survey)를 해야 함으로써 상당한 비용과 시간이 투입되는 단점도 있다. 2000년 센서스 조사표는 6개 언어(영어, 에스파냐 어, 중국어, 한국어, 필리핀 어, 베트남 어)로 인쇄되어 사전 통지에 의해 응답 가구에서 선택할 수 있게 하였다.

한편, 1946년에 창설된 'UN인구위원회(United Nations Population Commission)'와 '통계위원회(United Nations Statistical Commission)'는 오늘날 국제인구통계기구의 대표 기관으로서, 국가 간의 인구적 자료의 분석과 비교를 위하여 반드시 조사되어야 할 사항으로 인구총수, 성, 연령, 혼인 상태, 출생지, 시민권 또는 국적, 모국어, 문맹자 수, 학력, 경제적 속성(취업 상태 · 직업 · 지위 · 경제 활동별 인구), 도시 및 촌락의 가구수, 가구 및 가족 구성, 출생력 등을 제시하고 있다. 또한 최근 2000년 라운드(1995~2004년) 센서스를 위하여 UN(1998)이 권고하는 조사 항목은 인구에 관한 항목 39개와 가구 및 주택에 관한 항목 35개 등 총 74개로 표 Ⅳ-4와 같다.

표 Ⅳ-4. 유엔 권고 2000년 라운드 인구주택센서스 조사항목

부문	구분*	항목
●인구 관련 항목		
지리적 및 국내 이동 특성	기본	상주지, 센서스 시점의 현재지, 출생지, 거주 기간, 전 거주지, 과거 특정 시점에서의 거주지
가구 및 가족 특성	기본	가구주와의 관계 또는 특정 가구원과의 관계
인구 및 사회적 특성	기본	성별, 연령, 혼인 상태, 시민권
	권고	종교, 언어 국적 및(또는) 인종 그룹
출산력 및 사망력	기본	총 출생아 수, 생존아 수
	권고	최종 출산 시기, 지난 1년 간 사망아 수, 부모 생존 유무, 초혼 연령·초혼 계속 기간, 최초 출산 시 모 연령
교육적 특성	기본	읽고 쓰는 능력, 재학 상태, 최종 학력
	권고	전공 분야 및 교육상 자격
경제적 특성	기본	경제 활동 상태, 취업 시간, 직업, 산업, 종사상 지위
	권고	소득, 취업의 제도적 부문, 취업의 장소
국제 이동	권고	출생국, 시민권, 입국 연도
신체장애	권고	장애 유형, 장애의 정도, 장애의 원인
●주택 관련 항목		
조사 단위 : 건물	기본	건물 종류, 외벽 재료, 건축 연도
	권고	건물 내 주택수, 승강기 시설, 농업용 건물 여부, 건축 자재, 수리 상태
조사 단위 : 거처	기본	소재지, 거처 종류, 점유 여부, 소유 형태, 방수, 연면적, 급수 시설, 화장실 시설, 목욕 시설, 부엌 시설, 조명 시설, 쓰레기 처리 형태, 거주 가구수, 거주자 수
	권고	침실수, 취사 연료, 난방 시설 및 연료, 온수 시설, 도시가스 시설, 전화, 거처 용도
가구	기본	가구주의 인구·경제적 특성(연령, 성, 경제 활동 상태, 직업), 점유 형태, 임차료 또는 자가 유지비
	권고	자동차 수, 내구 소비재, 옥외 면적

* 기본 또는 권고 항목
자료 : 김민경(2000), 『인구센서스의 이해』, 100

    그러나 유엔이 제시하는 항목을 모두 조사하지는 않고 자국의 필요성, 조사 가능성 등을 고려하여 항목을 선택적으로 조사하고 있으며, 자국의 사회적·경제적·자연적 상황에 맞게 일부 항목을 변형 또는 대체하여 조사하고 있다.

    센서스는 인구의 정태적(靜態的)인 크기와 구조의 파악을 주목적으로 하지만 점차 확대되어 직업, 산업, 취업 상태 등 경제적인 활동 면도 포괄함으로써 조사 항목의 범주가 매우 방대해지고 있다. 센서스의 결과는 인구추계와 인구문제 대책의 기초 자료로 쓰이며, 이

밖에 산업별 인구구조의 관점에서 국민소득의 추계 자료, 각종 경제 분석의 준거 자료로서, 그리고 정치적으로는 국회의원의 선거구와 의원수의 결정에 직접적으로 쓰이는 등 이용 가치가 매우 크다.

우리나라는 조선 시대 『경국대전(經國大典)』 '호구식' 에 의하면 호구조사를 3년마다 하되 호구 기록 사항으로는 호주의 주소, 직업, 성명, 연갑(年甲), 본관뿐만 아니라 사조(四祖)와 처(妻)의 연갑, 본관 및 사조, 자녀의 연갑, 여서(女壻)의 연갑 및 본관, 노비의 연갑에 이르기까지 아주 세밀한 것이었다(조선총독부, 1927).

1925~2000년의 우리나라 인구센서스 조사항목을 정리해 보면 표 Ⅳ-5와 같다. 조사 항목은 초기의 극히 기본적이고 개방적인 것에서 점차 다양해졌고 개개의 경제활동과 인구 이동뿐만 아니라 최근에는 가구의 내적 문제에 관계되는 약간의 폐쇄성을 띤 사항으로까지 범위가 확대되고 있음을 알 수 있다. 특히 1960년부터 인구에 관한 경제, 사회, 문화 등 제반 속성까지 파악할 수 있도록 조사항목이 크게 늘어났을 뿐만 아니라 주택에 관한 조사도 병행 실시하였다.

1990년 센서스에서는 인구, 가구, 주택, 그 밖에 교통 관련 항목(통근 · 통학)이 추가되었고 이들 항목에 대해서는 전수조사를, 그리고 경제활동, 출산력, 인구이동에 관해서는 표본조사를 시행하였으며 명칭도 '센서스' 에서 '총조사' 로 변경하였다. 1995년 센서스에서는 증가하는 빈집의 특성을 파악하기 위하여 빈집 조사표를 사용하였으며, 2000년 센서스에서는 아동과 노인복지 관련 사항까지 포괄하고 있다.

조사표 입력방식도 과거 천공방식(key-entry system)에서 1990년에는 광학판독방식(optical mark reader: OMR system)으로 전환하여 입력기간을 단축하고 입력 오차를 극소화하였다. 1995년에는 조사구 설정을 위하여 청사진지도 대신 래스터 지도(raster map)를 사용함으로써 전산지도 사용의 토대를 마련하였다. 2000년 센서스에서는 조사표의 입력과 내용 검토를 지방으로 분산하여 12개 지역에서 개인용 컴퓨터(PC)로 입력하고 편집 · 보정함으로써 자료처리기간을 크게 단축하였다. 아울러 조사구의 설정에 전산수치지도(digital map)를 사용함으로써 조사 결과의 이용에 지리정보체계(geographic information system: GIS) 기법을 활용할 수 있는 기반을 마련하였다.

표 Ⅳ-5. 우리나라 인구센서스 시행 연도별 조사항목

구분	1925	1930	1935	1940	1944	1949	1955	1960	1966	1970	1975	1980	1985	1990	1995	2000
성명	●	●	●	●	●	●	●	●	●	●	●	●	●	●	●	●
가구주와의 관계		●		●		●	●	●	●	●	●	●	●	●	●	●
본관													●			
생년월일	●	●	●	●	●	●	●		●	●	●	●	●	●	●	●
연령	●	●	●	●	●	●	●	●	●	●	●	●	●	●	●	●
성별	●	●	●	●	●	●	●	●	●	●	●	●	●	●	●	●
혼인 상태	●	●	●	●	●	●	●	●	●	●	●	●	●	●	●	●
초혼 연령											○	○		○		
국적	●	●	●	●	●	●	●	●	●	●	●	●	●	●	●	●
본적	●			●	●		●				●	●				
출생지		●		●				●		○	●	○	●	●	○	●
상주지	●	●	●	●	●	●		●	●	●	●	●	●	●	●	●
현주지			●				●									
교육 정도		●		●	●	●	●	●	●	●	●	●	●	●	●	●
문맹 여부								●	●	●						
종교													●		●	
소득											○					
직업		●		●	●	●	●	●	○	○	○	○	●	○	○	○
산업								●	○	○	○	○	●	○	○	○
종사상의 지위				●	●			●	○	○	○	○		○	○	○
경제 활동 상태				●				●	○	○	○	○	●	○	○	○
특수 기술				●	●											
병역 관계				●	●											
총 출생 자녀수								●	○	○	○	○	●	○		○
1년 간 출생아 수								○								
총 사망 자녀수											○	○	●	○		
생존 자녀수										○	○		●	○		
동(별)거 자녀수												○				
해방 후 남한 이동						●	●									
1년 전 거주지												○	●	○		○
5년 전 거주지										○	○	○	●	○	○	○
통근(학) 주소/시간												○		●	○	○
통근(학) 교통수단												○		●	○	○
아동 보육 실태																○
정보 통신 기기																○
생계 수단(노인)																○
주 부양자(노인)																

● 전수조사, ○ 표본조사

자료 : 권태환 · 김두섭(2002); 김민경(2000)

■ 항목 개념상의 문제점

센서스의 활용 및 중요성에 못지않게 강조할 것은 센서스의 신빙성 문제이다. 필요한 인구자료를 얻기 위하여 아무리 합리적으로 조사항목이 설정되었다 하더라도 응답자가 그 항목의 뜻과 정의를 잘못 이해한다면 정확한 조사는 이루어지지 않을 것이며 센서스의 질은 떨어지게 된다. 센서스의 시행에서 흔히 설정된 항목과 관련하여 문제가 발생하는데 그것은 각 항목의 개념상의 차이에서 비롯되는 경우가 많기 때문이다.

출생, 사망, 연령과 같은 개념은 비교적 명확한 것 같은데도 문제를 야기할 수 있는 소지가 있다. 특히 연령개념은 자주 혼란을 일으킨다. 센서스상에서의 연령이란 출생일 이후부터 센서스 시행 기준일까지의 생존기간인바, 유엔의 정의에 따르면 연령은 출생 이후 만으로 계산된 태양년수(complete solar years)이다. 태음력에 의해 연령을 계산하는 중국이나, 두 가지를 혼용하는 경향이 있는 한국에서의 연령은 만으로 계산된 태양년수와 크게는 2년이나 차이가 날 수 있다.

연령은 출생력, 사망력, 혼인력 기타 인구분석에 필요한 여러 가지 인구적 사항과 관련되는 가장 기본적인 요소이므로 한층 더 높은 신뢰성이 요구된다. 또한 연령에 대한 사회적 의미도 지역에 따라 다르기 때문에 신뢰성에서도 지역차가 나타난다. 선진 사회에서는 연령이 법적 지위는 물론 사회보장제도와 관련되어 있으므로 연령의 사회적 중요성은 대단히 크다. 반면에 인도나 아프리카의 여러 지역에서는 연령에 대한 관념이 희박한 편이어서 정확한 연령 자료를 구하기가 쉽지 않다.

최근에는 사망의 개념에 대해서도 의학적인 논란이 일고 있다. 이전까지는 심장과 폐의 기능 정지를 죽음의 판단 시점으로 인정한 심폐기능설에 의한 사망의 개념에 입각하였으나 근래에는 선진국을 중심으로 하여 뇌사를 사망 기준으로 보는 국가들이 점차 늘어나고 있다.

1968년 미국 하버드 의과대학은 사회 각계각층이 참여한 '뇌사정의특별위원회' 에서 사망 기준을 순환기, 호흡기, 뇌기능 중 어느 하나가 정지되었을 때로 정하였으며, 뇌에 관하여는 '비가역적 혼수(非可逆的 昏睡, irreversible coma)' 의 정의 형식으로 뇌가 영구히 기능을 상실한 상태임을 명시하였다. 같은 해 오스트레일리아의 시드니에서 열린 '제22회 세계의학협회총회' 에서 채택된 '시드니 선언' 은 뇌사의 기준을 구체적으로 제시하고 뇌사를 사망의 한 형태로서 인정하기 시작한 최초의 계기가 되었으며, 세계 각국의 뇌사 판정 기준의 효시가 되었다. 이후 서구의 여러 나라들은 현실적인 필요성 때문에 뇌사를 수용하는 입장을 취하고 있으며, 오늘날 55개국 이상에서 의학적으로 뇌사를 사망으로 인정하는 추세이다. 그 중에서도 뇌사를 법적으로 인정하는 국가는 미국, 프랑스, 핀란드, 캐나다, 영국, 오스트레일리아, 오스트리아, 노르웨이, 체코, 그리스, 이탈리아, 에스파냐, 멕시코, 아르헨티나, 대만, 일본, 한국 등 17개국에 달한다.

　미국의 경우 1968년에 장기 기증을 합법화하였으며, 이어 1983년 '대통령위원회'가 뇌사를 인정하는 관련법을 제정하여 현재 35개 주에서 입법화하였고 나머지 주에서는 판례로 인정하고 있다. 영국은 의학계에 뇌사에 대한 선택을 맡겼으며, 1976년 왕립의과대학에서 '뇌간 기능의 불가역적 상실'을 뇌사의 판정 기준으로 발표하였다. 한국은 1993년 '대한의학협회'의 '뇌사에 관한 선언'에서 "① 사망은 심폐 기능의 정지인 심폐사 또는 전뇌 기능의 소실인 뇌사로써 판단한다. ② 뇌사의 판정은 생명의 존엄성을 훼손하는 무의미한 연명 치료행위의 중단, 새로운 생명을 재창조하는 장기 공여의 경우에만 시행한다. ③ 뇌사의 판정은 대한의학협회 제정(뇌사 판정 기준)에 따른다."고 하였다. 이에 따라 1999년 관련 법안을 제정·공포하였고, 2000년 '장기 등 이식에 관한 법률'이 효력을 발생하기 시작하였다.

　혼인상태에 관해서 유엔은 최소한 미혼(未婚, single or never married), 유배우(有配偶, married), 사별(死別, widowed and not married), 이혼(離婚, divorced and not remarried), 별거(別居, married but separated)로 구분하도록 권고하고 있다. 일부 국가에서는 유배우(결혼)를 법적인 결혼 외에 계약결혼을 별도 구분하기도 한다. 별거에서도 법률적이 아닌 사실적으로만 별거하는 경우, 이를 유배우자로 볼 것인가 아니면 별거 또는 이혼에 포함시킬 것인가 하는 혼동을 일으킬 수 있을 것이다. 많은 국가에서는 법률적이든 사실적이든 모두 별거에 포함시키고 있다.

　도시의 개념도 지역의 특성에 따라 다를 뿐만 아니라 동일한 지역 내에서도 시대에 따라 도시의 정의가 달라지고 있어, 도시만큼 개념상의 차이가 크고 다양하게 평가되는 것도 드물다. 도시의 정의는 인구의 크기, 행정적 기능, 법적 지위, 입지적 특성과 관련되는 것이지만 단순히 인구수만 가지고 본다면 미국은 인구 2,500명을 도시의 최소 인구로 규정하고 있으며 영국, 프랑스, 독일은 2,000명, 덴마크는 250명, 아이슬란드는 300명, 과테말라는 2,000명으로 수도 시설이 갖추어진 곳, 인도는 5,000명, 한국은 20,000명 등 나라마다 다양하다.

소득에 대한 개념 역시 명확히 하기가 곤란하다. 특정 기간 동안의 소득이 일정할 때는 평가하기가 비교적 용이하나 소득원이 다양하거나 일정하지 않을 때는 매우 어렵고 또 소득 평가 방법에 따라 상당한 차이가 있을 수 있다.

센서스의 항목 개념상의 차이나 모호성에서 오는 것뿐만 아니라 조사원의 자료수집방법이나 기술부족, 대상 인구의 누락 또는 중복, 응답자의 무지나 무성의, 심리적인 갈등, 기억의 상실 혹은 오류, 특정 항목에 대한 응답 기피 또는 거짓 응답 등은 센서스의 질적 저하를 초래하는 원인이 되므로 조사원이나 응답자 모두 성실하게 상호 협조해야 할 것이다.

한편, 센서스 실시 직후 또는 한 달 이내에 시행하는 센서스 사후조사가 있는데 이는 센서스 자료의 오류 형태와 오류 정도를 파악하기 위한 것으로 표본조사의 형태로 취해진다. 이것은 센서스 자료의 질을 평가하는 것이 주목적이기 때문에 센서스 방법과는 다른 방법으로 센서스 질문 항목을 조사하는데 주로 중복 및 누락의 정도와 응답의 신뢰성 파악을 중심으로 설계된다. 우리나라는 1960년부터 실시하고 있다.

2. 동태통계(動態統計, Vital Registration)

지금까지 설명한 인구센서스가 일정한 한 시점에서 조사된 정태적 인구통계라고 한다면 동태통계는 출생, 사망, 사산(死産), 이동, 혼인, 이혼, 양자결연(養子結緣), 때로는 질병까지도 포함하는 동태적 사상(事象)을 신고에 의해서 파악하는 인구통계이다. 다시 말해서 센서스가 시간의 한 단면적인 인구상태를 측정하는 일시적 동시 조사인 데 비해서, 동태통계는 연속적인 시간의 흐름 속에서 인구적 사건이 발생할 때마다 인구적 사상의 변화를 지속적으로 기록해 가는 통계방식이다.

역사적으로 인구의 동태 기록은 원래 교회 당국의 임무였다. 대개 출생과 세례, 결혼, 사망과 장례 따위가 종교적인 의식과 관련되어 있었기 때문이다. 동태 사상을 조직적으로 기록한 시초는 710년 일본의 어느 지역인 것으로 추정된다. 1497년 당시 톨레도(Toledo, 에스파냐의 도시) 대주교가 각 교구의 사제들에게 동태 사상을 기록해 놓도록 지시했으며, 영국에서는 헨리 8세 때 그를 대신해서 권력을 행사 할 수 있는 권능을 위임받은 영국국교회의 종무대관(宗務代官, Viscar General)이 출생세례, 장례, 결혼 건수를 기록하여 보유하도록 영국교 목사에게 지시했다. 또한 1563년에는 트렌토(Trento, 이탈리아의 북부 도시) 공의회가 로마 교회에 출생과 사망에 관해서 의무적으로 기록하도록 지시하였다(Peters and Larkin, 1989). 그리고 초기 동태통계의 한 형태로서 영국의 전 도시를 대상으로 사망자 수는 물론 사망자의 연령 및 사망 원인까지도 표로 작성해 놓은 사망력표(Bills of Mortality)가 있는데(Newman and Matzke, 1984), 이것이 오늘날의 생명표(生命表, Life Tables)의 모체가 되었다.

원래 '인구동태통계' 란 말은 영국의 파(W. Farr)가 처음 사용한 것으로 처음에는 보건, 질병, 사망에 관련된 자료만을 지칭하였으나 나중에는 혼인 및 출생 자료도 포함하게 되었으며(Peterson, 1975), 그의 노력으로 1874년에는 의무화되었다(Clarke, 1972). 여러 나라

표 Ⅳ-6. 여러 나라의 인구동태신고 항목별 의무화 연도

국명	출생신고	사망신고	결혼신고	이혼신고	사산
멕시코	1859	1859	1859	1859	1859
일본	1898	1898	1898	1898	1946
타이	1916	1916	1935	1935	1916
뉴질랜드	1855	1855	1855	*	1913
오스트레일리아	1784	1784	1784	1885	1784
벨기에	1796	1796	1796	1796	1796
체코	1784	1784	1784	*	1784
덴마크	1646	1646	1646	*	1646
핀란드	1628	1628	1628	1890	1628
프랑스	1792	1792	1792	1792	1792
독일	1876	1876	1876	*	1876
그리스	1925	1925	1925	1925	1925
이탈리아	1865	1865	1865	*	1865
노르웨이	1685	1685	1685	*	1685
폴란드	1946	1946	1946	1946	1946
포르투갈	1911	1911	1911	1911	1911
에스파냐	1871	1871	1871	*	1871
스웨덴	1686	1686	1686	1686	1686
스위스	1876	1876	1876	1876	1878
영국, 웨일스	1874	1874	1874	*	1926

* 이혼신고가 특수 지역 또는 특수 인종에 한해서만 실시되거나 또는 이혼신고제도 자체가 없는 경우임.
자료 : 이흥타(1994)

의 인구동태신고의 항목별 의무 연도는 표 Ⅳ-6과 같다.

인구동태통계는 어디까지나 신고에 의존하므로 신속하게 신고되지 않으면 효용 가치가 반감된다. 특히 후진국일수록 신생아의 출생이나 사망 신고가 지체되거나 누락되는 경우가 많은 반면, 노년층 비율이 상대적으로 높은 선진국의 경우에는 독신자나 무연고자 사망 신고의 누락이 많아 문제가 된다.

한국의 인구동태 연혁을 살펴보면 1949년 1월에 '인구동태조사법', 같은 해 12월 '인구동태조사령'이 발표되면서 호적신고와는 별도로 '인구동태신고제도'가 마련되었다. 1960년대 이전까지는 인구동태신고의 중요성이 널리 인식되지 않았으나 1960년 이후 급속한 인구증가와 함께 신고 자료의 중요성이 강조되었고, 1970년에 호적신고와 인구동태신고 항목을 통합하여 호적신고와 동시에 인구동태신고가 이루어지도록 하였다(이홍탁, 1994).

현행 인구동태신고 항목은 출생·사망·혼인·이혼·이동이며, 이와는 별도로 1968년 '주민등록법' 시행에 따른 전입·전출신고를 통해서 인구이동 상황을 파악하는 데 근본적인 자료를 제공하고 있다.

현재 출생과 사망은 30일 이내에, 혼인과 이혼은 발생 즉시, 그리고 이동은 14일 이내에 신고하도록 의무화되어 있다.

3. 표본조사(標本調査, Sample Survey)

인구자료를 수집하는 데는 조사항목에 따라 전체인구를 대상으로 하는 것보다는 특정 집단을 선정하여 집중적으로 투자하는 것이 보다 효율적일 수 있다. 이처럼 조사대상 전체(모집단) 가운데 일부분(표본)을 추출하여 이로부터 필요한 자료를 구하는 방법을 표본조사라 한다.

대개 센서스와 함께 수집되는 표본조사는 필요한 항목에 따라 5~15%의 표본을 추출하여 집중적으로 조사하는데, 채택된 표본에게는 별도의 조사표가 주어진다. 이 조사표에는 보통 센서스에서는 질문하기 어려운 인구적 자료나 사회경제적 활동 및 배경에 관한 질문이 포함되며, 그 결과는 센서스 보고서와 함께 싣는다. 2000년 한국의 센서스에서는 경제

활동상태, 총 출생 자녀수, 1년 전과 5년 전 거주지, 통근(통학) 시간과 교통수단, 아동보육 실태, 노인의 주 부양자 및 생계수단 등 경제활동, 출산력, 이동 상황, 정보 통신, 사회복지 의 기본 자료(아동 · 노인) 등과 관련하여 10% 표본조사를 병행, 실시하였다.

표본조사의 장점은 전수조사보다 훨씬 빠르고 간편한 용이성, 시간과 비용을 절약할 수 있는 경제성, 표본만을 대상으로 하기 때문에 보다 정확성을 기할 수 있다는 것, 보다 집중 적이고 자세한 정보를 얻을 수 있는 정밀성, 그 밖에 일정한 시기에 구애받지 않고 필요할 때 적절한 조사시기를 비교적 자유롭게 선택할 수 있는 시간 선택의 임의성을 들 수 있다. 그러나 표본의 추출이 과연 전수를 대표할 수 있는가 하는 대표성이 항상 문제될 수 있다.

표본조사의 결과는 다음과 같은 변수에 의해서 영향을 받을 수 있다. 즉, 표본설계와 추 출의 적의성(適宜性), 정보제공자(응답자)의 특성, 정보수집자(조사원)의 특성, 자료수집의 방법과 과정, 조사표에서 사용된 질문의 형식과 대화의 적절성 등이다.

제 2 부

인구와 공간

제1편

인구구성의 3요소

특정 공간의 인구집단구성은 원천적으로 출생·사망·이동에 의해서 이루어진다. 엄밀히 말해서 이 세 가지는 인구공간의 수적 변화를 결정하는 기본 인자이지만, 출생·사망·이동에는 또 이들 각각을 변화시키는 수많은 인자들이 있다. 따라서 이 세 가지를 인구구성의 요인으로 보기보다, 여기서는 공간적 인구구성의 원천이라는 점에서 공간의 인구구성 기본 3요소로 간주한다.

1편에서는 이 3요소를 대상으로 해서 출생력과 사망력의 평가방법, 결정인자, 그리고 이동의 유형, 현상, 이론 및 모형, 역사 등을 분석하기로 한다.

V. 출생

1. 출생력의 측정

출생은 사망과 함께 인구공간을 조직하는 1차적이고 원천적인 요소이다. 인구의 재생산력은 시대와 지역에 따라 상당한 차이가 있으며, 이는 그 지역의 사회적·문화적·경제적 상황과 밀접하게 관련되어 있다. 그러므로 인구연구에서 출생이나 사망에 대한 분석의 필요성과 그 중요성이 지대한 만큼 주의 깊게 다루어져야 한다. 가장 중요한 문제는 한 인구집단의 출생의 크기와 빈도, 즉 출생력을 어떻게 평가할 것인가 하는 것이다.

출생력을 측정하는 방법에는 조출생률, 일반출생률, 합계출생률, 재생산률 등 여러 방법이 있다. 그리고 '출생력'이라는 용어의 개념에는 두 가지가 있는데, 하나는 출생을 발생시킬 수 있는 생물학적 최대 능력을 가리키는 '출산력(fecundity)'이고, 다른 하나는 출생을 의사결정한 결과로 발생되는 행태적 측면의 '출생력(fertility)'이다. 인구학에서 쓰이는 출생력의 의미는 후자를 가리키지만 양자의 엄격한 구별 없이 혼용하는 경우가 빈번하다.

1) 조(粗)출생률(Crude Birth Rate, *CBR*)

출생력을 가장 쉽게 측정하는 방법으로 1년(조사 기간) 중 연앙(年央)인구(mid-year population) 1,000명당 발생시킨 출생수를 말한다.

즉, $CBR = \dfrac{B}{P} \times 1,000$

P : 1년 중 연앙인구
B : 1년 중 발생한 출생수

*2005 World Population Data Sheet*에 의하면 세계 평균 조출생률은 21(선진국 11, 개도국 27)이다. 이를 대륙별로 살펴보면 표 V-1과 같다. 아프리카(38)와 중앙아메리카(25)는 세계 평균수준을 상회하고, 남아메리카(21)와 아시아(20)는 평균수준이며 북아메리카(14), 오세아니아(17), 유럽(10)은 평균 이하이다. 특히 아프리카와 아시아는 지역에 따른 편차가 매우 크다.

한국의 조출생률은 1988년 16에서 2005년에는 10으로 낮아졌는데 2005년 현재 한국과 비슷한 수준으로는 싱가포르, 이탈리아, 스위스, 루마니아, 에스파냐, 보스니아-헤르체고비나 등이 있다. 북한은 같은 기간 31에서 16으로 낮아졌다.

표 V-1. 대륙별 조출생률, 2005년

세계	21
선진국	11
개도국(중국 제외)	27
아프리카	38
북부	26
서부	43
동부	41
중부	44
남부	24
북아메리카	14
중앙아메리카	25
카리브 제국	20
남아메리카	21
아시아	20
서부	27
중남부	26
동남부	22
동부	12
유럽	10
북부	12
서부	10
남부	10
오세아니아	17

출처 : The Population Reference Bureau(2005), *2005 World Population Data Sheet*

2) 일반출생률(General Fertility Rate, *GFR*)

　조출생률은 전체인구에 대한 출생빈도를 측정하는 것이므로 매우 불합리한 측면이 있다. 왜냐하면 그 속에는 출산과 관계없는 유·소년층, 노년층도 모두 포함되어 있기 때문이다. 이같이 불합리한 점을 배제시킨 것이 일반출생률이다. 일반출생률은 실제 출생을 발생시킬 수 있는 가임연령층만을 대상으로 한 출생빈도의 측정이므로 조출생률보다는 현실적이며 합리적인 방법이라 할 수 있다.

　이를 등식으로 표현하면 다음과 같다.

$$GFR = \frac{B}{F_{15\text{-}49}} \times 1,000$$

B : 조사기간(1년) 중 발생한 출생수

$F_{15\text{-}49}$: 15~49세의 가임여성 연앙인구

3) 연령별출생률(Age-Specific Fertility Rate, *ASFR*)

일반출생률은 가임여성집단이라 하더라도 실제적으로 나타나는 연령에 따른 차별출생력을 고려하지 않은 채, 가임여성 전체를 하나의 연령집단(age-cohort)으로 간주하여 이로부터 출생수준을 평가한 것이다. 따라서 가임여성 내에도 각 연령별로 출생률을 측정한다는 것은 서로 다른 인구구성 요인으로부터 발생하는 출생력의 차이(출생력에 미칠 요인)를 제거한 가장 이상적이고 표준화된 출생률이라 할 수 있다.

연령별출생률의 등식은 다음과 같다.

$$ASFR = \frac{B_a}{F_a} \times 1,000$$

B_a : a세 연령의 가임여성이 1년 중 발생시킨 출생수

F_a : a세 연령의 가임여성 연앙인구

연령별출생률은 각 연령단위별로 출생률을 계산하는 것이 원칙이나 편의상 5세 연령층별(five-year age group)로 측정하는 경우가 많다. 또한 이것은 특정 인구집단의 출생수준을 평가할 때 단독으로 쓰이기보다 보통 합계출생률의 측정에 이용된다.

4) 합계출생률(Total Fertility Rate, *TFR*)

합계출생률은 한 가임여성이 15~44세(또는 15~49세)까지 30년간(또는 35년간)의 가임기간을 거치는 동안 발생시킨 출생수를 가리킨다. 즉 특정 조사연도에 가임여성의 각 연령

층별 출생수를 측정하여 이를 합계한 것이다. 간단히 말하면 한 여성이 평생 동안 출생시
킨 자녀수이며, 연령별출생률의 합계로서 나타난다. 이것 역시 통상적으로 5세 연령층을
한 코호트로 취급하며 등식은 다음과 같다.

$$TFR = \left(\frac{B_{15-19}}{F_{15-19}} + \frac{B_{20-24}}{F_{20-24}} + \cdots\cdots + \frac{B_{40-44}}{F_{40-44}} \right) \times 5$$

$$= 5 \sum_{a=1}^{6} \frac{B_a}{F_a}$$

합계출생률이 2.0이라 하면 한 쌍의 부부가 평균 2명의 자녀를 낳는다는 뜻이며 이론상
으로는 대체수준(代替水準, replacement level)에 이르고 있음을 의미한다.

표 V-2는 세계 여러 나라의 합계출생률을 비교한 것이다. 아주 높은 수준은 니제르, 말
리, 소말리아, 우간다, 앙골라 등 대부분 아프리카 국가들에서 나타나며, 중간 수준은 라오
스, 파키스탄, 과테말라, 가봉, 온두라스, 볼리비아, 나우루, 투발루, 리비아 등 아프리카,
중·남미, 아시아, 오세아니아의 여러 개도국에서, 그리고 가장 낮은 수준은 캐나다, 쿠바,
이탈리아, 일본, 라트비아, 한국 등에서 나타난다.

한국의 합계출생률은 그림 V-1에서와 같이 1960년 6.0이었는데 당시 도시(5.4)와 촌락
(6.7) 간에는 상당한 차이가 있었다. 1966년에는 5.4로 크게 낮아졌으며 특히 도시(3.7)의

표 V-2. 세계 여러 나라의 합계출생률

등급	국가
6.0 이상	니제르(8.0), 말리(7.1), 소말리아(7.0), 우간다(6.9), 아프가니스탄(6.8), 앙골라(6.8), 말라위(6.5), 차드(6.3), 예멘(6.2),
4.0~6.0	나이지리아(5.9), 에티오피아(5.9), 르완다(5.7), 탄자니아(5.7), 이라크(5.1), 라오스(4.8), 파키스탄(4.8), 아이티(4.7), 사우디아라비아(4.5), 가나(4.4), 과테말라(4.4), 가봉(4.3), 나미비아(4.2), 온두라스(4.1), 쿠웨이트(4.0), 나우루(3.7)
3.0~4.0	볼리비아(3.8), 니카라과(3.8), 투발루(3.7), 리비아(3.5), 필리핀(3.5), 이집트(3.2), 보츠와나(3.1), 방글라데시(3.0),
2.0~3.0	파라과이(2.9), 남아프리카(2.8), 피지(2.7), 모로코(2.5), 브라질(2.4), 터키(2.4), 자메이카(2.3), 베트남(2.2), 튀니지(2.1), 칠레(2.0), 코스타리카(2.0), 뉴질랜드(2.0), 북한(2.0), 미국(2.0)
2.0 미만	덴마크(1.8), 핀란드(1.8), 푸에르토리코(1.8), 네덜란드(1.7), 스웨덴(1.7), 영국(1.7), 중국(1.6), 트리니다드토바고(1.6), 캐나다(1.5), 쿠바(1.5), 그리스(1.3), 헝가리(1.3), 이탈리아(1.3), 일본(1.3), 라트비아(1.3), 루마니아(1.3), 싱가포르(1.3), 에스파냐(1.3) 한국(1.2), 대만(1.2), 홍콩(1.0)

자료 : UN, Population Reference Bureau(2005), *World Population Data Sheet*

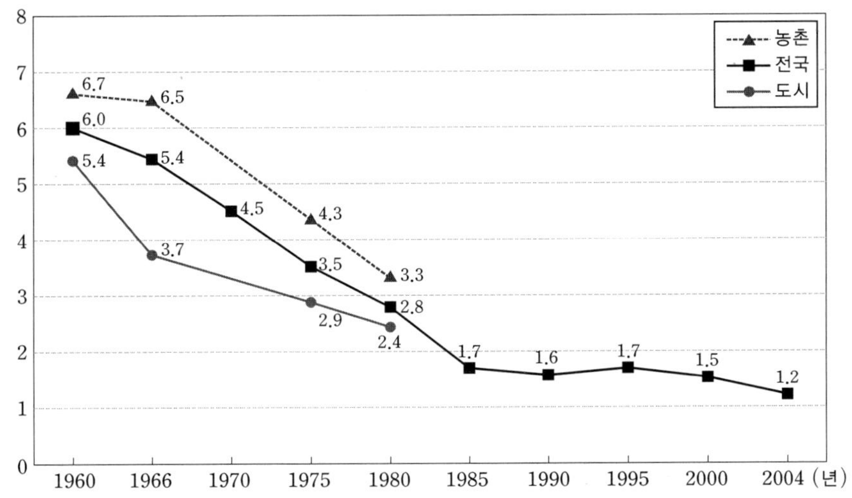

* 도시 · 농촌은 1974년과 1981년 통계임

자료 : 통계청(2001), 『장래인구추계』 ; 한국교육개발원(1985), 『인구문제와 인구교육』, 78

급강하로 도촌 간의 차이는 더욱 커졌다. 이는 정부의 적극적 가족계획 정책의 결과이며 가족계획의 참여도 도시가 빨랐음을 말해 준다. 인구정책의 효과는 누진되어 1980년(2.83) 3.0 이하로 떨어졌으며 1983년에 대체수준(2.1)에 이르렀다. 1981년(2.7)~1985년(1.7)에 무려 1.0이나 하락하였으니 이 기간 동안 우리나라는 개도국에서는 유례없는 출생률 감소를 경험한 것이다. 이 같은 격감 추세는 가족계획의 필요성에 대한 깊은 인식과 지식의 보급에 기인한다. 특히 20~24세 연령층의 결혼율 둔화와 함께 35세 이후 연령층의 피임 행위가 출생률 격감 추세로 나타난 것이다. 감소 추세는 지속되었고 도촌 간의 격차도 거의 사라졌으며, 이후 저출산 시대 풍조가 더욱 확산되면서 1990년에는 1.6으로 저하되었다. 2000년에 1.47이었던 합계출생률은 1.30(2001년), 1.17(2002년)의 빠른 속도로 감소하다가 2003년 1.19로 약간 올랐으나 2004년에 다시 1.15까지 하락, 캐나다(1.5), 일본(1.3), 싱가포르(1.3)보다도 낮은 세계 최저수준을 기록하고 있는 상태이다.

5) 총재생산율(Gross Reproduction Rate, *GRR*)

    총재생산율은 합계출생률 가운데 여아의 출생수만을 가리킨다. 그러므로 총재생산율은 대략 합계출생률의 절반이다.

    총재생산율은 다음과 같은 식으로 표현된다.

$$GRR = 5 \sum_{a=1}^{6} \frac{FB_a}{F_a}$$

FB_a : a세 연령층의 가임여성이 1년 중 발생시킨 여아 출생수

    총재생산율은 출생을 직접 발생시키지 않는 남성은 완전히 배제하고 한 세대의 가임여성과 다음 세대의 가임여성을 직접 비교함으로써 인구성장의 잠재적 가능성을 측정하는 개념이다. 따라서 한 인구집단의 규모가 앞으로 증가, 감소, 또는 현 상태의 유지 중 어느 형태로 나타날 것인가를 평가하는 기준이 된다. 총재생산율이 1이면 당대의 어머니가 다음 세대의 어머니와 동일함을 의미하는 것이므로 이론상 대체수준에 이르는 것이 되며 1보다 큰 경우는 증가, 1보다 작은 경우는 감소를 의미한다.

6) 순재생산율(Net Reproduction Rate, *NRR*)

    총재생산율은 한 연령코호트(출생코호트, 동시 발생 집단)가 출생부터 가임기가 끝나는 연령의 시점까지 사망하지 않고 모두 생존하는 것으로 가정하여 출생률을 계산한 것이다. 순재생산율은 이론적으로 여성의 출생코호트가 출생부터 가임연령이 끝나는 44세까지 주어진 연령별출생력과 사망력을 동시에 고려하여 출생수준을 측정하는 방법이다.

$$NRR = \left(\frac{FB_{15\text{-}19}}{F_{15\text{-}19}} \times \frac{{}_5L_{15}}{l_0} + \frac{FB_{20\text{-}24}}{F_{20\text{-}24}} \times \frac{{}_5L_{20}}{l_0} + \cdots\cdots + \frac{FB_{40\text{-}44}}{F_{40\text{-}44}} \times \frac{{}_5L_{40}}{l_0} \right) \times 5$$

$$= 5 \sum_{a=1}^{6} \left(\frac{FB_a}{F_a} \times \frac{{}_5L_a}{l_0} \right)$$

$_5L_a$: 생명표상의 a세 연령층(5세 간격)의 인(人) – 연수(年數)

(person - years, 총개인생존기간)

l_0 : 생명표상의 순간연령 0세의 인구

결국 순재생산율은 주어진 연령별사망률에 따라 사망을 경험하면서 동시에 가임연령 기간에 주어진 연령별출생률을 경험할 때 몇 명의 여아를 낳는가를 가리킨다. 순재생산율이 1.0이면 이론상 완전 대체수준에 이른 것이 된다. 일단, 완전 대체수준에 이르면 출생수와 사망수가 똑같은 수준이 되는 것이며 다출산에서 소출산으로 가는 과정에서 대체수준에 도달한 경우라면 보통 40~75년 후 정지(停止)인구가 된다.

7) 모아비(母兒比, Child-Woman Ratio, *CWR*)

모아비는 출생력을 측정하는 직접적인 방법은 아니지만 출생 신고 자료를 얻기 어려울 경우에 많이 사용되는 간접적인 측정방법이다. 모아비는 다음과 같은 등식으로 표현된다.

$$GWR = \frac{P_{0\text{-}4}}{F_{15\text{-}44}} \times 1,000$$

$P_{0\text{-}4}$: 5세 미만의 어린이 수

$F_{15\text{-}44}$: 15–44세의 가임연령층 여성수

즉, 모아비는 한 시점의 가임기 여성과 4세 이하의 영·유아를 직접 비교함으로써 출생 수준 평가에 대신하는 것이다. 모아비는 총출생아가 아닌 현재 생존하고 있는 5세 미만의 영·유아만으로 출생력을 파악하고, 또 과거 5년간의 출생을 동시에 취급하기 때문에 그 기간 사이의 출생률이나 사망률의 변화, 인구이동의 영향을 크게 받게 되므로 직접적인 출생력 측정은 되지 못한다.

표 V-3에서 보는 바와 같이 우리나라는 1960년 849에서 1980년 424로 절반으로 낮아졌다. 1990년에는 290으로 1983년의 영국이나 일본의 수준과 비슷하였으며 2000년에는 140으로까지 빠른 속도로 저하되었다.

모아비의 긴접 출생력 평가는 0~4세의 어린이는 과거 5년 동안의 출생아 가운데 생존

표 Ⅴ-3. 한국의 모아비 변화 및 다른 나라와의 비교

국가	조사연도	모아비
오스트레일리아	1986	320
미국	1984	318
영국	1983	296
일본	1983	293
인도	1981	632
인도네시아	1984	645
한국	1960	849
	1966	744
	1970	650
	1975	538
	1980	424
	1985	368
	1990	290
	1995	138
	2000	140

자료 : UN(1984), 『인구통계연보』 ; 통계청, 인구센서스

아동수이므로 영아 및 유아의 사망력이 높은 나라일수록 실제의 출생력보다 낮게 평가된다는 사실에 유념해야 한다.

2. 출생력 인자(因子)

모든 생물과 함께 인간도 생태계의 한 구성원이므로 인간의 재생산력도 순수한 인간의 생물학적 요소 외에 여러 사회환경적인 요인에 의하여 영향을 받게 된다. 여기서는 편의상 생물학적 인자, 사회 · 문화적 인자, 경제적 인자로 구분하여 이들 요인들과 출생력의 관계를 분석하기로 한다.

1) 생물학적 인자

출생력을 생물학적 요인의 측면에서 본다면 이는 곧 출산력(fecundity)을 의미한다. 출산력은 개개인의 연령과 건강 상태 및 자연환경에 따라 영향을 받는데, 무엇보다도 연령은 출산력을 결정짓는 1차적 요인이다. 출생력의 측정 방법이 가임연령에 근거한 것으로 보아서도 우선적으로 알 수 있는 사실이다. 그러나 실제로 연령이 출산력에 미치는 영향은 성(性)에 따라 상당한 차이가 있다. 즉, 여성은 남성에 비해서 출산력의 연령 한계가 비교적 명확하게 나타난다.

출산력은 단순히 연령뿐만 아니라 개개인의 건강 상태와도 직결되어 있다. 이는 사망력이 연령에 따라서만 달라지지 않는 이치와 같다. 건강과 관련해서 유념해야 할 것은 여러 가지 질병 가운데도 성병(性病)이다. 성병은 출산력은 물론, 출생력의 행태적인 측면과도 관련되기 때문이다.

자연환경은 비록 연령이나 건강에 비해서 생물학적 영향력은 떨어지지만 인간의 건강이 자연환경과 밀접한 관계가 있는 한 결코 무시할 수 없는 인자이다. 예를 들어 제임스(James, 1966)는 출산력이 고도(高度)와 관련 있음을 밝히고 있다.

2) 사회 · 문화적 인자

출생은 성교–임신–출산의 과정을 거친 생물학적 현상이지만 전적으로 생물학적 현상만은 아니다. 출생을 합리적으로 발생시킬 수 있는 1차적인 사회요인은 혼인이다. 출생은 혼인이라고 하는 사회의 공식적 합의를 통해서만 인정될 수 있기 때문이다. 그러므로 혼인 상태는 출생과 관련해서 매우 중요한 인자로서 작용할 수밖에 없다.

혼인은 가임연령층의 출산 기회를 반영하는 것이므로 혼인율은 출생력을 결정짓는 가장 기본적인 인자이다. 혼인율의 측정 방법에는 여러 가지가 있으나 그 중에서도 특정 연도의 15세 이상 미혼 인구 1,000명당 결혼수를 나타내는 일반혼인율(General Marriage Rate, GMR)이 가장 널리 쓰인다. 1970년대 이후 선진국들에서는 혼인율의 감소 추세가 두드러지고 있다.

혼인연령, 특히 초혼연령은 출산장(出産場)에 머무는 시간을 우선적으로 규정하기 때문

표 V-4. 한국의 초혼연령, 1935-2000년

연도	초혼연령	
	남성	여성
1935	21.1	17.1
1955	24.5	20.5
1960	26.4	21.6
1966	26.7	22.8
1970	27.1	23.3
1975	27.4	23.7
1980	27.3	24.1
1985	27.8	24.7
1990	27.8	24.8
1995	28.4	25.4
2000	29.3	26.5
2002	29.8	27.0

자료 : 통계청, 『인구동태통계연보』

에 혼인율 못지않게 출생력의 중요 인자로 간주된다.

표 V-4를 보면 한국의 초혼연령 변화가 꾸준히 상승하여 왔음을 알 수 있다. 2000년의 초혼연령은 1935년에 비해 남성 8.2세, 여성 9.4세의 만혼을 보이고 있다. 1970년대 이후 한국 여성의 초혼연령은 서구의 여러 나라와 비슷한 수준을 나타낸다. 1970년 한국 여성의 초혼연령(23.3세)은 오스트리아(23.1), 핀란드(23.0), 룩셈부르크(23.0)보다 약간 높으며, 1980년의 한국(24.1세)은 아일랜드, 이탈리아와 같다. 1925년의 여성 혼인연령은 16.6세로 전통적 유교사상이 지배적이었던 당시 우리나라의 조혼(早婚) 현상을 잘 반영하고 있다.

혼인기간도 고려되어야 할 중요한 인자이다. 혼인율은 어디까지나 출생을 발생시킬 명목상의 합법적 기회를 취득한 인구의 비율을 말하는 것에 불과하다. 실제적인 결혼 지속을 의미하거나 일시적 중지, 별거 또는 해체와 같은 결혼 중에 출생과 직접 관련되는 실제적인 내용에 관한 정보까지 내포하는 것은 아니다. 즉, 사실상의 혼인상태의 지속 여부가 출생력의 인자로서 취급되어야 한다는 것을 의미한다.

출생력은 또한 혼인기간 중의 성교, 피임, 임신중절의 실행 여부와 직접적인 관련이 있다. K. 데이비스(K. Davis, 1963)는 그의 연구에서 일본이 현대화하는 과정 가운데 가장 중요한 역할을 했던 인구적 반응이 바로 임신중절이었음을 밝힌 적 있다. 피임은 출생력을 결정하는 가장 중요한 성의 행태이다. 맬서스(Malthus)는 피임을 죄악시하였으나 현대 사회에서는 피임이 인구조절의 가장 실천적·합법적 위치에 있다. 한 부부가 가족을 구성하는 과정 중에 그들의 가족계획에 따라 자유로이 선택할 수 있는 가장 보편적이며 실제적인 의사결정인 것이다. 피임이 출생력을 억제하는 데 실제적으로 어느 정도의 효과가 있는지는 이른바 피임의 KAP과 관련된다. 즉 피임의 지식(knowledge), 피임에 대한 태도와 가치관(attitude), 그리고 피임의 실행(practice) 여하에 달려 있는 것이다.

한국보건사회연구원에서 15~44세의 유배우 부인을 대상으로 조사한 '가족계획 실태' 표 V-5를 보면 피임 실천율은 1979년에 50%를 넘어섰고 1997년에는 80%를 상회하는 최고 기록을 보인다. 2000년의 35세 이상 연령층에서는 정관 또는 난관시술 등 영구불임시술이 압도적이다(2명 이상의 자녀를 둔 부인의 실천율은 92.7%에 이름). 교육 정도는 낮을수록 피임 실천율이 높게 나타나는데, 이는 1979년과는 상반되는 현상이다.

표 V-5. 15-44세 유배우 부인의 가족계획 실태

(단위 : %)

연도	가족계획 실천율	가족계획 방법					
		정관 수술	난관 수술	자궁 내 장치	먹는 피임약	콘돔	기타
1976	44.2	4.2	4.1	10.5	7.8	6.3	11.3
1979	54.5	5.9	14.5	9.6	7.2	5.2	12.1
1982	57.7	5.1	23.0	6.7	5.4	7.2	10.3
1985	70.4	8.9	31.6	7.4	4.3	7.2	11.0
1988	77.1	11.0	37.2	6.7	2.8	10.2	9.2
1991	79.4	12.0	35.3	9.0	3.0	10.2	9.9
1994	77.4	11.6	28.6	10.5	1.8	14.3	10.6
1997	80.5	12.7	24.1	13.2	1.8	15.1	13.6
2000	79.3	13.0	18.3	13.7	2.1	16.5	15.7
동 부	79.2	13.3	17.8	13.5	2.0	16.9	15.7
읍 면 부	80.2	8.7	24.3	16.0	2.4	12.3	16.5
15-24세	43.5	1.4	0.5	2.4	6.6	21.3	11.3
25-29세	57.0	2.9	2.4	10.4	2.3	22.2	16.8
30-34세	81.3	11.6	8.6	17.8	2.9	21.2	19.2
35-39세	89.3	17.6	21.1	17.6	1.6	15.5	15.9
40-44세	87.7	18.4	39.2	9.4	0.9	8.0	11.8
초졸 이하	85.3	11.9	50.0	10.2	2.4	3.6	7.2
중 학 교	88.9	14.0	39.2	14.9	2.1	8.0	10.7
고등학교	78.4	13.3	16.2	15.6	2.6	15.1	15.6
대학 이상	75.4	12.0	7.5	10.1	1.1	19.7	19.7

자료 : 한국보건사회연구원, 『전국 출산력 및 가족보건실태조사』 ; 통계청(2002), 『2002 한국의 사회지표』, 110

사진 V-1. 워싱턴에서의 낙태 찬반 대립

낙태 선택권을 주장하며 시위를 벌이고 있는 일단의 여성들이 이를 반대하는 피켓을 들고 서 있는 생명보호 운동가와 언쟁을 벌이고 있다.

자료 : 로이터/뉴시스(조선일보 2004. 4. 27.)

사진 V-2. 낙태 반대론자들의 가두시위

미연방대법원이 낙태 합법화 판결을 내린 지 32주년이 되는 2005년 1월 24일 워싱턴 도심에서 대법원까지 가두시위를 벌이고 있다. '생명을 위한 행진' 이라고 쓴 플래카드를 들고 있다.

자료 : 워싱턴＝AP연합(동아일보 2005. 1. 25.)

임신중절은 출생력 억제 요소로서 상당한 역할을 해 온 것이 사실이나 산모의 건강이나 도덕성과 관련하여 많은 논쟁과 사회문제를 야기하는 것 또한 사실이다(사진 V-1, 사진 V-2, 그림 V-2). 미국에서도 이 문제는 동성애, 사형제도, 안락사와 함께 커다란 사회적 쟁점이 되고 있다.

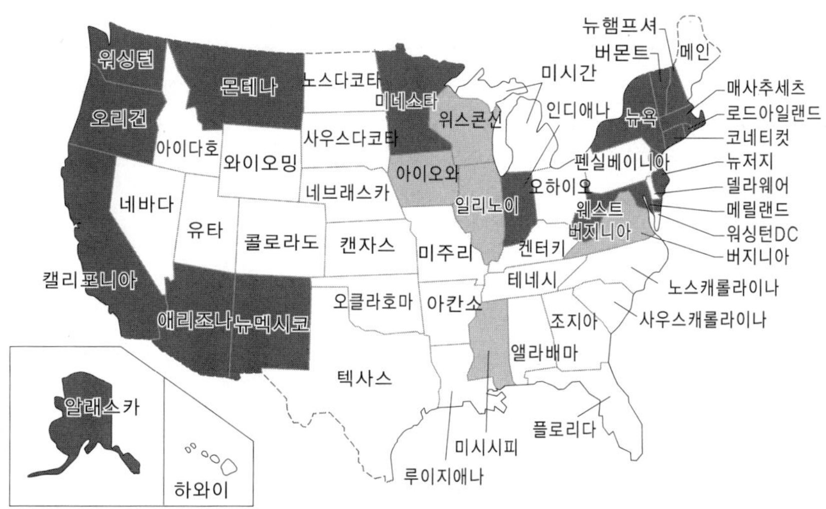

자료 : 동아일보 2005. 1. 26.

출생력은 국가정책과도 깊이 관련된다. 한국을 비롯하여 대만, 타이, 중국 등 세계 여러 나라에서의 성공적인 출생력 감소 사례는 가족계획에 대한 국가정책의 영향이 얼마나 중요한가를 잘 보여 주고 있다. 이에 대해서는 3부에서 상술하기로 한다.

교육수준은 다른 인자들에 비해서 보다 다양한 양상으로 출생력에 영향을 미친다. 소득, 경제활동 참여 등의 경제적 변수들, 그리고 혼인연령, 가임력, 영아 및 유아사망력, 피임 등의 인구적 변수들과도 밀접하게 관련되어 출생력에 영향을 행사한다.

프리드먼과 쿰스(Freedman & Coombs, 1974), 스피어(Speare, 1973) 등은 대만의 연구에서 교육수준과 희망 자녀수가 역비례함을 발견하였다. 높은 교육수준은 혼인연령을 늦추고 가임기간을 단축시킴으로써 출생력을 감소시키는 결과를 초래하기 때문이다. 또한 취업의 기회, 특히 전문직 고임금으로 인한 취업의 욕구와 지속성을 강하게 자극함으로써 결혼과 출산을 지연시킨다. 교육수준이 높은 여성일수록 출산에 따르는 기회비용도 많기 때문에 보다 적극적이고 효과적인 피임이나 소자녀 단산(斷産)으로써 출생력을 줄이며, 소가족 지향의 이상적 가족규모(ideal family size)를 선호하는 경향이 현저하다.

동일한 지역(국가) 내에서도 인종에 따라서 출생력의 차이가 나타난다. 표 V-6은 미국의

표 V-6. 미국 여성의 인종과 고용상태에 따른 차별출생력, 1990년(*TFR*)

연령 및 고용상태	백인	흑인	히스패닉	전체
15-24				
고용인	0.2	0.5	0.4	0.3
비고용인	0.4	0.7	0.6	0.5
25-34				
고용인	1.1	1.5	1.5	1.1
비고용인	1.9	2.3	2.1	1.9
35-44				
고용인	1.8	2.1	2.4	1.8
비고용인	2.3	2.7	2.9	2.3

자료 : 미국 Bureau of the Census(1990)

그림 V-3. 미국의 15-17세 연령층의 흑백 간 조출생률 차이, 1970-1988년

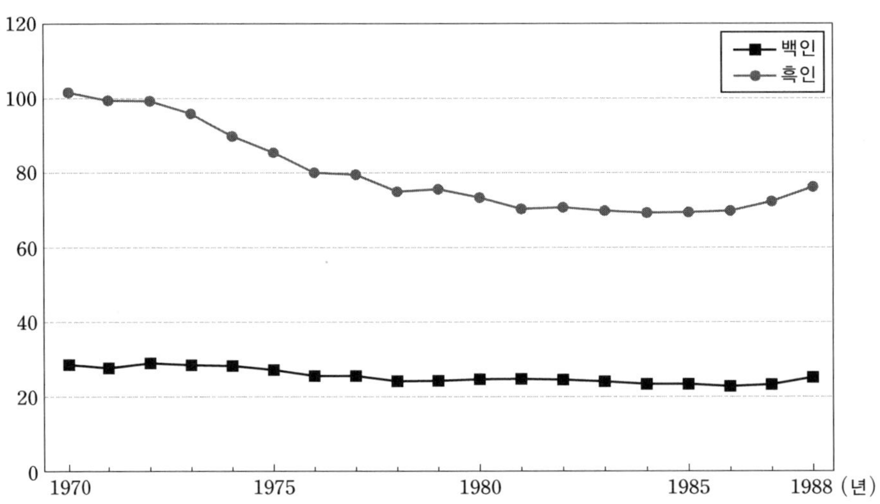

자료 : National Center for Health Statistics(1990), *Monthly Vital Statics Report*, 39(4, Suppl.)

연령별 출생력이 인종과 고용상태에 따라 차이가 있음을 보여 주고 있다.

특히 흑백 간에는 역사적 · 전통적으로 차별출생력이 존재하여 왔다. 코올과 젤닉(Coale & Zelnik, 1963)에 의하면 미국 흑인(African American)의 합계출생률은 1882년 7.26, 1892년 6.32, 1902년 5.37, 1907년 4.84였으나, 같은 해 백인(white American)은 각각 4.25, 4.01, 3.38, 3.52로 나타났다. 뿐만 아니라 그림 V-3에서와 같이 1970년부터 1988년 사이 어린 소녀연령층(15~17세)의 출생률에서도 양자 사이에 엄청난 차이가 난다.

출생력의 차이는 도촌 간에도 발생하며 일반적으로 후진국일수록 뚜렷하다. 한국 산모의 거주지 행정단위별(시·읍·면부) 출생수를 보면 1970~2000년의 30년 기간 면부의 여성은 읍부보다, 읍부의 여성은 시부보다 자녀수가 많다. 예컨대, 2000년의 경우 15~54세의 평균 출생아 수는 시·읍·면별로 각각 1.25, 1.53, 1.75명이다. 이미 출산을 종료했거나 종료 단계에 있는 40~44세의 경우에도 각각 1.91, 2.05, 2.24명의 자녀를 가지고 있는 것으로 나타났다. 이것은 도촌 간에 확실한 차이를 보여 주는 것이다. 그러나 출생수준은 빠른 속도로 감소하여 왔으며, 특히 도시보다 촌락이 더 빠르다.

종교에 따라서도 차별출생력을 보인다. 특히 가톨릭계와 비가톨릭계의 차이가 두드러진다. 그러나 이들 간의 차별출생력은 최근 미미해진 것으로 평가된다. 이것은 종교가 함유하는 철학적 내지 신학적 사상의 차이보다 시대적, 사회·경제적 환경 변화가 우선하기 때문인 것으로 보인다.

3) 경제적 인자

출생력이 경제적 발전 수준과 역비례 관계에 있다는 것은 오랫동안 통념으로 받아들여지고 있는 사실이다. 조출생률과 1인당 GNI(PPP)와의 관계를 나타낸 그림 V-4에서도 어느 정도 이를 알 수 있다.

이와 관련하여 출생을 가정 경제의 미시적 관점에서 분석한 것으로 '출생의 경제적 이론(economic theory of fertility)'이 있다. 이것은 자녀의 출산 목적을 인간의 종(種)의 유지라고 하는 궁극적 목적 외에 어린이의 경제적 가치에 두고 있음을 시사하는 것이다. 출생의 경제적 이론은 한 쌍의 부부가 출생을 발생시키는 의사결정을 할 때 부부가 인지하는 출생아에 대한 비용(cost)과 이익(benefit)을 고려한 결과, 비용이 더 크게 인지될 경우에는 출생에 대한 부정적 반응이 작용하고 그 반대일 경우 긍정적 반응이 작용한다는 것이다. 여기서 말하는 비용과 이익이란 비단 경제적인 요소뿐만이 아니라 비경제적인 요소도 함께 내포되는 개념이다. 예를 들면, 어린이에 대한 가치관과 부모 자신의 자아실현, 심리적 만족감, 사회적 주체성과 지위 확보, 자녀 양육에 따르는 부담감, 근심, 걱정거리 등 비경제적 요소도 함께 고려한다는 것이다.

어린이는 부모의 노년기에 경제적 생활 안정의 원천이 될 수 있다는 사고나, 생산 요소

그림 V-4. 조출생률과 1인당 GNI(PPP)와의 관계

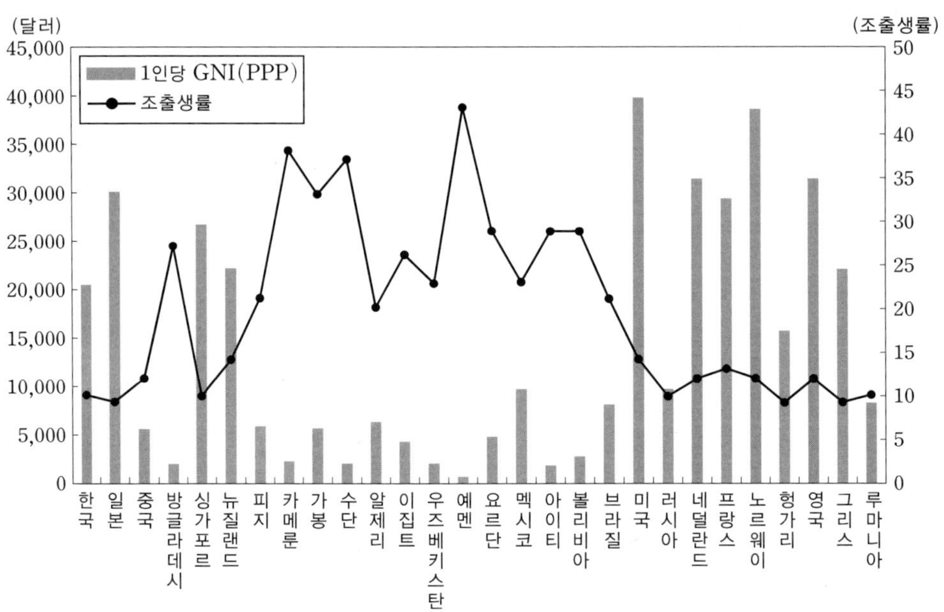

자료 : The Population Reference Bureau(2005), *2005 World Population Data Sheet*

로서의 어린이에 대한 가치 관념은 후진국일수록 그리고 도시보다는 촌락 지역에서 현저하며 이것이 곧 대가족 가치 지향적으로 나타나게 되는 주요 원인이 된다.

한편, 사회적·경제적 여건의 향상과 발전에 따른 여성들의 사회 참여와 경제활동인구의 증가는 비용으로서 인식되는 출산의 기회비용(opportunity cost)이 갖는 출생력 억제 요소로서의 중요성을 한층 높이고 있다. 그림 V-5는 한국의 25~29세 연령층 여성의 경제활동 참가율을 보여 주고 있다. 전체 여성의 경제활동 참가율은 1980년 38.5%에서 2000년에는 46.1%로 증가하였다. 25~29세의 연령층만 보면 같은 기간 32.0%에서 55.7%로 대폭 증가하였으며, 그로부터 불과 4년 후인 2004년에는 무려 64.0%로 1980년의 2배로 증가하였다. 이 같은 현상은 그림 V-6의 20대 여성 미혼율 변화와도 무관하지 않다. 지금까지 출산의 주 연령층이었던 25~29세 여성 중에서도 40.1%(2000년)가 미혼이며 30~34세의 미혼율은 10.7%, 35~39세도 4.3%에 이르고 있다.

이와 같은 사실은 인구재생산의 주력인 20대 후반의 한국 여성들이 출산보다는 경제활동에 참여함으로써 결혼 및 출산의 기회를 미루거나 줄이며, 결국 출산장에 머무는 시간을 단축하고 출생력을 떨어뜨리는 결과로 이어질 수 있음을 단적으로 말해 주는 것이다.

그림 V-5. 한국 여성 25-29세 연령층의 경제활동 참가율, 1980-2004년

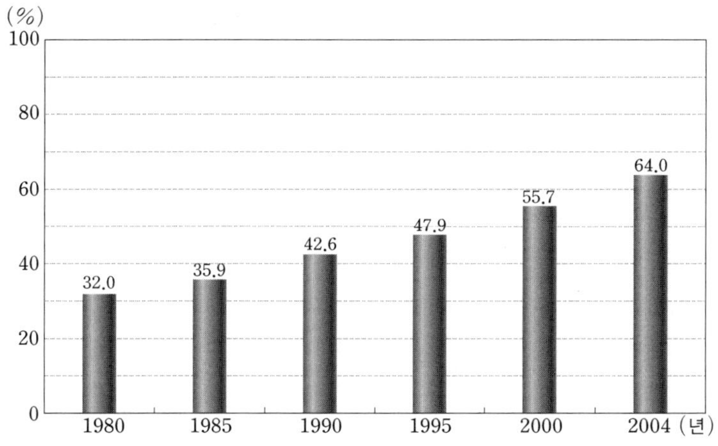

자료: 한국은행

그림 V-6. 한국 20대 여성의 미혼율 변화, 1970-2000년

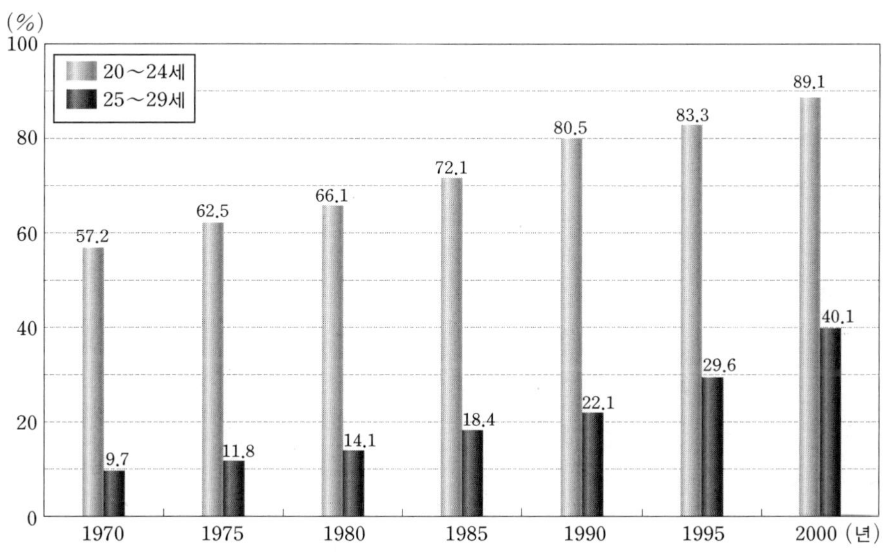

자료 : 통계청(2001), 『장래인구추계』

소득과 출생력과의 관계를 설명하면서 소득을 상대적 개념으로 해석한 것이 프리드먼 (Freedman)의 상대소득이론이다. 프리드먼은 자녀의 출산 기회를 갖는 부부가 그들의 연 령, 직업, 교육, 및 거주지를 근거로 산출한 기대소득에 대한 실제소득의 비를 상대소득

(relative income)이라 정의하고 이러한 상대소득의 개념이 실제소득(절대소득)보다 출생력 분석에 더 유용함을 주장하였다. 즉, 실제소득이 높다 하더라도 부부의 연령과 사회적 지위를 고려한 연후의 소득이 다른 인구집단의 소득에 비해서 상대적으로 높다고 인식될 때, 그리고 그 정도가 높으면 높을수록 자녀에 대한 욕구로 전환됨으로써 출생력은 상승한 다는 것이다.

3. 출생력의 공간 분포

합계출생률의 국가별 공간 분포를 나타낸 앞의 표 V−2에서 보면 출생력이 시·공간에 따라 매우 다양하고 심한 불균형 분포를 보임을 알 수 있다. 보통 조출생률과 합계출생률 의 두 가지 정보를 가지면 특정 지역에 관한 출생수준의 추세와 경향은 쉽게 파악할 수 있 다. 그러므로 여기서는 조출생률을 대상으로 세계 출생력의 공간 분포를 파악하도록 한다.

*World Population Data Sheet(2005)*에 의하면 세계 평균 조출생률은 21이다. 1988년의 28에 비하면 상당히 낮아진 것이다. 이를 대륙별로 보면 앞의 표 V−1과 같이 아프리카가 38로 가장 높으며 특히 서부 아프리카의 기니비사우, 라이베리아, 말리, 니제르, 시에라리 온 등은 50을 상회한다. 그러나 지중해 연안의 북부 아프리카나 남아프리카공화국 중심의 남부 아프리카는 25~26으로 중앙아메리카나 남서부 아시아와 비슷한 수준이다. 전반적으 로 유럽은 10~12의 대단히 낮은 수준에 머물러 있다. 이와 같이 조출생률은, 대륙별 격차 는 물론 동일한 대륙 내에서도 차이가 심하다. 이를 국가별로 보면 그 격차는 더욱 심해진 다. 세계의 조출생률 분포도는 그림 V−7과 같다.

그림 V-7. 세계의 조출생률 분포도, 2005년

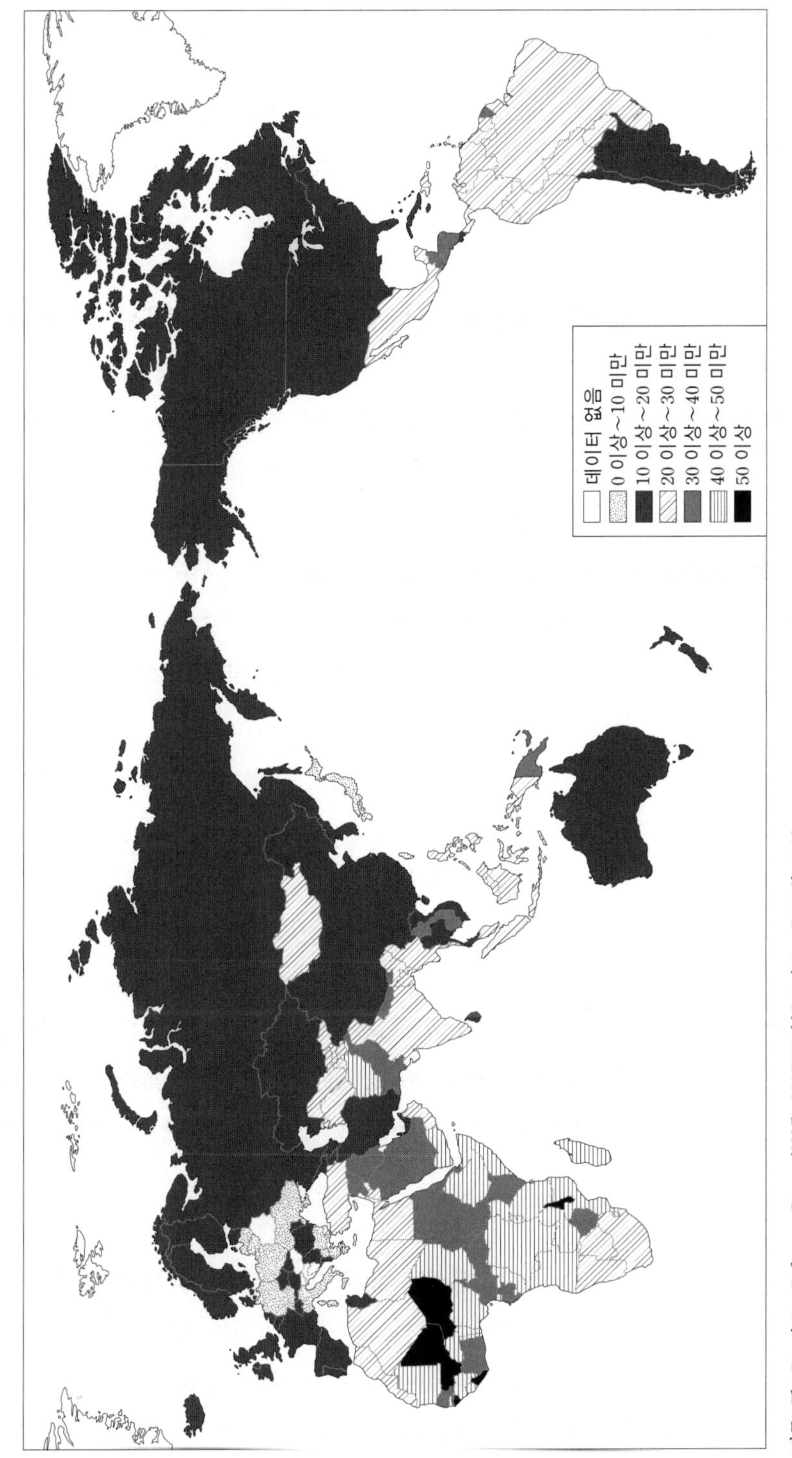

자료 : The Population Reference Bureau(2005), 2005 World Population Data Sheet, 13

Ⅵ. 사망

1. 사망력의 측정

사망력은 조사망률을 비롯하여 연령별사망률, 영아사망률, 신생아사망률, 모성사망률 등으로 평가한다.

1) 조사망률(Crude Death Rate, *CDR*)

가장 기본적인 사망력 개념은 조사망률이다. 즉, 조사연도의 연앙인구 1,000명당 발생한 사망수이므로 다음과 같은 등식으로 표현된다.

$$CDR = \frac{D}{P} \times 1,000$$

D : 조사기간(1년) 중 발생한 사망수

P : 조사기간의 연앙인구

그러나 조사망률 역시 조출생률의 개념과 마찬가지로 연령에 따른 사망확률을 전혀 고려하지 않고 전 인구에 대한 사망률을 측정한 것이므로 사망력에 대한 정확한 정보가 될 수는 없다.

*2005 World Population Data Sheet*에 의하면 세계 평균 조사망율은 9이며 이를 대륙별로 보면 역시 아프리카(15)가 가장 높으나 알제리, 모로코, 튀니지 등 북부 아프리카는 6으로 상당히 낮게 나타난다. 유럽(11)도 세계 평균을 상회하는데 이는 특히 불가리아(14), 헝가리(13), 러시아(16), 우크라이나(16) 등 동부 유럽(14)이 높기 때문이다. 나머지 대륙은 대체로 평균 이하의 수준을 보인다.

조사망률의 국가별 분포를 보면 20을 상회하는 높은 수준의 국가는 스와질란드(26), 보츠와나(28), 앙골라(24), 잠비아(23), 니제르(22), 라이베리아(22), 아프가니스탄(22) 등 대부분 아프리카 국가들이며, 5 이하의 가장 낮은 수준의 국가는 리비아(4), 코스타리카(4), 베네수엘라(5), 쿠웨이트(2), 아랍에미리트(1), 카타르(3), 브루나이(3), 싱가포르(4), 한국(5), 안도라(3) 등이다.

2) 연령별사망률(Age-Specific Death Rate, *ASDR*)

전술한 바와 같이 조사망률은 한 인구집단의 연령구조는 무시한 채, 집단을 구성하는 전체인구에 대한 사망력을 나타낸 것이므로 연령에 따른 사망 위험에의 노출 정도가 배제된 상태이다. 따라서 조사망률로는 한 인구집단의 사망력을 제대로 평가할 수가 없다. 이러한 이유로 사망력을 연령별로 개별화할 필요가 있는 것이다. 여기서 연령별 단위인구는 1세 또는 5세 간격으로 할 수 있지만 대개는 자료 조사의 편의상 5세 간격이 일반적이다.

연령별사망률은 사망력을 각 연령별로 측정한 것이므로 다음과 같은 등식으로 표현된다.

$$ASDR = \frac{D_a}{P_a} \times 1,000$$

D_a : 조사기간 중 연령(층)에서 발생한 사망수

P_a : 조사기간 중 연령(층)의 연앙인구

사망률의 연령별 분포 상태는 지역적 특성에 따라 다소 다르겠지만 인구학적으로는 대략 몇 가지 특성을 보인다. 첫째, 연령별사망률은 0세에서 높고, 5~9 또는 10~14세 연령층에서 가장 낮으며, 이후 연령경과에 따라 점차 높아진다. 따라서 연령별사망률의 곡선은 J자형이다(그림 VI-1). 둘째, 지역에 따라 사망률 수준이 연령별 차별성을 갖는다. 즉, 0세와 1~4세의 영·유아, 그리고 50세 이상에서 연령이 증가할수록 지역 간의 차이가 크게 나타나고 5~50세 연령층에서 비교적 작게 나타난다. 셋째, 남·여 간의 성별 차별성이 뚜렷하다. 일반적으로 전 연령층에서, 특히 고령층일수록 여성보다 남성의 사망수준이 확연히 높게 나타난다. 이러한 이유로 사망력은 남·여로 구별하여 측정하는 것이 필연적으로

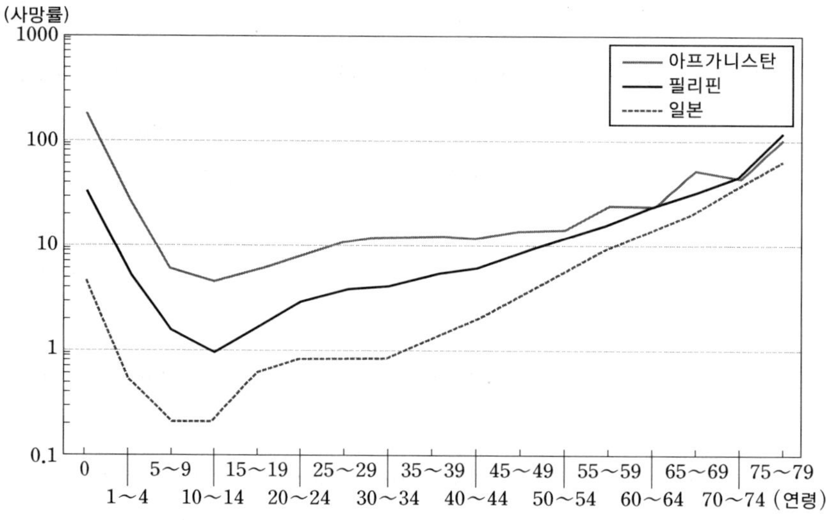

자료: UN(1991), *Demographic Year Book*, Table 20

표 VI-1. 한국의 성별 · 연령별 사망률 변화, 1970-2000년

연령	남성			여성		
	1970년	2000년	변동률(%)	1970년	2000년	변동률(%)
전체	9.2	5.8	37	6.8	4.7	31
0 - 4	4.7	1.3	72	4.5	1.2	73
5 - 9	2.6	0.3	88	2.3	0.2	91
10 - 14	2.1	0.2	90	1.7	0.2	88
15 - 19	3.5	0.6	83	2.5	0.3	88
20 - 24	4.2	0.9	79	3.5	0.4	89
25 - 29	3.8	1.1	71	3.7	0.5	86
30 - 34	4.0	1.4	65	3.3	0.7	79
35 - 39	5.5	2.2	60	4.1	0.9	78
40 - 44	9.1	3.6	60	5.3	1.3	75
45 - 49	14.9	5.5	63	7.0	1.8	74
50 - 54	22.4	7.9	65	10.0	2.7	73
55 - 59	33.1	12.7	62	14.2	4.5	68
60 - 64	47.5	18.2	62	20.4	7.0	66
65 - 69	72.9	26.3	64	31.9	12.0	62
70 - 74	95.5	43.7	54	49.1	23.8	52
75 - 79	225.2	74.6	67	179.2	44.0	75
80 이상		152.1			121.2	
영아사망률	40.8	6.1	85	39.9	5.9	85

자료 : 김두섭 외, 「한국의 인구 1」, 122

요구된다.

한국의 성별·연령별 사망력은 표 VI-1과 같다. 1970~2000년의 30년 동안 한국의 사망률은 매우 빠른 속도로 감소하여 왔으며 남성(37%)이 여성(31%)보다 더 많은 감소율을 보인다. 각 연령층별로 보았을 때는 남성의 경우 5~29세 연령층에서 가장 큰 폭의 감소율을 보임으로써 30년간의 빠른 감소는 이 연령층의 영향이 가장 컸음을 알 수 있다. 반면, 여성은 5~59세 연령층에서 큰 폭의 감소율을 보이는데 이것은 여성이 남성에 비해 특히 인구재생산연령층을 많이 포함하고 있으며 상대적으로 폭넓은 연령층에서 사망률 감소를 주도하였음을 의미한다.

3) 영아사망률(嬰兒死亡率, Infant Mortality Rate, *IMR*)

연령별사망률 가운데서도 가장 유의(留意)하게 자주 사용되는 개념이 바로 영아사망률이다. 한 사회나 국가의 인구적 안정과 건강한 상태를 가장 예민하게 반영해 주는 지표이기 때문이다. 영아사망률은 보건위생환경 및 의료기술과 밀접하게 관련되므로 특별한 관심의 대상이 된다.

영아사망률은 다음의 등식으로 표현된다.

$$IMR = \frac{D}{B} \times 1,000$$

D : 0세(출생−1세 미만)의 사망수
B : 조사기간 1년 동안의 출생수

세계 영아사망률의 분포를 보면 표 VI-2와 같다. 영아사망률이 100 이상 아주 높은 수준은 시에라리온(165), 라이베리아(142), 앙골라(139), 모잠비크(119) 등 대부분 사하라 이남 국가들이며 아프리카 이외의 국가로는 아프가니스탄(172)이 유일하다. 10 이하의 아주 낮은 수준은 싱가포르(1.9), 일본(2.8), 한국(5), 대만(5.4) 등 아시아 선진 국가들, 캐나다(5.4), 미국(6.6)의 북미 국가, 덴마크(4.4), 핀란드(3.1), 노르웨이(3.2), 아이슬란드(2.4) 등 북유럽, 프랑스(3.9), 영국(5.2), 네덜란드(4.1), 그리스(5.1), 포르투갈(4.1) 등 서·남부 유럽, 에스토니아(7), 라트비아(9) 등 발트 3국, 슬로바키아(7.8), 보스니아-헤르체고비나(8), 체코 (3.7) 등 동구권 국가들, 그리고 오스트레일리아(4.5), 뉴질랜드(5.6) 등 오세아니아 일부 국가들에 분포하고 있다. 북한은 21이나 북한에 관한 각종 통계는 조사기관에 따라 차이가 너무 커서 신뢰성이 떨어진다. 예를 들어 북한의 5세 미만 유아사망률(1999년)에 관한 통계를 보면 48(북한이 제출한 유엔아동권리협약보고서)~100(WHO, ILO 보고서)으로, 조사기관마다 비교하기 어려울 정도로 격차가 심하다.

영아사망률은 1년 중 매우 불균등하게 분포하나 특히 6개월 이내의 사망률이 높다. 일반적으로 영아사망율이 낮은 지역에서는 28일(4주) 이내의 이른바 신생아사망률(Neonatal Mortality Rate)이 높게 나타나는 경향을 보인다. 이 같은 신생아사망은 대개 선천성 기형

표 VI-2. 세계 영아사망률 계급별 분포, 2005년

(단위 : ‰)

계급	영아사망률
100 이상	아프가니스탄(172), 시에라리온(165), 라이베리아(142), 앙골라(139), 말리(133), 소말리아(120), 모잠비크(119), 코트디부아르(118), 에티오피아(100), 르완다(107), 차드(101)
70~100	모리타니(97), 코모로(96), 캄보디아(95), 중앙아프리카공화국(94), 기니(94), 토고(93), 타지키스탄(89), 마다가스카르(88), 라오스(88), 우간다(88), 파키스탄(85), 세네갈(83), 부르키나파소(81), 케냐(77), 감비아(76), 미얀마(75), 예멘(75), 카메룬(74), 투르크메니스탄(74), 콩고(72), 파푸아뉴기니(71)
40~70	모로코(40), 수단(67), 가나(64), 부룬디(67), 탄자니아(68), 짐바브웨(62), 가봉(57), 보츠와나(57), 나미비아(51), 남아프리카(43), 가이아나(49), 부탄(61), 인도(60), 카자흐스탄(61), 키르기스스탄(55), 네팔(64), 우즈베키스탄(62), 투르크메니스탄(74), 인도네시아(46), 몽골(58), 키리바시(43), 솔로몬제도(66)
20~40	과테말라(39), 터키(38), 이집트(37), 파라과이(37), 니카라과(36), 페루(33), 알제리(32), 온두라스(32), 이란(32), 벨리즈(31), 도미니카(31), 에콰도르(29), 필리핀(29), 브라질(27), 리비아(27), 중국(27), 콜롬비아(26), 수리남(26), 엘살바도르(25), 그루지야(25), 멕시코(25), 자메이카(24), 아르메니아(23), 사우디아라비아(23), 요르단(22), 시리아(22), 파나마(21), 튀니지(21), 타이(20)
10~20	통가(19), 트리니다드토바고(18.6), 몰디브(18), 사모아(18), 베트남(18), 그레나다(17), 레바논(17), 아르헨티나(16.8), 루마니아(16.7), 피지(16), 오만(16), 모리셔스(14.4), 몰도바(14), 바베이도스(13.2), 바하마(12.7), 나우루(12), 러시아(12), 불가리아(11.6), 마케도니아(11.3), 카타르(11), 스리랑카(11), 아제르바이잔(10), 쿠웨이트(10), 말레이시아(10), 우크라이나(10)
10 이하	코스타리카(9), 라트비아(9), 알바니아(8), 바레인(8), 보스니아-헤르체고비나(8), 브루나이(8), 마르티니크(8), 아랍에미리트연합국(8), 칠레(7.8), 슬로바키아(7.8), 에스토니아(7), 폴란드(6.8), 헝가리(6.6), 미국(6.6), 크로아티아(6.3), 키프로스(6), 쿠바(5.8), 뉴질랜드(5.6), 캐나다(5.4), 대만(5.4), 영국(5.2), 이스라엘(5.1), 그리스(5.1), 한국(5), 아일랜드(4.8), 오스트리아(4.5), 오스트레일리아(4.5), 벨기에(4.4), 덴마크(4.4), 독일(4.3), 스위스(4.3), 네덜란드(4.1), 포르투갈(4.1), 프랑스(3.9), 체코(3.7), 에스파냐(3.6), 노르웨이(3.2), 핀란드(3.1), 일본(2.8), 아이슬란드(2.4), 싱가포르(1.9)

자료 : The Population Reference Bureau(2005), *2005 World Population Data Sheet*

이나 출생시의 사고로 인한 내인사이다. 반면 출생 후의 감염, 질병, 기아, 사고 등 외인사는 후진국에 많다.

이 밖에 임신·출산으로 야기된 산모의 사망력을 나타내는 것으로 모성사망력이 있는데 이는 두 가지 개념으로 표현된다. 산모의 사망을 가임여성 총수에 대한 비율로 나타내는 모성사망률(maternal mortality rate)과 정상출생아 수(정상분만)에 대한 비의 개념인 모성사망비(maternal mortality ratio)가 그것이다.

과거에는 출산과 관련되는 여성의 사망이 많았다. 서구의 자료에 의하면 1950년대 후반기에 재생산연령층 여성 사망의 2~8%가 출산과 관련된 것으로 나타나고 있다. 그러나 1970년대 중반에는 그 비율이 1/2~1/3 수준으로 현저히 줄었으며 현재도 지속적으로 감소하고 있는 상태이다. 후진 지역에서는 선진 지역의 3~20배나 되는 것으로 추정된다. 하지만 이 역시 사회경제적 요인의 개선으로 하락 추세에 있으며 그 속도도 가임여성층의 사망률 저하 속도를 훨씬 앞지르고 있는 것으로 평가된다.

2. 생명표(The Life Table)

1) 생명표의 의미

지금까지 설명한 사망력의 여러 측정 방법은 조사된 특정 역년(曆年)에 한하여 사망수준을 나타낸 것이다. 그러나 이것만으로는 예를 들어 다음과 같은 사망의 발생수준을 측정할 수는 없다.

- 어떤 역년에 x세에 도달한 인구집단이 $x+n$년까지 생존할 확률(사람수)과 사망할 확률(사람수)
- 어떤 역년에 출생한 인구집단(출생코호트)이 사망할 때까지 1인당 평균 생존가능 연수
- 어떤 역년에 x세에 도달한 인구집단이 x세로부터 1년씩 경과함에 따라 생존할 사람수와 사망할 사람수

다시 말해서 어떤 연령의 사람에게 주어진 사망력 수준이 그대로 적용된다면 평균적으로 얼마나 더 살 수 있을 것인가, 주어진 연령별사망력은 어떠한가, 어떤 한 연령시점의 사람이 다른 연령시점에 도달할 수 있는 확률은 얼마인가 등 사망발생수준의 측정은 생명표를 통해서만 가능하다.

생명표란 한 코호트의 출생에서 시작하여 전 구성원이 사망할 때까지 성별·연령별로 생존자 수(l), 사망자 수(d), 사망확률(q), 평균여명(餘命)(e) 등을 정리해 놓은 표이다. 생명표상에서 원래의 출생코호트는 100,000명(기수, radix)으로 하나, 전입이나 전출에 대해서는 봉쇄적이다. 즉 정지인구를 말한다. 또한 남녀 간의 사망력 차이 때문에 생명표는 성별로 작성된다.

생명표는 전통적으로 사망력의 표현 수단이 되는 것이므로 인구와 관련된 여러 가지 문제의 분석에 필요한 기초 자료로서 매우 중요한 가치를 갖는다. 생명표는 한 출생코호트가 시간이 경과함에 따라 소멸되는 인구적 과정을 표현하는 것으로 한 인구집단의 생명에 관한 역사라 할 수 있다.

2) 구성 요소

생명표는 대개 다음과 같은 요소들로 구성된다.

l_x : 출생코호트 중에서 정확한 연령(순간연령) x세까지 생존해 있는 수, 즉 x세의 사람수

$_nd_x$: 정확한 연령 x세에서 $x+n$세까지 발생한 사망수

$_nq_x$: 어떤 시점에서 정확한 연령 x세인 사람이 $x+n$세 이전에 사망할 확률

$_np_x$: 정확한 연령 x세인 사람이 $x+1$세까지 살아남을 생잔율(生殘率)

$_nm_x$: 연령집단 x세에서 $x+n$세 사이의 사망률, 즉 연령별사망률과 같다.

$_nL_x$: 정확한 연령 x세에서 $x+n$세까지의 생존 인년(人年)수(person-year lived), 즉, 각 개인에 따라 다르게 나타나는 사망위험에의 노출 정도를 개인별로 계산, 이를 합한 총 개인생존기간을 말한다. 실제로 한 사람이 시점 x세에서 $x+n$세까지 살았을 때는 x년을 산 것이 되며 연령 $x+0.5$세에서 죽었을 때는 0.5년을 산 것이 된다. 개인별로 이들 하나하나를 계산하여 전부 합한 것이 총 개인생존기간이다.

T_x : x세 이후의 생존 인년수, 즉 x세에 도달한 사람 전체의 총 개인생존기간(합계생존연
　　수)

e_x : 정확한 연령 x세의 평균기대여명(생존가능연수)

　　0세의 기대여명은 곧 출생 시 평균수명(life expectancy at birth)이 된다.

생명표에서 말하는 '정확한 연령' 이란 보통 우리가 사용하는 연령개념과는 다르다. 연령을 말할 때는 보통 1년의 간격을 한 코호트(같은 나이)로 보지만 정확한 연령은 그 순간에 도달한 연령만을 가리킨다. 예를 들어 '정확한 연령 10세' 라고 하면 오늘 바로 10번째 생일을 맞는 사람만을 말한다. 보통 연령이 연령간격을 의미한다면 정확한 연령은 연령시점을 가리키는 데 사용하는 개념이다.

이상에서 설명한 생명표의 구성 요소들의 상관관계에서 다음과 같은 여러 가지 등식이 성립된다.

$$\cdot\ d_x = l_x - l_{x+1}$$

$$\cdot\ p_x + q_x = 1$$

$$\cdot\ q_x = \frac{d_x}{l_x}$$

$$\cdot\ m_x = \frac{d_x}{\dfrac{l_x + l_{x+1}}{2}}$$

$$\cdot\ q_x = \frac{2 \cdot {}_n m_x}{2 + {}_n m_x} \quad (n\text{세 연령간격의 경우})$$

$$= \frac{2 m_x}{2 + m_x} \quad (1\text{세 간격의 경우})$$

이상에서 말한 구성 요소들은 생명표상의 중심개념이라 할 수 있다.

생명표는 어떤 역년에 관찰된 연령별사망률(m_x)로부터 연령별사망확률(q_x)을 계산하여 이 사망확률을 코호트의 출생부터 그대로 경험하는 것으로 가정하여 작성한 것이다. 그러므로 생명표 작성의 첫 과정은 우선 연령별사망확률을 구하는 것이며 나머지 생명표 함수는 사망확률에 관계되어 있으므로 이 관계식에 따라 산출할 수 있는 것이다.

생명표를 처음 작성한 사람은 J. 그라운트(J. Graunt, 1666년)이다. 그는 각 연령에 생잔율의 개념을 사용하여 두 연령 사이에서 발생하는 사망자 수를 계산하였다. 그러나 오늘날 사용되고 있는 생명표상의 여러 요소들을 포함하는 생명표는 F. 핼리(F. Halley, 1693년)에 의해 만들어진 것이다. 그 후 100여 년 동안 R. 프라이스(R. Price, 1783년)의 노샘프턴(Northampton, 영국의 한 주) 생명표를 위시하여 여러 개의 생명표가 작성되었다. 그러나 영국에서 공식적으로 처음 발표된 생명표는 1843년 파(Farr)에 의해 작성된 것이고, 미국에서는 1900년에야 글로버(J. W. Glover)에 의하여 통계국에서 작성되기 시작하였다. 우리나라에서는 1939년 최희영이 인구동태자료를 기초로 하여 처음으로 생명표를 작성하였다(이순 외, 1992).

한국의 1973년, 1987년, 2002년의 간이 생명표를 비교해 보면 표 VI-3과 같다.

우선 2002년 사망확률(q_x)을 남·여 비교해 보면 남성의 경우, 0~1세 0.00618, 40~45세 0.01578, 60~65세 0.08183, 75~80세 0.30430이며, 여성의 경우는 각각 0.00520, 0.00559, 0.03111, 0.19493이다. 즉 남·여 간의 차이가 확연하고 연령이 높아질수록 그 격차는 커진다.

이를 1973년과 비교해 보면 실로 격세지감(隔世之感)이라고 할 수 있다. 예를 들어 1973년 남성의 사망 확률은 0~1세 0.03856, 40~45세 0.03811, 60~65세 0.18854, 75~80세 0.50058이었던 것이 2002년에는 각기 0.00618, 0.01578, 0.08183, 0.30430으로 대폭 낮아졌음을 알 수 있고, 특히 0세의 사망확률 격감이 괄목할 만하다. 1973년에는 0세의 사망확률이 40세보다도 더 높았음을 알 수 있다. 같은 방법으로 여성을 비교해 보면 1973년 0.03776, 0.02182, 0.08327, 0.29592에서, 2002년 0.00520, 0.00559, 0.03111, 0.19493으로 낮아져 역시 0세의 사망확률 감소를 비롯하여 각 연령층에서의 감소가 뚜렷함을 알 수 있으나 그 감소 폭은 남성보다는 약간 낮다.

위와 같은 사망확률에 따른 사망자 수(d_x)를 보면, 남성 0세 618, 40세 1,523, 60세 6,915, 75세 16,561명으로, 여성 520, 548, 2,912, 14,951명에 비해서 압도적으로 높은 수치이다. 이를 1973년과 비교해 보면 남성이 각각 3,856, 3,257, 11,522, 11,894명, 여성이 3,776, 1,904, 6,238, 14,620명으로 약 30년 사이에 사회·경제적으로 엄청난 변모와 발전의 면목을 보여 주고 있다.

출생 시 기대여명(수명)도 1960년에 남성이 51.1세, 여성이 53.7세였는데, 1973년에는 남성 59.61세, 여성 67.03세, 2002년에는 각각 73.38세, 80.44세로 약 40년 사이 남성은

표 VI-3. 한국의 간이 생명표(1973년, 1987년, 2002년)

성별	연령	q_x			l_x			d_x			e_x		
		1973년	1987년	2002년	1973년	1987년	2002년	1973년	1987년	2002년	1973년	1987년	2002년
남	0	0.03856	0.01658	0.00618	100000	100000	100000	3856	1658	618	59.61	65.78	73.38
	1	0.01266	0.00544	0.00172	96144	98342	99382	1217	535	171	60.99	65.89	72.84
	40	0.03811	0.02967	0.01578	85461	91512	96475	3257	2715	1523	26.92	29.96	35.23
	50	0.08884	0.06298	0.03628	77366	84653	92603	6873	5332	3360	19.16	21.94	26.46
	60	0.18854	0.13424	0.08183	61110	72255	84503	11522	9699	6915	12.82	14.79	18.47
	75	0.50058	0.43219	0.30430	23761	35259	54422	11894	15239	16561	5.98	6.75	8.86
	90			0.72849			8636			6291			3.68
여	0	0.03776	0.01547	0.00520	100000	100000	100000	3776	1547	520	67.03	74.04	80.44
	1	0.01231	0.00504	0.00146	96224	98453	99480	1185	497	145	68.65	74.20	79.86
	40	0.02182	0.01235	0.00559	87287	94763	98011	1904	1170	548	34.55	37.24	41.69
	50	0.04106	0.02565	0.01248	82864	91919	96651	3402	2357	1206	26.11	28.23	32.20
	60	0.08327	0.05784	0.03111	74911	86142	93604	6238	4983	2912	18.31	19.75	23.06
	75	0.29592	0.26428	0.19493	49404	61301	76701	14620	16201	14951	8.41	9.15	11.05
	90			0.66659			20528			13684			4.22

자료 : 통계청, 『생명표』

그림 VI-2. 생명표 함수의 네 가지 기본 형태

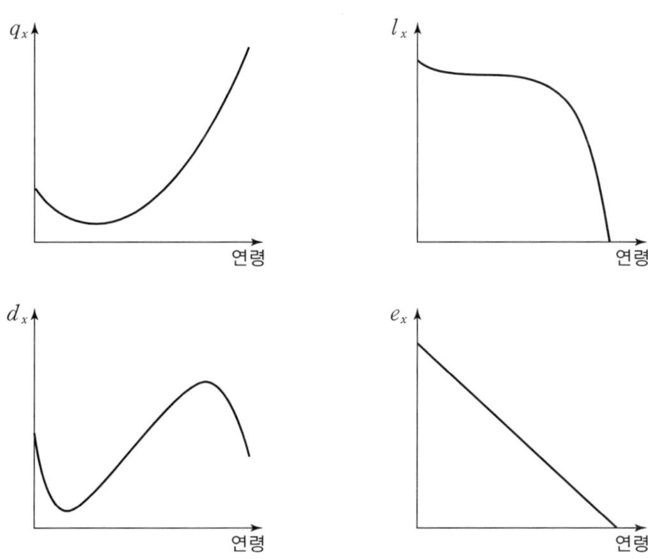

22.3세, 여성은 26.7세나 연장되었다. 이 같은 평균수명의 증가 속도는 경제협력개발기구(OECD) 국가들 중에서도 가장 빠른 것이다.

한편, 생명표의 요소($q_x \cdot l_x \cdot d_x \cdot e_x$)별로 그래프를 그려 보면 그림 VI-2와 같이 4가지 기본형이 그려진다.

한편, 생명표상에 나타나는 전체 사망 가운데 특정 사인(死因)에 의한 사망자를 제외하여 작성한 '사망원인생명표'가 있는데 이는 해당 질병을 예방하거나 퇴치함으로써 더 살 수 있는 기대여명(생존기대연수)을 나타내 주는 생명표이다.

생명표는 직접적으로는 보건 · 의료 정책 수립, 보험료율, 인명피해 보상비 산정 등에, 간접적으로는 장래인구추계를 통한 교육, 교통, 주택 정책 등에 활용되고 있으며, 국가 간 인구 · 보건 수준의 비교에도 널리 이용될 수 있다.

3. 사망력 인자

1) 사망의 원인

사망력을 결정짓는 인자들 중에 가장 원천적인 것으로 생물학적 인자로서의 연령을 꼽을 수 있겠으나, 그 밖에 연령과 직접적인 관계가 없는 질병 · 전쟁 · 사고 등의 사회적 인자, 그리고 자연재해 및 기근 등의 자연적 인자도 효력을 갖는다. 그러나 실제로 사망력은 이 같은 여러 인자들의 상호작용의 총합적 결과이며 그러한 의미에서 비단 사망뿐만 아닌 인구의 모든 변수를 포함하는 생태적 환경과 관련된다.

죽음에 이르는 질병은 시 · 공간의 변화와 함께 두 가지로 분류될 수 있는데, 하나는 전염성 질병(communicable or infectious disease)이고, 다른 하나는 퇴행성 질병(degenerative disease)이다. 대부분의 나라들이 고사망에서 저사망으로 사망의 감소를 경험하는 과정에서 사회적 진보와 함께 위생, 의료기술의 발전을 가져왔다. 그 결과 사망력을 증가시키는 질병으로서 과거 장티푸스 · 콜레라 · 흑사병 · 결핵 등 병원균의 감염에 의한 전염성 질병에서, 2차 대전 이후 점차 심장병 · 악성종양 · 뇌혈관 질환 · 간 질환 · 당뇨 등 잠식성 질병으로 전환되어 갔다. 이른바 역학적 전이(疫學的 轉移, epidemologic transition) 현상이 뚜렷이 나타나고 있으며 이와 함께 인간의 평균수명도 상당히 연장되었다.

전쟁이 사망력에 미치는 효력은 너무나 크다. 우선 전쟁 시의 인명 손실은 두말할 필요도 없거니와 전후에 만연하기 쉬운 질병과 기근이 2차적으로 사망자를 증가시키며, 전쟁 중의 희생자가 대부분 가임력이 높은 청장년층이므로 출생력이 급락할 것은 당연한 일이기 때문이다.

한국인의 사망원인과 그 변화를 분석해 보면 표 VI-4와 같다. 1992~2000년에 사망원인은 순위 변동 없이 악성 신생물, 뇌혈관 질환, 심장 질환, 운수사고, 간 질환으로 나타나고 있으며 2001~2002년에는 당뇨병이, 2004년에는 자살이 부상하고 있다.

표 VI-4. 한국인의 사망원인, 1992-2004년

(단위 : 인구 10만 명당)

순위	1992		1994		1996		1998	
1	악성 신생물	110.7	악성 신생물	112.7	악성 신생물	110.1	악성 신생물	109.3
2	뇌혈관 질환	80.3	뇌혈관 질환	84.4	뇌혈관 질환	74.7	뇌혈관 질환	74.0
3	심장 질환	43.0	심장 질환	43.6	운수사고	38.3	심장 질환	38.6
4	운수사고	34.4	운수사고	35.3	심장 질환	35.7	운수사고	25.7
5	간 질환	31.6	간 질환	29.2	간 질환	27.3	간 질환	24.8
6	고혈압성 질환	27.4	고혈압성 질환	25.8	당뇨병	17.4	당뇨병	21.1
7	당뇨병	13.5	당뇨병	17.0	자살	14.1	자살	19.9
8	만성하기도 질환	12.9	만성하기도 질환	15.7	만성하기도 질환	14.0	만성하기도 질환	12.7
9	호흡기 결핵	9.9	자살	10.5	고혈압성 질환	13.8	고혈압성 질환	8.4
10	자살	9.7	호흡기 결핵	9.0	호흡기 결핵	7.3	호흡기 결핵	7.1

순위	2000		2002		2004	
1	악성 신생물	122.1	악성 신생물	130.7	악성 신생물	133.5
2	뇌혈관 질환	73.2	뇌혈관 질환	77.2	뇌혈관 질환	70.3
3	심장 질환	38.5	심장 질환	37.2	심장 질환	36.9
4	운수사고	25.4	당뇨병	25.1	자살	25.2
5	간 질환	22.9	만성하기도 질환	22.6	당뇨병	24.3
6	당뇨병	22.6	간 질환	22.0	간 질환	19.1
7	만성하기도 질환	16.8	자살	19.1	만성하기도 질환	17.3
8	자살	14.6	운수사고	19.1	운수사고	17.2
9	고혈압성 질환	8.9	고혈압성 질환	10.6	고혈압성 질환	10.4
10	폐렴	8.2	호흡기 결핵	6.6	폐렴	7.2

자료 : 통계청(2004), 『사망원인통계』

사망원인 1위인 악성 신생물과 관련하여 보건복지부가 발표한 전국 암 환자 발생 실태를 보면 1999~2001년의 3년간 평균하여 발생한 각종 암 가운데 남녀 공히 위암(인구 10만 명당 남성 58.6명, 여성 30.8명)이 가장 많이 발생하였다. 다음으로 남성은 폐암(42.1명), 간암(41.9명), 여성은 유방암(25.7명), 대장암(19.6명) 순이다. 전반적으로 암 발생은 남성이 여성보다 1.8배나 많지만 15~44세까지는 여성이 암에 걸릴 확률이 남성보다 1.7배 높으며, 65세 이상의 연령층에서는 남성이 여성보다 2.5배 높은 것으로 나타났다.

1992년에 비해서 2004년에는 운수사고가 낮아진 반면 자살 순위가 급부상하였다. 자살은 사망률 증가 폭이 가장 크며, 9.7명에서 25.2명으로 무려 160%나 증가하였고 사인별 순위도 10위에서 4위로 상승하였다(그림 VI-3). 이를 성별로 보면 남성이 34.5명으로 여성 15.8명에 비해서 2.2배 높다. 연령대별 사망원인(2004년)으로는 20대 미만에서는 교통사고가, 20대와 30대는 자살이, 40대 이상은 암이 1위이다.

2003년 기준 OECD 30개 국가 인구 10만 명당 자살자 수는 한국이 23.3명으로 가장 높은 것으로 나타났고 헝가리 22.6명, 일본 18.7명(2002년), 핀란드 18.4명, 체코 14.2명, 룩셈부르크 10.3명, 미국 10.0명(2001년) 등이다.

미국은 1958년 로스앤젤레스에 자살예방센터를 설치했으며 1999년에는 국가 차원의 자살예방전략(National Strategy for Suicide Prevention: NSSP)을 마련하였다. 프랑스는 1994년 공공건강위원회가 자살을 국민 건강 문제의 최우선 해결 과제 중 하나로 선택한 데

그림 VI-3. 자살 사망자 수, 1992-2004년

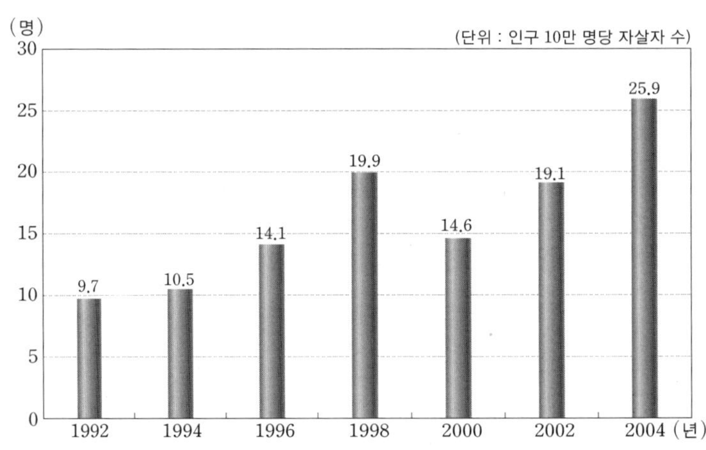

자료 : 통계청(2004), 『사망원인통계』

(단위 : 인구 10만 명당)

국가	전체	연령			
		0-14	15-24	25-64	65 이상
오스트레일리아	8.2	2.7	15.5	7.7	10.5
오스트리아	11.5	2.8	21.8	10.6	15.8
캐나다	8.7	2.0	15.8	8.5	11.5
덴마크	8.0	2.2	13.9	7.7	12.4
프랑스	10.2	2.0	20.1	10.0	11.3
헝가리	13.1	2.0	11.6	15.8	14.9
이탈리아	10.5	1.6	17.7	10.2	11.4
일본	7.0	1.3	8.2	5.3	15.0
한국	15.1	4.1	11.1	15.8	43.0
네덜란드	6.4	2.1	12.1	5.7	10.0
노르웨이	6.1	2.2	10.8	5.8	7.9
폴란드	14.8	3.5	16.7	16.3	17.9
포르투갈	14.8	3.3	21.2	15.4	17.1
스웨덴	5.9	1.3	11.1	5.8	7.7
스위스	7.5	1.9	14.4	6.7	11.0
영국	6.1	1.3	12.8	5.9	6.9
미국	14.7	3.5	26.2	15.00	18.5

자료 : International Road Traffic and Accident Data(2003)

이어 1998년 청소년, 청년층을 주 대상으로 하는 자살 방지 프로그램 제정을 선포하였으며, 일본은 2001년 민간 자살예방센터인 '생명의 전화'에 후생성(厚生省)이 1억 엔을 지원하였다. 한국의 보건복지부는 2010년까지 자살 사망률을 20% 줄이기 위해 2008년까지 전국 246개 시·군·구에 정신보건센터를 확충하여 자살 예방을 위한 사회 안전망을 구축할 예정이다.

교통사고 사망은 1990년 당시 인구 10만 명당 39.7명으로, 미국의 21.4, 일본 13.0, 영국 10.5, 중국의 10.2명에 비해 가히 압도적이었다(보건사회부 1992년 4월 6일자 발표 각종 보건 지표에 의함). 그러나 2002년에는 19.1, 2004년에는 17.2명으로 최근에 이르러 대폭 감소된 경향을 보이고 있다. 그러나 OECD 국가들에 비하면 아직도 교통사고 사망률은 상당히 높은 편이다. 2003년 기준 OECD의 국제도로교통사고자료(International Road Traffic and Accident Data: IRTAD)에 의하면 표 VI-5와 같이 회원 국가의 인구 10만 명당 교통사고 사망수준은 한국(15.1)이 가장 높다. 이어 폴란드(14.8), 포르투갈(14.8), 미국(14.7), 체코(14.2), 헝가리(13.1) 등이 높고, 일본(7.0), 네덜란드(6.4), 노르웨이(6.1), 영국(6.1), 그리고 스웨덴(5.9)이 가장 낮다. 특히 한국이 다른 나라에 비해서 14세 이하의 청소년과 65세 이상 노인층의 교통사고 사망률이 현저히 높다는 사실과 이 같은 사실이 의미하는 바가 무엇인가에 대해서 주목해야 할 필요가 있다.

근래 전 세계적으로 빠르게 확산되고 있는 에이즈(AIDS)는 아직까지는 죽음에 이르는 불치병으로 알려져 있다. UNAIDS(유엔에이즈퇴치계획)와 WHO(세계보건기구)가 발표한 '세계 에이즈 현황 보고서'에 의하면 2005년 한 해에 전 세계에서 310만(280만~350만) 명이 에이즈로 인해 목숨을 잃었으며 490만 명(어린이 70만 명 포함)이 에이즈 바이러스(HIV)에 새로 감염되어 전 세계 에이즈 감염자 및 환자 수는 2005년(12월 현재) 4,030만(3,670만~4,540만) 명으로 추산했다. 2002년의 4,200만 명보다 다소 감소된 수치이기는 하나 현재와 같은 상태라면 2020년까지 6,800만 명이 에이즈로 사망할 것으로 전망된다. 1981년 공식 확인된 이후 현재까지 에이즈로 인한 사망자수는 2,500만 명에 이르고 있다. 특히 보츠와나는 성인의 38.8%가 HIV에 감염되어 있어 평균수명이 39세에 불과한 상태이며 인근의 짐바브웨(33.7%)나 스와질란드(33.4%)도 비슷한 상황이다. 최근의 상황은 사하라 사막 이남의 아프리카가 2002년 2,940만 명에서, 2005년 2,580만 명으로 다소 감소되었으나 2005년에도 240만 명이 사망하고, 320만 명이 새로 감염되었다. 사하라 사막 이남 지역은 전 세계 에이즈 환자의 64%가 몰려 있는 최악의 에이즈 감염 지역이다. 같은 기간 인도(400만), 중국(110만), 타이(70만) 등 아시아가 720만 명에서 820만 명으로 증가하여 최근 주요 에이즈 확산 지역으로 보고 있다. 또한 이 보고서는 최근 여성 감염자가 늘고 있음을 지적했다. 전 세계 여성 감염자 수는 1,750만 명이며 이 가운데 1,350만 명이 사하라 사막 이남 지역에 분포하고 있는 것으로 보고하였다. 그림 VI-4는 세계의 지역별 에이즈 분포도이다.

한국의 에이즈 감염 현황은 2004년 현재 3,153명으로 남성(2,835명)이 여성(318명)의 9배나 되며 1995년(107명) 대비 4.8배나 증가하였다. 2005년 한 해 9월까지만 해도 506명이 새로 에이즈 바이러스에 감염되어 2004년 같은 기간보다 11% 증가하였다. 1985년 처음으로 에이즈 환자가 발생한 후 현재까지 3,600여 명의 감염자가 있으며 특히 20~30대 남성의 증가가 두드러진 현상이다.

질병관리본부는 에이즈로 인한 편견과 차별을 극복하기 위해 감염자의 인권을 보장할 수 있는 법제도적 개선 방안을 추진할 예정이다. 또한 에이즈 검사 및 상담 활성화를 위해 2005년에는 에이즈 상담소 11개를 운영하여 자발적 검사를 확대하고 에이즈에 대한 정보도 제공할 계획이다. 현재 전 세계적으로 대도시 중심의 이전·전염 확산 추세에 있는 에

자료 : UNAIDS · WHO

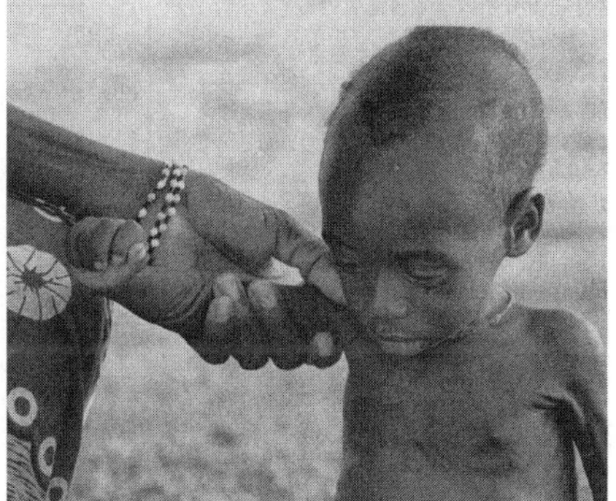

사진 VI-1.

(좌) 수단의 '굶주린 소녀' : 이 충격적인 사진으로 1994년 퓰리처상을 수상한 C. 카터(C. Carter)는 사진을 찍기 전에 먼저 소녀부터 도왔어야 했다는 많은 사람들의 비판을 받고 괴로워하다가 33살의 나이를 자살로 끝내 버렸다.

자료 : 조선일보(1999. 5. 28.)

(우) 기근으로 굶주려 영양실조 상태인 니제르의 어린이

자료 : 한겨레신문(2005. 7. 2.)

이즈는 성인병이지만 점차 감염 연령이 낮아지는 현상을 보이고 있다.

유엔 에이즈 계획은 에이즈 퇴치 노력이 각각의 나라에서 순차적으로나 개별적으로 진행되어서는 안 되며, 세계 각지에서 동시에 진행되어야 한다고 강조한다. 또한 에이즈 확산의 사회적 요인인 사회적 불평등과 에이즈로 인한 차별, 인권침해, 자녀 버리기 등의 해결 노력도 병행할 것을 촉구하고 있다.

그러나 모든 사망원인을 통틀어 가장 비극적인 것은 기근·기아·빈곤으로 인한 아사(餓死)이다. 전 세계 공간상에 존재하는 사망원인의 지역적 특성을 모두 인정한다 하더라도 결코 용납하거나 묵과할 수 없는 것이 곧 아사이다. 우리는 과연 사진 VI-1을 인정할 수 있겠는가. 아무리 부인하고 싶어도 이 같은 비극은 지금도 지구촌 곳곳에서 벌어지고 있다는 사실은 우리 가슴을 한없이 아프게 한다.

2) 차별사망력(Mortality Differentials)

출생력과 마찬가지로 사망력에서도 연령·성·직업·소득·인종 등 인구적 요소들은 사망에서도 차별력을 갖는다. 연령에 따른 사망력의 차이는 넘어가더라도 성에 따른 사망력의 차이는 생명표에서도 충분히 설명하였다. 즉, 모든 연령층에서 남성의 사망력은 여성에 비해 월등히 높다는 것이며, 그 원인은 생활양식에 따른 사망위험에의 노출 정도, 질병의 종류와 성과의 관계, 관련 의료기술의 발달 정도 등 대부분 사회적 요인으로 돌릴 수 있을 것이다. 그러나 생명표에서도 볼 수 있듯이 영·유아의 사망력마저도 남성의 사망력이 더 높다는 사실은 생물적·인자적·의학적 측면도 고려될 수 있음을 강하게 시사하는 것이다.

표 VI-6은 미국의 연령별, 성별, 인종별 차별사망력을 나타내고 있다. 소득은 사실상 직업, 교육수준, 그리고 미국의 경우 인종과도 깊이 관련되어 나타나는 결과이므로 소득별 차별사망력이 존재한다면 교육별 또는 직업별 차별사망력 또한 인정할 수 있다는 의미가 된다.

소득과 교육수준이 갖는 차별사망력은 오래전에 키타가와(Kitagawa)와 하우저(Hauser)의 연구(1973)에서도 잘 나타나 있다. 1960년 자료를 대상으로 분석한 이들은 소득이 상승할수록 사망력은 하락한다는 사실을 밝혔다. 소득과 교육이 사망력에 미치는 효과는 서로

표 Ⅵ-6. 미국의 인종·성·연령별 차별사망력, 1984년

(단위 : ‰)

구분	연령										
인종·성	1세 미만	1-4	5-14	15-24	25-34	35-44	45-54	55-64	65-74	75-84	85 이상
백인											
계	9.3	0.5	0.3	0.9	1.1	1.8	4.8	12.2	27.8	63.7	155.1
남	10.5	0.6	0.3	1.4	1.5	2.3	6.4	16.4	38.2	85.6	84.4
여	8.2	0.4	0.2	0.5	0.6	1.2	3.4	8.6	20.3	51.4	143.2
비백인											
계	18.6	0.7	0.3	1.1	2.0	3.7	8.1	18.0	34.1	67.2	120.0
남	19.1	0.8	0.4	1.6	2.9	5.1	11.0	23.7	44.3	83.2	141.3
여	16.0	0.7	0.3	0.6	1.2	2.5	5.8	13.3	26.5	56.9	111.0

자료 : 미국 Department of Health and Human Services(1984)

독립적이기는 하지만 두 인자를 동시에 고려하는 것이 둘 중 어느 하나만을 고려한 것보다는 더욱 의미를 갖는다고 주장한다. 즉 소득과 함께 교육수준이 높아지면 사망의 위험은 확연히 줄어든다는 것이다. 1960년 당시 8년의 교육을 받은 백인 남성이 25~45세에 사망할 확률은 6%였으나 대학 교육을 받은 사람의 사망수준은 그 절반 정도에 머물렀다. 여성의 경우는 더욱 뚜렷한 차이를 나타낸다. 대학교육을 받은 25세의 여성이 4년 이하의 교육수준에 있는 여성보다는 10년 이상의 기대수명을 갖는다는 것이다.

인종의 차별사망력도 미국의 국립건강통계센터의 자료에 드러나 있다. 1988년 대부분의 주요 사망원인(심장병·암·뇌혈관 질환·당뇨·사고·살인·에이즈 등, 폐 질환과 자살은 제외)에 의한 흑인 여성의 사망률은 백인 여성보다 분명 높게 나타났다. 그러나 전술한 바와 같이 이 같은 요소들이 거의 사회적 계층을 이루는 기본 요소이고 이들이 갖는 삶의 질과의 상관관계가 깊다는 사실을 인식할 때, 사회의 발달에 따른 빈부격차의 해소와 사회구조의 재편성에 의해, 장래인구분석에서 그 같은 인구요소가 갖는 차별사망력의 효과는 더 이상 존재하지 않을 가능성도 있음을 간과해서는 안 될 것이다.

Ⅶ. 이동

1. 인구이동의 의미

모든 동물이 다 그렇듯이 생태적 환경 속에 존재하는 인간도 본능적으로 이동(移動, movement) 또는 이주(移住, migration)하려는 성향을 가지고 있다. 원래 '이동'이라는 말은 라틴 어의 'migrare'에서 유래된 것으로 '장소를 옮기다'라는 의미이다. 인구학에서 이동이라는 용어는 포괄적 의미로 사용된다. 즉, 일상생활에서 한 공간 속에 존재하는 신체를 다른 공간 속으로 이동하여 공간 변화를 일으키는 모든 이동을 이동이라는 어휘 속에 내포시킨다. 이에 대해서 이주는 모든 이동 속에서도 거주 목적으로 공간 변화를 일으키는 것만을 의미한다. 이 때 '거주공간의 변화'란 지리적 행정 단위를 넘어선 공간 변화를 가리킨다. 그러므로 모든 이주는 이동 속에 포함되지만 모든 이동이 이주를 지칭하는 것은 아니다. 이주는 이동에 비해서 상대적으로 좁은 의미로 사용되는 것이다. 하지만 인구학에서는 양자 간의 엄격한 구별 없이 함께 사용되는 경우가 빈번하다.

인구이동은 어느 한 인구집단의 동태적 변화와 함께 공간의 수적 변화뿐만이 아니라 질적 변화도 초래하는 중요한 인구변화의 한 요소이다. 하지만 출생이나 사망과 같은 인구변화 요소와는 근본적으로 다른 인구적 특성을 가지고 있다. 첫째, 출생이나 사망은 일정하고 분명한 생물학적 과정인데 비해서 이동은 그 과정에서 다소 애매한 비생물학적 과정이라는 것이다. 둘째, 이동은 발생 기원지(전출지, origin)와 목적지(전입지, destination)의 두 지역을 동시에 분석해야 하는, 말하자면 분석의 대상에서 동시성과 양면성을 갖는다. 셋째, 출생과 사망은 모든 사람에게 발생하는 보편성을 갖지만 이동은 발생에서 선택성을 갖는다. 넷째, 출생과 사망이 단발성인데 비해서 이동은 다발성을 특성으로 한다.

한편, 인구이동을 하나의 지리적, 사회적 과정으로 보았을 때 다음과 같은 또 다른 의미를 갖는다. 인구이동은 첫째, 적응과정(adjustment process)이다. 이것은 곧 이동을 'movement from less desirable to more desirable areas'로서 보는 관점이다. 즉, 보다 나은 지역을 찾아가는 적응과정인 것이다. 1960~1970년대 미국의 스노벨트(Snow Belt)

로부터 선벨트(Sun Belt)로의 이동은 하나의 이해하기 쉬운 예이다.

둘째, 발달적 과정(development process)이다. 이동은 인구와 함께 자본·노동력·기술·사고(idea) 및 정보의 유입을 통해서 경제적·사회적 발달을 도모하는 지역의 발달 과정이라는 것이다. 산업혁명은 촌락으로부터 도시로, 농장에서 공장으로의 인구대이동과 함께 생활의 유형과 삶의 질 자체를 근본적으로 향상시켰다. 소도시는 대도시로, 주거지는 상업지역으로, 또다시 산업지역으로 바뀌면서 외부로의 확산을 이루고 주변 지역과의 연계를 이루면서 도시구조를 변화시켰다.

셋째, 선택적 과정(selective process)이다. 이동의 의사결정(decision-making)과 목적지 선택에서 연령·성·직업·교육수준·가족관계·사회적, 경제적 지위와 계층에 따라 선별적으로 발생하는 것이다.

넷째, 변이(變移)과정(transition process)이다. 이동을 통해서 직업 전환, 소득수준의 변화, 개인의 신분변화, 사회적 계층구조의 변화 등 사회적 변화와 인구재분포, 성 및 연령구조의 인구적 변이를 초래한다는 것이다.

이와 같이 인구이동은 여러 측면에서 그 의미를 부여할 수 있으며 출생, 사망과 함께 인구의 공간변화를 초래하는 세 가지 기본 요소 중의 하나로서 현대 사회에서 특정 지역의 인구 및 사회적 변화에 가장 큰 변수로서 작용한다.

결론적으로 출생과 사망의 인구현상이 본질적·생물학적·비자발적·원천적 과정이라고 한다면 이동은 비본질적·사회적·자발적·2차적(후천적) 과정으로서 인구의 공간적 재분포를 의미한다.

2. 주요 개념

인구이동을 이해하는 데 필요한 주요 개념으로서 총이동(Gross Migration)과 순이동(Net-Migration), 전출(Out-Migration)과 전입(In-Migration), 이출(Emigration)과 이입(Immigration), 전출지와 전입지, 이동률(Migration Rate) 등이 있다.

총이동량은 전입과 전출량을 합한 전 이동량을 말하며 $M_g=M_i+M_0$와 같은 등식으로 표시된다. 순이동량은 전입과 전출의 차이로 $M_n=M_i-M_0$로서 표시된다. 이 때 M_n값이 양수이면 전입 초과이고 음수이면 전출 초과이다. 이동량의 측정은 보통 이동률로서 나타내는데 전입, 전출, 총이동, 순이동에 대해서 각각 그 비율을 측정한다. 순이동량과 총이동량의 측정방법은 다음과 같다.

$$\text{순이동률 } M_n R = \frac{I-O}{P} \times k, \quad \text{총이동률 } M_g R = \frac{I+O}{P} \times k$$

I : 조사기간 사이의 전입수 O : 조사기간 사이의 전출수
P : 기준연도의 지역 인구수 k : 비례상수(100)

이 밖에도 순이동률의 간접적 측정방법으로서 센서스 생잔율법(census survival rate method)과 생명표 생잔율법(life table survival method)이 있다.

3. 이동의 유형

이동은 기원지와 목적지 간(O−D)의 공간 범위, 이동의 원인, 정책적 또는 정치적 개입, 이동의 단위, 가시적 또는 비가시적인 상태 등에 따라서 다음과 같은 이동유형으로 분류할 수 있다. 즉, 국내이동(internal migration)과 국제이동(international migration), 자발적 이동(voluntary m.)과 강제적 이동(forced m.), 영구적 이동(permanent m.)과 일시적 이동(temporary m.), 또는 계절적 이동(seasonal m.), 자유이동(free-individual m.)과 제한이동(restricted m.), 단독이동과 가구이동, 개별이동(individual m.)과 집단이동(group or mass m.), 실제적 이동(actual m.)과 잠재적 이동(potential m.), 정치적 이동, 종교적 이동, 경제적 이동 등 관점에 따라 이 같은 유형 분류가 가능하나 실제적으로 이동은 여러 유형이 복합적으로 작용하여 발생한다.

오늘날 전 세계적인 도시화 현상은 전형적인 국내이동의 유형이다. 유럽 인의 아메리카 대륙 식민 활동은 사실상 청교도의 반강제적 · 종교적 · 집단적 · 영구이동으로 시작된 것

사진 Ⅶ-1. 1970년대 베트남 전쟁의 난민
'boat people' 이라고 불리는 국제정치 혼란 속
의 수많은 희생자들이 세계의 이목을 끌었다.

자료 : P. Ogden(1984), *Migration and Geographical Change*, Cambridge Univ. Press, 34

이며, 그 후 세계 각지로부터 신대륙으로의 이주는 자발적 · 자유이동이자 대부분 가구이동이다. 1920년대부터 미국이 취하고 있는 제한이동은 실제적 이동 외에 그에 수반되는 잠재적 이동도 고려한 것이다. 일본의 조선침략과 한국전쟁은 자발적 이동과 강제적 이동 및 정치적 이동을 동시에 유발하였고, 험난한 지형의 함경북도와 도서지방인 전라남도는 예로부터 정치적 강제이동으로서의 유배지였다. 아프리카 노예무역은 강제적 집단이동의 표본이며 모르몬교의 유타 주로의 이동은 종교적 집단이동의 표본이다. 한국의 파시(波市)나 알프스의 이목(移牧, transhumance)은 계절적 이동이며, 대도시의 중심업무지구(CBD)나 결절지역을 중심으로 하는 유동인구는 일시적 이동을, 그리고 명절을 비롯한 연휴 기간의 귀성객 이동은 일시적이며 계절적 이동의 단면을 보여 주는 사례라고 할 수 있다. 무슬림(Muslim)들의 하지(Hajj, 성지 순례)도 이슬람력(曆) 12월에 정기적으로 나타나는 일시적, 종교적 대이동으로 유명하다. 독일의 'Gastarbeiter(guest workers)' 나 미국의 'wetback' 은 일시적으로 국제이동한 계약 노동자이거나 밀입국 노동자들의 불법 체류로서 제한이동을 유발시키는 원인이 되고 있다. 오늘날의 복잡한 국제 정세는 수많은 난민이동(refugee movement, 사진 Ⅶ-1)을 낳고 심각한 국제문제로 자주 등장하기도 한다. 그림 Ⅶ-1은 세계 인구이동의 역사적 흐름을 지도화한 것이며, 그림 Ⅶ-2는 발전지역 및 자원지역에서 일하는 후진지역 임금 노동자(guest workers)의 이동을 지도화한 것이다. 같은 유럽 지역 내에서도 소득의 불균형은 저임금과 위험한 직종, 사회적 차별에도 불구하고 이처럼 비숙련 노동자의 국제적 대이동을 초래한다. 석유 자원이 풍부한 중동 국가에 인근 이집트, 요르단, 시리아, 예멘으로부터뿐만 아니라 멀리 인도, 파키스탄, 방글라데시 등 아시아에서도 한시적 노동력이 몰려온다. 노동력 수입국의 경제적 풍요로움과 인권을 공유하지 못하

그림 Ⅶ-1. 세계의 인구이동

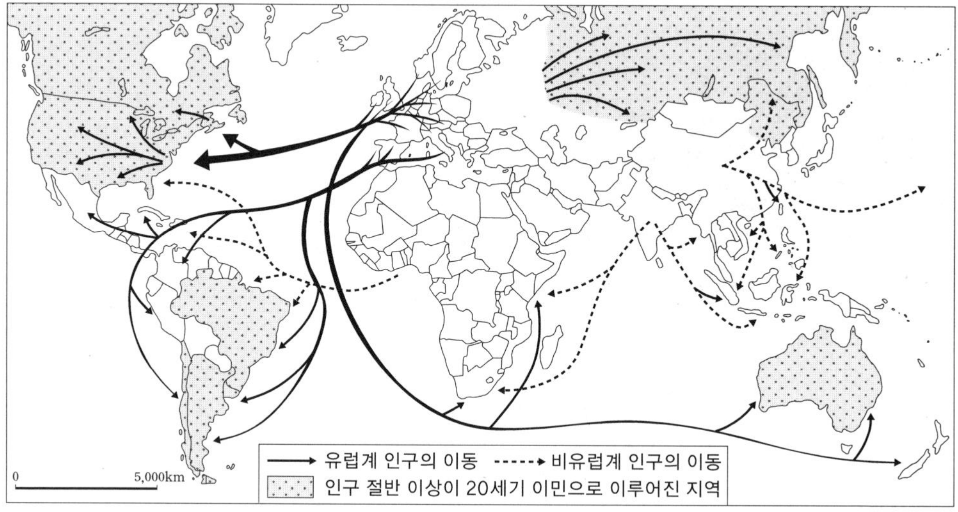

자료 : Noin, D.(1994), *Geographie de la population*, Masson, Paris, 85

그림 Ⅶ-2. 임금 노동자의 국제적 이동

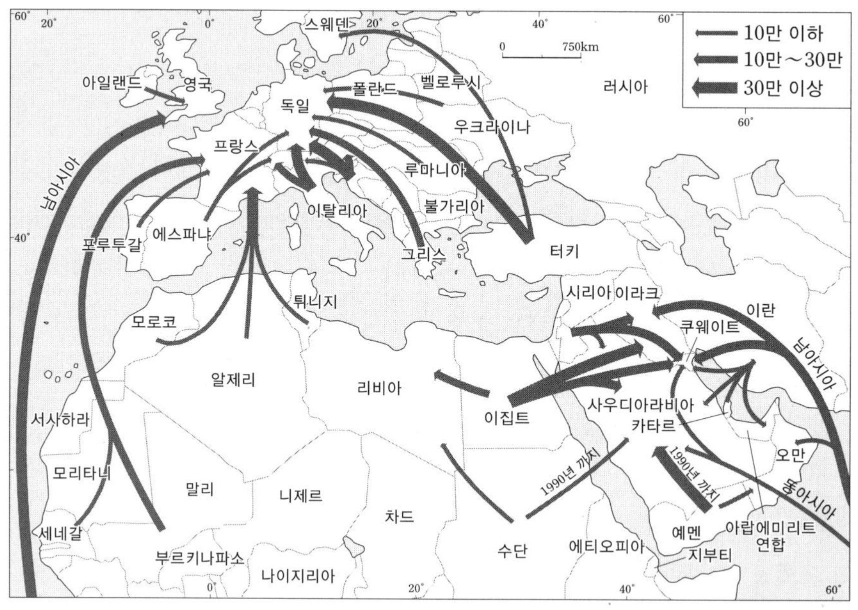

자료 : Shelley and Clarke(1994), *Human and Cultural Geography*, 88

는 이들 수입 노동자들은 상당한 정치적·사회적 문제를 안고 있으며 때로는 커다란 분쟁을 일으키기도 한다. 특히 2차 세계 대전 이후 노동력이 부족한 유럽으로 이주한 무슬림들은 프랑스에 500~600만, 독일에 전체 이민자 730만 명 중 180~200만, 영국 150~200만, 네덜란드 70~100만 등 유럽 각지에 약 2,000만 명이나 된다(KBS 밤 9시 뉴스, 2005. 11. 7; 한겨레신문, 2005. 11. 8). 해마다 EU로의 합법 이민자 수는 130만 명가량이지만, 불법 이민을 시도하는 자는 700만 명이나 되는 것으로 추정된다. 유럽 노동 시장에서 외국인의 비중이 가장 높은 나라는 룩셈부르크로서 35~40%를 점유한다.

이민이 지속되면서 국가별로 인구 흐름의 경로가 형성된다. 프랑스는 알제리, 모로코, 튀니지 등지의 북부 아프리카에서, 독일은 터키와 구(舊)유고슬라비아 지역에서, 영국은 인도와 파키스탄에서, 네덜란드와 에스파냐는 모로코와 터키에서 주로 유입된다. 이민자들이 주로 종사하는 업종 부문도 에스파냐는 농업, 호텔 및 식당업, 포르투갈은 건설업, 독일은 제조업 등 나라마다 다르다.

서부 유럽 국가들이 이민을 적극 수용하기 시작한 것은 당시 경기의 활황과 함께 노동력 부족 현상이 나타나기 시작한 1960년대부터이다. 그러나 1990년대 이후 경기 침체로 노동 시장 수요가 축소되면서 이들은 곧 냉대와 차별의 대상으로 전락하였다. 이들이 갖는 상대적 빈곤과 불평등, 사회 구성원으로서의 소외감으로 인하여 빚어지는 현지 국가 및 국민과의 갈등은 유럽이 안고 있는 장기적인 과제이다.

4. 인구이동의 이론 및 모형

1) 라벤슈타인(Ravenstein)의 인구이동법칙(Laws of Migration)

인구이동에 관하여 매우 심층적이고 광범위하게 조사·연구하여 이동에 관한 법칙을 정립, 처음으로 발표한 사람은 E. G. 라벤슈타인(E. G. Ravenstein, 사진 VII-2)이다. 그는 영국을 대상으로 한 출생지 자료분석을 통하여 오랜 기간 동안 이동에 관하여 연구한 결과 1885년 인구이동의 법칙에 관한 연구 논문 'The Laws of Migration'을 '영국왕립통계협

사진 Ⅶ-2. E. G. 라벤슈타인(1834-1913)

회'에 제출함으로써 널리 알려지게 되었다.

그의 인구이동법칙은 대략 다음과 같다.

① 이동의 대부분은 단거리 이동이다.

② 국내이동에서는 여성이 탁월하지만 남성은 국제적 모험이동을 시도한다.

③ 원거리 이동자는 대개 상공업 대도시 중심지를 향한다.

④ 도시로의 인구유입은 단계적으로 나타난다(인구이동의 파급 효과). 성장하는 도시 배후지로부터 인구가 전입하면 도시 주변의 농촌에 여백이 생기고 그 여백은 보다 먼 거리의 농촌 인구가 유입, 보충되어 이동의 효과는 원거리까지 파급된다. 결국 대도시로의 인구이동은 단계적으로 나타나는 결과를 초래한다.

⑤ 도시로부터의 인구전출에서도 도시 전입 때와 흡사한 양상을 보인다.

⑥ 도시의 상공업 및 운송기관의 발달은 전입인구의 이동량을 증가시킨다.

⑦ 대도시는 인구의 자연 증가보다 인구이동에 의해서 성장한다.

⑧ 인구흡인의 중심지에서 본 인구전입량은 그들을 배출시킨 전출지와의 거리에 반비례한다(라벤슈타인의 거리법칙).

⑨ 모든 이동의 흐름은 이를 보상하는 역류(counter-stream)를 수반한다.

⑩ 도시와 농촌 간에는 이동 성향에 차이가 있다. 도시 출신자보다는 농촌 출신자의 이동 성향이 더 높다.

⑪ 인구이동의 대부분은 경제적 이동이다. 악법, 중세, 열악한 환경 및 기후 등의 모든 것이 이동의 흐름을 발생시킬 수 있으나 대부분의 사람들이 물질적인 풍요로움을 추

구하고자 하는 열망으로부터 발생하는 경제적 이동과는 비교될 수 없다.

물론 다른 한편으로 라벤슈타인과는 다른 관점에서 이동을 논하기도 한다. 예를 들어 이동은 여성보다는 남성이 탁월하며, 성(性)보다는 연령이 더 중요한 요소(House and Knight, 1965)라든가, 경제가 발달함에 따라서 여성은 노동력에 보다 활동적으로 참여하기 때문에 성이 갖는 이동의 선택성은 커다란 의미가 없다(Richmond, 1969)라는 주장 등이다. 그러나 인구이동의 흐름과 이주자의 특성에 관한 라벤슈타인의 인구이동법칙은 가장 일반적이며, 오늘의 현실에 비추어 보더라도 큰 차이가 없음을 발견할 수 있다.

2) 리(Lee)의 배출-흡인모형(the Push-Pull Model)

에버렛 리(Everett Lee, 1966)는 그림 VII-3과 같은 인구이동모형을 통해서 인구이동에 관한 이론을 설명하고 있다.
그는 이동에 영향을 미치는 다음과 같은 요인을 들어 그의 이론을 전개하고 있다.

- 기원지와 관련된 요인(factors associated with a migrant's origin)
- 목적지와 관련된 요인(factors associated with a migrant's destination)
- 기원지와 목적지 사이에 개입되는 방해요인(obstacles between the two)
- 개인적 요인(personal factors)

이주자는 기원지와 목적지의 흡인(+) 또는 배출인자(−) 수와 그 강도에 따라 이주에 관한 의사결정을 하지만 작용인자(+, − 또는 0)와 그 강도는 전적으로 개인에 의존한다. 또한 이주 의사결정은 기원지와 목적지 사이에 개입되는 이동의 방해요인에 의해서도 영향을 받는다. 개입방해요인으로는 양자 간의 거리, 운송 수단, 이민법과 같은 제도, 베를린 장벽과 같은 물리적 장애물, 비용 등이 있으며 특히 비용에는 실제적 비용(actual costs)과 심리적 비용(psychic costs)이 포함된다. 실제적 비용은 이동하는 데 소요되는 실제 비용을 말하는 것으로 거리와 밀접하게 관련된다. 심리적 비용은 가족, 친지, 이웃, 지역 사회 등 이주자가 익숙해 있는 주변 환경과 일시적으로나마 단절함으로써 오는 심리적 압박감을

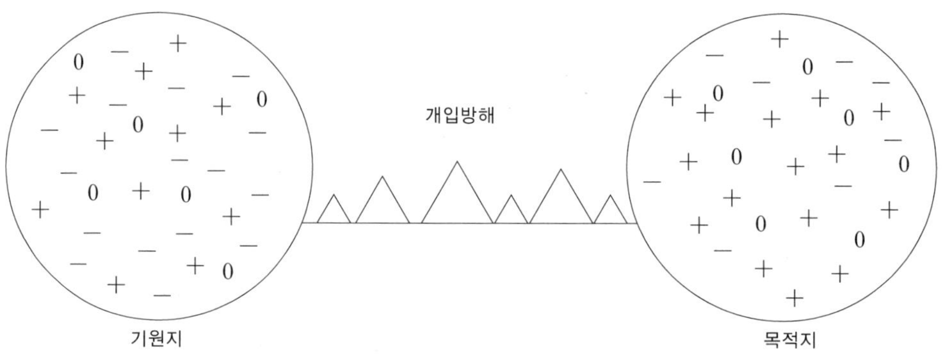

자료 : E. S. Lee(1966), "A Theory of Migration", *Demography*, Vol.3, No.1, 50

총칭하는데, 역시 거리와 관련이 깊다. 마지막으로 이들과는 별개로 이동의 의사결정이 개인의 특성과도 상관되어 영향을 받는다는 것이다. 다시 말해서 개인의 건강, 연령, 혼인 상태와 가족의 규모, 소득, 기술 또는 교육수준, 그리고 개인의 품성 등을 포괄하는 개인별 특성에 의존한다.

사실상 이와 같은 이동요인들에 의해서 이동의 단위나 규모도 영향을 받게 마련이다. 예를 들어 단절의 심리적 비용이 클 때 단신이동보다는 가구이동의 의사결정을 자극한다든가, 미래에 대한 불확실성과 불안한 심리적 비용이 더 크게 작용할 때, 또는 가구원의 소득이 분리되어 있을 경우, 그 반대의 의사결정을 자극할 수도 있을 것이다.

리의 모형에서 배출요인과 흡인요인 중 어느 것이 더 큰 힘으로 작용하는가에 대한 문제는 이동이 발생하는 시기의 사회·문화적 배경(역사, 경제적 발달 정도, 정치적 상황, 정책 또는 제도, 관습)이 중요하다. 경제가 침체된 낙후 지역의 주민 생활고는 절대적 배출요인으로 작용하며, 산업화가 진행되고 도시의 고용 창출이 활발할 때에는 배출요인과 상관없이 흡인요인이 강하게 작용한다. 예를 들어 미국의 남북전쟁(the Civil War) 이후 서부 대평원(the Great Plains)으로의 이주는 'the Homestead Act'와 같은 개척 정책이 흡인요인으로서 크게 작용했음은 의심할 여지가 없다. 그러나 이주를 총체적으로 파악하면 사실상 두 개의 요인이 개별적으로 작용한다기보다는 거의 동시에 서로 상호작용함으로써 이주를 유도하는 것이다.

리의 모형은 이동 발생의 여러 요인적 상황들을 포괄적으로 내포하고 있어 설명하기 쉽고 보기 좋은 모식적 표현이 되고 있다. 반면, 단순히 배출과 흡인이라고 하는 막연하고 광범위하며 경험적인 요인을 총체적으로 제시하는 것은 실제적으로 매우 복잡하게 구성된 이동의 의사결정이나 원인 규명, 이동의 구체적 분석에는 미치지 못하고 있다. 즉 경험적이고 개념적인 기술에 불과하다는 지적을 받고 있다.

한편, 슐츠(Schultz, 1962)와 샤스타드(Sjaastad, 1962)는 '출산의 경제적 이론'에서와 마찬가지로 이동의 의사결정에서도 이동에 따르는 비용과 이익을 평가하는 과정이 수반된다고 하는 이른바 '손익이론(損益理論, Cost-Benefit Theory)'을 주장하였다.

3) 지리적 중력모형(Geographic Gravity Model)

이 모형은 뉴턴의 만유인력법칙 개념을 지표공간상 두 지점 사이의 인구이동을 설명하는 데 원용한 수식적 모형이다.

$$M_{ij} = \frac{P_i P_j}{d_{ij}}$$

M_{ij} : 두 지역 i와 j 사이의 총이동량

P_i : i 지역의 인구

P_j : j 지역의 인구

d_{ij} : i 지역과 j 지역 사이의 거리

즉, 두 지역 간의 인구이동량은 두 지역의 인구규모에 비례하고 두 지역 사이의 거리에 반비례한다는 개념으로, 거리는 언제나 두 지점 간의 이동을 억제하는 물리적 마찰력으로서 작용한다는 것이다. 중심지를 향한 인구이동과 거리와의 기본적 관계를 그림 VII-4가 잘 보여 주고 있다. 중력원리를 지리적 공간모형으로 표시한 이 공식은 공간상의 인구나 물자의 이동(유통)을 설명하는 데 가장 기본적이고 일반적인 설명력을 지닌다.

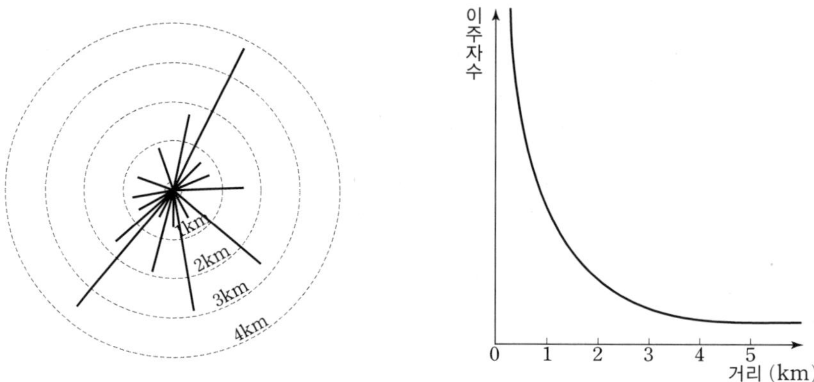

자료 : Ogden, P.(1984), *Migration and Geographical Change*, 19

4) 스타우퍼(Stouffer)의 개입기회모형(Intervening Opportunities Model)

미국의 사회심리학자인 S. 스타우퍼(S. A. Stouffer)는 1940년 이른바 '개입기회가설 (intervening opportunities hypothesis)'을 제시하였다. 그는 두 지역 간 이동의 방향과 크기를 설명하는 데 보편적으로 통용되는 거리의 마찰적 역할보다는 이주공간의 특성에 더 주목하였다. 거리의 물리적 측면보다는 사회경제적인 측면을 중시한 것이다. 이주 그 자체가 비용이 들고 사회적·경제적인 특성을 띠기 때문에 이주자는 이주공간상의 적합한 기회만 주어진다면 그곳에서 이주를 멈추게 될 것이라는 가정을 기본으로 하고 있다. 즉, '주어진 거리를 이동하는 사람의 수는 O-D 간에 만나는 기회의 수에 비례하고, 개입되는 기회의 수와는 반비례한다'는 것이다. 스타우퍼는 1960년 이를 다시 다듬어서 그림 Ⅶ-5와 같은 모식적인 '개입기회모형'을 전개하였다.

개입기회모형에 의한 도시 1로부터 도시 2로의 이주자 y는 다음과 같은 관계식으로부터 구할 수 있다.

$$y = k \frac{X_O \cdot X_I}{X_B \cdot X_C}$$

y : 도시 1로부터 도시 2로의 이주자(수식에서는 비율 개념임)

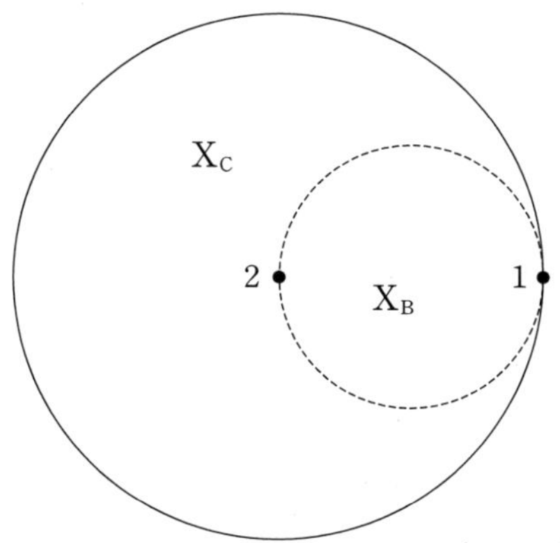

자료 : Huw R. Jones(1981), *A Population Geography*, 221

X_O : 도시 1로부터 전출한 총수

X_I : 도시 2의 기회, 총 전입자 수로 측정

X_B : 도시 1과 도시 2 사이에 개입된 기회, 도시 1과 도시 2사이의 거리를 지름으로 한 원(점선) 안
　　에 전입한 총수

X_C : 도시 2의 기회를 노리고 잠재적으로 경쟁 중에 있는 이주자들. 도시 2를 중심으로 하고 도시 2
　　로부터 도시 1까지의 거리를 반지름으로 한 원 안의 모든 도시로부터 전출한 총수

　예를 들어 미국의 신시내티(도시 1)에서 뉴욕(도시 2)으로의 이주자를 개입기회모형으로
측정해 보자.

y : 신시내티에서 뉴욕으로의 이주자

X_O : 신시내티에서 전출한 사람수(30만)

X_I ： 뉴욕으로의 총 전입자 수(200만)

X_B : 신시내티와 뉴욕 사이의 거리를 직경으로 한 원 안의 도시들 중 클리블랜드에 전입한 수(3만),
　　피츠버그(10만), 디트로이트(5만), 필라델피아(8만), 볼티모어(4만)

X_C : 뉴욕을 중심으로 하고 신시내티까지의 거리를 반지름으로 한 원 안에 있는 모든 도시들로부
　　터의 전출자 수는 300만이라고 가정하고

$k : 1$일 때

$$y = \frac{30만 \cdot 200만}{30만 \cdot 300만} = \frac{6000만}{9000만} = \frac{2}{3}$$

즉, 신시내티에서 나간 전출자 수 30만 명 중 2/3인 20만 명이 뉴욕으로 전입한다.

5) 월퍼트(Wolpert)의 행태적 이동

지금까지 설명한 여러 연구는 인구이동에 관한 총체적이고 구조적이며 기계론적인 이론 정립을 시도한 거시적 분석이라 할 수 있다. 이에 대해서 이동의 주체인 인간 개개인의 행태적 측면에 주의를 기울이고, 특히 이동의 의사결정 과정에 초점을 맞추는 미시적 접근 방식이 이동의 특성을 분석하는 데 더욱 합리적이라고 주장하는, 말하자면 인본주의 행태적 입장에서 접근하려는 학자들도 많다. 이들은 장소보다는 사람에, 인구집단의 특성보다는 개개인의 행태에, 그리고 이동양식보다는 이동과정에 관심을 둔다.

월퍼트(Julian Wolpert, 1965)는 인구이동을 주로 이주자의 행태적 측면에서 연구한 대표적인 학자이다. 그는 이동행태를 분석하는 데 장소의 효용성(效用性, place utility)·장이론(場理論, field theory)·생애주기(生涯週期, life-cycle)를 중심 개념으로 삼았다.

장소의 효용성은 중심 개념의 첫째로서 개인이 특정의 장소에 대한 만족 또는 불만족의 정도로서 장소에 대해 총체적으로 인지하는 순유용성(純有用性)이라고 할 수 있다. 현재의 장소에 대한 긍정적 또는 부정적 평가는 어디까지나 개인이 그 장소에 대한 인지가 어떠한 것인가에 달려 있으며 이것은 장소 간의 상대적 유용성의 비교에 근거하고 있다. 또한 그는 주거이동을 기원지의 압박(壓迫, stress)과 잠정적 이주자의 압박에 대한 임계치(臨界値, threshold)와의 관계에서 고찰하려고 시도하였다. 그 같은 임계치는 개인에 따라 다르며 특정 장소에 대해 개인이 인지하는 압박의 임계치를 초과할 때 이동은 발생하는 것으로 보았다. 다시 말해서, 압박에 대한 인지와 반응에는 개인차가 존재하며, 압박을 경험하는 모든 사람이 이주를 결행하는 것은 아니라고 보았다. 왜냐하면 '압박'이라는 말이 모든 정도의 불만족을 다 포함하고 있기 때문이다(Brown and Moore, 1970). 이러한 관점에서 볼 때 월퍼트의 설명은 인지적 행태주의(cognitive behavioralism)적이며 W. 커크(W. Kirk)가 말하는 행태적 환경(behavioral environments) 개념이라 할 수 있다.

　장이론은 이동의 탐색행태와 관련되는 것이다. 한마디로 장소는 개인의 활동 여하에 따라 주어지는 것이며 그 공간적 범위는 곧 개인의 인지공간에 의해서 결정된다는 것으로, 르윈(Lewin, 1951)의 생활공간(life space)과 유사한 개념이다. 잠정적 이주자가 목적지를 선정하기 위한 탐색활동은 필연적으로 정보수집의 과정을 겪어야 하며, 이 과정에서 개인의 활동공간이 결정적 역할을 하게 된다. 그리하여 이동공간의 범위는 개인의 인지활동공간이며 개인의 특성에 따라 주어지는 정보장(情報場, information field)인 것이다.

　생애주기 역시 이동행태의 주요한 인자이다. 사람은 누구나 출생부터 사망에 이르기까지 보편적인 틀 속에서 생애의 단계를 거쳐야 하는 과정이 있는데 이를 가리켜 생애주기라 한다. 생애주기의 단계와 함께 개인의 생활환경, 경험, 능력, 기대와 포부, 사고, 행동규범 등 개인의 환경 구성 요소는 변화하며, 이는 장소의 효용성이나 장이론의 기본 개념과 밀접하게 관련되어 이동의 행태 및 의사결정 과정에 주요한 인자로서 작용하게 된다. 로시(Rossi, 1955)도 필라델피아 도시 내부의 이동과정분석을 통해 생애주기에 따른 주택 수요의 욕구와 그에 대한 불만이 이주의 의사결정에 중요한 인자임을 밝히고 있다. 로시 이후 주택의 규모, 욕구, 주택에 대한 이력(履歷, housing career)과 생애주기의 밀접한 관련성에 관한 연구는 스피어(Speare, 1970), 쿠프와 모건(Coupe & Morgan, 1981), 피클과 데이비스(Pickle & Davies, 1985) 등 많은 학자들에 의해서 연구되어 왔다.

5. 도시화

　도시화는 가장 보편적으로 나타나는 인구이동의 형태이다. 경제구조의 변화와 함께 인구의 도시집중은 원래 국내이동의 가장 두드러진 형태로 시작되지만 도시의 인구흡인력은 국경을 초월한 국제이동의 형태로서도 나타난다.

　도시화란 '인구가 도시에 집중하는 과정(E. T. Eraridge)' 또는 '도시 거주자 수의 전 인구에 대한 비율의 증가(K. Davis)' 라고 말할 수 있다. 『현대인문지리학사전』(Small and Witherick, 1986)에서는 '산업 및 인구구조의 변화'를 도시화의 중요 특성 가운데 하나로

꼽고 있다. 도시의 종합적 이미지는 네 가지 요소로 진술될 수 있는데, 인구규모, 경제적 기반, 행정적 단위, 기능적 수행이 그것이다.

역사적으로 영국의 산업혁명을 필두로 한 선진 사회의 공업화, 교통기관의 발달, 도·농 간의 소득 및 소비수준 격차는 필연적으로 이촌향도의 도시화를 초래하였고, 개도국의 일부는 산업 발달과 무관하게 인구도시집중 현상을 빚고 있어 이제 도시화는 전 세계적 사회 현상이 되었다. 1950~1960년에 선진국의 도시인구가 25% 증가한 반면, 개도국의 도시인구는 무려 55% 증가한 예는 이를 잘 설명해 주고 있다. 또한 인구성장률이 빠른 지역에서는 대도시가 많이 출현하고 있다. 표 VII-1에서 보면 1900년의 세계 10대 도시는 거의 유럽 지역에 분포하였으나 1980년 이후에는 대부분 남아메리카와 아시아 국가들에서 나타나고 있음을 볼 수 있다. 개도국에서 흔히 나타나는 가(假)도시화(pseudo-urbanization) 현상과 종주도시체계(宗主都市體系, primate urban system)의 한 단면을 그대로 반영하는 것으로 볼 수도 있다. 그러나 선진국의 도시화는 개도국의 그것과는 상이한 점이 있다. 교통이나 정보의 고속화 면에서 선진국은 도·농 간 생활양식의 질적 차이를 최소화하고 도시 거주자의 교외화(郊外化, suburbanization) 현상도 촉진시키기 때문이다.

도시 그 자체가 비도시 지역에서는 찾아볼 수 없는 다양한 기능을 갖고 있어 많은 사람들에게 흡인인자로서 작용하기에 충분하다. 도시화 현상은 가장 확실하고 커다란 공간 및

표 VII-1. 세계 10대 도시의 순위 및 인구

(단위 : 백만 명)

연도	1900*		1950**		1980**		2010**	
순위	도시	인구	도시	인구	도시	인구	도시	인구
1	런던	6.48	뉴욕	12.3	도쿄	21.9	도쿄	28.8
2	뉴욕	4.24	런던	8.7	뉴욕	15.6	뭄바이	23.7
3	파리	3.33	도쿄	6.9	멕시코시티	13.9	라고스	21.0
4	베를린	2.42	파리	5.4	상파울루	12.1	상파울루	19.7
5	시카고	1.72	모스크바	5.4	상하이	11.7	멕시코시티	18.7
6	빈	1.66	상하이	5.3	오사카	10.0	뉴욕	17.2
7	도쿄	1.50	에센	5.3	부에노스아이레스	9.9	카라치	16.7
8	상트페테르부르크	1.44	부에노스아이레스	5.0	로스앤젤레스	9.5	다카	16.7
9	필라델피아	1.42	시카고	4.9	콜카타	9.0	상하이	16.6
10	맨체스터	1.26	콜카타	4.4	베이징	9.0	콜카타	15.6

자료 : * Charibit, Y.(1979), *La population dens le monde*, Paris, La Documantation fransaise
　　　** UN(1998), *World Urbanization Prospects*, New York, UN Department of Economic and Social Affairs

생활 변화를 보여 준 인구이동의 결과인 것이다. 도시화가 전 세계적 현상임에는 틀림없지만 출생률이 높고 경제적 후진지역일수록 도시화 수준(도시인구율)은 낮게 나타나는 것이 일반적이다.

한편 노샘(Northam, 1975)은 그림 VII-6과 같이 도시화 과정을 3단계의 곡선으로 나타냈다. 첫 단계인 초기단계(Initial Stage)는 도시화가 시작되는 시기이므로 대부분이 1차 산업에 기반을 두고 분산된 촌락 형태를 취하는 상태이다. 두 번째는 가속화단계(Acceleration Stage)로 25% 이하의 도시인구가 많게는 70% 수준까지 급성장하여 인구의 공간적 재분포 현상이 뚜렷이 나타난다. 이 단계에서는 도시에 경제활동이 집중되고 제조업, 무역, 기타 서비스 산업의 2 · 3차 경제구조로 일대 전환한다. 마지막 종착단계(Terminal Stage)에서는 도시인구가 대략 70%를 상회하면서 포화상태에 이르고, 도시화 곡선은 평형상태에 접어들면서 도시인구 규모가 정착하게 된다. 예를 들어 영국의 잉글랜드와 웨일스 지방은 도시인구가 80% 수준에 이른 1900년 이후 현재까지 도시인구증가는 거의 정지상태를 유지하고 있다. 결국 노샘의 도시화 곡선은 S자 형태의 로지스틱 곡선(logistic curve)을 그린다.

오늘날에 이르러 우리는 노샘의 모형에 또 하나의 단계인 후기산업단계를 첨가할 수 있을 것이다. 미국의 도시화는 역으로 인구분산 과정으로 전환되면서, 인구규모는 축소되고 밀도는 낮아지며 공간 상호의존성이 증대되면서 지역의 동질성이 확대되는 이른바 역도시

그림 VII-6. 도시화 곡선

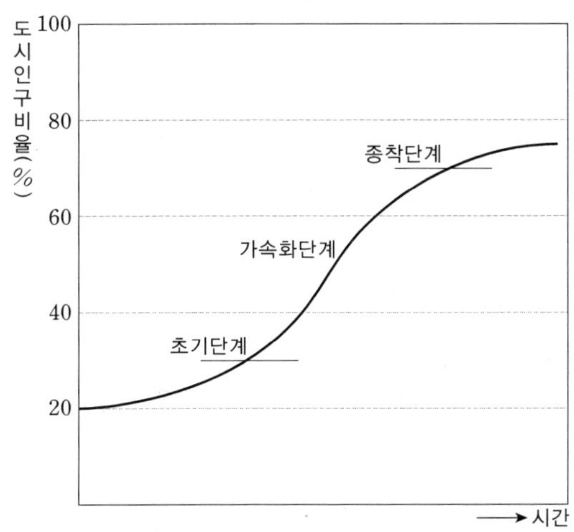

자료 : Northam(1975), *Urban Geography*, New York : John Wiley & Sons, 53

화(counter-urbanization) 현상으로 이어진다(Berry, 1980). 다시 말해서 선진지역을 중심으로 후기산업사회에 진입하면서 밀집된 도시인구는 분산되고 회귀인구는 증가하며 도·농 간에 통일 지향적 공간 재분포를 이루어 가는 도시화 곡선의 네 번째 단계, 즉 도시화의 퇴행단계(Regressive Stage)로 이어질 수 있다. 미국의 경우를 예로 들면 1970년대 이후 미국은 새로운 이동 흐름을 나타내고 있다. 1970~1975년에는 연평균 대도시 전입인구 100명에 대해서 131명의 전출인구가 발생하였으며 그 가운데는 단지 교외이동뿐만이 아닌 상당수의 원거리 지방 소도시 전출도 포함되어 있다. 1960년대에는 25개 대도시 가운데 피츠버그 하나만이 인구감소 도시였으나 1970년대 말에는 뉴욕, 로스앤젤레스 등 9개 도시의 인구가 감소한 것으로 나타났다(Ogden, 1984).

6. 깁스(Gibbs)의 인구도시집중 5단계론

J. P. 깁스(J. P. Gibbs, 1963)는 도시로의 인구집중 진행 과정에 대해서 1960년까지 미국의 전 주(州)를 대상으로 조사·분석한 결과 '인구집중의 진화(The Evolution of Population Concentration)'를 발표하였다. 여기서 그는 인구가 도시로 집중해 가는 과정을 5단계로 분류하였다. 제1단계는 도시가 출현하는 단계로, 도시인구증가율이 비도시 지역의 인구증가율을 아직 초과하지 못하는 단계이며 도시로의 인구이동은 최소한으로 제한받는다. 왜냐하면 식량 생산 수단을 촌락이 가지고 있고 운송 기술이 미발달하였기 때문이다. 제2단계에서는 도시인구증가율이 농촌 증가율을 초과하기 시작하는데, 이는 도시로의 인구이동에 기인한다. 1단계가 오랫동안 누적된 결과로서, 식량 증산과 운송 기술 발달이 2단계로의 진입에 필수 요건이며 일단 이 단계에 이르면 노동 분화, 고용 기회 증대, 생활 수준 향상을 초래한다. 특히 운송 발달은 이촌향도(rural-urban migration)의 방해요인인 공간마찰의 극복을 가능케 한다. 제3단계는 도시로의 인구이동이 절정에 이르고 이주자의 수는 농촌지역 인구의 자연증가를 초과함으로써 농촌 인구의 절대적 감소를 경험하는 단계이다. 도시 이주자는 주로 인구재생산 연령층이므로 농촌의 인구감소는 가속화된다. 제4단계에서는 도시로의 이동이 다소 수그러들고 잠재적 이동수는 점차 감소하지만 도시의

인구흡인 요인은 여전히 존재한다. 농촌으로부터의 인구흡인력을 대도시 인근의 중소 도시가 상실함으로써 대도시 중심지의 강력한 인구흡인력이 중소 도시의 희생을 수반한다. 따라서 4단계에서는 중소 도시로부터 대도시 중심지로의 이동현상이 두드러지면서 중소 도시의 인구는 감소한다. 제5단계는 운송 및 통신 기술의 지속적 향상에 의해서 더 이상 도시 중심지로의 인구집중 없이도 서비스를 제공받거나 사회·경제적 관계를 유지하는 데 문제가 없음으로 해서 도시 중심의 고밀도 지역으로부터 교외로, 때로는 도시 중심으로부터 먼 거리까지 거주지 분산(out movement, residential dispersion)이 시현된다. 5단계는 인구집중 과정 중에 나타나는 도시 내의 이심현상(離心現象, decentralization)이 아닌 인구분산(deconcentration)을 특성으로 한다.

7. 한국의 국제이동(International Migration)

한국의 주요 인구이동은 금세기 이래 역사적으로 3시대의 인구대이동을 거쳤다. 즉 일제 강점기를 전후해서 만주를 비롯한 세계 여러 지역으로의 이출(emigration) 및 2차 대전 직후의 귀환이동(return migration), 한국전쟁 격변기의 남북이동, 그리고 1960년대 이후 도시 발달에 따른 이촌향도이동이 그것이다.

한국 근세 이후 초기 국제이동은 일제 침략 및 최소한 이와 관련되는 국제이동과 1962년 이후의 자유이동으로 구분하여 볼 수 있다. 초기 국제이동은 만주 이동과 하와이 이동의 두 방향이 주류를 이룬다.

1) 만주 이동

만주 이동은 일제 강점기 훨씬 이전인 1800년대 후반부터 시작되었다. 당시 함경도 지방의 흉년으로 인하여 청나라 영토의 간도로 잠입해 들어가는 조선인들이 상당수 있었다. 1860년대 간도 지방에 조선족 집단 거주지를 형성한 인구는 약 77,000명인 것으로 알려져 있다(최창래 외, 1989). 1910년 당시 만주에 거주하는 조선인은 약 15~20만 명이었는데 일제의 한일병합으로 만주로의 조선인 이동은 빠른 성장을 보인다. 1910~1920년에 만주 지방으로 이주해 온 조선인 수는 19만여 명에 달하였다. 일제의 토지 강점으로 생계를 잃은 농민들이 만주 땅으로 이주한 곳은 주로 랴오닝 성(遼寧省) 중심이었다. 랴오닝 성 조선인은 1916년~1920년의 불과 4년 사이 98,235명에서 332,737명으로 증가하여 연 5,800명씩 늘어났다. 1931년 만주사변을 계기로 만주 침략이 노골화되면서 일제는 노동력 착취를 위한 만주 이동을 적극 추진하였다. 헤이룽장(黑龍江) 성의 조선인 인구도 점차 증가하여 1940년에는 153,357명에 이르렀다. 당시 조선인은 대부분 압록강이나 두만강을 건너 북동부에 정착하거나 조선의 서해안으로부터 랴오닝 성 서남의 잉커우(營口) 항을 거쳐서, 또는 러시아를 거쳐 옌볜(沿邊)과 동부 변경 지역으로 이주하였다.

1931년 옌볜 조선인은 395,000명에서 1944년 631,000명으로 배 가까이 증가하였다. 옌볜 조선인 인구수와 만주 전체의 조선인 인구수 통계는 표 VII-2, 표 VII-3과 같다.

1990년 중국 제4차 인구조사에 의하면 중국 조선족 총 인구수는 209만 7,902명이다. 그 중에서 동북 3성(東北三省)에 97.1%인 179만 4,740명이 밀집되어 있다. 동북 3성 가운데서도 특히 지린(吉林) 성에 65.8%(118만 1,964명)가 분포하고, 헤이룽장 성에 25.2%, 랴오닝 성에 9.0%가 분포한다. 또한 지린 성 내에서도 옌볜 조선족 자치주에 821,479명이 분포하여 지린 성 조선족 총수의 69.5%를 차지하고 있다(심혜숙, 1992).

이주 원인은 전술한 바와 같이 주로 생계유지를 위한 경제적 이동으로 이주 후 농업 종사자가 대부분이었다. 그러나 상품 교역, 철도 부설, 광산 개발 종사자, 기타 각종 노동력 제공 등 직업은 점차 다양화되어 갔으며 항일애국투사(抗日愛國鬪士)들도 상당수 있었다. 2005년 현재 중국 교포는 243만 9,395명으로 2003년 214만 4,789명에서 29만여 명이 늘어났으며 교포 가운데 215만 7,498명은 중국 국적을 가진 '조선족' 이다(외교통상부). 최근 조선족 자치주 거주자는 급감하는 것으로 알려졌다.

중국 조선족의 이주 시기를 분류한다면 두 시기로 나눌 수 있다. 제1기는 조선 왕조 중엽부터 대한제국을 거쳐 1910년 '한일병합(韓日倂合)' 에 이르기까지의 시기(1860~1910년)이며, 한일병합 이후 1945년 일본의 패망까지(1910~1945년)는 제2기라 할 수 있다. 제1기는 국경 지역 주민들의 생계유지를 위한 자발적 · 경제적 이주이다. 제2기는 두 단계로 구분할 수 있는데, 1910~1931년까지의 첫 단계로 일제하의 정치적 · 경제적 고통에서 벗어나려는 대규모적인 이주이다. 생활고에 시달리는 농민들뿐만 아니라 김구 · 김좌진 · 이

표 Ⅶ-2. 옌볜 조선인 인구수, 1931-1944년

(단위 : 만 명)

연도	1931년	1936년	1937년	1938년	1939년	1940년	1941년	1942년	1943년	1944년
인구수	39.5	45.8	47.1	52.3	54.8	58.5	61.7	62.1	63.4	63.1

자료 : 유충걸 · 심혜숙(1993), 『백두산과 연변 조선족』, 215

표 Ⅶ-3. 만주 조선인 인구수, 1910-1942년

(단위 : 명)

연도	인구수	연도	인구수
1910	202,070	1927	558,280
1911	205,517	1928	577,052
1912	238,403	1929	597,677
1913	252,118	1930	607,119
1914	271,388	1931	630,982
1915	282,070	1932	596,573
1916	328,288	1933	673,794
1917	337,461	1934	761,593
1918	361,772	1935	826,570
1919	431,198	1936	925,531
1920	459,427	1937	931,620
1921	488,656	1938	1,056,308
1922	515,865	1939	1,162,127
1923	528,027	1940	1,309,053
1924	531,857	1941	1,442,428
1925	531,973	1942	1,511,570
1926	542,185		

자료 : 金哲(1965), 『韓國の人口と経濟』, 28

범석 · 지청천 등 독립 운동을 하려는 많은 애국지사들의 이출인 것이다. 두 번째 단계는 1931~1945년으로 만주사변 이후 일제의 멸망과 2차 대전의 종결까지이다. 이 단계는 일본 제국주의가 만주 개척을 위하여 강제적 이민정책을 쓰면서 빚어진 대규모적인 노동력 착취의 강제적 이동인 것이다.

2) 러시아 이동

상당수의 한인들이 19세기 초부터 러시아의 극동 변경 지역인 연해주(沿海州) 지역을 오 갔으나 주로 일시적, 계절적 이동에 불과하였다. 정착을 위한 이민은 1858년 포시에트

(Pos'yet)에서 시작되었고 1869년 조선의 대흉년으로 만주와 연해주의 집단이주가 발생하였다. 조선인의 수가 급증하면서 거주 지역도 확대되어 포시에트 지역의 치진허, 얀치허, 시디미, 아디미, 크람베, 후드바이 등지에 한인 마을이 형성되었다. 1884년 러시아와 조선의 수교는 당시 급증하는 조선인들을 통제하고, 조선 입장에서는 함경도 지방의 인구유출로 인한 세입의 감소를 우려하여 서둘러 이루어졌다.

수교조약에 의하면 러시아 거주 한인들은 3종으로 분류되었다. 제1종은 1884년 이전 러시아에 이주한 사람들로 이들에게는 러시아 국적을 부여하고 영주를 허용하였다. 제2종은 1884년 이후 러시아에 입국한 사람들로 허가된 일정 기간이 지나면 조선으로 돌아가야 한다. 제3종은 러시아를 일시적으로 방문한 사람들이다. 이 분류에 의하면 1종이 8,500명, 2종이 12,500명, 계절노동자가 3,000명이었다.

1905년을 기점으로 해서 이전의 이민이 순수 농민이었다면 이후는 여기에 정치적 망명이동이 더해진 것이었다. 블라디보스토크에도 신한촌(新韓村)이 형성되었고 이 곳을 중심으로 독립 운동가들이 집결하여 항일운동을 전개하였다. 조선총독부의 기록에 의하면 1926년 연해주 거주 한인들은 188,480명으로, 1908년의 45,397명에 비해 급증한 것이며 이는 간도 지방 이민의 경우와 마찬가지로 일본의 식민 통치에 기인한 조선인의 정치적 이동과 경제적 이동이 결부된 것임을 시사해 준다.

1937년에 연해주의 한인들은 큰 시련에 봉착하게 된다. 당시 소련은 정치적 이유로 연해주의 한인들을 중앙아시아로 집단·강제이동시켰다. 9월 9일부터 12월 25일 사이에 신속하고 전격적(電擊的)으로 이루어졌는데 일시에 블라디보스토크로부터 8,000km의 원거리를 이동하는 과정에서 노약자와 어린이 등 사망자가 발생하였다. 36,422가구에 171,781명이 카자흐스탄(95,256명), 우즈베키스탄(76,525명)에 이주한 것으로 기록되어 있고, 1926년 당시 연해주 한인들이 188,000여 명이었던 것으로 미루어 보면 사망자가 상당수에 달한 것으로 추측된다.

1991년 소련연방공화국은 해체되고 10개 공화국이 각기 주권을 보유한 채 관세 없는 경제 동맹과 집단 안보를 내용으로 하는 독립국가연합(CIS)으로 새롭게 탄생한 이후 중앙아시아로 강제이주당했던 한인들 중 연해주로 귀환이동하는 사람이 많은 것으로 알려져 있다.

소련 해체 당시 재소(在蘇) 한인들(고려인, 카레이스키)이 40여만 명으로 소련 내 127개 민족 가운데 28번째로 많은 수였지만 이들은 여러 공화국에 분산 거주(표 VII-4)하였기 때

(단위 : 명)

공화국	한인수	공화국	한인수
러시아	107,051	몰도바	269
우크라이나	8,669	라트비아	248
벨로루시	638	키르기스스탄	18,355
우즈베키스탄	183,140	타지키스탄	13,431
카자흐스탄	103,315	아르메니아	29
그루지야	242	투르크메니스탄	2,848
아제르바이잔	94	에스토니아	202
리투아니아	119	계	438,650

자료 : 이광규(1998), 『러시아 연변의 한인사회』, 112

　　　최진욱(2004), 『동북아 한민족사회의 역사적 형성과정 및 실태』, 107

사진 Ⅶ-3. 2005년 광복 60주년 기념식에 참석한 러시아 우수리스크의 고려인 학생들(우)과 피곤한 삶을 살아온 고려인들(좌)

자료 : 고려인돕기본부(동아일보, 2005. 8. 20.)

문에 자치주를 얻지 못하였다.

현재 연해주에는 4~5만 명의 고려인이 있으며 절반 정도가 우수리스크에 거주한다. 과거 연해주 한인 사회의 중심지였던 블라디보스토크에는 2,500여 명의 고려인이 거주하고 있는 것으로 파악된다.

3) 일본 이동

1876년 부산포 개항 이후 일본인들은 한반도 내왕이 비교적 자유로웠다. 일본의 내각통계국(內閣統計局)이 편찬한 '일본제국통계연감'에 의하면 1885년 당시 한국 거주 일본인은 4,521명인데 비하여 일본 거주 한국인은 단 1명이었다. 한일병합 직전인 1909년에는 전자가 126,168명, 후자는 790명이었다(김철, 1965).

1922년 12월 시행된 '자유도항제(自由渡航制)'를 기점으로 한국인 노동자의 일본으로의 이동이 급증하기 시작하였다. 한국인의 일본 입국을 저지해 왔던 일본이 자유도항제를 실시하게 된 배경에는 일본의 대륙 침탈에 따른 전쟁 수행 목적이 있었다. 1914년의 '제1차 세계 대전', 1937년의 '중·일전쟁', 그리고 1941년의 '제2차 세계 대전' 등, 전선 확대에 따라 병력을 동원해야 할 필요성, 그리고 전시(戰時) 군수 산업의 활성화에 따른 값싼 노동력 활용을 위한 인력 확보 차원에서 실시된 것이다. 다시 말해서 한국을 일본인의 이주지로만 보아 왔던 일본 정부의 식민사관(植民史觀)에서 한걸음 더 나아가 한국을 군사력과 저렴한 노동력 공급지로 보아야 한다는 일본 전시 산업계의 식민지관(植民地觀)까지 확대된 것이라 할 수 있다.

1939~1945년에 일본 본토, 사할린, 남양(南洋) 등지로 강제 동원된 한인 노동자 수는 724,787명인데 여기에 군인·군속(軍屬) 365,263명을 합하면 강제 동원된 수는 100만 명을 넘는 것으로 추산된다(이문웅, 1996). 이들은 주로 광산이나 토목 공사와 같은 위험하고 힘든 일에 강제 노역을 당하였다. 이 밖에도 1937년 중·일전쟁으로부터 1945년 태평양전쟁 종전까지 소위 '정신대(挺身隊)'라는 이름으로 강제 동원 되어 대부분이 사실상 군대 위안부로 인권을 유린당한 한인 여성들도 정확히 파악할 수는 없지만 대략 20만 명 정도로 추산된다.

박재일(1957)은 '재일 조선인에 관한 종합조사연구'에서 1910~1945년까지 자연증가 변화도 함께 고려한 결과, 일본 거주 한국인 수 및 일본으로의 이출인구를 표 VII-5와 같이 추산하였다.

1913년 3,952명이었던 조선인이 1945년에는 210만 명으로서, 531배 증가하였으며 일본 제국주의 통치 기간인 35년 동안 실제로 약 200만의 인구유출이 있었음을 보여 준다. 광복과 함께 많은 사람들이 귀환이동하였고 현재 약 60만 명의 한국인이 재일교포사회를 형성하고 있다. 종전 후 한국으로의 귀환이동은 표 VII-6과 같으나 한국 정부가 발표(1949년 5월 말)한 귀국자 수는 1,414,258명이었다. 광복 직후 북한 지역으로의 귀환자 수는 351명이었고 그 후 1959년부터 1984년까지 계속된 조총련(朝總聯)의 재일 동포 북송 사업으로 93,000명 정도가 북한으로 귀환하였다.

표 VII-5. 재일 한국인 수 및 일본으로의 이출인구, 1910-1945년

(단위 : 명)

연도	거주인구	유출인구	연도	거주인구	유출인구
1910 − 13	3,952	3,952	1930	419,009	25,468
1914	4,176	168	1931	437,519	12,621
1915	5,046	802	1932	504,176	59,871
1916	7,225	2,082	1933	573,896	61,995
1917	17,463	10,003	1934	639,651	56,472
1918	27,340	9,507	1935	720,818	71,465
1919	35,995	8,171	1936	780,528	49,204
1920	40,775	4,211	1937	822,214	30,619
1921	48,774	7,362	1938	881,347	47,270
1922	82,693	32,806	1939	1,030,394	135,177
1923	112,051	27,850	1940	1,241,315	194,213
1924	168,002	53,690	1941	1,469,230	208,139
1925	187,102	16,582	1942	1,625,054	133,951
1926	207,853	17,953	1943	1,768,180	119,326
1927	246,515	35,344	1944	1,911,307	117,401
1928	341,737	90,622	1945	2,100,000	160,427
1929	387,901	40,943			

자료 : 박재일(1957), 「在日 朝鮮人に關する 綜合調査研究」

표 VII-6. 종전 후 한국으로의 귀환이동자 수

연도	귀환자 수
1945. 8〜1946. 3	940,438
1946. 4 이후	82,900
1947	8,392
1948	2,822
1949	3,482
1950	2,294
계	1,040,328

자료 : 이문웅(1996), 「세계의 한민족(일본편)」, 67

    현재 일본 내의 재일동포 지역 분포를 보면 그림 VII-7과 같다. 1993년 현재 가장 많은 분포 지역은 187,389명이 분포하고 있는 오사카(大板府)이고 다음으로는 일본 최대 중심지인 도쿄(東京都)에 91,931명이 분포하고 있다. 이어서 효고(兵庫県, 71,023명), 아이치(愛知県, 55,207명), 교토(京都府, 46,836명), 가나가와(神奈川県, 32,430명), 후쿠오카(福岡県, 24,974명), 히로시마(廣島県, 16,208명), 야마구치(山口県, 13,596명), 사이타마(埼玉県, 13,901명), 지바(千葉県, 12,469명) 순이다(외무부, 1993). 이들을 출신지별로 보면 표 VII-7

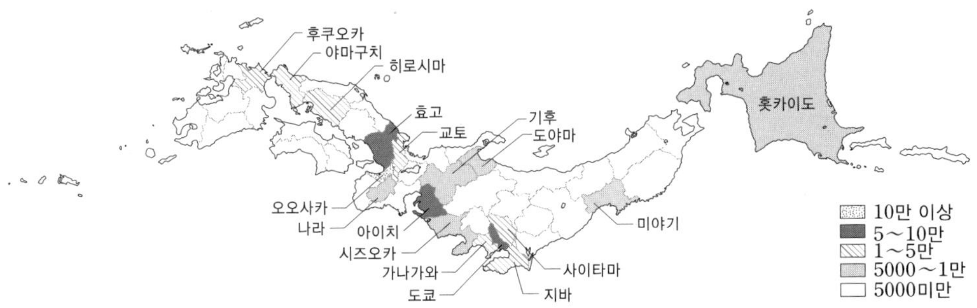

자료 : 이문웅(1996), 『세계의 한민족(일본편)』, 92-93

표 Ⅶ-7. 재일 동포 출신지별 분포, 1992년

(단위 : 명, %)

지역	인원	비율	지역	인원	비율	지역	인원	비율
서울	43,397	6.3	충남	14,065	2.0	제주	117,110	17.0
부산	21,123	3.1	전북	12,192	1.8	북한	4,141	0.6
경기	12,244	1.8	전남	55,661	8.1	기타	2,149	0.3
강원	4,313	0.6	경북	161,667	23.5	미상	1,521	0.2
충북	11,289	1.6	경남	27,272	33.0	계	688,144	100.0

자료 : 민단(1995), 『민단현황』

과 같이 역시 지리적으로 가까운 경남(33.0%), 경북(23.5%)이 높은 비율을 차지한다.

4) 하와이 및 멕시코 이동

한국인의 미주 대륙 이민은 20세기 초 하와이 사탕수수 농장과 멕시코의 선인장 농장의 계약노동자로 시작되었는데 이들 역시 일제와 관련이 깊다. 일찍이 하와이 사탕수수 재배와 관련된 것은 일본이었으므로 현지 노동력 충원의 수단으로 일본인들에 의해서 한국인들이 이용된 것으로 보는 견해가 일반적이다.

1902년 하와이 당국과 대한제국 정부 사이에 이민조약이 체결되어 한국 노동자를 모집하는 '동아개발회사(東亞開發會社)'가 설립되는 등 공식적으로는 1902년부터 자유이동 형식으로 시작되었다. 그러나 이전에도 일본인들에 의해서 비공식적 강제이동으로 하와이 사탕수수 재배에 참여했던 것으로 알려져 있다. 1904년 일본인들은 서울에 '대륙식민회사 (大陸植民會社)'를 설립하고 한국인 노동자를 하와이, 멕시코에 보내기 시작하였으며 이후 한국인의 이민은 곧 일본 노동자 이민의 범주에 포함된 것으로 보인다.

1903년 1월 13일, 93명의 이민 노동자가 호놀룰루 항에 도착한 이래 1905년 4월 1일까 지 하와이로 이주한 한인은 6,747명이었다(최봉윤, 1983). 1910년 센서스는 하와이에 거주 하는 한인수를 4,533명으로 밝혔다. 그러므로 1905~1910년 사이 약 2,000명의 인구감소 가 있었다는 것이다. 이 중 절반은 귀환하였고 절반은 미대륙 본토 서부로 이주한 것으로 보인다. 사탕수수 농장 노동자와 관련해서는 1910~1924년에 1,115명의 '사진 신부 (picture brides)'가 이민하였다. 사탕수수 농장 노동자와 사진 신부의 도착은 한인 이민 사 회에 커다란 변화를 가져왔다. 그들로 인하여 가족이 형성되고 한인의 미국 식민은 시작된 것이다.

1928년 하와이 총인구 348,767명 가운데 원주민은 20,720명(5.9%)에 불과하고 일본인 이 38.6%에 해당하는 134,600명으로 압도적이었으며 필리핀 인 60,078명(17.2%), 중국인 25,310명(7.3%), 에스파냐와 포르투갈 인 30,926명(8.9%), 프랑스 · 영국 · 독일 · 러시아 인이 37,502명(10.8%), 한국인은 6,318명(1.8%)이었다.

하와이 이민이 시작된 지 2년 후인 1905년 4월, 일본인의 대륙식민회사를 통해 1,033명 (성인 남자 702명, 성인 여자 135명, 어린아이 196명)의 한인이 멕시코의 유카탄 반도 헤네 켄 농장(Henequen Plantation, Hacienda)을 향해 제물포항을 출발하였다(항해 도중 3명 사망, 1명 탄생). 이들은 노예나 다름없는 생활을 한 것으로 알려지고 있으며 계약기간이 끝난 이후에도 일부는 쿠바의 사탕수수 또는 헤네켄 농장으로 이민해 갔지만 상당수의 유 랑인도 발생하였다. 미주 한인들은 하와이와 멕시코 노동이민을 시작으로 1920~1930년 대에 브라질의 대농장(Fazenda), 페루와 칠레, 그리고 볼리비아의 광산 등 중 · 남미 각지 로 거주공간을 확산시켜 나갔다. 사진 VII-4는 1905~1907년경에 찍은 것으로 추정되는 헤네켄 농장의 한인 노동자 모습이다.

5) 미국 이동

1959년 미국의 50번째 주가 된 하와이가 미국에 합병될 때는 1897년이었다. 한국과의

사진 Ⅶ-4. '한인 노동자(Trabajadores coreanos)'라는 제목이 붙은 유카탄 반도 헤네켄 농장의 한인 1세대들의 모습(1905. 5.)(상)과 한인 노동자들의 애환이 서린 헤네켄 농장(하)

자료 : (상) 멕시코시티=연합(조선일보, 2005. 1. 10.)
        (하) 함길수(동아일보, 2004. 2. 27.)

관계로 볼 때 초기 하와이는 비록 미국 영토이기는 했지만 일제하 한국 노동자들의 이민지에 불과하였다. 그러나 다른 한편으로 하와이는 한국 독립을 위한 애국 활동의 현장이고 청년들의 애국심을 기르는 교육장이기도 하다. 이승만이 호놀룰루에 한인 기독교회를 설립(1918년)하고 동지회(1921년)를 조직하는 등 하와이를 중심으로 활동하고, 박용만·서재필·안창호 등 민족 지도자들이 샌프란시스코, 로스앤젤레스, 워싱턴, 필라델피아 등 미국 각지에서 활동한다. 말하자면 미국은 중국의 상하이처럼 일제의 압박을 피해 여러 학자, 종교인, 교육자들이 조국 광복을 위해 활동한 독립 운동 근거지로서의 기능을 수행하는 일시적 인구이동의 목적지였던 것이다.

　1860~1945년의 이민 시기를 구(舊)이민이라 한다면 이 시기의 이민 지역(목적지)은 중국, 러시아, 일본, 미국이며 이민 특성은 생계형 이민 또는 망명이민이라 할 수 있다. 다시 말해서 당시 대부분의 국제이동은 일제의 정치적 박해와 경제침탈로 인한 경제적·정치적 강제이동으로 규정지을 수 있다. 이에 대해서 1960년대 이후의 이민 시기는 신이민이며 이민 지역은 미국, 독일, 캐나다, 브라질 등지로서 삶의 질 향상과 부를 추구하는 선진형 이민이라 할 수 있다.

　한국전쟁을 전후(前後)한 미국 이민이 주로 전쟁고아, 입양아, 여성들의 국제결혼이었다면 1960년대 후반 이후의 이민은 유학생, 사업가(투자 이민), 취업, 기타 신중간 계층 출신의 이민과 가족이민, 엘리트 이민의 성격이 강하다. 여기서 말하는 엘리트 이민이란 한국에서 고등 교육을 받고 직장생활을 하던 사람들, 또는 한국에서 중상류층에 속하는 사람들의 이민을 말한다.

　미국 한인 이민의 시기별 규모와 특성을 정리해 보면 표 VII-8과 같다. 1965년 미국의 이민국적법(Immigration and Nationality Act)이 통과되면서 이후 한국인의 미국 이민은 급증하여 1965~1990년 미국으로의 이민수는 662,369명에 달한다.

　미국 내 한국 이민의 연도별 변화를 보면 표 VII-9와 같다. 표 VII-9에서 보면 1970년대에 26만여 명으로 급증하고 1980년대에 30만여 명으로 정점을 이룬 후, 1990년대에 들어와서는 16만여 명으로 무려 50%의 급감을 보인다. 2001~2003년의 이민자 수로 미루어 보

표 VII-8. 미국 한인 이민의 시기별 규모 및 특성, 1903-1990년

연도	이민자 규모	이민자 특성
초기 이민 시기		
1903-1905	7,226	하와이 사탕수수 노동자
1910-1924	1,115	사진 신부
1910-1924	541	독립 운동가와 유학생
전후 이민 시기		
1945-1964	14,352	미군 병사와 결혼한 여성, 전쟁고아, 혼혈아, 입양아, 유학생
최근 이민 시기		
1965-1990	662,369	신중간 계층 출신 이민자와 가족

자료 : Bureau of Census, *Census of Population and Housing*, 1903-1990 ; Immigration and Naturalization Service, *Statistical Yearbook of the Immigration and Naturalization Service*, 1965-1990

표 Ⅶ-9. 미국 내 한국 이민의 연도별 변화, 1941-2003년

(단위 : 명)

연도	이민수
1941 ~ 1950	107
1951 ~ 1960	6,231
1961 ~ 1970	34,526
1971 ~ 1980	267,638
1981 ~ 1990	333,746
1991 ~ 2000	164,166
2001	19,923
2002	20,114
2003	12,177

자료 : 미국 Department of Homeland Security & Office of Immigration Statistics, *2003 Yearbook of Immigration Statistics*

더라도 2000년대 이후의 이민자 수도 계속 감소하리라고 예상할 수 있다.

재미 한국인은 미 전역에 분포하고 있지만 몇몇의 주에 인구집중도가 높게 나타난다. 2000년 현재 캘리포니아 주에 32.1%가 분포하며 특히 로스앤젤레스에 편포되어 있다. 다음으로 뉴욕과 뉴저지 일대에 17.2%가 분포하여 두 지역의 분포율이 50%에 달한다(김두섭 외, 2002). 그 밖에 일리노이(시카고 중심), 캘리포니아(샌프란시스코), 워싱턴 D.C., 텍사스(휴스턴), 펜실베이니아(필라델피아) 등지가 점유율이 비교적 높은 지역들이다.

2005년 12월, 미국은 하와이에 최초로 한인이 이주했던 1월 13일을 '미주 한인의 날(Korea-American Day)'로 정하고 미국의 기념일로 선포할 것을 의회에서 통과시켰다. 미 합중국에서 소수 민족을 위한 연방정부 차원의 기념일을 정한 것은 유사 이래 처음 있는 일이다.

한편, 미국은 해외 이민자에 대한 규제가 점차 강화되었지만 캐나다는 투자이민 문호가 비교적 개방되어 있다. 캐나다로 이주하는 한국인은 1998년 4,744명, 1999년 6,783명, 2000년에는 9,295명으로 급증하고 있는데, 1999년에 처음 미국을 추월하였으며 특히 2000년의 9,295명은 그 해 전체 이민자의 60.6%를 차지하는 압도적인 수치이다(이전, 2001).

6) 남미 이동

한인이 최초로 남미에 이민하게 된 것은 공교롭게도 대한민국 국민이 아닌 북한의 인민

군이었다. 한국전쟁 휴전 협정에 따른 포로 교환으로 제3국을 선택한 인민군 76명과 중공군 12명이 바로 그들이다. 인도를 경유하여 1956년 2월 최종적으로 55명(인민군 50명, 중공군 5명)이 브라질에, 1956년 10월~1957년 5월에 14명이 아르헨티나에 정착하였다. 초기에 이들은 농장 노동자, 자동차, 인쇄소, 선반 공장 노동자, 세탁소, 식당 등에서 일하였으나 점차 전문직으로 발전해 나갔다. 1961년 5·16 군사정변과 함께 들어선 군사 정부는 이민 사업을 국가정책의 하나로 채택하고 해외 이민을 적극 추진하였다. 1962년 해외이주법이 공포되었고 1963년 2월 12일 17가구의 92명이 브라질의 산투스 항에 도착하면서 한국인의 본격적인 남미 이주는 시작된 것이다. 이어서 같은 해 11월 16가구 64명도 합세하였다. 2차 이민은 1964년 초 68세대 300명에 이르는 집단이주였다. 브라질 이민은 3차(1965년, 46세대)까지 계속되었다. 1960년대에 시작된 정책적 이민 계획은 브라질에만 국한된 것이 아니었다. 1965년 브라질 이민자 수가 722명, 아르헨티나 169명, 파라과이 1,223명, 볼리비아 584명 등이었다(전경수, 1996).

1960년대 이주는 초청, 국제결혼, 입양 등 특수이민을 제외하면 브라질, 아르헨티나, 파라과이 등 남미 지역으로의 농업이민이 주를 이루었으며 이는 국가이민정책에 의한 것이다. 이들 나라의 이민은 계약에 의한 영농이민이었으나 얼마 지나지 않아 이농하여 상파울루, 리우데자네이루 등 대도시로 향하였으며 그곳에서 상업·서비스업 중심의 자영업으로 정착하였다. 이러한 연유로 이들 나라에서는 이민조건을 강화하였다. 특히 아르헨티나와는 1985년의 이민협정으로 기존의 농업이민을 대체해서 투자이민이라는 새로운 형태의 이민이 등장하게 되었으며 이것이 아르헨티나 한국 이민의 촉진제가 되었다. 아르헨티나 교민 사회는 1994년경 인구 4~5만 명으로 추산할 정도로 팽창하였으나 1988년 이후 지속된 아르헨티나의 경기침체는 배출인자(push factor)로 작용하여 신규 이민을 격감시켰다. 뿐만 아니라 기존 이민도 미국, 캐나다 등 북미로의 재이주 또는 한국으로의 역이민을 증가시켰다.

오늘날(2003. 1. 1. 기준) 중·남미의 한국인 분포는 브라질 50,250명을 필두로 아르헨티나 15,500명, 과테말라 7,943명, 파라과이 7,097명 등 약 8만 명이며 이는 전체 해외 교민 수(6,076,783명)의 1.3%에 해당한다(외교통상부, 2004).

7) 독일 이동

독일의 한국인 이주는 1960년대 한국 광부와 간호사 파견으로 시작되었다. 1963년 12월 광부 1진 247명을 시작으로 1977년 795명이 마지막으로 파독할 때까지 15년 동안 독일의 한국인 광산 근로자 수는 8,395명이었다. 간호사 파독은 먼저 민간 차원에서 시작되었다. 1960년대 종교계의 알선으로 1965년까지 870명이, 그리고 1969년까지 총 2,273명의 간호사가 파독되었다. 1969년 한국해외개발공사와 독일병원협회 간의 '한독간호요원협정' 이 체결됨으로써 간호사 파독은 민간 차원에서 정부 차원으로 전환되면서 본격적인 파독 시기로 접어들었다. 우리나라 정부는 1970년 1,707명을 시작으로 1976년(43명)까지 7년간 7,406명을 파독하였다. 민간 차원 파독 간호사까지 합하여 기록상으로 차이가 있으나 모두 10,226~10,371명의 간호사가 8,395명의 광부와 함께 독일에서 열심히 일하였다. 1966년 당시 36개 도시의 91개 병원에 1,216명이, 1973년 말에는 452개 병원(독일 전체 병원의 12.6%)에 6,124명이 간호 활동을 함으로써 독일 전역에 한국의 근로정신을 심어 주었다(사진 VII-5). 우리나라 간호사의 독일 파견은 우리 역사상 여성 전문인력으로서 최초의 국제 · 집단이동이며 해외 진출의 선구적 역할을 수행한 것으로 의미 있는 일이다.

당시 1인당 국민소득 87달러, 실업률 23%, 물가 상승률 42%, 저축률 3%의 세계 최빈국에 해당하는 우리 한국으로서, 파독 광산 근로자와 간호사가 벌어들인 외화소득은 한국 경제 발전의 밑거름이 되었다고 해도 과언이 아니다.

파독 간호 요원 가운데 일부는 한국으로 귀국하거나 미국 등 제3국으로 이민을 가기도 하였으나 상당수 독일 사회에 뿌리를 내림으로써 유럽 사회에 한국 식민의 기원을 이루었

사진 VII-5. 독일의 한국 간호사들

자료 : 조병란 씨(오른쪽 끝) 제공. 그는 현재 미국으로 이민을 가서 간호사로 활동하고 있음.

다. 2000년 현재 재독 한국인 수는 30,492명(외교통상부, 2002)으로 유럽 지역 교민 73,000여 명(독립국가연합 제외)의 40%를 차지하는 높은 편포도를 보이고 있으며 대부분은 간호사와 광부, 그리고 그들의 2~3세대. 한국에 거주하는 독일인도 1,000명을 넘어 미국인 다음으로 큰 규모의 서양인 집단을 이룬다.

8) 총론

한국인의 해외 이주는 1860년대 기아로 인해서 간도 지방으로 월경한 생계형 농업이민으로 시작되었다. 여기에 일제의 폭정으로 인한 정치적 망명이민이 더해져 중국의 둥베이(만주), 러시아의 연해주, 그리고 중앙아시아에 오늘의 조선족과 카레이스키를 분포시켰다. 일제의 태평양전쟁과 관련하여 한국인은 일본 노동력과 군사력의 보충 수단으로 이용되면서 'Korean Diaspora'는 일본을 비롯한 아시아 전역뿐만 아니라 멀리 하와이와 멕시코에까지 퍼져 나갔다.

1960년대 이후는 삶의 질(QOL)을 추구하는 자발적·경제적 이동이 주류를 이루면서 이동의 유형을 달리한다. 이주 공간도 미국·남미·독일로 확산된다. 남미는 농업이민, 독일은 광산 노동과 간호사라는 제한성이 있었으나 미국은 직업에서는 비교적 자유롭고 다양하였다. 그러나 한국전쟁으로 인한 전쟁고아 및 입양아 등 어두운 측면의 미국 이민도 있었다.

1980년대에 들어와서는 과거의 농업이민 중심에서 탈피하여 어업이민·투자이민·취업이민·초청이민 등 새로운 형태의 이민으로 보다 다양해졌다. 특히 이민의 목적지로서 미국이 압도적인 성향을 보이는 가운데 가족이민, 엘리트 이민의 성격이 두드러진다.

꾸준한 증가 추세였던 한국인의 해외 이주는 1980년대부터 감소 경향으로 돌아서고 있는데, 특히 1986년(37,097명)에 정점을 이룬 후에는 급감하는 양상을 보이고 있다. 이는 수민국(受民國)의 이민규제정책과도 관련 있겠지만 한국의 눈부신 경제성장에 따른 생활수준 향상과 삶의 질 개선이 배출보다는 흡인인자력을 강화시킨 결과로 보인다. 같은 맥락에서 한국으로의 역이민은 그림 VII-8처럼 지속적으로 증가하고 있다. 역이민수는 1980년 1,049명에서 매년 증가하더니 1996년에는 6.5배에 달하는 6,824명에 이르렀다. 특히 로스앤젤레스 흑인 폭동이 일어난 직후인 1992~1993년에는 8,700~8,800여 명의 역이민이

자료 : 정성호(1998), "해외 한인의 지역별 특성", 「한국 인구학」(한국 인구학회), 제21권 제1호, 112

발생하여 최고조에 달했다(정성호, 1998).

표 VII-10은 2003년 1월 1일 현재 한국인 해외 교포의 국가별 분포를 나타낸다. 세계 173개국에 600여만 명이 분포하는 가운데 미국과 중국이 각 200여만 명으로 2/3를 차지하고 있다. 1999년 이후부터는 한국인의 이민 상대국으로서 캐나다가 미국을 능가하는 경향을 보이는데, 이것은 최근 국제적 인구이동의 변화로서 받아들여진다. 이주 유형(1962~1980년)도 연고 · 초청이민(63.1%)이 압도적이었고 다음이 국제결혼(16.7%)이었으며 취업이민은 5.9%에 머물렀으나, 2003년에는 취업이민(45.9%) 위주로 바뀌었으며 연고 · 초청이민(26.6%), 국제결혼(11.8%) 외에도 새로운 형태의 투자이민(15.7%)이 발생하였다(조성희, 1982; 외교통상부).

또한 한국의 국제적 위상 변화, 교역 상대국의 다변화와 교역량의 증대 등 인구흡인력 강화는 표 VII-11과 같이 외국인의 지속적인 한국 이입으로 나타나고 있다. 그것도 1997~1998년의 약간 감소를 제외하고는 이입률이 증가 일로를 거듭하고 있다. 특히 1994~1997년에는 큰 폭으로, 2002~2003년에는 무려 50%를 상회하는 사상 유례없는 증가율을 보였다.

표 Ⅶ-10. 해외 교포 국가별 분포, 2003년

2003. 1. 1 기준

순위	국가명	동포수	%
1	미국	2,157,498	35.5
2	중국	2,144,789	35.3
3	일본	638,546	10.5
4	독립국가연합	557,732	9.2
5	캐나다	170,121	2.8
6	오스트레일리아	59,940	1.0
7	브라질	37,100	0.8
8	필리핀	35,000	0.6
9	영국	33,000	0.6
10	뉴질랜드	29,814	0.5
11	독일	23,485	0.5
12	인도네시아	17,200	0.4
13	멕시코	15,500	0.3
14	아르헨티나	15,100	0.3
15	타이	10,900	0.2
16	프랑스	7,943	0.2
17	과테말라	7,097	0.1
18	파라과이	6,821	0.1
19	베트남	5,820	0.1
20	싱가포르	5,432	0.1
21	이탈리아	3,983	0.1
22	말레이시아	3,568	0.1
23	에스파냐	3,076	0.1
24	대만	37,068	0.1
25	기타 2,000 미만 국가	6,076,783	0.6
	전체 해외 동포수(173개국)		100.0

자료 : 외교통상부(2004), 『세계각국편람』

표 Ⅶ-11. 한국 내 외국인 주민등록 인구변화, 1994-2004년

연도	계	남	여	연도별 증가율(%)
1994	95,778	54,917	40,861	–
1995	123,881	70,755	53,126	29.3
1996	167,664	99,813	67,851	35.3
1997	201,186	122,798	78,388	20.0
1998	182,788	107,980	74,808	−9.1
1999	206,895	121,135	85,760	13.2
2000	244,172	143,177	100,995	18.0
2001	267,630	153,449	114,181	9.6
2002	287,923	159,356	128,567	7.6
2003	437,014	257,628	179,386	51.8
2004	469,183	278,377	190,806	7.4

자료 : 통계청(http://www.nso.go.kr), 통계정보시스템(KOSIS)

8. 한국의 국내이동(Internal Migration)

다른 모든 생물처럼 이동은 인간에게도 언제, 어디서나 발생할 수 있는 인간 활동의 하나이다. 특히 국경을 넘어가는 국제이동에 비해서 행정 지역만 달라질 뿐 전통의 생활습관이나 행태를 크게 벗어나지 않는 국내이동의 탄력성은 훨씬 크다. 옛날에는 질병, 기근, 수해 등 자연재해가 국내이동의 요인으로써 많이 작용했으나 현대 사회에서는 자연적 요인보다는 직업, 직장, 주택, 가족 관계, 교육 등 사회적 요인의 영향이 더 크게 작용한다. 여기서는 일제 강점기 이후를 대상으로 한 국내이동의 실태를 고찰하고자 한다.

1) 일제 강점기

당시의 이동량을 측정한 통계수치는 없으므로 간접적인 방법으로 추정한다. 즉, 출생률과 사망률의 지역적 차이는 고려하지 않고 인구의 지역적 분포 변화가 곧 인구의 이동량을 가리키는 것으로 간주한다.

일제 강점기의 인구이동은 두 가지 유형으로 나눌 수 있다. 하나는 남부에서 북부로의 이동이고, 다른 하나는 농촌지역에서 도시지역으로의 이동이다.

1925~1944년의 전국 총 인구증가수의 지역적 분포를 보면 17%를 관북 지방이 차지하고 경기 지방과 관서 지방이 각각 16.7%와 16.5%를, 그리고 황해도와 강원도가 각각 8.6%와 8.2%를 차지하여 전국 총 증가수의 67%가 중부 이북 7개 도(道)에서 나타나고 있다(박성호, 1980). 반면 남부의 영·호남 지방은 미약한 증가를 보일 뿐만 아니라 1935년 이래 충북, 전북, 특히 경남·북은 현저한 절대인구감소 현상을 나타냈다. 이 사이 북부 지방에는 평양, 성진, 청진, 신의주 등 기존 도시가 크게 발전하는 한편 흥남, 나진, 아오지 등의 신흥공업도시가 출현하였다. 1920~1944년 전국의 인구는 1.5배 증가한 데 비하여 함북은 2.2배 증가하였다(권혁재, 2003). 이 같은 현상은 남부 농촌의 인구과잉 지역에서 당시 공업개발이 활발했던 북부 인구희소 지역으로의 인구이동의 결과인 것이다.

한편, 1925년 서울(당시 경성부)을 위시한 전국 12개 부(府)의 총인구는 약 101만 명으로 전국인구의 5.2%였으나 1944년에는 21개 부로 늘면서 인구도 3.4배인 341만 명으로 증가하였고 총인구에 대한 비율도 13.2%로 늘었다. 서울을 비롯한 각 도의 행정도시, 대전을 비롯한 교통도시, 인천을 비롯한 항구도시와 몇몇 신흥공업도시로의 인구이동으로 인해 인구도시화율이 크게 상승한 것이다(박성호, 1980).

2) 광복기~동란기(1945~1953년)

이 시기는 한국 인구사상 가장 심한 격변기라 할 수 있다. 광복 후 만주, 일본을 비롯한 해외 동포들의 귀환이동과 한국전쟁을 전후한 북한 동포의 월남인구는 한반도 전체에 걸쳐 그 어느 때보다도 뚜렷한 인구재분포 현상을 낳았다.

광복 이후 한국전쟁 전까지 광복기(1945~1950년)의 월남북한주민 이동수(귀향자 제외)에 대한 추정치는 조사기관이나 학자들에 따라, 그리고 조사기간, 자연증가율 평가, 자료수집원에 따라 상당한 차이가 있다. 외무부(1949. 5. 말 현재), E.C.A.(Economic Cooperation Administration, 경제협조처, 1945. 10.~1949. 5. 말 현재), 트레와다와 젤린스키(1955), P. 타보리(P. Tabori, 1972), 권태환(1977) 등에 의한 평가들을 종합해 보면 70~80만 명 정도로 보는 것이 큰 무리가 없을 듯싶다(이인희, 1986)(사진 VII-6).

사진 VII-6. 1947년 10월 남한으로 넘어오는 북한의 일가족

자료 : 조선일보사 · 전쟁기념관(2000), 『아! 6 · 25』(6 · 25전쟁50주년특별기획전), 21

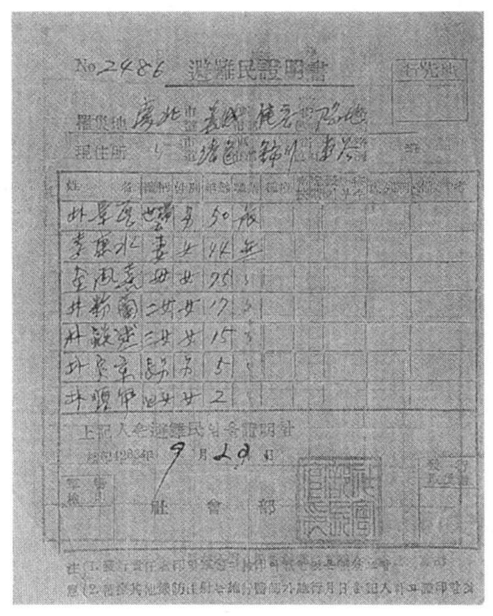

사진 Ⅶ-7. 피난민 증명서부

사회부(현 행정자치부)가 발행한 것으로 뒷면은 물자 배급표
(1950. 9. 28. 발행)

자료 : 조선일보사 · 전쟁기념관(2000), 『아 ! 6 · 25』(6 · 25전쟁50주년특별기
획전), 83

한편, 6.25 동란기(1950~1953년)의 월남인구수 파악은 더욱 어려운 일이다. 전쟁의 대
혼란 속에서, 그것도 짧은 시간에 수십만의 인구가 남한으로 밀려왔고 남한 각지에서의 피
난민과 북한으로부터의 피난민이 뒤섞여 정부의 등록, 집계, 관리가 잘 이루질 수 없었기
때문이다(사진 Ⅶ-7). 국방부와 1955년의 센서스 등 몇 가지 자료를 검토해 보면 약 60만
내외일 것으로 추산된다.

1955년 인구센서스에서 조사된 월남민의 한국 내 분포 상태를 보면 광복기 월남민의
60%는 서울(45.9%)과 경기(15.1%)의 수도권에 분포하였으나 동란기에는 서울(16.2%), 경
기(2.8%)가 대폭 낮아지고 강원(33.6%)과 경남(25.7%) 두 지역의 분포율이 60%로 대폭 높
아졌다. 그 이유는 월남민도 남한 피난민과 함께 부산으로 몰려들었고, 휴전 후 북한에 속
했던 철원 · 화천 · 양구 · 인제 · 고성 · 양양 등이 남한에 편입되었기 때문이다.

전술한 바와 같이 광복 이후 한국전쟁 때까지의 월남 북한 동포수는 130~140만 정도이
어야 하지만 1955년 센서스에는 70여만 명으로 나타났다. 그 이유는 정확히 알 수는 없겠
으나 광복기에 월남한 이동자 가운데는 상당수 남한 출신이 있었고 이들은 자신을 월남북
한 인구로 생각하지 않는데다가 월남민들도 자신이 북한 출신임을 밝히기 꺼려한 점, 그리
고 그동안 발생한 사망자 수, 그 밖에 전란 직후의 인구조사이므로 상당수의 누락자가 발
생했기 때문일 것으로 추측된다.

3) 1960년대 이후~2000년대

한국의 사회적 · 인구적 변화에 굵은 획이 그어진 것은 1960년대 초이다. 1950년대 후반
에는 이른바 '베이비 붐(baby boom)'으로 인한 유 · 소년 인구의 급증으로 인구구조에 커
다란 변화를 일으켰다. 1960년대부터는 산아제한정책과 더불어 경제개발정책이 성공적으
로 진전되면서 빠른 속도의 도시화, 농촌 지역의 인구감소, 지역 간 인구분포의 불균형을
초래하였다.

표 VII-12는 1960~1990년 동안의 시 · 읍 · 면별 인구변화를 나타낸 것이다. 도시인구
율(시 · 읍)은 1960년 37.0%에서 1990년 82.7%로 무려 45.7%나 증가하였으며 특히 행정시
에서 현저하다. 행정시만을 대상으로 보면 도시의 수는 1960년 27개에서 1990년 74개로
2.7배, 인구분포율도 28.0%에서 74.4%로 역시 2.7배 증가하였으며 인구는 무려 4.6배나
증가하였다. 반면 비도시 지역인 면의 개수는 1,400개에서 1,251개로, 인구분포율은
63.0%에서 17.3%까지 극감하였으며 인구도 2배나 감소하였다. 이에 따라 비도시 지역의
학생수 감소로 인한 폐교수도 늘어나기 시작하였다. 1982년부터 시작된 정부의 농어촌 소
규모 학교 통폐합 정책으로 폐교된 학교는 2004년 4월 현재 2,993개교나 된다. 이 중 절반
가량이 매각이나 철거, 자체 활용으로 처리가 종결되었으며 임대 중인 폐교가 1,000여 개
교, 나머지는 미활용되고 있다(표 VII-13 ; 사진 VII-8).

이와 같은 현상은 그간의 행정 단위 및 경계 변화, 출생과 사망의 차이를 고려한다 하더

표 VII-12. 시 · 읍 · 면별 인구변화, 1960-1990년

(단위 : 천 명, %)

	1960년			1970년		
	개수	인구수	인구분포율	개수	인구수	인구분포율
시	27	6,997	28.0	32	12,929	41.1
읍	85	2,259	9.0	91	2,850	9.1
면	1,400	15,734	63.0	1,376	15,654	49.8
	1980년			1990년		
	개수	인구수	인구분포율	개수	인구수	인구분포율
시	40	21,410	57.2	74	32,290	74.4
읍	169	4,537	12.1	178	3,602	8.3
면	1,256	11,461	30.6	1,251	7,498	17.3

자료 : 통계청, 인구센서스

표 VII-13. 시도별 폐교된 학교수와 활용 현황

2004. 4. 1 기준

시도	폐교수	처리 종결	대부(임대)	미활용
서울	1	1	–	–
부산	12	10	2	–
대구	22	12	8	2
인천	55	20	30	5
광주	19	13	5	1
대전	7	2	4	1
울산	21	11	9	1
경기	151	44	90	17
강원	365	143	204	18
충북	198	78	112	8
충남	202	112	71	19
전북	301	196	31	74
전남	613	330	78	205
경북	521	222	255	44
경남	471	223	167	81
제주	34	6	24	4
계	2,993	1,423	1,090	480

자료 : 한국교육신문(2005. 4. 18.)

사진 VII-8. 폐교된 학교의 활용(전북 고창군의 고창효자노인병원)
친환경적이고 설립비와 운용비가 싸다는 이유로 최근 노인복지시설로 많이 활용되고 있다.

라도 인구의 이촌향도 현상의 결과임이 명백하다.

한편, 1995년에 있었던 행정 조직의 개편 및 도·농 통합 도시 출현으로 1995년 이후는 도시인구비율의 시계열적 비교가 무의미하게 되었다.

인구이동에 의하여 증가된 도시인구는 1960년대 초반 10.2%에서 후반 20.0%까지 이르러 최고 수준에 달하였고 1960년대 도시 지향 순이동의 60~70%는 서울 집중이었다. 같은 기간 농촌의 인구감소는 5%에서 13.6%로 높아졌다(Kwon, Tai-Hwan, 1990). 1970년대

표 VII-14. 연도별 인구이동 추이, 1974-2004년

(단위 : 명, %)

연도	총이동			시·도 내 이동			시·도 간 이동		
	이동자 수	이동률	성비	이동자 수	이동률	성비	이동자 수	이동률	성비
1974	5,298	16.1	108.1	3,709	11.3	105.0	1,589	4.8	115.8
1979	7,324	19.9	114.2	4,975	13.5	107.2	2,350	6.4	130.6
1984	9,043	22.4	105.1	6,034	15.0	101.1	3,009	7.4	113.5
1989	9,316	22.0	102.7	6,127	14.5	100.5	3,190	7.5	106.9
1994	8,792	19.4	100.5	6,052	13.4	99.7	2,740	6.1	102.2
1999	9,435	20.0	96.8	6,411	13.6	96.9	3,025	6.4	96.5
2004	8,568	17.7	99.2	5,774	11.9	98.7	2,794	5.8	100.5

자료 : 통계청(2005), 『2004년 인구이동통계 연보』, 11

이후 도시화 경향은 서울 집중에서 점차 탈피하여 부산, 대구 등 지방의 중심 도시를 중심으로 한 분산 형태를 취하고 있다. 또한 성남, 부천, 안양 등 서울 근교의 위성도시와 울산, 포항, 마산, 창원 등 신흥공업도시의 인구증가 현상이 눈에 띈다. 특히 부천과 안양은 1975 ~1980년에 각각 14.2%, 12.6%의 연평균 증가율을 보여 전국에서 가장 높은가 하면, 시흥군은 6.7%로서 군 중에서 매우 높은 증가를 나타낸다. 이 같은 현상은 중심 도시인 서울의 배후 도시로서 서울과 기능적 상관관계가 심화된 데다 거주지 교외화 현상으로 이른바 대도시권화(metropolitanization)한 것이다(최진호, 1986).

이제 인구이동 상태의 변화를 알아보기 위하여 총이동, 시·도 내 또는 시·도 간 이동에 따른 이동수, 이동률, 이동 성비(性比)를 1974년부터 5년 간격으로 정리해 놓은 표 VII-14를 보자.

조사기간 중 대체로 이동자 수와 이동률은 점증하다가 1984~1989년에 정점을 이룬 이후 점차 감소 상태이며 최근 2004년에는 상당히 둔화된 양상이다. 전체 이동 성비도 과거 105~110 내외에서 1990년대 이후 100 내외로 낮아진 것은 여성들의 사회적 활동과도 관련 있을 것이며, 이는 시·도 내 또는 시·도 간 이동에서도 마찬가지이다. 또한 시·도 간 이동 성비가 1980년대 중반까지는 115~120 정도로 매우 높았으나 1990년대 초 이후에는 이 역시 균등해졌다. 시·도 내 이동에서는 시·도 간의 이동만큼 성비가 크게 높지는 않으나 전통적인 남성 탁월 현상이 사라지고 1990년대 중반 이후에는 오히려 역전되었다.

1990년 총 이동자 수는 945.9만 명으로 이동률은 22%이다. 이는 이웃나라인 대만 (7.5%), 일본(5.3%)보다 훨씬 높은 수준이다. 이 가운데 34.2%인 323.1만이 시·도 간 이동이므로 결국 인구 100명당 7.5명이 타 시·도로 거주지를 옮긴 것이다.

타 시·도 간의 이동 상태를 분석해 보면 서울은 약 91,000명의 전출초과지역(순이동률, -0.8%)으로 1986년에 이어 두 번째 인구감소를 경험하였다. 전입초과지역은 인천(6.5%)이 가장 높고 경기(4.3%), 대전(3.3%), 광주(2.5%), 제주(0.6%), 경남(0.5%) 순이며 전출초과지역은 전남(-4.1%)을 최고로 강원(-2.9%), 충남(-2.8%), 전북(-2.5%), 경북(-1.7%), 충북(-1.3%), 부산(-1.0%), 서울(-0.8%), 대구(-0.1%) 순이다.

표 VII-15는 2004년 시·도 간 인구이동을 1990년의 것과 비교한 것이다.

2004년의 전체인구이동은 1990년보다 13.5% 줄었다. 먼저 전입을 지역별로 보면 1990년보다 2004년에 전입량이 늘어난 지역은 강원(4.8%), 충남(57.6%), 제주(2.4%)뿐이며 나머지 지역은 줄었다. 충남의 전입이 대폭 늘어난 이유는 공주·연기 일대의 행정 수도 입지와 관련이 깊다. 전입량의 감소는 대전(-2.3%)과 경기(-1.5%)를 제외하고는 대도시(서울·광역시)와 전남(-23.0%), 경남(-34.6%)이 심하다.

전출을 지역별로 보면 전출량이 늘어난 지역은 인천(18.9%), 광주(3.7%), 대전(41.4%),

표 VII-15. 시·도 간 인구이동, 1990년과 2004년의 비교

(단위 : 명)

시도	전입				전출				순이동		
	1990년	2004년	증감	증감률(%)	1990년	2004년	증감	증감률(%)	1990년	2004년	증감
전국	3,231,128	2,793,739	-437,389	-13.5	3,231,128	2,793,739	-437,389	-13.5	0	0	0
서울	754,071	580,887	-173,184	-23.0	845,063	628,091	-216,972	-25.7	-90,992	-47,204	43,788
부산	183,977	131,674	-52,303	-28.4	219,837	164,903	-54,934	-25.0	-35,850	-33,229	2,621
대구	139,089	102,731	-36,358	-26.1	140,566	116,058	-24,508	-17.4	-1,447	-13,327	-11,880
인천	249,092	156,063	-93,029	-37.3	132,407	157,398	24,991	18.9	116,685	-1,335	-118,020
광주	121,111	92,884	-28,227	-23.3	92,634	96,032	3,398	3.7	28,477	-3,148	-31,625
대전	102,219	99,840	-2,379	-2.3	68,756	97,224	28,468	41.4	33,463	2,616	-30,847
울산		53,003				51,239				1,764	
경기	767,411	755,783	-11,628	-1.5	516,900	566,908	50,008	9.7	250,511	188,875	-61,636
강원	81,765	85,656	3,891	4.8	129,402	93,998	-35,404	-27.4	-47,637	-8,342	39,295
충북	84,646	80,476	-4,170	-4.9	102,225	86,293	-15,932	-15.6	-17,579	-5,817	11,762
충남	110,568	174,270	63,702	57.6	164,314	139,287	-25,027	-15.2	-53,746	34,983	88,729
전북	87,513	77,293	-10,220	-11.7	140,853	128,262	-12,591	-8.9	-53,340	-50,969	2,371
전남	139,766	107,594	-32,172	-23.0	239,836	139,846	-99,990	-41.7	-100,070	-32,252	67,818
경북	169,187	129,912	-39,275	-2.3	219,140	156,833	-62,307	-28.4	-49,953	-26,921	23,032
경남	218,222	142,647	-75,575	-34.6	199,832	148,258	-51,574	-25.8	18,390	-5,611	-24,001
제주	22,491	23,026	535	2.4	19,363	23,109	3,746	19.3	3,128	-83	-3,211

자료 : 통계청, 「인구이동통계연보」

표 VII-16. 시도별 순이동, 1995-2004년

(단위 : 명)

	1995년	1996년	1997년	1998년	1999년	2000년	2001년	2002년	2003년	2004년
서울	-321,898	-211,237	-178,319	-134,013	-81,122	-46,939	-113,949	-106,421	-68,968	-47,204
부산	-54,909	-47,245	-44,437	-40,921	-33,357	-43,694	-41,188	-49,442	-42,263	-33,229
대구	-3,279	-21,740	-14,527	-11,838	-6,867	-3,352	-14,233	-9,641	-3,056	-13,327
인천	18,556	12,338	27,040	20,811	1,810	13,165	1,117	230	-16,171	-1,335
광주	-4,021	90	7,425	2,513	2,853	-14	-121	4,355	-9,687	-3,148
대전	17,750	14,918	9,594	12,093	9,609	8,576	6,840	8,555	5,826	2,616
울산	-	-	3,838	-5,568	-1,900	3,216	5,988	2,625	1,872	1,764
경기	372,514	252,669	213,748	122,488	174,134	184,026	248,947	315,782	222,043	188,875
강원	-9,350	-7,870	-922	8,890	-3,798	-11,134	-8,113	-17,181	-13,063	-8,342
충북	3,771	5,624	4,924	5,542	-1,446	-4,404	-8,528	-8,202	-6,081	-5,817
충남	1,915	12,187	14,100	9,365	-2,915	-7,742	-11,628	-13,625	2,682	34,983
전북	-10,115	-14,371	-14,597	-2,269	-10,449	-21,590	-1,911	-56,735	-3,039	-50,969
전남	-19,164	-19,522	-21,590	1,237	-24,153	-33,538	-36,424	-46,152	-36,103	-32,252
경북	-4,608	5,548	-6,215	573	-13,205	-25,706	-21,305	-31,278	-36,833	-26,921
경남	13,664	19,704	532	8,567	-9,375	-8,512	-5,166	6,896	4,288	-5,611
제주	-826	-1,093	-594	2,530	181	-2,358	-326	234	-1,447	-83

자료 : 통계청(2004), 『인구이동통계연보』

경기(9.7%), 제주(19.3%)이며, 나머지 지역들은 줄었다. 여기에서 전입량과 전출량의 변화를 분석하는 데 유의해야 할 점이 있다. 1990년보다 2004년에 전출률이 가장 많이 감소한 전남(-41.7%)의 예를 들어 본다면 이 같은 대폭적 감소 요인을 전남인구의 생활이 과거보다 안정되고 따라서 배출인자가 그만큼 줄어든 것으로 보아서는 안 된다. 과거의 지속적인 전출로 인해 전남인구 자체가 상당히 감소한 상태인데다 인구재생산 연령층이 적어 출산에 의한 인구증가는 기대할 수가 없으므로 전출수가 줄어들 수밖에 없는 것이다.

순이동은 1990년과 2004년을 비교하는 데에 네 가지 유형으로 분류된다. 인구증가가 지속된 지역(대전 · 경기), 증가에서 감소로 돌아선 지역(인천 · 광주 · 경남 · 제주), 감소에서 증가로 돌아선 지역(충남), 그리고 감소가 계속된 지역(서울 · 부산 · 대구 · 강원 · 충북 · 전북 · 전남 · 경북)이다.

최근 10년간(1995~2004년)의 시도별 순이동의 추세를 보더라도 표 VII-16과 같이 지속적으로 인구증가를 나타낸 지역은 경기와 대전뿐이며 특히 경기는 매년 큰 규모(12~30여만 명)의 전입초과를 보이고 있다. 지속적인 인구감소를 나타낸 지역은 서울 · 부산 · 대구·전북 4개 시도이다. 서울의 감소 추세는 2001년(11.4만 명) 정점을 이룬 후 점차 둔화되고 있으며, 부산 역시 지속적으로 3~4만 명의 인구감소를 겪고 있다. 인천은 계속해서 증가하다가 2003년과 2004년 연속 감소로 나타났다. 광주는 증가와 감소를 반복하고 있으며 강원·충북·전남·경북·경남·제주 등은 전통적 전출초과지역이라고 할 수 있다. 괄목할 만한 것은 최근 충남으로의 전입 급증이다. 2001년과 2002년 각각 11,628명과 13,625명의 전출초과였던 충남이 2003년 2,682명, 2004년 34,983명의 전입초과지역으로 바뀐 것이다.

한편, 이동의 O-D 간 지역 관계를 살피기 위해 2004년 한 해 동안 시도 간 이동자의 전입지 분포를 보면 표 VII-17과 같다. 여기에서 이동의 주류는 두 가지 성향을 띠고 있음을 알 수 있다. 하나는 인접 지역으로의 전출이고 또 하나는 수도권으로의 전출이다. 예를 들어 광주 전출자의 44.8%는 전남으로, 36.2%는 수도권으로 이동하고 경북 전출자는 34.7%가 대구로, 28.7%가 수도권으로 전입하며 인천 전출자의 70%는 다시 수도권으로 전입하는 것 등이다.

그림 VII-9는 수도권의 전출입과 순이동(수도권으로의 전입 초과) 연도별 변화를 그래프화한 것이다. 1990년대 초 이후 순이동은 급감하여 1998년에는 겨우 9,000명의 순이동을 보였으나 다시 증가하기 시작하여 2002년에는 21만 명으로 예전 수준을 회복하는 듯하였으나 최근 2003년(13.7만)과 2004년(14.0만)에는 다시 전입 수준이 낮아졌다. 이 기간 동안 서울은 전출초과를 지속하였고 인천은 2003년(-1.6만), 2004년(-0.1만) 연속으로 감소하였다. 즉, 수도권의 인구증가는 경기도가 주도하였음을 알 수 있다. 또한 서울·경기도 간의 인구이동만을 보더라도 경기도의 순이동(전입초과)이 1995년 33.7만, 2000년 12.3만, 2004년 11.0만 명이다.

2000~2004년에 수도권의 순이동 연령계층별 분포를 보면 56.4%(2002년)~75.1%(2001년)를 20대가 점유하고 있으며, 이는 가히 압도적이라고 할 수 있다. 다음이 10대로 9.6%(2003년)~12.8%(2002년), 30대가 8.2%(2001년)~11.3%(2002년), 40대가 2.9%(2000년, 2001년)~4.9%(2002년)를 차지한다.

이동의 원인을 보면 1966년 조사에서는 가구주의 71.6%가 취업 또는 직업과 관련한 이동이었고 주택(15.8%), 가족(5.5%), 교육(4.9%)이었으나 1997년 조사에서는 직업(36.4%)은 대폭 감소하고 가족(23.5%), 주택(22.9%), 교육(10.4%)과 관련한 이동이 많이 증가하였다(최인현·박재수, 1969; 통계청, 1998). 산업화와 함께 나타난 이촌향도가 주류를 이루었

표 Ⅶ-17. 시도 간 이동자의 전입지 분포, 2004년

(단위 : 명, %)

전출자	총 전출자	전입지 분포				
		1위	2위	3위	4위	5위
서울	628,091	경기(63.7)	인천(6.6)	충남(4.8)	강원(3.5)	전북(2.9)
부산	164,903	경남(39.4)	서울(14.7)	경기(12.3)	울산(8.6)	경북(6.1)
대구	116,058	경북(44.7)	서울(13.0)	경기(12.7)	경남(8.3)	부산(4.8)
인천	157,398	경기(45.6)	서울(24.8)	충남(7.2)	강원(3.5)	전북(2.7)
광주	96,032	전남(44.8)	서울(16.7)	경기(16.5)	전북(6.8)	인천(3.0)
대전	97,224	충남(30.5)	경기(19.0)	서울(16.5)	충북(9.7)	전북(5.0)
울산	51,239	부산(21.2)	경남(16.8)	경북(14.6)	서울(12.4)	경기(11.7)
경기	566,908	서울(51.1)	인천(10.9)	충남(8.3)	강원(5.0)	충북(3.6)
강원	93,998	경기(35.4)	서울(26.5)	인천(6.2)	충북(5.3)	충남(4.9)
충북	86,293	경기(28.0)	서울(18.4)	충남(15.1)	대전(12.0)	강원(5.9)
충남	139,287	경기(28.6)	대전(20.4)	서울(18.7)	충북(7.3)	인천(6.5)
전북	128,262	경기(29.0)	서울(27.2)	충남(7.6)	광주(7.1)	대전(6.0)
전남	139,846	광주(36.8)	경기(18.8)	서울(18.2)	전북(4.8)	인천(4.0)
경북	156,833	대구(34.7)	경기(15.3)	서울(13.4)	부산(6.1)	경남(6.1)
경남	148,258	부산(37.6)	서울(13.2)	경기(12.5)	대구(6.6)	경북(6.6)
제주	23,109	서울(27.2)	경기(22.0)	부산(9.2)	경남(6.6)	전남(5.3)

자료 : 통계청(2004), 『인구이동통계연보』

그림 Ⅶ-9. 수도권의 전출입과 순이동, 1995-2004년

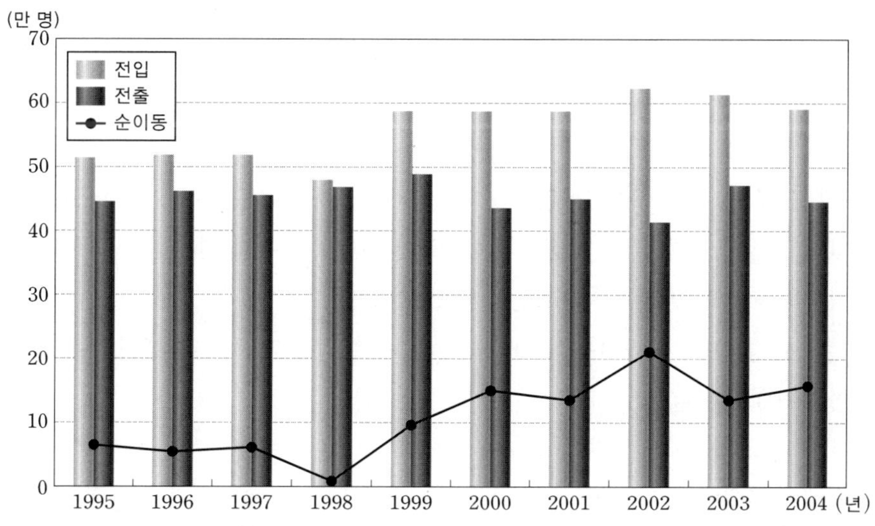

자료 : 통계청(2004), 『인구이동통계연보』

던 1960년대 이동은 직업과 관련된 이주가 주 원인이었음을 말해 준다. 1990년대 이후에는 대도시 주변으로의 주거 분화와 신도시 및 대규모 주택 단지 개발이 주택 관련 이주 흐름의 유인이었을 것이다. 말하자면 경제 개발을 전후한 시대의 생계형 이주에서 개인의 소득수준 향상과 생활 안정이 이루어진 산업 사회에서의 삶의 질 추구형 이주 시대로 발전한 시대상을 잘 반영한다고 하겠다.

통계청이 매년 발행하는 '한국의 사회지표'를 보면 결혼 후 내 집 마련하기까지 이사 횟수가 세 번 이상인 가족이 1992년에는 50.9%(다섯 번 이상은 29.8%)였는데, 2001년에는 69.5%(다섯 번 이상은 41.8%)로 증가하였고, 결혼 후 주택 마련 시기는 1992년 6~14년이 40.4%, 2001년에는 5~15년이 43.2%나 되어 주택문제가 인구이동의 주원인 가운데 하나이며 주택이 이동에 미치는 비중은 과거보다 더 크다는 것을 어느 정도 간파할 수 있다.

최근에 나타난 새로운 이동의 양상은 북한에서 남한으로의 이동이다. 소위 탈북자의 한국 이동은 북한 사회가 처한 식량난이 1차적 요인이다. 북한은 매년 100~150만 톤의 만성적 식량 부족에 허덕이고 있다. 특히 1990년대 이후 사회주의권이 붕괴되면서 소련과 중국으로부터의 지원이 대폭 줄거나 중단되면서 더욱 심화되었다. 이 같은 식량난은 산지 지형이라는 지리적 조건이 식량 생산을 크게 제한하기 때문이라는 이유도 없지는 않지만 이것만으로는 매우 궁색하다. 근본적으로는 집단 농업의 비효율성에 기인하는 것이며 이것이야말로 사회주의의 한계인 것이다. 또한 북한 체제에 대한 불만과 중국 개방정책 이후의 경제성장으로 인한 대비 인식, 그리고 한국의 적극적 북한 지원과 한국에 대한 정보 취득의 효과, 민족적 동질성 등, 정치적·사회적·경제적 요인의 총체적 이동인 것이다.

탈북 한국 입국자 수는 1990년대부터 시작되면서 점차 증가하였다. 1994년 52명, 1996년 56명, 1998년 71명, 2000년 312명, 2001년 583명, 2002년 1,141명으로 천 명을 넘어섰으며, 2003년 1,281명으로 1989년 이전까지 입국한 607명을 합하면 모두 5,546명(2004년 8월 말 현재)에 달한다. 또한 탈북자 집단의 구성도 시간이 지날수록 점차 가족 단위로 이루어지는 성향을 보이고 있다. 1995년에는 입국자 41명 중 가족 단위는 4가족의 13명이었다. 1999년은 148명 중 36가족 91명이, 2002년은 1,140명 중 150가족 403명이 가족 단위였다(이우영, 2003)(사진 Ⅶ-9).

1990년 이전 여성 탈북자는 탈북자 전체의 10% 미만이었으나 1990년대 후반에는 가족 단위의 탈북이 증가하면서 20~40% 수준을 보였다. 2001년에는 49.6%로 절반에 이르렀고, 2002년에는 54.8%로 남성을 상회하였다. 그리고 어린이와 노약자도 점차 증가하는 추

사진 Ⅶ-9. 두만강을 건너 필사의 탈출을 시도하고 있는 한 가족인 듯한 북한 주민

자료 : 조선일보(2001. 7. 2.)

세이다. 연령분포는 2003년 탈북자 1,281명 가운데 30대가 35.0%(447명)로 가장 많고 20대는 26.9%(345명), 10대 이하의 어린이가 16.2%(207명), 40대 12.5%(160명), 50대 이상 9.5%(122명)이다.

주말에 나타나는 일시적 이동(유동)인구는 비교적 좁은 국토 공간에 편리한 교통기관을 이용한 접근성이 대단히 높아 전 교통망의 기능이 크게 저하된다. 특히 우리나라 전통의 명절 연휴에는 1,000~1,500만 명의 대이동으로 전 도로가 마비될 정도이며 이 같은 일시적 인구대이동은 매년 되풀이되어 이에 따른 사회적 비용도 만만치 않다.

결론적으로 한국의 인구이동은 서울 집중적 이동에서 점차 수도권 일원으로 확산되고 있으며 지방 중심 도시들은 인근 지역의 인구흡인력을 과거보다는 상실한 것으로 보인다. 도·촌 간에는 여전히 심한 불균형 상태를 지속하고 있어 인구분포상의 인구문제를 야기하고 있다. 근래 몇몇 선진국에서 나타나고 있는 유턴(U-turn) 현상이 한국에서도 현저하게 나타나 균형적인 인구재분포를 실현하기 위해서는 지역적으로 경제활동 참여의 고른 기회가 주어져야 하며 주택 사정이 안정되어야 한다. 그 밖에 편의시설 확충과 함께 교통, 통신 시설의 진전으로 지역 간 접근성을 높이고 소득분배를 통한 지역 간의 격차성을 해소해야 한다. 과도한 수도권 중심 체계를 완화하기 위해서는 정부시설 및 기업을 지역의 특성에 맞게 지방분산하는 것도 효과적인 방법이 될 것이다.

제2편

인구의 분포와 구조 변화

VIII. 인구분포

1. 인구분포의 인자(因子)

　지금까지 제1편에서 논했던 출생·사망·이동의 인구구성 3요소에 의해서 지표상의 특정 공간을 점유하는 인구의 분포가 이루어진다. 그러나 근본적으로 지표 공간의 인구분포는 출생, 사망과 같은 생물학적 과정이나 이동과 같은 2차적, 사회적 과정에 의해서만이 아닌, 말하자면 이들을 유발하는 근원적 어떤 인자와의 상호작용의 결과로 나타나는 것이다. 2005년 현재 세계 속에는 약 64억의 인구가 각각의 지역을 형성하고 고유의 생활양식을 유지하면서 살고 있다. 지표상의 수많은 인구는 아무렇게나 분포하고 있는 것이 아니라 나름대로 주위 환경, 즉 자연적·사회문화적·역사적 영향을 받고 그들과의 관계 속에서 이루어진 것이다. 얼마만큼의 인구가 어디에, 그리고 왜 그곳에서 사는가 하는 문제는 인구와 지역 간의 상호관계에 관한 인구분포의 핵심적 과제인 것이다.

　여기서는 인간의 거주 가능 공간(Ökumene, Ecumene)을 형성하는 인자와 그와 관련된 인구분포 상태를 설명하고자 한다. 다음의 인자들은 편의상 분류한 것일 뿐 각 인자가 개체적으로 작용하고 있는 것은 아님을 전제해 둔다. 다시 말해서 현재의 인구분포 상태는 여러 인자들의 복합 작용의 결과이므로 인구분포를 올바로 이해하기 위해서는 이들과의 체계분석(system analysis)적 접근이 필요하다는 것이다.

1) 자연환경 인자

인간을 비롯한 모든 생물은 처음부터 자연의 영향을 받고 그들과의 관계 속에서 자신들의 삶을 유지해 왔다. 자연의 여러 요소 중에서 가장 원천적인 것이 물이다. 물은 마시기 위한 것일 뿐만 아니라 식량의 공급원이기도 하다. 식물을 자라게 하고 먹이사슬의 하등 동물을 물이 있는 바로 그곳에 있게 한다. 선사 시대 수렵·채집 생활을 영위했던 원시인들이 하천, 소호(沼湖), 지하 용천수 가까이 생활한 것은 당연하다. 인류 문명의 발상지라고 하는 티그리스 유프라테스 저지, 인더스 계곡, 나일 계곡, 황허 유역, 지중해안의 여러 분지 등지가 모두 하천 유역이라는 사실만으로도 이를 쉽게 알 수 있다. 우리나라의 취락에서도 수(水)·정(井)·천(泉)·강(江)·호(湖)·소(沼)·주(州) 등이 들어가는 지명이 많다.

기후는 매우 광범위한 인자로서 인간 거주에 직접적으로 영향을 줄 뿐만 아니라 식생, 농업, 토양 등 자연의 여러 요소와도 조직적으로 관련된다. 특히 기온과 강수량은 식물의 생육조건을 결정짓는 가장 중요한 인자이며 수확과 직결된다. 세계인구의 50% 이상이 온대기후 지역에 분포하고 4/5가 위도상으로 20~60°N에 거주하고 있음은 기후인자의 중요성을 반영하고 있는 것이다. 미국의 지리학자 E. 헌팅턴(E. Huntington, 1876~1947)이 그의 저서 『문명과 기후(Civilization and Climate)』에서 문명과 기후와의 관계에 대해서 설명하고 있는 것도 좋은 예가 된다.

토양과 식생 역시 기후와 밀접하므로 인구분포에 영향을 준다. 동부 아시아의 여러 삼각주나 나일 강 삼각주의 비옥한 충적토나 온대의 갈색 삼림토는 작물의 수확량을 높이고 인구를 흡인하는 반면, 열대지방의 라테라이트나 냉대지방의 포드졸 토양은 인간 거주에 매우 불리하다. 또 토양의 공극(空隙)은 수분 함유량과 관계가 깊어 작물 재배에 영향을 준다. 토양과 관련하여 유념할 것은 토양침식이다. 인간이 처음으로 농경을 시작했다고 하는 비옥한 초승달(Fertile Crescent) 지역이 오늘날처럼 건조해진 것도 과도한 인구압(population pressure)에 의한 토양침식이 원인 중의 하나인 것으로 알려져 있다. 뉴질랜드의 경우도 현재 전 국토의 1/4이 토양침식지역인데 바로 이런 지역이 인구희박지역이라는 것이다. 또한 잭스와 화이트(Jacks and Whyte, 1939)는 토양침식이 프레이리(prairie) 초원지대처럼 인구가 희박한 지역이나 남아프리카공화국의 원주민 보호 구역과 같이 인구압이 심한 지역에서 나타난다고 주장함으로써 인구와 토양침식과의 밀접한 관련성을 설명하고 있다.

지형이 인구분포에 커다란 영향을 끼치는 것은 두말할 필요가 없다. 한마디로 평야지대와 산지지대가 동일한 분포형태를 나타낸다고 생각하는 사람은 아무도 없을 것이다. 평야는 물론, 산지의 계곡이나 선상지(扇狀地)의 선단(扇端)을 따라 발달한 열촌(列村)은 대표적이다. 스위스의 알프스 산지에서는 양지 바른 경사지(Somenseite)와 그늘진 경사지(Schattenseite)와는 뚜렷한 취락 입지의 차이를 보인다. 한국의 지형도와 인구밀도도(密度圖)를 중첩시켜 보면 양자 간에 매우 높은 상관성이 발견된다. 우리나라의 전통적 취락입지와 불가분의 관계에 있는 풍수사상도 근본적으로는 물과 지형에 근거하고 있으며, 조선시대의 읍성취락 역시 지형, 지세와 관련이 깊다.

인구는 해발 고도에 따라서 수직적으로 분포한다. 고도 200m 이내는 전 육지면적의 27.8%밖에 안 되지만 전체인구의 56.2%가 거주하고, 전 육지면적의 57.3%를 차지하는 고도 500m 이내에는 전 인구의 4/5 이상이 거주하고 있다. 그러나 열대기후 지역의 높은 고도가 때로는 취락과 문명 발달을 자극하는 좋은 입지조건이 되기도 한다. 안데스 고지의 잉카문명이나 알프스 고지대의 취락 발달이 좋은 예이다.

인구분포는 격해도(隔海度, insularity and continentality)에 따라서도 달라진다. 대륙 연변(沿邊)의 해안 지대는 기후, 지형, 교통 조건과 관련하여 나타나는 인구밀집 지역이다. 세계인구의 2/3는 해안으로부터 500km 이내에, 3/4은 1,000km 이내에 거주하고 있다. 특히 동남아시아 해안 인근의 많은 섬들이 인구밀집도가 높다.

위도상의 위치 또한 인구분포에 지대한 영향을 끼친다. 수리적 위치는 기후대를 결정짓고 기후대에 따라서 토양이나 식생이 달라지기 때문이다.

부존자원(賦存資源)은 지질, 지형과 밀접하게 관련하여 인구를 흡인하는 인자로서 작용한다. 자원은 언제나 개발, 활용할 수 있으므로 자원의 분포는 곧 인구의 분포를 의미한다. 더구나 원료지수(原料指數, material index)가 높은 자원이라면 공업입지의 가능성이 많으므로 노동력의 수요는 그만큼 증대될 것이다.

2) 인문환경 인자

■ 인구역사적 인자

다른 모든 생물처럼 인간도 군집적인 동물이다. 과거 인간이 거주하고 있었던 공간은 인구의 증식원리에 입각한 관성법칙이 적용되어 현재와 미래의 인구분포에 영향을 미친다. 세계인구의 절반 이상을 점유하고 있는 아시아의 인구는 일차적으로는 일찍이 인류 문명 발상지로서의 아시아가 갖는 인구관성이 초래한 결과이며 오늘날의 아메리카 대륙 인구분포 유형도 원천적으로는 유럽 인의 신대륙 이민 역사의 산물로 보아야 한다. 1840년대 감자 기근으로 인한 아일랜드의 인구격감도 오랫동안 아일랜드의 인구변화에 영향을 끼치고 있다. 하와이의 높은 아시아계 인구분포율이나 한국의 해외 교포, 특히 일본의 오오사카, 중국의 지린 성 및 헤이룽장 성, 러시아의 사할린 및 우즈베키스탄을 중심으로 한 중앙아시아 일대의 한민족 분포는 인구이동의 역사적 측면에서 이해해야 할 것이다. 이러한 관점에서 인구의 공간적 분포에 대한 설명은 그 같은 결과를 초래한 인구의 역사적 과정을 살펴보는 것이 중요하다.

■ 사회 · 문화적 인자

인구분포를 가능론적 입장에서 가장 적절하고 광범위하게 적용시킬 수 있는 인자이다. 정치, 경제, 문화, 종교, 사회제도, 교육, 과학기술, 인구정책, 관습 그 밖에 개개인의 행태에 이르기까지 매우 다양한 인문적 요소들의 차이로부터 인구분포는 형성된다. 서부 유럽의 산업혁명과 그에 따른 인구지지력(人口支持力, population capacity)의 급격한 향상은 유럽 인구, 특히 도시인구의 빠른 증가를 가져왔다. 또한 식민 시대 미국의 서진운동(西進運動, westward movement), 매니페스트 데스티니(Manifest Destiny) 정신, 대륙횡단철도의 부설 등이 대륙 서부로의 인구이동 확산에 미친 효과, 타운십(Township) 제도와 산촌의 발달, 인도 · 파키스탄의 분리 독립으로 인한 힌두교도와 회교도 간의 인구대이동, 토지장자상속제도와 인구분산, 대한제국의 멸망과 광복에 따른 한국인의 이출입, 전통적 남아선호사상과 성구조 분포의 변화, 한국의 대명절과 일시적 인구대이동, 부존자원 개발능력 등은 인구분포 및 변화의 사회 · 문화적 인자의 예들이다.

2. 인구분포의 측정

1) 인구밀도(Density of Population)

밀도의 개념은 1837년 H. D. 하니스(H. D. Harness)가 아일랜드의 철도 밀집 상태를 일련의 지도에 표시하면서 처음 사용된 것으로, 후에는 인구과잉이나 인구과소를 평가하는 수단으로 응용되었다.

인구밀도란 일정한 토지 면적에 대해서 점유하는 인구수의 비를 말한다. 그러나 인구수에 관한 자료는 주로 행정 지역이나 센서스 지역 단위로 수집되기 때문에 지리적 동질지역에 대한 인구밀도를 측정하기란 그리 쉬운 일이 아니다. 하지만 특정의 지리적 공간을 대상으로 한 인구수와 해당 면적을 정확히 조사, 평가만 한다면 밀도는 분포의 밀집 정도를 파악하는 가장 간편하면서도 효과적인 방법이다.

인구밀도는 일정한 공간에 분포하는 인구의 토지면적에 대한 비(man/land ratio), 토지이용에 대한 비(man/land use ratio), 또는 지역생산성과의 비(man/areal productivity ratio)로서 나타낸다.

■ 산술적 인구밀도(Arithmetic Density of Population)와 조인구밀도(Crude Density of Population)

전 면적에 대한 전 인구의 비로서 가장 보편적으로 쓰이는 인구밀도 평가방법이다. 그러나 지리적으로 동질지역(homogeneous region)을 제외하고는 전 면적이라고 하는 지역 내부에는 서로 다른 여러 개의 이질지역(heterogeneous region)으로 구성되어 있기 때문에 실제적인 인구지지력이나 인구압을 평가해 주지는 못한다. 이것은 어디까지나 인구 대 면적이라고 하는 가장 단순한 비의 개념에 불과하면서도 바로 그 단순성 때문에 지역의 크기와는 무관하게 자주 사용된다.

표 VIII-1은 세계의 대륙별 인구밀도 변화를 보고 2005년 현재에서 미래를 투시한 것이다. 세계의 평균 인구밀도(km^2당)는 1960년 22명, 1975년 29명, 2005년 48명에서 2030년 60명, 2050년에는 67명으로 증가한다. 선진국은 2005년 이후 변화가 없으나 개도국은 과

표 Ⅷ-1. 세계의 대륙별 인구밀도

(단위 : 명/km²)

	2005년	2010년	2030년	2050년
〈세계〉	48	50	60	67
선진국	23	23	24	23
개도국	63	68	84	95
아프리카	30	33	48	64
아시아	123	130	153	164
유럽	32	31	30	28
남미	27	29	35	38
북미	15	16	18	20
오세아니아	4	4	5	6
통일 한국(남북한)	320	327	338	–
한국	485	494	495	425
북한	187	191	210	–

자료 : UN(2005), *World Population Prospects*, The 2004 Revision
　　　통계청(1999), 「북한인구 추계결과」
　　　통계청(2005), 「세계 및 한국의 인구현황」
　　　통계청(2005), 「장래인구 특별추계」

거에서 미래까지 증가 일로에 있다. 대륙별로 보면 아프리카, 아시아, 남미는 지속적으로 증가하고 있다. 유럽은 과거 높은 수준의 인구밀도였으나 2005년 현재 이후 매우 낮은 수준에서 약간씩 감소하는 경향을 보이고 있다. 북미는 증가하고는 있지만 유럽보다도 낮은 수준이다. 한국은 2030년에 495명까지 최고 수준에 이르렀다가 2050년에는 425명으로 상당히 감소할 것으로 예측된다. 선진국과 개도국 사이에는 갈수록 격차가 심해져 2050년에 이르면 개도국의 인구밀도는 선진국의 4배 이상이나 되며, 대륙별로도 편차가 극심하여 아시아는 북미의 8배도 넘는다.

　한국의 조인구밀도는 1950년 당시 km²당 190명으로 현 OECD 국가 중 6위였으나, 2000년에는 473명으로 1위(UN, 2003)를 기록하고 있다. 전 세계적으로는 싱가포르(6,104.8명), 몰타(1,224.0명), 몰디브(1,004.9명) 등 도시 국가나 아주 작은 섬나라 등을 제외하면 방글라데시(897.2명), 대만(613.2명)에 이어 한국(478.2명)이 세계 3위이다.

■ 경지(耕地)인구밀도(Physiological Density of Population)

　일명 지리적 인구밀도라고도 한다. 조인구밀도가 토지 전 면적의 개념이라면 경지인구밀도는 토지 이용률 개념이다. 즉 전 면적을 대상으로 하지 않고 토지이용이 가능한 경지

표 Ⅷ-2. 세계 여러 나라의 조인구밀도와 경지인구밀도의 비교

(단위 : 명)

나라	조인구밀도(A)	경지인구밀도(B)	B/A
아르헨티나	13.3	110.3	8.3
오스트레일리아	1.1	16.2	15.4
브라질	20.3	299.9	14.8
캐나다	3.1	68.7	21.9
중국	131.5	920.2	7.0
쿠바	100.5	306.9	3.1
덴마크	123.8	233.9	1.9
이집트	68.3	2,423.3	35.5
프랑스	107.6	321.7	3.0
이란	39.8	458.1	11.5
일본	334.9	2,828.6	8.4
한국	478.2	2,763.2	5.8
북한	179.9	867.5	4.8
멕시코	51.2	404.6	7.9
네덜란드	382.7	1,746.4	4.6
뉴질랜드	14.1	254.7	18.0
사우디아라비아	10.2	613.1	59.8
수단	14.0	216.1	15.4
스위스	175.9	1,758.4	10.0
미국	28.6	155.8	5.4
베트남	237.5	1,270.5	5.3

자료 : CIA(2000), *2000 CIA World Fact Book*
　　　http://www.stat.fi/tup/maanum/

면적만을 대상으로 하는 인구비이다. 그러므로 조인구밀도보다는 높게 나타난다. 이것은 조인구밀도보다는 합리적이고 인구압을 파악하는 데 보다 현실적인 방법이다. 전 인구의 96%가 전 국토면적의 4%에 밀집되어 있는 이집트의 경우 조인구밀도는 사실상 무의미한 것이다.

　세계 여러 나라의 조인구밀도와 경지인구밀도를 비교해 보면 표 Ⅷ-2와 같다. 쿠바, 덴마크, 프랑스 등은 조인구밀도에 대한 경지인구밀도의 비율이 상당히 낮은 반면, 캐나다, 이집트, 사우디아라비아 등은 지나치게 높다는 사실을 알 수 있다.

■ 농업인구밀도(Agricultural Density of Population)

경지를 직접적으로 이용하는 인구는 농업에 종사하는 사람들이라는 점에 착안한다면 경지면적에 대한 전체인구보다는 경지면적당 농업인구를 따지는 것이 보다 합리적이다. 그러나 대체로 공업화, 도시화된 선진 산업 국가에서의 농업인구밀도는 대단히 낮을 수밖에 없으므로 농업 국가와는 달리 현실적으로 인구압을 나타내 주지 못한다는 점에서는 부적합하다.

■ 비교(比較)인구밀도(Comparative Density of Population)

1946년 프랑스의 지리학자 뱅상(Vincent)이 시사한 것으로 토지의 생산력에 비중을 두어 면적을 환산하는 방법이다. 그는 1km²의 경작지는 3km²의 초지면적과 동일한 생산 능력을 가진 것으로 환산, 세계비교인구밀도도(圖)를 제작하고 이것을 1국의 경제적 자립의 척도로 삼았다. 이와 같이 서로 다른 토지생산력을 비교 환산하여 인구밀도를 구했을 때 이를 비교인구밀도라 한다. 라벤슈타인이 1890년 세계 가용인구를 산출하였는데, 이 때 km²당 최대 수용 능력을 토지생산력에 따라 풍요지 83인, 초지 4인, 사막 0.4인으로 각각 계산, 총 59억9,400만으로 계산한 것도 바로 이 비교인구밀도와 같은 개념이다.

세계 가용인구에 대해서는 여러 학자들이 발표한 적 있는데, 이를 정리하면 표 VIII-3과 같다.

표 VIII-3. 학자들이 제시한 세계의 가용인구

(단위 : 명)

연도	학자	세계 가용인구
1695	킹(G. King)	62억 5,700만
1741	쉬슬리히(J. P. Süssmlich)	65억 7,900만
1891	라벤슈타인(E. G. Ravenstein)	59억 9,400만
1898	A. F. Fircks	81억
1912	K. 밸러드(K. Ballod)	56억
1925	A. 펭크(A. Penck)	159억
1937	홀슈타인(Hollstein)	133억
1952	C. G. 다윈(C. G. Darwin)	60-100억
1954	C. 클라크(C. Clark)	280억
1958	H. 브라운(H. Brown)	500억
1961	M. 클라이버(M. Kleiber)	160억

자료 : 重定南奈子 외 역(1998), 新人口論-生態學的 アプローチ, 515-526

■ 경제인구밀도(Economic Density of Population)

1934년 프랑스의 인구학자 시몽(Simon)에 의해서 공식화된 경제인구밀도는 지역생산성에 대한 인구비율의 개념이다.

그의 공식은

$$\triangle = \frac{100\delta}{\alpha} \quad (\delta \text{는 인구규모}, \ \alpha \text{는 지역경제력, 즉 생산규모})$$

이를 다시 수정하여 다음 공식을 쓴다.

$$\triangle' = \frac{100\delta}{\dfrac{100\alpha}{\alpha'}} \quad (\alpha \text{는 실제생산}, \ \alpha' \text{는 생산에 투입된 재화량이므로} \ \frac{100\alpha}{\alpha'} \text{는 생산성지수임})$$

$$D = \frac{100\delta}{\dfrac{100\alpha^0}{\alpha'}} \quad (\alpha^0 \text{은 잠재생산력})$$

다시

$$\frac{D}{\triangle'} = \frac{\alpha}{\alpha^0} \text{에서} \ \triangle' = \frac{\alpha^0}{\alpha} D \text{와 같은 식이 성립한다.}$$

시몽은 이 마지막 공식으로 최적 인구밀도의 지표로 삼았다. 즉, $\triangle' > D$, $\alpha^0 > \alpha$ 이면 생산능력에 비해 과소생산(under production)이며 인구수용능력에 비해 과소인구(under population)의 상태이다.

시몽은 그의 공식에서 분모의 생산량 대신에 총 소비지수, 총 경제활동지수, 1인당 평균소득, 생활수준 등을 제안하기도 하였다.

2) 인구접근도

특정 지역 내 인구집단의 평균분포상태를 측정하는 방법은 단위면적당 인구수를 측정하는 인구밀도가 가장 보편적으로 사용된다고 전술하였다. 또 다른 하나의 방법으로 인구접근도(人口接近度, Proximity of Population)가 있다. 전자가 단위면적당 인구수로 표시한다면 후자는 인구개체 간의 평균분포거리로 표시한다.

따라서 인구접근도는 수치가 작을수록 밀집도는 높다는 것을 의미한다.

인구접근도(*PP*)는 다음과 같은 공식에 의해서 구할 수 있다.

$$PP = 1.0746\sqrt{\frac{1}{D}} \quad (D : 인구밀도)$$

표 Ⅷ-4는 한국과 일본의 인구밀집 정도를 인구밀도와 인구접근도로써 비교한 것이다. 1960년도에는 양국 모두 거의 같은 수준이었으나 연도별 변화의 격차는 점차 심화되어 간다. 먼저 인구밀도를 보면 1960년 당시 양국 모두 254명이던 것이 1980년에는 한국이 378명, 일본이 314명으로 64명의 격차가 생겼다. 1995년에는 117명, 2000년에는 122명으로 격차가 확대되었다. 인구접근도 역시 1960년 양국이 67m였으나 1980년에 한국이 55.3m, 일본이 60.6m로 양국의 격차가 5.3m였고 2000년에는 8.3m로 확대되었다. 한국이 일본보다 인구밀도나 인구접근도가 시간이 흐를수록 더 높아진다. 그러나 경지인구밀도나 경지면적상의 인구접근도에서는 역전되어 일본이 더 높다. 이는 일본의 신기산지(新期山地) 지형 발달로 인한 경지면적의 협소(狹小)를 여실히 보여 주는 것이다.

표 Ⅷ-4. 한국과 일본의 인구밀도 및 인구접근도 비교, 1960-2000년

(단위 : 명/km², m)

연도	한국		일본		경지인구밀도		경지인구밀도로 본 인구접근도	
	인구밀도	인구접근도	인구밀도	인구접근도	한국	일본	한국	일본
1960	253.9	67.44	253.5	67.49				
1965*	291.5	62.94	266.6	65.81				
1970	320.4	60.03	281.1	64.09				
1975	351.3	57.33	300.5	61.99	1,550	2,009	27.3	24.0
1980	378.2	55.26	314.1	60.63	1,705	2,250	26.0	22.7
1985	408.0	53.20	324.7	59.64	1,886	2,358	24.7	22.1
1990	437.3	51.39	331.6	59.01	2,059	2,567	23.7	21.2
1995	454.3	50.42	336.8	58.55				
2000	462.0	50.00	339.3	58.34				

* 한국은 1966년

자료 : 통계청, 한국통계연감

　　총무청 통계국(1999), 『全國都道府縣市區町村別人口』에 의한 산출

3) 로렌츠(Lorenz) 곡선

　　인구밀도와 인구접근도가 일정 공간의 평균분포상태를 나타내기 위한 것이라면 로렌츠 (Lorenz) 곡선은 일정 공간 내의 인구밀집과 편포상태를 그래프로 측정하는 방법으로 사용 되고 있다.

　　그림 VIII-1은 1980년 당시 광주시 서구와 전남 해남군을 사례로 로렌츠 곡선을 비교한 것이다. 먼저 해당 지역을 여러 개의 단위 지역(unit area)으로 설정한다. 예를 들어 광주시 서구는 여러 개의 동(洞)을, 해남군은 여러 개의 면(面)을 단위 지역으로 설정하여 각 단위 지역별 인구밀도를 계산하여 순위를 정한다. 다음 그 순위에 따라 x축에는 인구누적비를, y축에는 면적누적비를 표시해 간다. 그림에서 일련 번호는 그 순위별 누적비를 표시한 것 이다. 이와 같은 방법으로 그려진 로렌츠 곡선은 이론상 양 극단을 생각할 수 있다. 지역 내의 인구가 가장 고르게 분포하는 경우는 대각선으로 그려지며, 어느 한 점에 집중 분포 한 경우는 x축과 일치한다. 따라서 실제 나타나는 인구집중 정도는 대각선으로부터 떨어 진 거리로 표시된다. 대각선으로부터의 거리는 $k_i(x_i-y_i)$ (단, x_i는 i번째 순위의 인구누적 비, y_i는 i번째 순위의 면적누적비, k_i는 단위 지역임)의 최대치이다. 이를 던컨(Duncan)의 집중지수(index of concentration)라고 한다. 한편, 로렌츠 곡선이 대각선과 이루는 면적을 대각선과 x축이 이루는 △형의 전 면적에 대한 비율로 나타내는 방법도 있다. 이를 지니

그림 VIII-1. 로렌츠 곡선으로 표시된 광주시 서구와 해남군의 인구밀집도 비교, 1980년

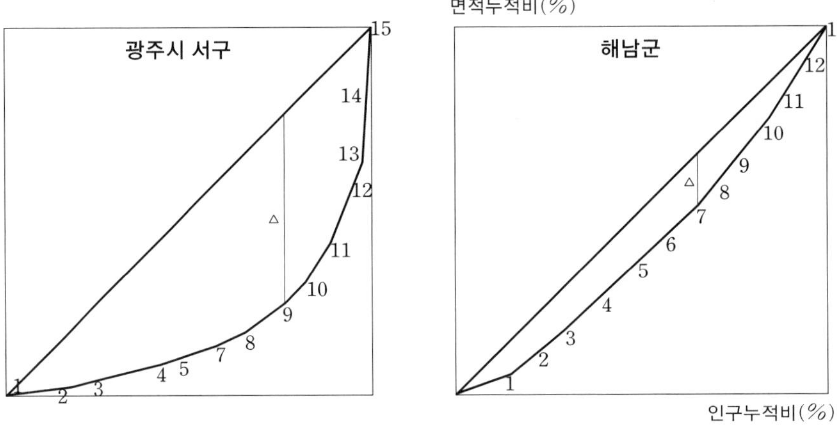

자료 : 조혜종(1983), Lorenz곡선의 집중지수에 의한 전남인구 집중도 측정과 분석, 『전남대학교 지역개발연구』, 제15집 제1호, 8-13

(Gini)의 집중비(concentration ratio/ Gini's CR)라고 한다.

강원, 충북, 전남의 세 지역을 대상으로 1983년 당시 집중지수의 최고 지역과 최소 지역을 비교해 보면 그림 Ⅷ-2와 같다. 전반적으로 도시 지역이 비도시 지역보다 높게 나타난다. 그리고 한국의 전라남도와 일본의 히로시마 현을 대상으로 1995년의 인구 로렌츠 곡선

그림 Ⅷ-2. 강원 · 충북 · 전남 집중지수 최고 지역과 최저 지역의 로렌츠 곡선

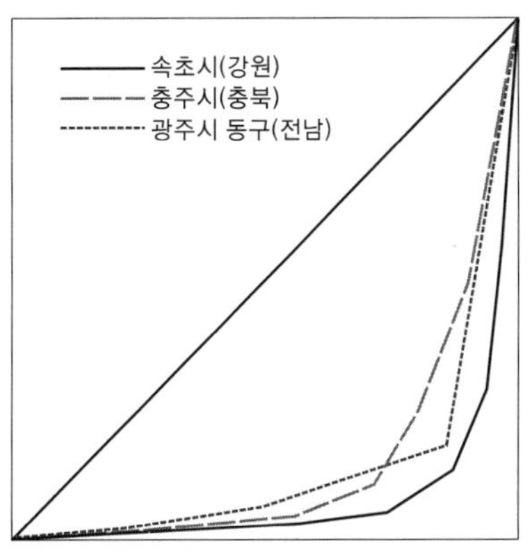

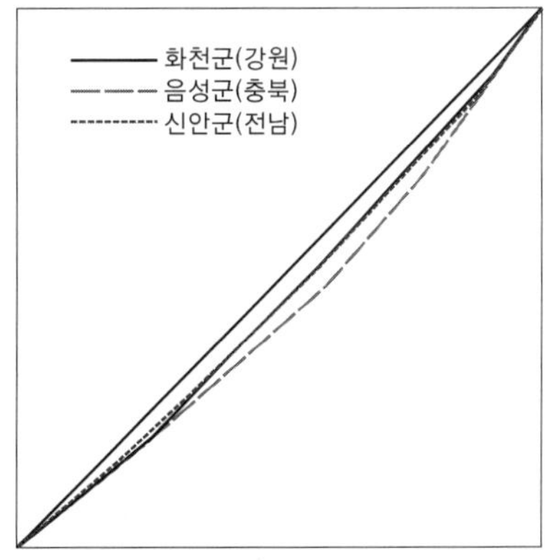

자료 : 조혜종(1984), 강원, 충북, 전남의 인구분포 비교, 『지역개발논문집』(경희대 국토종합개발연구소), 제12집, 25

그림 Ⅷ-3. 로렌츠 곡선 및 던컨의 집중지수; 전남과 히로시마 현의 비교, 1995년

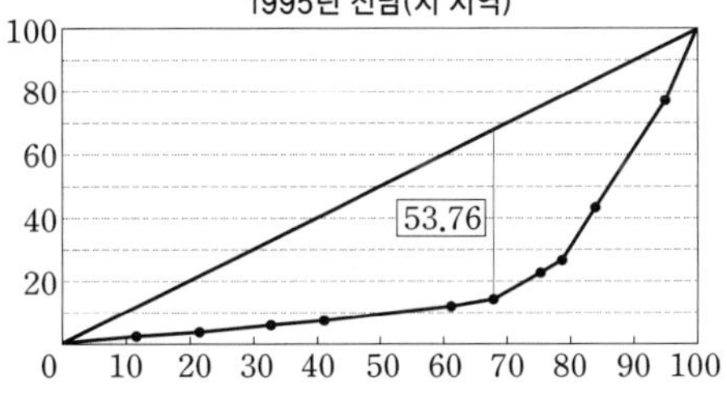

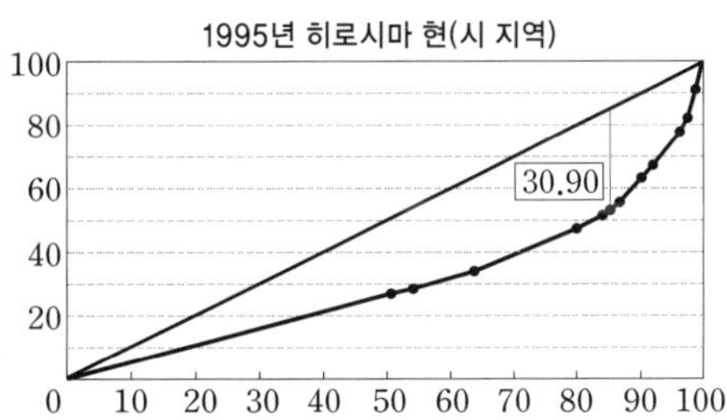

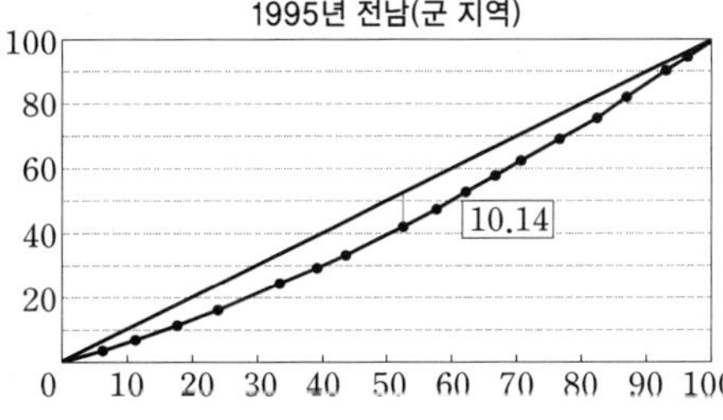

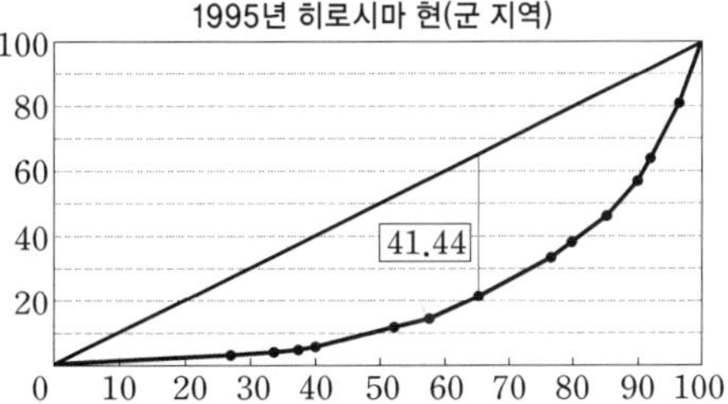

을 그려 보면 그림 Ⅷ-3과 같다. 전남의 시 지역(히로시마 현과의 비교를 위해 광주광역시 포함)은 53.8로서 군 지역의 10.1보다 인구집중도가 훨씬 높다. 그에 비해서 히로시마 현은 시 지역(30.9)이 군 지역(41.4)보다 오히려 균등분포하고 있으며 시·군 간의 격차도 적다. 즉, 히로시마 현의 인구분포 상태가 전남보다 더 합리적이라고 할 수 있다. 하지만 군 지역만을 비교했을 때 히로시마 현 내의 군들은 높은 지역(佐佰군 44.8, 御調군 44.4, 安芸군 38.5)과 낮은 지역(新石군 3.7, 世羅군 4.6) 간의 편차가 전남의 군 지역(화순군 41.1, 완도군 21.7)보다 매우 크다는 것을 알 수 있다.

4) 인구중심(Mean Center of Population / Balancing Point)

인구중심은 일정 지역의 인구공간을 기하학적 평면으로 간주하고 그 위에 분포하는 개개인의 무게가 같다고 가정할 때, 그 무게의 균형을 유지할 수 있는 평면, 즉 인구공간상의 1점을 말하는 것으로, 이는 마치 인구분포라고 하는 수평저울의 받침점과 같다.

인구중심점을 구하는 방법은 그림 Ⅷ-4와 같다. 지역 내의 인구를 양등분하는 하나의 직선을 구하고, 같은 방법으로 다른 또 하나의 직선을 구했을 때, 그 두 개의 직선이 교차하는 점이 곧 중심점이 된다.

인구문제연구소(1972)에서는 1970년 한국의 인구중심점을 36°19′N, 127°36′E(충북 옥천군)로, 전남의 중심점은 34°54′N, 126°53′E로 조사하였다. 조혜종(1983)은 1980년 전남의 인구중심점을 34°57′56″N, 126°57′41″E(화순군 춘양면 화림리)로 조사하였다. 단 조혜종의 연구에서는 전남의 도서 지역을 대상에서 제외시켰다. 그 이유는 실제 사람의 거주가 불가한 해양이 점유하는 공간거리가 인구중심에 미칠 영향을 제거하기 위해서였다.

미국은 그림 Ⅷ-5에서 보는 바와 같이 초기 이민 시대의 서진운동으로 인구중심은 39°N선을 따라 서쪽으로 이동하다가 1920~1930년 이후, 특히 1970년대 오일쇼크(oil shock) 이후 남서 방향으로 하향하는 경향을 보인다.

이 밖에 인구분포 유형을 분석하기 위해서는 최근린(最近隣)분석법(nearest neighbouring analysis)을, 그리고 인구연령 분포나 산업인구 분포 등 특정 지역의 인구분포 특성을 측정하기 위해서는 입지계수(立地係數, location quotient)법 등을 사용할 수 있다.

그림 Ⅷ-4. 인구중심(전남 담양군, 1980년) 35°17′N, 126°58′E(봉산면 제월리)

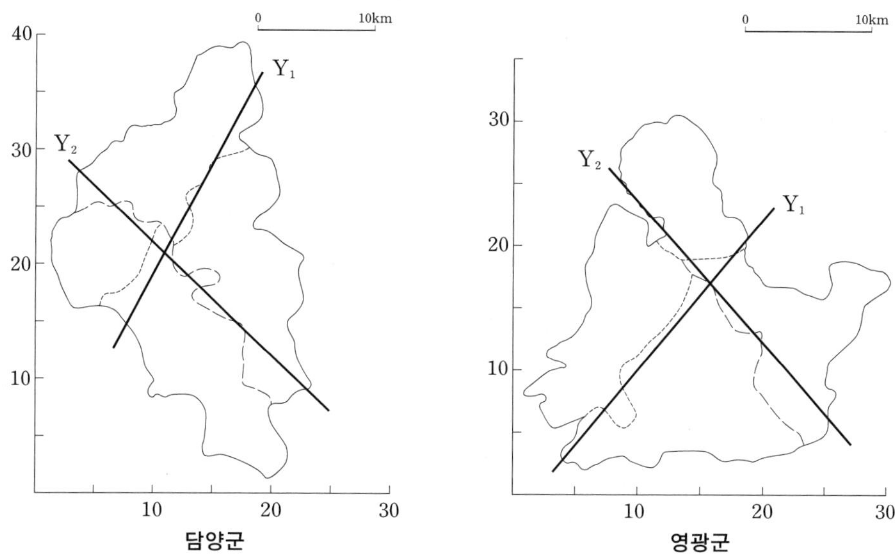

자료 : 조혜종(1983), 전남 인구중심(重心)의 이동에 관한 연구: 1960 – 1980, 『지리학』, 제27호, 72-90

그림 Ⅷ-5. 미국의 인구중심 이동, 1790-2000년

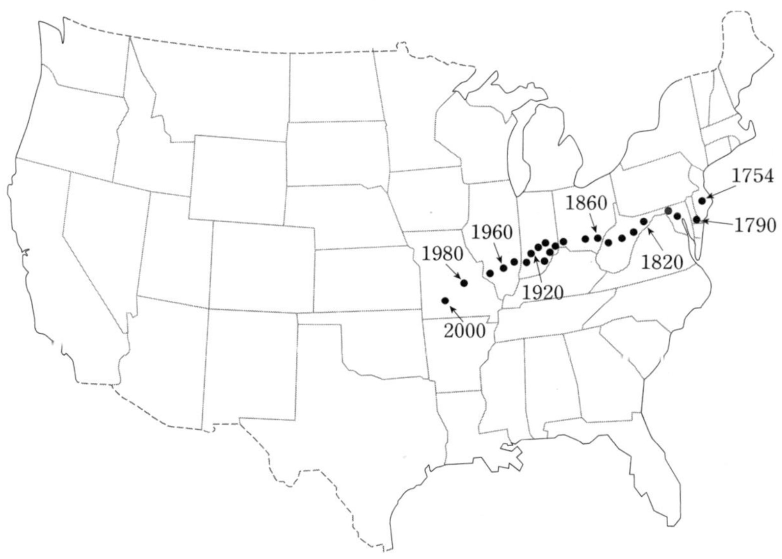

자료 : Newman and Matzke(1984), *Population-Patterns*, Dynamics and Prospects, 36 Knox and Marston(2004), Human Geography, 116

3. 인구분포의 상태

1) 세계의 인구분포

　전 세계 인구분포의 변화는 오랜 인류 역사의 변화와 맥락을 같이한다. 지금의 분포상태는 과거인구의 누적된 결과이므로 인구역사적인 측면에서 고찰되어야 한다. 그러나 그것에 관해서는 별도의 장에서 설명하기로 하고 여기서는 현재의 분포상태를 중심으로 살펴보기로 한다.

　표 VIII-5는 1650~2050년 인구분포 상태의 변화를 대륙별로 나타낸 것이다. 1650년이라면 아메리카 대륙에 유럽 인이 처음 식민한 지 겨우 50년밖에 안 되었을 때인데 그 때 아시아에는 이미 세계인구의 60%가 분포하고 있었다. 300년이 지난 1950년의 아시아는 55%로 약간 낮아진 데 비해서, 같은 기간 아프리카는 세계인구의 18%(1억)의 분포에서 8.9%로 대폭 낮아졌고 유럽은 18.9%에서 21.7%로 약간 상승하였다. 그러나 1950~2005년의 55년 동안의 변화는 획기적이다. 유럽은 5억4,700만에서 7억2,800만으로 수적으로는 약 2억이 증가하였으나 분포율에서는 21.7%에서 11.3%로 급락하였다. 이에 반해서 아프리카는 2억2,400만에서 9억 이상으로 4배의 놀라운 수적 증가로 인하여 분포율도 8.9%에서 14.0%로 증가하였다. 이 사이 아시아는 14억(55.4%)에서 39억(60.4%)으로 2.8배 정도, 남

표 VIII-5. 대륙별 인구분포 변화, 1650-2050년

(단위 : 백만 명, %)

	1650	1750	1850	1950	2005	2050
〈세　계〉	545(100)	728(100)	1,171(100)	2,519(100)	6,465(100)	9,076(100)
선진국				813(32.3)	1,211(18.7)	1,236(13.6)
개도국				1,707(67.7)	5,253(81.3)	7,840(86.4)
아프리카	100(18.3)	95(13.0)	95(8.1)	224(8.9)	906(14.0)	1,937(21.3)
아시아	327(60.0)	475(65.2)	741(63.3)	1,396(55.4)	3,905(60.4)	5,217(57.5)
유럽	103(18.9)	144(19.8)	274(23.4)	547(21.7)	728(11.3)	653(7.2)
남미	12(2.2)	11(1.5)	33(2.8)	167(6.6)	561(8.7)	783(8.6)
북미	1(0.2)	1(0.1)	26(2.2)	172(6.8)	331(5.1)	438(4.8)
오세아니아	2(0.4)	2(0.3)	2(0.2)	13(0.5)	33(0.5)	48(0.5)

자료: Carr - Saunders, A.M(1935), *World Population-Past Growth and Present Trends.*, Oxford univ. Press.; UN(2005), *World Population Prospects*, The 2004 Revision; 통계청(2005), 「세계 및 한국의 인구현황」, 9

미 역시 1억6,700만(6.6%)에서 5억6,000만(8.7%)으로 3.4배나 증가하였다. 북미는 수적으로 1억6,000명이 증가하였으나 분포율은 낮아졌다. 이를 선진국과 개도국으로 나누어 보면 전자의 분포율은 32.3%에서 18.7%로 낮아진 반면, 후자는 67.7%에서 81.3%로 높아져 세계의 인구분포는 양극화되어 있음을 극명하게 보여 준다. 이 같은 양극화 현상은 2050년의 미래에는 더욱 증폭된다. 이는 앞의 표 VIII–1의 세계 인구밀도를 보더라도 마찬가지이다. 세계의 인구수 변화는 선진국과 개도국으로 분류해 본 그림 VIII–6에서도 역시 확인된다.

　세계의 인구분포 상태와 그 변화를 국가별로 보면 표 VIII–6과 같다. 1950년 25억1,900만의 세계인구 가운데 중국이 5억5,480만으로 22.0%를, 인도가 3억5,760만으로 14.2%를 차지하여 이 두 인구대국이 세계인구의 36%를 차지한다. 2005년에는 세계인구 64억7,000만 가운데 중국이 20.3%, 인도가 17.0%를 차지하여 중국의 점유율은 낮아지고 인도는 증가하였다. 2005년 현재에서 2050년을 투시해 보면 인도(15억9,300만)가 중국(13억9,200만)을 추월하여 세계 1위의 인구대국이 될 것이며 이 두 나라가 세계인구(90억8,000만)의 32.9%를 차지하게 될 것이다. 2005년 현재 인구 1억이 넘는 인구대국은 11개국으로 이들 인구의 세계인구 분포율은 61%에 달하고 있으며, 2050년에는 인구대국이 19개국으로 늘면서 세계인구의 67.6%를 점유하게 된다.

그림 VIII–6. 선진국과 개도국의 인구성장과 전망, 1750-2100년

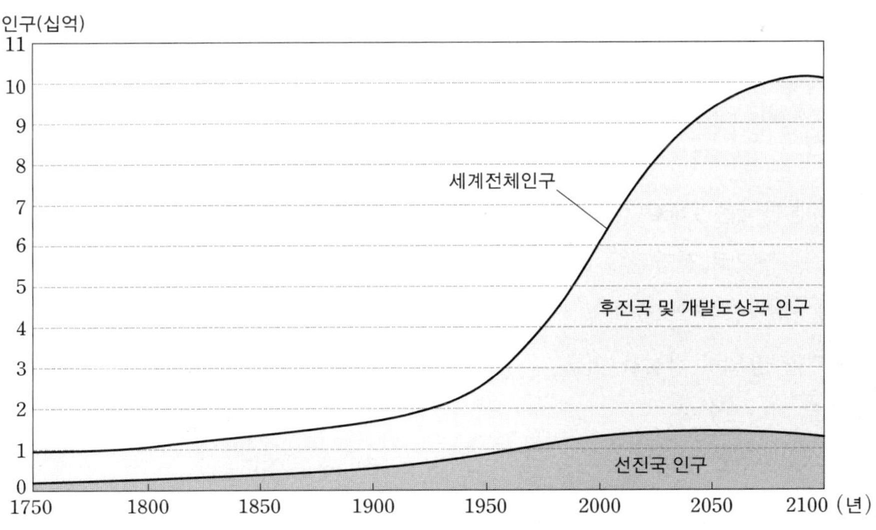

자료 : Merrick, Thomas, W.(1986), "World population in Transition", *Population Bulletin*(April), 4-19.

표 Ⅷ-6. 세계인구의 국가별 순위 변화, 1950-2050년

(단위 : 백만 명)

순위	1950년		2005년		2050년	
	국명	인구	국명	인구	국명	인구
1	중국	555	중국	1,316	인도	1,593
2	인도	358	인도	1,103	중국	1,392
3	미국	158	미국	298	미국	395
4	러시아 연방	103	인도네시아	223	파키스탄	305
5	일본	84	브라질	186	인도네시아	285
6	인도네시아	80	파키스탄	158	나이지리아	258
7	독일	68	독립국가연합	143	브라질	253
8	브라질	54	방글라데시	142	방글라데시	243
9	영국	51	나이지리아	132	콩고	177
10	이탈리아	47	일본	128	에티오피아	170
11	프랑스	42	멕시코	107	멕시코	139
12	방글라데시	42	베트남	84	필리핀	127
13	파키스탄	40	필리핀	83	우간다	127
14	우크라이나	37	독일	83	이집트	126
15	나이지리아	30	에티오피아	77	베트남	117
16	에스파냐	28	이집트	74	일본	112
17	멕시코	28	터키	73	독립국가연합	112
18	베트남	27	이란	70	이란	102
19	폴란드	25	타이	64	터키	101
20	이집트	22	프랑스	60	아프가니스탄	97
21	터키	21	영국	60	케냐	83
22	한국	20	이탈리아	58	독일	79
23	필리핀	20	콩고	58	타이	75
24	타이	20	미얀마	51	영국	67
25	에티오피아	18	한국	48	탄자니아	67

자료 : UN(2001), *World Population Prospects*, The 2000 Revision ; UN(2005), *World Population Prospects*, The 2004 Revision ; 통계청(2001), 『장래인구추계』; 통계청(2005), 『장래인구특별추계』

2005년 현재 한국은 4,800만 명으로 세계인구 순위에서 25위이며 2050년에는 4,200만으로 45위가 될 것으로 전망된다. 2005년 통일한국(남북한 통합)의 인구규모는 7,100만으로 18위이다. 통계청이 2005년 발표한 『장래인구특별추계』 결과에 의하면 우리나라는 2020년 4,995만 명으로 정점을 이룬 후 감소세로 돌아서며, 2050년에는 4,234만 명으로 줄어들 것으로 내다보았다.

그림 Ⅷ-7은 표 Ⅷ-6의 분포율을 파이 그래프로 나타낸 것이다.

최근에는 선진국과 개도국을 막론하고 인구분포 및 변화는 도시에 의해서 주도되는 경향이 뚜렷하다. 특히 개도국에서의 도시 팽창은 도시의 하부구조(urban infrastructure)를

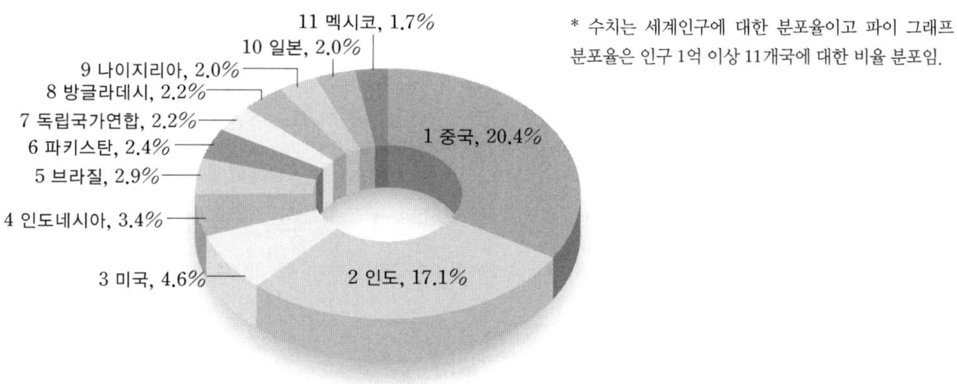

자료 : UN(2005), *World Population Prospects*, The 2004 Revision ; 통계청(2005), 『장래인구특별추계』

구축하지 못한 채, 도시로서의 기능을 수행할 수 있는 한계를 넘어 무질서한 팽창을 지속하고 있다. 이는 개도국 중심의 대폭적 인구증가를 대부분 도시가 흡수하고 있기 때문이다. 그림 Ⅷ-8은 인구 1,000만이 넘는 세계의 도시분포와 이들의 변화(2000~2015년)를 지도화한 것이다. 라고스(나이지리아), 카라치(파키스탄), 뭄바이(인도), 자카르타(인도네시아) 등 대규모의 인구변화가 대부분 개도국의 대도시들에 집중되고 있다.

그림 Ⅷ-8. 세계 도시의 성장

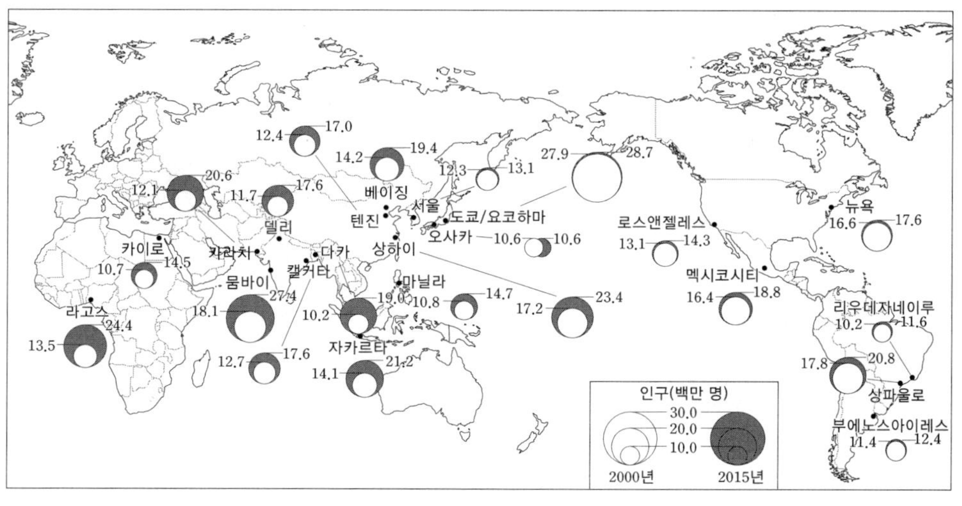

자료 : Rountree, L.(2005), *Globalization and Diversity*, 14

2) 인구분포 양식

 지구상의 육지면적은 전 지구면적의 28%에 해당하는 1.42억km²인데 그나마 인간 거주가 전혀 불가한 황무지나 삼림지역 등을 포함한 소위 안외쿠메네(Anökumene)가 전 육지면적의 35~40%를 점유하고 있다. 그러므로 지구상의 인구는 자연히 편포할 수밖에 없다. 전술한 바와 같이 인구분포를 결정하는 여러 인자들의 영향으로 인하여 그림 VIII-9처럼 지표상의 인구는 복잡하게 분포한다. 그러나 자세히 관찰해 보면 몇 가지 분포양식(distribution pattern)을 발견하게 된다.

 첫째, 분포상의 조밀지역과 소밀지역이 뚜렷이 대비되어 나타난다는 점이다. 대다수의 인구는 비교적 좁은 지표공간에 밀집분포하고 있다. 사실상 전 지구상의 인구 가운데 90%가 전 육지면적의 10%에 거주하고 있다. 둘째, 북반구에 치우쳐 분포하고 있다는 것이다. 세계인구의 90% 이상이 북반구에 거주하고 있다. 그러나 전 육지의 80%가 북반구에 위치하고 있음을 인식하면 이것은 당연한 현상이다. 셋째, 대륙의 연변에 조밀분포한다. 세계인구의 2/3가 해안으로부터 500km 이내에, 3/4이 1,000km 이내에 거주한다. 유라시아 대륙 내부, 사하라사막을 비롯한 아프리카 대륙 내부, 로키산맥 주변의 북미 중서부와 북부 냉대지역, 브라질 고원과 아마존 분지 중심의 남미 대륙 내부는 인구과소 지역이다. 넷째,

그림 VIII-9. 세계의 인구분포도

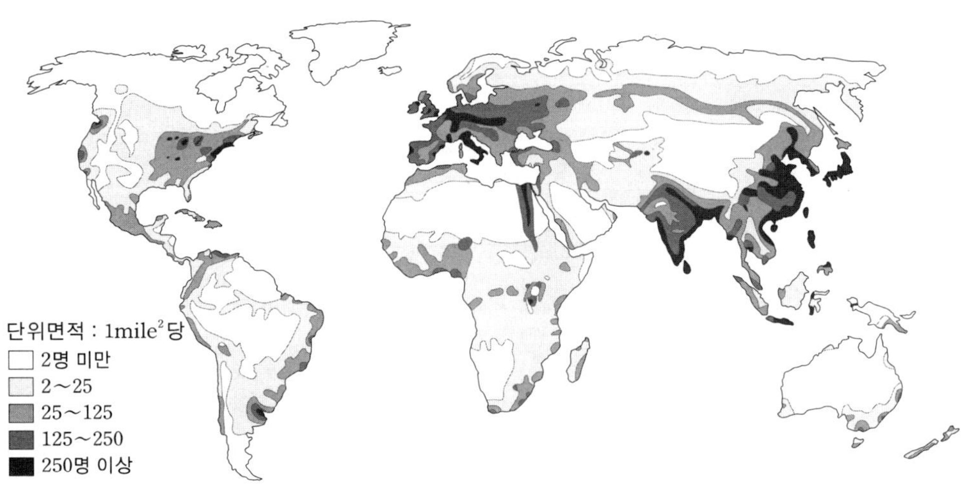

자료 : Broek, J.O. and Webb, J.W.(1978), *A Geographical of Mankind*, New York: Mcgrow-Hill, 38-39

인구분포 조밀도는 해발고도에 역비례한다. 세계인구의 56%가 고도 200m 이내에, 80%가 500m 이내에 거주하고 있다.

이상과 같은 분포양식을 총괄해 볼 때 지표상에는 네 개의 인구밀집 지역이 나타난다. 즉, 인도·파키스탄·스리랑카·캄보디아·타이 등지를 포함하는 남부 아시아, 중국·한국·일본·필리핀·인도네시아 등지를 포함하는 동부 아시아, 러시아·영국·독일·이탈리아 등지의 서부 유럽, 그리고 미국 북동부 해안 지역이다. 특히 남부 및 동부 아시아는 대표적 몬순기후지역으로 넓게 발달한 충적평야의 벼농사 농업지대에 세계인구의 반 이상이 분포하고 있다. 서부 유럽은 유럽 대평원의 지형 조건에다 산업혁명에 의한 인구지지력 향상이 인구증가를 초래하였으며 미국 북동부 해안 지대는 보스턴에서 워싱턴에 이르는 이른바 메갈로폴리스(Megalopolis, 거대도시, 巨帶都市)가 주축을 이룬다.

인간의 거주공간은 대체로 작물 한계와 일치한다. 작물 한계의 수평적 극한계는 연평균 기온 0°C와 거의 일치하는데 북한계는 70°N선이다. 그러나 극동 아시아의 캄차카 반도에서는 60°N선 이하이며, 아메리카 대륙은 알래스카에서 65°N, 래브라도 고원에서는 53°N으로서 대륙 동안과 서안에 차이가 있다. 남한계는 남미 남단(南端) 푸에고 섬의 55°S선이다. 또한 건조 한계는 연강수량 250mm선이다. 그러나 이와 같은 기후조건을 극복하고 극지방의 한지 농업, 고지대의 고랭지 농업, 건조 지역의 건조농법 및 관개농업 등 인간은 부단한 노력으로 거주공간의 수평 한계를 확대해 오고 있어 오늘날은 과거 어느 때보다 외쿠메네(Ökumene)가 넓어졌다. 그 결과 현재는 빙설기후지역, 사막기후지역, 설선(雪線) 이상의 고산 지대만이 안외쿠메네로 남아 있다. 그러나 다른 한편으로는 인간이 자신의 생활환경을 오염시킴으로써 토지의 지지력을 저하시키고 기후적 변화를 초래함으로써 이미 확보하고 있는 거주공간마저 상실해 가고 있다는 사실을 우리는 명심해야 한다.

한편 수직적 고도 한계는 대략 4,000m 정도이다. 그러나 알프스 산지는 해발고도 1,600~1,800m이고 안데스 산지에는 4,000m 이상인 곳도 있다. 생 모리츠(1,856m), 체르마트(1,616m), 샤모니(1,037m)(사진 VIII-1)는 알프스의 관광·고산 도시이고, 라파스(3,640m), 세로 데 파스코(4,630m), 키토(2,850m), 보고타(2,650m) 등은 안데스 산지의 고산 도시들이다. 이 밖에도 계절에 따라 거주공간이 변하는 경우도 있다. 과거 아메리카 원주민들이 그러했고 오늘날 유목민이나 에스키모 인(Inuit)들, 그리고 알프스의 이목지대에서 볼 수 있다.

인구밀도에 따라 분포양식을 분류해 보면 첫째, 1km²당 1인 이하의 인구극소지역으로

사진 Ⅷ-1. 고산 도시 샤모니(Chamonix)

한랭지역, 사막지역, 열대우림지역 등이 이에 속한다. 둘째, 2~25인의 인구희소지역으로 냉대 타이가지역이나 유목 또는 방목지대가 해당되는데 불리한 자연조건으로 비활동적 경제지역이라 할 수 있다. 셋째, 25~100인의 인구편재지역으로 인도 남부, 중국 등 아시아식 밭농사 지역과, 서구와 신대륙의 상업적 곡물농업 지역이 대체로 이에 해당한다. 넷째, 100~250인의 인구조밀지역으로 프랑스, 독일, 영국, 이탈리아 등 서부 유럽 대부분과 인도지나 반도, 카리브 제국 등이 해당한다. 마지막으로 250인 이상의 인구과밀지역으로는 세계 인구조밀지역 가운데서도 한국, 일본 등 동부 아시아와 인도, 방글라데시와 같은 인구대국, 싱가포르와 같은 도시국가나, 홍콩, 마카오 등 도시국가와 유사한 기능을 수행하는 도시, 그리고 네덜란드, 벨기에와 같은 서부 유럽의 일부 소국들이 이에 해당한다.

3) 한국의 인구분포

우리나라의 인구분포는 1차적으로 지형 조건과 그에 따른 경지의 분포상태에 의존한다. 즉, 지질 시대적으로 중생대 후대동기 대조산운동과 신생대 제3기 요곡운동으로 인하여 한반도의 지체구조가 형성됨으로써 현재와 같은 산지와 평야가 분포하게 되었고 주로 평야

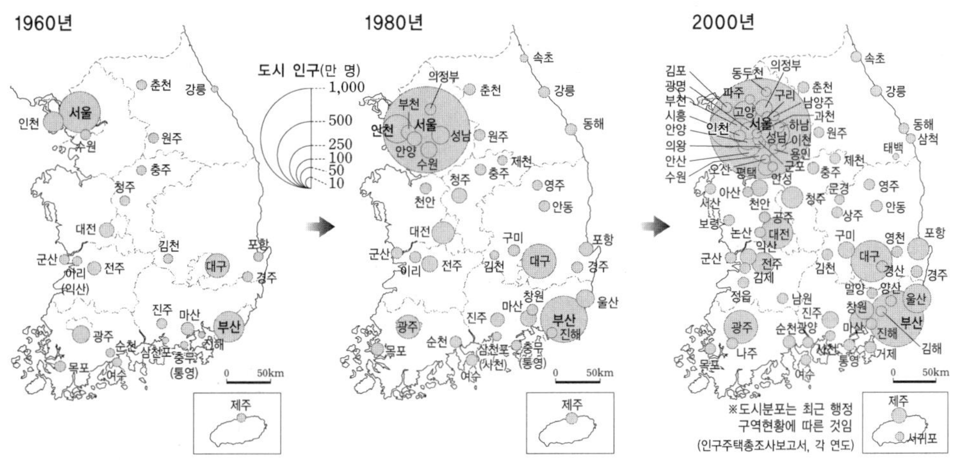

자료 : 조화룡 외(2003), 『고등학교 한국지리』, 금성출판사, 145

지형과 하천 유로를 따라 취락이 발달하게 되었다. 대체적으로 의주(평북)와 영덕(경북)을 잇는 선을 중심으로 서남부의 저평한 평야와 해안지대에 밀집분포하고 산지가 많은 북동부에는 희소분포한다.

1960년대 이후 산업화와 대도시의 성장으로 나타난 지속적인 이촌향도 현상은 전반적인 인구재분포를 이루고 특히 서울 중심의 도시권과 부산 중심의 남동임해공업지대에 탁월한 인구집중 현상을 초래하였다. 더구나 한국의 지역개발이 성장거점(growth pole) 방식으로 이루어져 왔기 때문에 도시인구의 성장은 매우 급진적이었다. 그림 Ⅷ-10은 1960~2000년의 도시분포의 변화를 나타낸 것이다.

인구분포 상태와 그 변화를 시·도별로 살펴보면 표 Ⅷ-7과 같다.

전반적으로 1960~1990년의 30년간을 세 가지 분포유형으로 분류할 수 있다. 첫째는 지난 30년 동안 인구증가율이 전국의 평균 인구증가율을 상회한 결과 전국에서 차지하는 인구분포율이 지속적으로 증가한 시·도들로서, 서울특별시와 부산을 비롯한 7개 광역시 및 경기와 제주가 이에 해당한다. 둘째는 비록 분포율은 줄었지만 인구의 절대수는 증가한 지역으로서 충북과 경남이 해당한다. 셋째로 인구의 절대수가 감소한 지역으로 강원·충남·전북·전남·경북이다.

1990년대에 들어와서는 30년 동안 일관 지속되어 오던 인구분포에 커다란 변화가 생기다. 즉 대도시 주변의 대도시권 형성으로 서울과 부산의 인구수와 분포율이 처음 감소한다. 인구분포율에서 서울은 1990년 24.4%에서 2000년에는 21.4%로, 부산은 8.7%에서 7.9%로 감소한 것이다. 그리고 절대인구수도 서울이 72만 명, 부산은 14만 명 정도가 감소하였다.

표 Ⅷ-7. 시·도별 분포 변화, 1960-2000년

(단위 : 천 명, %)

시도	1960	1970	1980	1990	2000
전국	24,989(100)	31,435(100)	37,407(100)	43,390(100)	45,985(100)
서울	2,445(9.8)	5,525(17.6)	8,351(22.3)	10,603(24.4)	9,854(21.4)
부산		1,876(6.0)	3,157(8.4)	3,796(8.7)	3,655(7.9)
대구				2,228(5.1)	2,474(5.4)
인천				1,816(4.2)	2,466(5.4)
광주				1,139(2.6)	1,351(2.9)
대전				1,049(2.4)	1,366(3.0)
울산					1,012(2.2)
경기	2,749(11.0)	3,353(10.7)	4,930(13.2)	6,154(14.2)	8,938(19.4)
강원	1,637(6.5)	1,865(5.9)	1,790(4.8)	1,580(3.6)	1,485(3.2)
충북	1,370(5.5)	1,480(4.7)	1,423(3.8)	1,389(3.2)	1,463(3.2)
충남	2,528(10.1)	2,858(9.1)	2,955(7.9)	2,013(4.6)	1,840(4.0)
전북	2,395(9.6)	2,432(7.7)	2,287(6.1)	2,069(4.8)	1,887(4.1)
전남	3,553(14.2)	4,005(12.7)	3,779(10.1)	2,507(5.8)	1,994(4.3)
경북	3,848(15.4)	4,556(14.5)	4,952(13.2)	2,860(6.6)	2,716(5.9)
경남	4,182(16.7)	3,119(9.9)	3,321(8.9)	3,672(8.5)	2,971(6.5)
제주	282(1.1)	365(1.2)	463(1.2)	514(1.2)	513(1.1)

자료 : 통계청(http://www.nso.go.kr), 통계정보시스템(KOSIS)

표 Ⅷ-8. 데이비스 지수로 본 수위도시 종주성의 한·일 비교, 1960-1995년

연도	한국(서울특별시)	일본(도쿄, 東京都)
1960	1.09	1.39
1965*	1.36	1.29
1970	1.53	1.22
1975	1.51	1.16
1980	1.43	1.11
1985	1.39	1.08
1900	1.35	1.02
1995	1.19	0.99

* 한국은 1966년

자료 : 인구센서스에 의한 산출.

한편, 서울의 수위도시 종주성(宗主性, primacy)을 데이비스 지수로 표시해 보면 표 VIII-8과 같이 산업화 직전인 1960년 1.09에서 1970년 1.53까지 증가하다가 1975년 1.51로 처음 감소하였고 이후 2000년 1.15까지 감소를 지속하였다. 다시 말해서 수위도시인 서울의 인구집중은 제2, 제3, 제4순위의 도시 인구증가율보다 상대적으로 낮아지고 있음을 말해 준다. 그러나 제4순위인 인천이 수도권 내에 있다는 사실을 고려할 때 수도권의 인구집중은 여전하며 다만 서울 중심의 집중분포에서 점차 탈피하여 분산분포 현상으로 전환되고 있음을 시사해 준다. 그러나 순위-규모법칙(rank-size rule)이 정확히 적용될 때의 데이비스 지수가 0.92임을 감안한다면 아직은 수도 서울의 종주성이 높다는 사실을 알 수 있다.

일본의 경우 도쿄(東京)의 데이비스 지수가 1960년 당시 서울보다 훨씬 높은 1.39였으나 이후 점차 낮아져 1995년에는 0.99라는 이상적인 지수를 보임으로써 일본은 한국보다 오래전에 산업화, 도시화가 이루어졌고 동시에 인구분포의 분산형태가 오랫동안 지속되어 왔음을 말해 준다.

인구분포 상태의 변화를 시·군부별로 보면 1960년의 시부인구는 약 700만 명으로 전 인구의 28.0%였으나 1970년에 41.2%(수도권은 전 인구의 20.5%), 1980년 57.2%(수도권 28.7%), 1990년 74.4%(수도권 42.8%), 2000년에 이르러서는 시부인구가 3,670만 명으로 전 인구의 약 80%(수도권 46.3%)에 이르고 있다.

1960년을 기준(100)으로 하여 한·일 간의 연도별 시부와 군부의 지수 변화를 비교해 보면 표 VIII-9와 같다. 한국의 시부는 1980년 306, 1995년 501인데 비하여 군부는 각 89, 53으로 양극성을 잘 보여 준다. 일본의 군부는 1970년 이래 80을 그대로 유지하고 있어 여기

표 VIII-9. 한국과 일본의 시·군부별 인구지수 변화 비교, 1960-1995년

(단위 : 천 명)

연도	한국					일본				
	총인구지수	시부인구	지수	군부인구	지수	총인구지수	시부인구	지수	군부인구	지수
1960	100	6,996	100	17,992	100	100	59,677	100	34,622	100
1965*	116.7	9,780	139.8	19,379	107.7	105.2	66,922	112.1	31,352	90.6
1970	123.6	12,709	181.6	18,172	101.0	112.0	75,428	126.4	29,236	84.4
1975	138.9	16,792	240.0	17,913	99.6	119.8	84,967	142.4	26,972	77.9
1980	149.8	21,434	306.3	16,002	88.9	125.3	89,187	149.4	27,872	80.5
1985	161.9	26,442	377.9	14,005	77.8	129.6	92,889	155.7	28,159	81.3
1990	173.7	32,308	461.8	11,101	61.7	132.3	95,643	160.3	27,967	80.8
1995	178.5	35,036	500.8	9,572	53.2	134.4	98,009	164.2	27,561	79.6

* 한국은 1966년, 자료 : 인구센서스에 의한 산출

서도 한·일 간에 현저한 대조를 보이고 있다.

결론적으로 한국의 광역시와 도 간에, 그리고 각 도에서도 시·군 간에 인구분포상의 뚜렷한 차이가 있음을 볼 때 산업화, 도시화에 따른 인구분포의 이원화, 즉 도시와 촌락, 대도시와 중소도시 현상이 확연하다는 사실을 알 수 있다. 점차 대도시에서 인구분포상의 분산형태가 나타나고 있음을 알 수 있다. 이에 따라 앞으로 전 국토에 걸쳐 인구의 통일 지향적 공간분포가 이루어지는 바람직한 현상을 기대할 수 있는 정책적인 노력이 필요하겠다.

총체적으로 한국의 인구에 대한 국토공간의 협소성은 앞에서 설명하였다. 최근 출산력의 저하와 노령화에 따라 발생할 수 있는 여러 사회문제에 대한 우려도 마찬가지이다. 우리나라는 이 두 가지 상충하는 문제점을 동시에 안고 있다. 여기서 우리가 생각해야 할 주안점은 인구는 인구 그 자체만으로 존재하는 것이 아니라 언제나 자원과 결부된다는 점, 그리고 공간의 협소함과 자원의 빈약함이 다른 나라에 비해서 매우 심각하다는 점이다. 국토공간의 규모나 자원의 분포는 어쩔 수 없다 하더라도 인구규모는 우리의 의지에 따라 조절할 수 있다. 국토공간에 관련해서는 우선적으로 해결할 수 있는 것도 있는데, 장례 문화가 바로 그것이다. 우리나라는 매년 여의도 크기에 해당하는 9~10km²의 국토가 묘지로 잠식되고 있다. 현재 전 국토면적의 1%에 달하는 996km²가 이미 묘지화되어 있다. 이 같은 매장 문화는 세계적으로도 드문 현상이다. 그러나 우리나라에서도 최근 화장 문화가 점차 확산되고 있음은 바람직하다. 1994년 20.5%였던 화장률이 2003년 46.3%에 이른 사실이 이를 대변하고 있다. 일본은 화장률이 97%에 달하고 중국의 경우 공식적으로는 100%이며, 프랑스나 미국은 서구 사회에서도 매장 중심의 장묘 관습이 지배적이기는 하지만 개인 묘지는 없고 모두 집단화, 공원화되어 있다. 뿌리 깊은 매장 문화의 개선으로 좁은 국토나마 산 사람의 활동공간으로 확보하는 것이 환경적으로도 중요한 일이다.

IX. 인구성장

1. 인구증가의 역사

최초의 인류 화석에 대해서는 여러 학설이 있다. 지금까지 정설로 받아들여지는 오스트랄로피테쿠스는 1924년 에티오피아에서 발견된 화석으로 약 300~250만 년 전의 것으로 추정하고 있다. 1990년대 초 에티오피아에서 발견된 아르디피테쿠스 라미두스는 이보다도 더 거슬러 올라가 450~430만 년 전의 것으로 추정되고 있으며 최근 2001년에 차드에서 또 다시 발굴되었다고 주장하는 투마이 사헬란트로푸스 차덴시스는 700만 년 전의 화석으로 추정되기도 한다. 어떻든 간에 인구는 아프리카 구대륙으로부터 서서히 지표상에 그 수를 더하여 왔다. 선사시대의 인구는 물론 정확히는 알 수 없겠지만 당시의 자연조건, 토지의 생산력, 인간의 생활상과 진화과정, 인구의 분포상태 등 문화·인류학적 측면에서 추산되고 있을 뿐이다.

지금부터 100만 년 전 인구는 12만5,000명으로 추산되며, 현재의 인류와 형태학적으로 다를 바 없다고 하는 호모 사피엔스 사피엔스가 4~3만 년 전 마지막 빙기인 뷔름(Würm) 빙기(구석기시대)에 출현했을 때에는 약 300만 명, 이후 신석기시대 초기인 1만 년 전에는 500만 명 정도였다(Deevey, 1960).

기원전 4,000년경 인구는 8,600만 명이고 기원후 1년에 이르러서는 2.7~3.3억 명으로 추산되는 세계인구는 1000~1300년대 중반에 이르러서 주로 북부 유럽을 중심으로 급증하기 시작하였다. 그러다가 1346~1348년에 유럽을 휩쓴 흑사병(黑死病, the Black Death)으로 인하여 유럽 인구의 20~25%가 감소함으로써 인구증가는 잠시 정체되었다가 다시 팽창기로 접어들었다. 1500년경의 인구는 4.4~5.4억 명에 이르렀으며 지구상의 인구성장률이 현저하게 가속화되기 시작한 시점은 1750년경이다.

18세기 중반 지표상의 인구는 8억 수준에 이르렀고 10억을 돌파한 것은 1800년 직후였다. 1900년 세계인구는 16~17억, 1982년에는 46억에 달함으로써 1750년 이래 200여 년 사이에 5.5배나 증가하였다. 1750~1900년에는 대략 0.5%의 인구성장률을 보이다가 20세

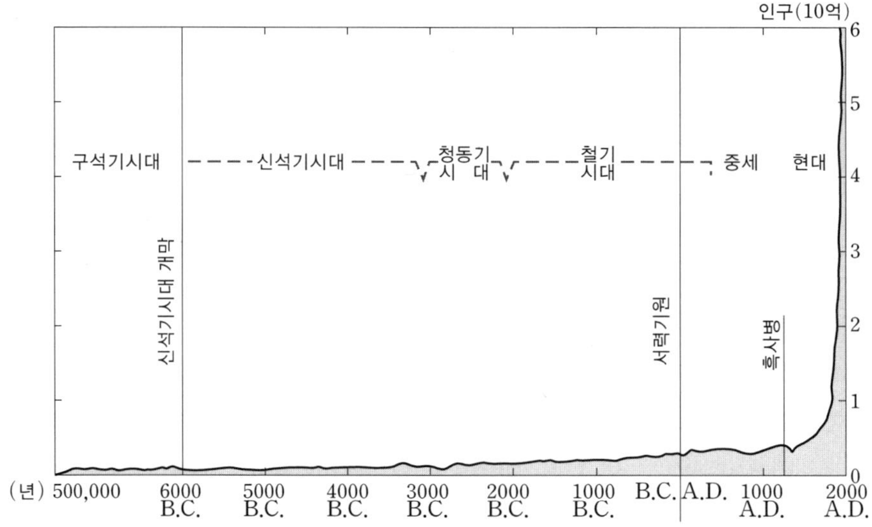

자료 : Mudd, S., ed.(1964), *The Population Crisis and the Use of World Resources*, The Hague, Dr. W. Junk

기에 들어서는 거의 1%에 근접하더니 20세기 후반에는 거의 2% 가까운 성장률을 나타낸다. 그림 IX-1은 지표상의 인구성장 곡선으로 세계인구의 급성장이 비교적 최근에 이르러 현저하게 나타나고 있음을 보여 주고 있다.

2. 인구성장의 역사적 요인

인구의 성장을 가능케 한 역사적 요인으로서 디비(E. S. Deevey)는 세 가지 혁명을 들어 설명하고 있다. 즉 문화혁명(Cultural Revolution), 농업혁명(Agricultural Revolution), 산업혁명(Industrial Revolution)과 같은 획기적인 역사적 사실이 발생하면서 그 시기의 인구 지지력을 향상시킴으로써 비록 규모는 다르지만 그 때마다 인구성장의 새로운 가능성을 부여받았다는 것이다. 이제 그가 말하는 세 가지 혁명이 어떠한 것이며 인구성장에 어떠한 작용을 했는지 설명하기로 한다.

1) 문화혁명

선사시대 인류가 오스트랄로피테쿠스부터 북경원인(北京原人), 자바원인을 거쳐 호모 사피엔스 사피엔스의 크로마뇽인까지 진화되어 오는 동안 인류가 불이나 연장의 발명과 함께 서서히 인간의 문화를 계발해 왔고 이와 함께 인간의 수를 더해 왔다는 것이다. 즉 디비가 말하는 문화혁명이란 비교적 짧은 어느 특정 시기의 특정 사건을 지칭하는 것이 아니라 인간이 출현한 구석기시대부터 1만 년 전의 신석기시대 및 농경시대 직전까지 기나긴 인류적·문화적으로 진화되어 온 전 시기를 통칭하는 것이다.

이 시기의 인간은 수렵과 채집 생활이었으므로 인간 스스로의 생산 활동이란 존재하지도 않았고 생활도 매우 불안정한 것이었으므로 자연환경의 영향을 민감하게 그리고 직접적으로 받을 수밖에 없었다. 따라서 인구도 대단히 느린 속도로 서서히 증가되어 왔다. 이 시기 인구는 1백만 년 전 12만5,000명에서 532만 명으로 증가한 것으로 추정하고 있다.

2) 농업혁명

기원전 11,000~6,000년경 중근동(中近東) 비옥한 초승달 지역에서 최초로 작물재배와 야생동물의 가축화가 시작되면서 인류 문명사상 근원적 변화, 이른바 농업혁명을 맞게 된다. 이로써 수렵 및 채집생활에서 안정된 정착농경생활로 전환하게 되었고 비로소 인간의 생산활동이 시작되었다. 기원전 7,000~5,000년에는 멕시코 남부 고원 지대에도 농업이 정착되었다.

이 같은 정착농업의 발달로 말미암아 인간은 드디어 식량의 자급자족뿐만 아니라 여러 가지 기술혁신이 이루어지고 취락, 야금술, 관개술도 발달하여 지역에 따라서는 잉여생산까지도 가능해졌다. 또한 원거리 교역도 행해져서 지역적으로 발생한 기근의 충격도 어느 정도 극복할 수 있었고 사망률의 감소도 다소 꾀할 수 있게 되었다. 뿐만 아니라 토지의 인구지지력 향상으로 인구성장이 촉진되었다.

기원후 1년에는 지표상의 인구가 2.5~3억에 이르렀으며 1500년경에는 5억으로 증가하였다. 그 동안 14세기 유럽에서 만연했던 흑사병, 백년전쟁과 같은 질병이나 전쟁이 유럽 인구의 성장을 억제하는 요인이 되기도 하였으나 16세기부터는 곧 성장을 회복하였다.

3) 산업혁명

인간이 그야말로 획기적인 문명사회, 산업사회로 새롭게 등장하게 된 것은 18세기 후반 영국이 주도한 산업혁명 때문이다. 이로써 주요 경제부문은 이전의 전통적 농업에서 공업으로 대체되었다.

산업혁명은 인구와도 깊게 관련된다. 이전에는 상호역학적 관계에서 높은 출생률과 사망률을 보이던 유럽 인구동태는 사망률의 급격한 저하로 과거보다 훨씬 낮고 안정된 사망수준을 보이기 시작하였다. 고도로 발달한 농업기술 및 경영형태, 기계공업, 운송수단, 보건위생시설 및 의약술 등은 출생률과 사망률의 심한 격차를 초래함으로써 폭발적 인구증가 시대가 열렸다.

산업혁명이 몰고 온 인구증가의 규모는 앞의 두 혁명, 즉 문화혁명과 농업혁명과는 비교할 수 없는 실로 엄청난 것이었다. 산업혁명이 인구격증에 미치는 효력은 19세기에 주로 선진국에서 나타났다가 20세기 중반까지는 사라졌으나 개도국 가운데 일부는 이제야 발효되고 있어 인구적 양극단의 면을 보이고 있다.

이상에서 설명한 디비의 세계 인구증가와 세 가지 혁명과의 관련성을 그림으로 나타낸 것이 그림 IX-2이다. 그는 이 그림에서 인구의 성장과정을 인간의 인구재생산력과 이를

그림 IX-2. 디비의 인구성장의 역사적 과정

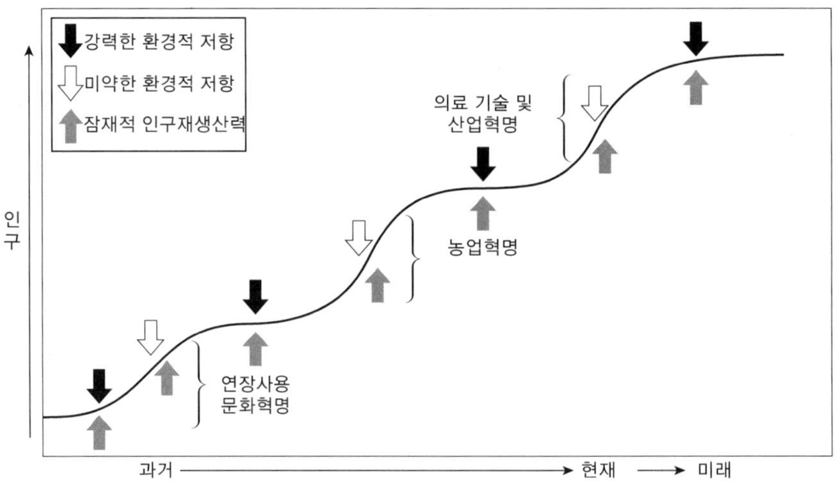

자료 : Deevey, E.S., Jr(1960), "The Human Population", *Scientific American*, September.

저해하는 환경적 요소와의 상호작용으로써 설명하고 있는데, 인구재생산력을 증진시키는 요소로서 세 가지 혁명이 작용하고 있음을 보여 준다. 다시 말해서 문화, 농업, 산업혁명이 있을 때마다 이에 대항하는 환경적 요소의 저항력을 약화시키고 상반적으로 인구의 증식력은 증대됨으로써 인구는 성장해 왔다는 것이다.

한편 보서럽(E. Boserup)은 이와 상반되는 주장을 내세운다. 즉 디비가 말하는 세 가지 혁명과 같은 인간의 기술적 변화에 의해서 인구가 성장하는 것이 아니라 인구성장 그 자체가 기술적 변화를 유도하는 어떤 상태를 조성하는 것이라고 해석한다. 말하자면 인구압이 새로운 자원개발과 기술창조로 이어진다는 것이다. 기술적 변화가 오기 이전에 필연적으로 인구가 증가했다는 것이며 인구성장과 기술변화는 상호역동적 관계로 보아야 한다는 것이다. 인구가 증가하면서 이에 상응하기 위하여 기술적 변화가 올 수밖에 없었고 기술변화는 또다시 인구증가를 자극한다. 이처럼 인구증가와 기술변화가 상호작용을 반복하는 동안에 인구는 성장해 왔다는 것이다. 디비가 인구증식력과 환경과의 관계에서 인구성장을 해석하고 있는 데 반해서 보서럽은 환경은 어디까지나 2차적인 요소일 뿐, 1차적 요소는 인구증가와 기술변화와의 상호작용이라고 해석한다.

3. 인구성장의 측정

인구성장은 어떤 두 시점 간의 인구변화를 일컫는데, 단순히 인구수로 표시할 수도 있겠지만 인구수로만 비교할 경우 두 시점 간의 시간적 흐름에 의해서 지나치게 영향을 받기 때문에 성장(변화)의 크기에 관한 개념상의 문제가 야기될 우려가 있다. 그러므로 흔히 자연증가율, 인구성장률, 배증기간과 같은 측정방법을 사용한다. 또한 이 같은 인구의 양적 변화뿐만 아니라 인구의 성구조, 연령구조, 산업구조와 같은 인구 내부의 질적 변화도 추구한다.

1) 자연증가율(the Rate of Natural Increase, *RNI*)

어느 지역의 인구수 변화는 전술한 바와 같이 출생·사망·이동에 의해서 결정된다. 이는 다음의 등식으로 표현된다.

$$FP = SP + B - D + I - O$$

FP : 어느 지역의 최종인구(final population)

SP : 그 지역의 처음인구(starting population)

B : 두 시점 간에 발생한 출생수(birth during the interval)

D : 두 시점 간에 발생한 사망수(death during the interval)

I : 두 시점 간에 발생한 전입수(in-migration during the interval)

O : 두 시점 간에 발생한 전출수(out-migration during the interval)

이 때 $B - D$를 인구의 자연적 증감(natural increase or decrease)이라 하고 $I - O$를 인구의 사회적 증감(social increase or decrease)이라 한다.

그런데 두 시점 간의 인구변화는 일반적으로 수보다는 비율 개념으로 파악하는 것이 더 바람직하다. 우선 자연증가율은 다음과 같은 등식으로 나타낸다.

$$RNI = CBR - CDR$$

RNI : 자연증가율(the rate of natural increase)

CBR : 조출생률 (crude birth rate)

CDR : 조사망률 (crude death rate)

표 IX-1은 *2005 World Population Data Sheet*에 의한 대륙별 자연증가율이다. 세계 평균 조출생률은 21‰, 조사망률은 9‰이므로 자연증가율은 12‰이다. 자연증가율을 대륙별로 보면 아프리카(23), 중앙아메리카(20), 남아메리카(15), 아시아(13)는 세계 평균보다 높고 카리브 제국은 세계 평균이며, 북아메리카(6), 유럽(-1), 오세아니아(10)는 평균보다 낮다. 아프리카 내에서도 앙골라, 차드, 콩고, 가봉 등 중부 아프리카는 조출생률(33~49)이 지나치게 높아 28이다. 반면에 보츠와나, 레소토, 남아프리카, 스와질란드 등 남부 아프리

표 IX-1. 대륙별 자연증가율, 2005년

(단위 : ‰)

	조출생률	조사망률	자연증가율
〈세계〉	21	9	12
선진국	11	10	1
개도국	24	8	16
아프리카	38	15	23
북아메리카	14	8	6
중앙아메리카	25	5	20
카리브 제국	20	8	12
남아메리카	21	6	15
아시아	20	7	13
유럽	10	11	-1
오세아니아	17	7	10

자료 : The Population Reference Bureau(2005), *2005 Population Data Sheet*

카는 7로서 매우 낮게 나타나는데, 특히 앞의 두 나라는 사망률(28)이 출생률(25~26)보다 더 높아 자연증가 마이너스(−)의 인구감소국이다.

한국은 조출생률 10, 조사망률 5로서 자연증가율은 5‰이며 북미와 비슷한 수준이다. 북한은 조출생률 16, 조사망률 7로서 자연증가율은 9‰이며 오세아니아와 비슷하다.

한편, 한국의 1960~2003년 자연증가율 변화를 보면 표 IX-2, 그림 IX-3과 같다. 1960년에는 조출생률 42.1, 조사망률 12.1로서 자연증가율이 무려 30이나 되었는데 이 같은 출생과 사망수준은 현재의 감비아, 토고, 마다가스카르, 콩고와 비슷한 것이다. 1962년부터는 '경제개발5개년계획'과 함께 시작된 가족계획 추진 결과 자연증가율이 급강하하기 시작하였다. 2000년대에는 자연증가율이 10 이하로 떨어짐으로써 현재 저출산 문제를 야기하고 있다. 이 같은 추세라면 2020년 0.7, 2030년에는 −2.2로 절대인구수가 감소할 것으로 예측된다.

2) 인구성장률(The Rate of Population Growth)

인구변화는 출생 · 사망 · 이동이라고 하는 인구변화 요인들 간의 결합 양상에 따라 증가(plus 성장) 또는 감소(minus 성장)로 나타나는데 이들 변화가 증가로 나타나든 감소로 나타나든 상관없이 인구성장이라고 한다. 다시 말해서 시점과 시점 간의 인구성장은 출생,

(단위 : 인구 천 명당)

연도	조출생률	조사망률	자연증가율
1960	42.1	12.1	30.0
1966	31.9	8.6	23.3
1970	31.2	8.0	23.2
1975	24.8	7.7	17.1
1980	22.7	7.3	15.4
1985	16.2	6.0	10.2
1990	15.4	5.8	9.6
1995	16.0	5.4	10.6
2000	13.4	5.2	8.2
2001	11.6	5.1	6.5
2002	10.3	5.1	5.2
2003	10.2	5.1	5.1
2010	10.1	6.0	4.1
2020	8.4	7.7	0.7
2030	7.7	9.9	-2.2

자료 : 통일원(1991), 『남북한 사회·문화지표』; 통계청(2003), 『인구동태통계연보』; 통계청(2004), 『인구동태통계연보』; 통계청(2001), 『장래인구추계』

그림 IX-3. 한국의 자연증가율, 1960-2030년

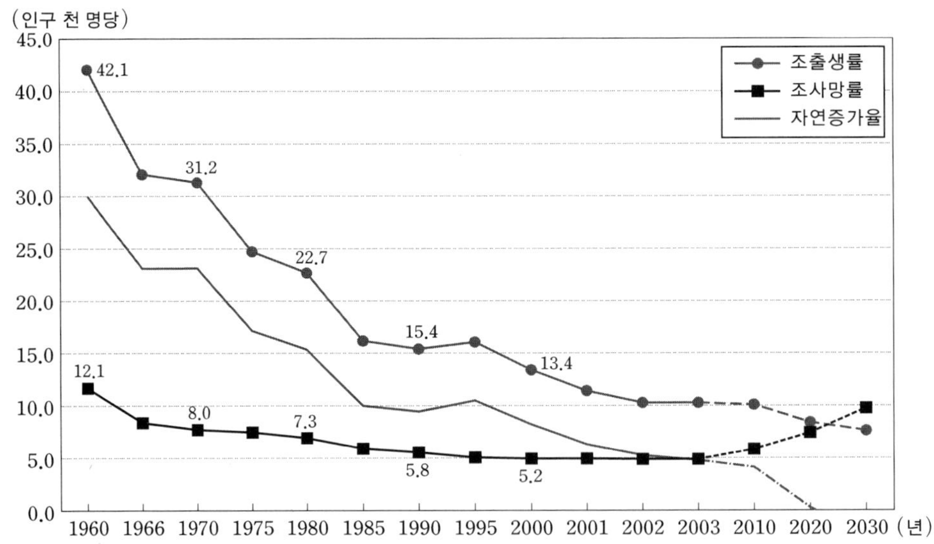

자료 : 통일원(1991), 『남북한 사회·문화지표』; 통계청(2004), 『2003 인구동태통계연보』; 통계청(2001), 『장래인구추계』

사망에 의한 자연증감은 물론 전입, 전출에 의한 사회적 증감도 포함하는 개념이다. 인구성장은 보통 일정 기간 동안의 연평균 성장률로써 측정하며, 다음과 같은 등식에서 구할 수 있다.

$$\frac{P_2}{P_1} = (1+r)^n$$

P_1 : 기준시점의 인구

P_2 : 변화시점의 인구

r : 연평균 성장률(%)

n : 두 시점 사이의 기간

양변에 $\log$를 취하면

$$\log(1+r) = \frac{1}{n}\log\left(\frac{P_2}{P_1}\right)$$

$$r = \left(\sqrt[n]{\frac{P_2}{P_1}} - 1\right) \times 100 \text{의 식에서 구해진다.}$$

이 때 인구성장률 r은 1명당 1년 후의 증가 또는 감소를 의미하므로 보통 $|r| < 1$의 값을 갖는다. 인구성장률은 백분율(%)로 표시하므로 여기에 100을 곱해 주어야 한다.

인구성장률은 기준시점에 대해서 백분율로 나타내므로 만일 인구이동이 없는 폐쇄인구(closed population)일 경우에는 자연증가율의 천분율(‰)을 백분율로 바꾸어 주면 자연증가율이 곧 인구성장률이 된다.

흔히 자연증가율과 인구성장률을 구별 없이 사용하거나 둘 다 백분율로 표시하는데 이는 잘못된 것이며 인구학적으로 양자는 구별되어야 한다.

3) 배증기간(倍增期間, Doubling Time)

인구성장률이 높으면 높을수록 인구증가 속도는 빠를 것이고 인구 전반에 미치는 영향도 그만큼 클 것이다. 그러나 성장률의 수치만 가지고는 실제 인구관성에서 초래되는 인구규모를 현실적으로 느끼기에는 다소 부족하다. 단순히 일정 기간의 인구변화를 수치 개념으로만 느낄 뿐, 앞으로 그 같은 수치가 누적됨으로써 인구의 크기가 얼마나 빠른 속도로 변화할 것인가는 얼핏 느껴지지 않는다. 성장의 수치가 주는 현실적 의미와 인구변화의 속도감, 그리고 그로부터 오는 인구압 등을 쉽게 느낄 수 있도록 하는 데에는 인구의 배증기간을 인식하는 것이 가장 적합하다.

인구의 배증기간이란 한 인구집단이 2배로 증가하는 데 걸리는 시간을 의미하는 것으로, 주어진 연평균 증가율로 인구가 성장한다는 가정하에서 복리 계산식으로 산출하므로 다음과 같은 등식으로 구할 수 있다.

$$\frac{P_2}{P_1} = e^{r \cdot n} \quad (r: \text{연평균 증가율}, \; n : \text{배증기간})$$

위 식에서 인구의 배증은 $\dfrac{P_2}{P_1} = 2$ 가 된다는 것이므로

$$r \cdot n = \log_e 2 \fallingdotseq 0.693$$

$$n = \frac{0.693}{r}$$

여기에서 인구성장률은 백분율(%)로 표시하므로 ×100을 해 준다.

위의 식에서 인구가 연평균 1%씩 증가한다면 70년이면 2배가 된다는 것을 알 수 있다. 따라서 한 인구집단의 연평균 성장률을 알고 있으면 그 인구의 배증기간은 대략 70을 연평균 성장률로 나누어 주는 값과 같다.

디비와 여러 학자들이 추계한 지표상의 세계인구를 보면 표 Ⅸ-3과 같이 기원후 1년에 2.5~3억이던 인구가 배로 증가하는 5~6억이 되기까지는 1,400~1,500년이 걸렸다. 또다시 5억이 10억으로 증가한 해는 1820년이므로 배증기간은 대략 320~420년으로 줄었다. 같은 방식으로 세계인구의 배증기간은 110년, 46년, 44년으로 단축되어 온다.

한국의 배증기간 변화를 구해 보면 1955~1960년의 연평균 성장률(3.05%) 수준에서는 23년밖에 걸리지 않는 배증기간이 1975~1980년 수준(1.53%)에서는 45.8년으로, 1995~2000년 수준(0.63%)에서는 무려 111년으로 늘어난다. 만일 1960년 당시의 후진국형 인구

연도	세계인구(억)	배증기간(년)
1	2.5-3.0	
1400-1500	5.0-6.0	1400-1500
1820	10	320-420
1930	20	110
1976	40	46
1987	50	
2000	60-65	
2020	80	44

자료 : Deevey, E.S.(1960)

증가율이 지금까지 계속되었다면 지난 1983년에 인구는 이미 2배로 증가했을 것이며, 2006년에는 또다시 2배를 곱하여 1960년 당시의 인구보다 4배로 증가했을 것이다. 그러나 만일 1995~2000년 수준이 미래에도 그대로 적용된다면 한국 인구가 배로 증가하기까지는 무려 1세기가 걸리게 된다. 그 1세기 동안에 세계와 세계 속의 한국은 어떠한 세계에서 어떻게 살게 될 것인지 상상하기조차 어려운 대변혁을 겪게 될 것이다.

오늘날의 세계인구는 인구사적으로 누적되어 온 결과이다. 인구성장이 과거 어느 때보다 급속해진 것은 비교적 최근의 일이며 만일 이 같은 현상이 상당 기간 지속된다면 인구는 관성에 의하여 그 성장속도를 가속화할 것은 확연한 이치이다. 그 결과 하나밖에 없는 지표상의 인구는 인구 스스로를 감당하기 어려운 사태에 이르고 말 것이다.

4. 인구변이모형(the Demographic Transition Model)

인구가 경제 및 문화의 발전 수준에 따라 단계적으로 성장한다는 것은 과거 유럽을 중심으로 한 서구의 선진국이 역사적으로 경험한 사실이다. 출생률과 사망률의 변화에 의해서 인구가 성장하는 과정을 역사적으로 관찰하여 그 결과를 모형화한 것이 인구변이모형(人口變移模型, 그림 IX-4)이다. 이 모형은 산업화 이전의 시대에서 산업화 이후의 시대적 특성에 따라 인구가 성장해 온 과정을 잘 반영하고 있다.

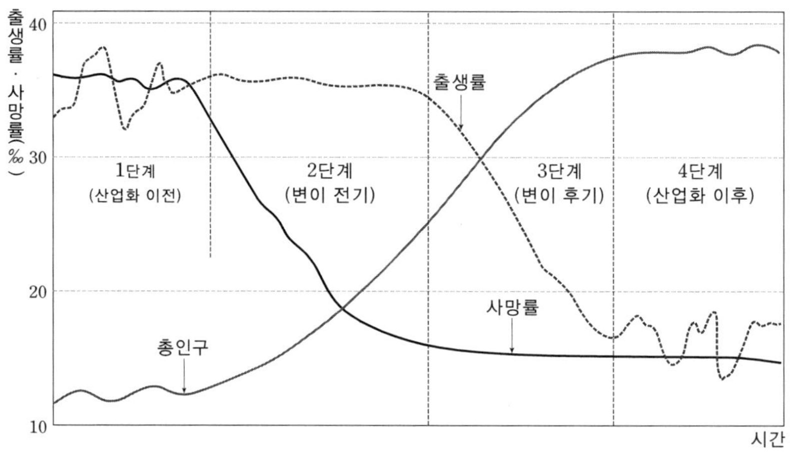

자료 : Knox and Marston, *Human Geograpy*, 108

    초기 원시산업사회에서는 출생률과 사망률이 모두 높은 상태(1단계)에 있으며 특히 사망률은 기근, 질병, 전쟁 등 사회의 불안정한 상태에 따라 높낮음의 변화를 거듭하는 다산다사형이다. 이 시대는 인구가 불안정한 상태에서 성장이 정체되거나 매우 낮은 단계의 성장에 머물러 있다. 초기단계이므로 오늘날 1단계에 있는 나라는 찾아보기 힘드나 아직도 이 단계를 벗어나지 못한 나라가 있다. *2005 World Population Data Sheet*에 의하면 남부 아프리카의 보츠와나 · 레소토 · 스와질란드는 출생률이 25~29, 사망률이 26~28‰로서 이에 해당하는 나라들이다.

    그러다가 과학과 의료기술의 발달, 위생시설의 보급, 영양상태의 호전으로 인하여 사망률이 급감하고 출생률은 높은 상태 그대로를 유지하면서 인구는 급성장하는 변이 전기단계(2단계)에 돌입한다. 이 단계에서는 인구성장률이 높아지면서 인구문제가 대두된다. 부르키나파소 · 기니비사우 · 감비아 · 라이베리아 · 니제르 · 시에라리온 · 말라위 · 모잠비크 · 소말리아 · 적도기니 · 앙골라 · 아프가니스탄 등 상당수의 아프리카와 소수의 아시아 국가들이 여기에 해당한다. 이들 국가는 대략 출생률 37~56, 사망률 19~24, 자연증가율 25~34‰ 정도에 이른다.

    2단계에서 좀 더 발전하면 변이 후기단계(3단계)에 접어든다. 이미 사망률이 안정된 상태에 있으며 높았던 출생률도 낮아진다. 산업화 과정에 있는 나라들이 인구선진형으로 향하는 과도기적 성격을 띠고 있는 단계이다. 알제리 · 이집트 · 모로코 · 가봉 · 인도 · 말레이시아 · 피지 · 인도네시아 · 페루 · 멕시코 · 볼리비아 · 엘살바도르 등은 출생률 20~33, 사망률 4~12, 자연증가율 15~21‰를 나타내고 있으며 이 중 어떤 나라들은 산업발달과 소득수준 향상을 동반하고 있다.

인구변이모형의 마지막 단계는 출생률과 사망률 모두 매우 낮은 상태에서 인구적으로 안정된 소산소사형이다. 대부분의 유럽 국가와 북아메리카 · 한국 · 일본 · 중국 · 대만 · 싱가포르 · 오스트레일리아 · 뉴질랜드 등이 이에 해당하는데, 대략 출생률이 9~13, 사망률이 5~10‰에 이른다.

세계의 모든 나라들이 영국을 비롯한 서구 선진지역에서 경험한 이 같은 인구성장모형을 그대로 따르게 될 것인가, 아니면 이와는 다른 경험을 하게 될 것인가에 대해서는 물론 단언할 수는 없다. 하지만 출생률과 사망률의 역학적 관계로 보나, 또는 모든 국가들이 과학기술의 진보와 생활수준 향상이라는 인류 공동의 궁극적 목표를 지향한다는 당위성을 인정한다면 고출생 · 고사망의 인구성장 형태는 종국적으로 저출생 · 저사망의 마지막 단계로 귀착되리라고 예측하는 것은 충분히 받아들일 수 있는 논리이다. 그러나 최근 선진국에서 흔히 볼 수 있는 지나친 저출생으로부터 빚어지는 인구사회적 문제는 또다시 고출생 시대로 회귀하게 될지도, 그리하여 다음 단계의 새로운 인구모형을 이어갈지도 모른다.

5. 한국 인구의 성장

조선 시대의 인구에 대해서는 전술하였으므로 생략하기로 하고 여기서는 비교적 신뢰도가 높고 근대적인 센서스가 처음으로 실시된 1925년 이후를 대상으로 하여 인구변화의 실태를 설명하고자 한다.

1925~2000년의 인구수와 증감률 및 연평균 성장률을 정리한 것이 표 IX-4이다.

먼저 1925~1944년의 인구변화를 보면 1925년에 1,900여만 명의 우리나라 인구는 광복 직전 2,500만 명으로 성장, 연평균 성장률 1.2~1.7%의 성장을 보여 왔다. 그러나 1945년 광복 당시의 해외 한국인 수가 약 400만 명으로 알려져 있어 해방 당시의 실제 한국인 수는 약 3,000만 명 정도이다. 1930년대 조선총독부가 발간한 『조선통계연보』를 토대로 통계청

표 Ⅸ-4. 한국 인구의 성장, 1925-2000년

(단위 : 천 명, %)

조사연도	인구수	증감수	증감률	조사연도 기간의 연평균 성장률
1925	19,020	-	-	
1930	20,438	1,418	7.46	1.45
1935	22,208	1,770	8.66	1.67
1940	23,547	1,339	6.03	1.18
1944	25,120	1,573	6.68	1.63
1949*	20,167	-	-	-
1955	21,502,	1,336	6.62	1.07
1960	24,989	3,487	16.22	3.05
1966	29,160	4,170	16.69	2.61
1970	31,435	2,276	7.80	1.90
1975	34,679	3,244	10.32	1.98
1980	37,407	2,728	7.87	1.53
1985	40,420	3,013	8.05	1.56
1990	43,390	2,971	7.35	1.43
1995	44,554	1,163	2.68	0.53
2000	45,985	1,432	3.21	0.63

* 1949년 이후는 북한이 제외된 한국임

자료 : 인구수는 통계청(http://www.nso.go.kr), 통계정보시스템(KOSIS)에 의함
　　　 연도별 인구수에 의하여 증감률 · 연평균 성장률 산출

이 발행한 『통계로 본 한국의 발자취』(1992)에 의하면 1935년 당시 일본인 약 62만 명을 포함하여 2,289만 9천 명으로 이를 지역별로 보면 경상북도(256만 3천), 전라남도(250만 8천), 경상남도(224만 8천), 경기도(200만 8천) 순이며 함경북도(85만 3천)가 가장 적다(당시 제주도는 전남에 속했음). 그리고 서울 인구는 44만4천 명으로 기록되어 있다. 당시로 보아도 현재의 남한에 1,546만 9천 명, 북한에 742만 9천 명이 분포하고 있어 남한 인구가 북한 인구의 약 2배 수준이다.

　1949년 이후 남한만의 인구변화를 보면 1949~1955년은 한국전쟁으로 인한 사회적 불안으로 6년 사이 인구증가율 6.6%, 연평균 증가율 1.1%의 가장 낮은 성장률을 기록하였다. 단순히 변화율로만 보아서는 낮지만 변화의 내용 면에서는 일대의 인구격변을 겪은 시기이다. 전쟁으로 인한 사망자, 이북으로의 납치자, 이남으로의 피난민, 행정구역의 변화 등에서 오는 사회적 대혼란은 인구의 지역적 변화에도 큰 영향을 미쳤다. 강원도가 그간 36만 명이 증가되어 31.3%의 가장 높은 증가율을 나타냈고, 그 다음이 경상남도로 63만여 명이 증가되어 20.3%의 증가율을 보여 이 두 지역에서 남한 인구증가의 74%를 차지하고

있다. 반면, 경기도는 유일하게 인구감소 지역이었다(이희연, 1989).

1955~1960년은 전쟁이 끝난 후 이른바 '베이비 붐(baby boom)' 시기로서 표 IX-2에서 보는 바와 같이 1960년 조출생률이 42.1에 달하는 최고 기록을 나타냈다. 인구는 이 사이 약 350만 명이나 증가함으로써 연평균 성장률도 3.1%의 최고치를 기록하였다. 특히 수도 서울은 무려 9.2%에 달함으로써 이때부터 서울 중심의 도시인구집중이 시작되었음을 알 수 있다.

1960년대 초부터 시작된 가족계획 정책의 효과는 출산율 격감으로 나타나기 시작하였으며 마침내 1966~1970년에는 연평균 성장률이 2% 이하로 뚝 떨어졌다. 이 기간에 가장 두드러진 현상은 서울, 부산 등 대도시를 중심으로 가속화된 도시화 현상이다. 그 결과 도시인구의 연평균 성장률은 7.2%로 전국의 증가율 1.9%에 비해 무려 4배가량이나 된다. 그리하여 상대적으로 도시화율이 낮은 충북(-1.1%), 충남(-0.4), 전북(-0.9), 전남(-0.3), 경남(-0.5) 등 5개 지역은 마이너스 성장률을 나타냈다.

1970년대 전반기(1970~1975)는 과거인구의 누적 효과로 인구는 계속 증가하여 왔으나 연평균 성장률에서는 2% 수준에 머물러 있다. 지역적으로는 서울, 부산의 성장률이 여전히 높지만 1960년대 후반보다는 상당히 둔화된 양상을 보이며, 경기도의 성장률이 특히 높게 나타난다. 이 시기는 도시성장의 지속적 추세와 함께 수도권의 인구팽창기로 들어선 시기이다. 이 시기 중에 서울 교외의 성남시는 연평균 113%나 되는 사상 유례없는 성장을 이루었다.

1970년대 후반기(1975~1980)에 이르러서는 성장률이 한 단계 더 낮아진 1.5% 수준으로서 점차 인구안정기로 접어든 상태이다. 도시화 비율은 1975년 48.4%에서 1980년 57.2%로 상승하여 선진국 수준에 육박하고 있다. 이 기간 중 높은 증가율을 보인 도시는 창원(23.9%), 부천(20.6), 안양(17.6), 구미(16.2), 울산(13.0), 포항(10.0) 등 신흥공업도시들로서 한국의 공업 발전과 맥을 같이하고 있다.

1980년대 전반기(1980~1985)에는 지금까지의 성장률 감소 추세에도 불구하고 1970년대 후반기에 비해 증감률이나 연평균 성장률이 오히려 약간 상승하였다. 이는 베이비 붐 시대의 출생자가 인구의 재생산기에 접어든 결과이며 일시적으로 나타나는 현상에 불과하다.

1980년대 후반기(1985~1990)에는 예상했던 대로 1950년대 후반기 이후 가장 낮은 성장률을 보이고 있으며 특히 1990년 한 해의 인구성장률이 드디어 1.0% 이하로 떨어진 0.93%를 기록함으로써 인구적인 측면에서는 거의 선진국형으로 진입한 셈이다. 2000년에는 인구성장률이 0.6~0.7%이며, 현재의 상태가 지속된다면 2010년에 0.3~0.4%, 2020년에는 거의 0%에 이를 것으로 보여 마침내 정지인구(stationary population)에 도달할 것으로 전망된다.

X. 인구구조

하나의 인구집단이 가지고 있는 인구의 특성은 우선 그 집단의 인구수, 즉 규모 면에서 찾을 수 있다. 하지만 바로 그 인구집단이 어떻게 구성되어 있는가에 따라서 그 집단이 갖는 사회적 특성이나 현상은 달라진다. 이 같은 인구의 내부구조는 인구규모와 함께 앞으로의 인구변화를 예측하고 그 변화 특성 및 원인을 구명하는 데 결정적인 인구요소가 된다.

인구의 내부구조는 주로 성(性), 연령, 산업구조의 측면에서 관찰하지만 그 밖에 인종, 언어, 종교적인 측면에서도 접근할 수 있다.

1. 성구조(Sex Structure)

인구의 내부구조 가운데 가장 간단하게 표현될 수 있는 것이 성구조이다. 생물학적 성의 구별은 매우 간단할 뿐만 아니라 구조 면에서도 남·여 한 가지 요소만을 고려하기 때문이다. 성의 구조를 나타낼 때 흔히 쓰는 개념이 성비(性比, sex ratio)이다. 성비는 다음과 같은 등식으로 표현한다.

$$성비 = \frac{남성수}{여성수} \times 100$$

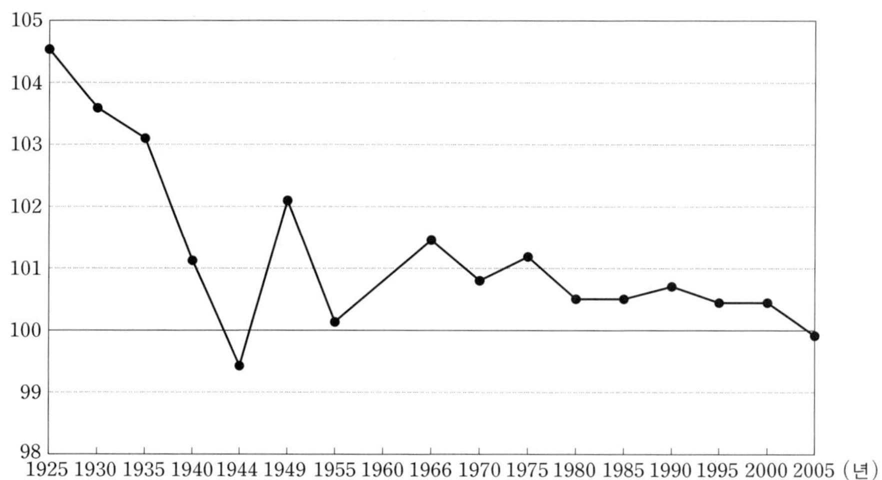

즉, 여성 100명당 남성의 수로서 성비가 100을 상회하면 남성 초과, 100 미만이면 여성 초과이며 100일 때는 남녀 동수를 가리킨다.

특정 지역의 성비 변화를 그래프화할 때는 그림 X-1처럼 divergence graph를 사용하는 것이 적합하다. 즉 100이라고 하는 기준선을 설정하여 이 선에서 이탈하는 정도를 시각적으로 쉽게 파악하자는 것이다.

우리나라는 전통적인 남성 초과국으로 1911년 성비는 110.9로 매우 높다. 이후 점차 낮아져서 1940년에는 101.1로 균형을 취했으며 광복 직전에는 99.4로서 성비가 역전되었다. 이것은 일제 치하에서의 징용이나 남성들의 해외 이출에 기인한 것이다. 1949년 한국(남한)의 성비는 102.1로서 다시 남성 초과 현상을 빚고 있는데 이는 광복 후 해외 동포들의 귀환과 북으로부터의 월남 동포에 의한 것이다. 그러나 한국전쟁으로 인하여 1950년대는 줄곧 100 이하의 여성 초과 현상을 빚었다. 1960년대 이후 현재까지 100~101의 성비를 유지한 채 안정된 성구조를 이루고 있다. 최근 2005년 센서스에서는 99.9로 나타나 1944년 (99.4) 이래 60년 만에 여성 초과 현상으로 바뀌었다. 이는 노년층의 여성이 압도적으로 많은 데 기인한 것이다. 그러나 표 X-1에서처럼 출생 성비만을 놓고 보면 비정상적일 만큼 높게 나타나며 이를 출산 순위별로 보면 순위가 높아질수록 놀라울 정도로 성비가 높아, 남아선호에 따른 출산 시도가 충분히 감지된다. 출산 순위에 관계없이 105~108을 지속적

표 X-1. 출생 성비 및 출산 순위별 성비, 1970-2000년

연도	출생 성비	첫째 아	둘째 아	셋째 아	넷째 이상
1970	109.5				
1975	112.4				
1980	105.3				
1985	109.4	106.0	107.8	129.0	146.8
1990	116.5	108.5	117.0	188.9	209.3
1995	113.2	105.8	111.7	177.5	204.3
2000	110.2	106.2	107.4	141.7	154.9

자료 : 통계청(2002), 『동태통계보고서』(KOSIS) ; 통계청(1992), 『통계로 본 대한민국50년의 경제사회상 비교』, 85 ; 통계청(2002), 『한국의 인구 1』, 96

으로 유지하는 일본과는 너무나 대조적이다.

성비는 사회경제적인 현상을 반영하는 것으로 전반적으로는 사회의 불안정이나 급변에 따라 성비의 변화도 심해지고, 지역적으로 볼 때도 지역의 경제적 특성과 밀접하게 결부된다. 2차 대전으로 인한 유럽 국가들, 특히 독일의 성비구조상이나 광업 또는 중공업 지역에서 흔히 나타나는 성비 불균형은 그 한 예이다. 역사적으로 1849년의 미국 골드러시 때 캘리포니아 주의 성비가 무려 1,223이나 되었으며 반면 동부의 워싱턴은 95로서 양극의 대조를 이루었다. 대체로 선진국이 낮고 개도국이 높은 성향을 보이는 것도 의약술의 발달 정도와 관련 있다. 출생률이 높은 개도국에서의 연령에 따른 성비의 차, 도시발달과 인구이동에 따른 연령별 성비차 등도 모두 사회적 현상의 반영이다.

2. 연령구조

인구의 연령구조는 인구학의 중요한 한 요소로서 인구적 특성을 분석하는 기초 자료로서의 활용도가 매우 높다. 연령구조는 일련의 연속적 과정으로 이루어지는 출생률, 사망률, 이동률, 혼인율, 이혼율과 같은 인구적 특성과 직접으로 관련되어 있다. 출생률이 높은 지역에서는 연소(年少)구조를, 출생률이 낮은 지역에서는 연로(年老)구조를 이루며 사망률은 출생률과 상반되는 인구구조를 이룬다. 그러나 전반적으로 인구구조는 사망력보다는

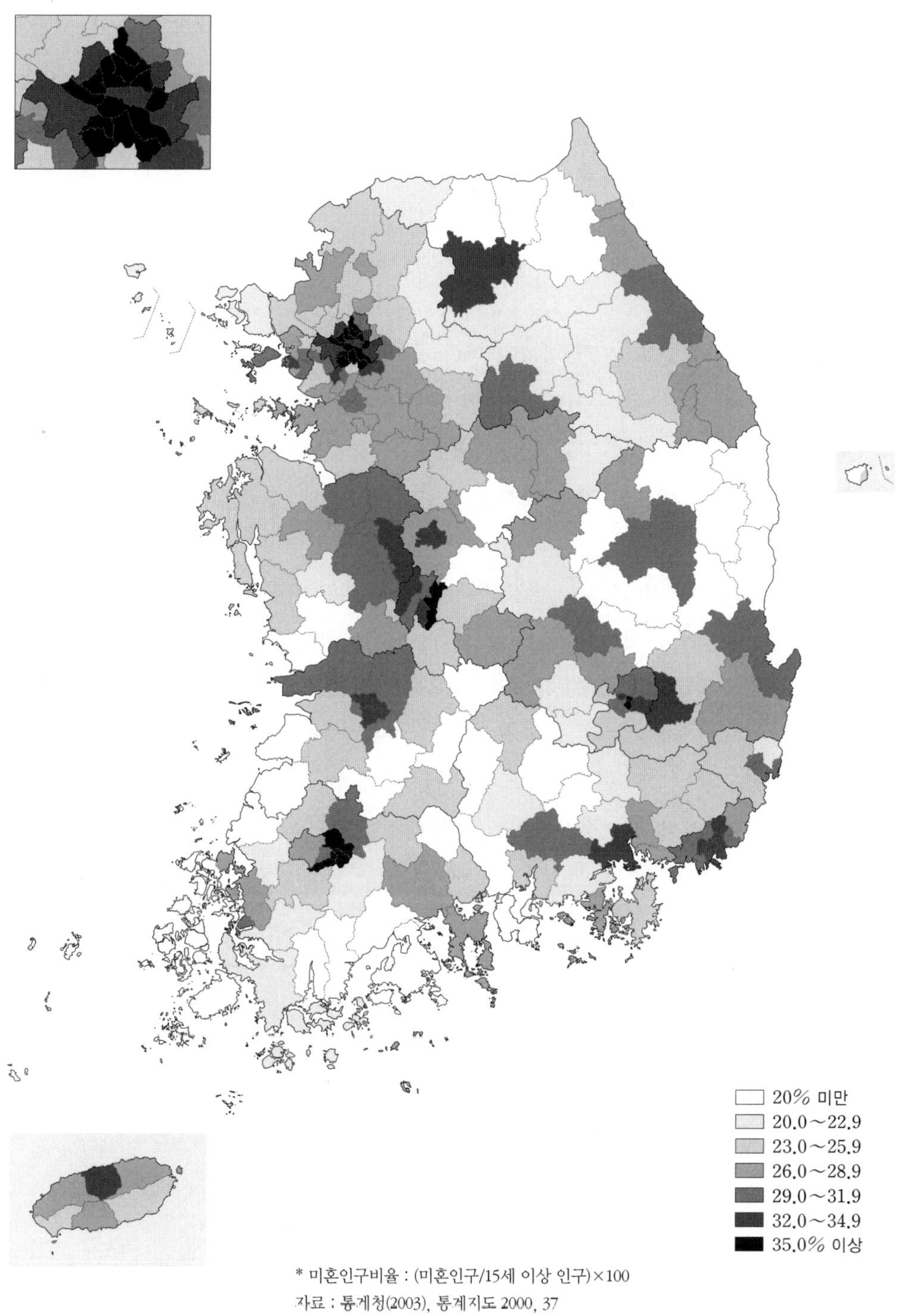

* 미혼인구비율 : (미혼인구/15세 이상 인구)×100

자료 : 통계청(2003), 통계지도 2000, 37

출생력에 보다 크게 의존한다.

　이동은 국가 전체의 연령구조에는 아무런 영향을 주지 않지만 지역적으로 볼 때는 상당히 중요한 인자로서 작용한다. 특히 오늘날의 산업사회에서 도시발달과 더불어 발생하는 인구이동의 증가는 연령구조의 지역차를 심화시킬 뿐만 아니라 여기에 기인하는 여러 인구문제는 심각하다. 이동이 갖는 강력한 영향력은 바로 이동이 연령 선택적으로 발생하는 특성을 갖고 있기 때문이다.

　기근, 질병, 전쟁과 같은 재난 역시 연령구조 변화의 인자로서 중요하다. 특히 전쟁이 미치는 영향은 복합적이다.

　혼인율은 이혼율과 함께 출생력에 작용한다. 혼인율은 보통 (연앙)인구 1,000명당 혼인 건수로 표시하는데, 우리나라는 1970년 9.2건(쌍, 혼인 건수 295,137), 1980년 10.6건, 이후 1990년 9.3건, 2000년 7.0건(혼인 건수 334,303), 2004년 6.4건으로 계속 낮아지고 있다. 혼인율도 그림 X-2와 같이 도시지역일수록 미혼율이 높아 도촌 간에 지역차가 나타남을 알 수 있다.

　혼인율을 연령별로 보면 표 X-2와 같다. 남성은 주 혼인 연령층이 과거(1970년)나 현재(2004년) 변함없이 25-29세 층이지만 과거보다는 그 비중이 30-34세로 많이 이동하였다. 여성의 경우는 20-24세의 비율이 압도적이었으나 현재는 혼인의 주 연령층이 25-29세의 20대 후반으로 완전 이동하였다. 특히 30대 여성의 혼인율은 3배나 증가하였다. 전반적으로 남녀 공히 만혼의 성향이 현저하게 드러난다.

　이혼율은 표 X-3에서 보는 것처럼 1970년 11,615건으로 조이혼율(인구 1,000명당 이혼

표 X-2. 한국의 연령별 혼인율

(단위 : ‰)

연령(세)	1970년		2004년	
	남	여	남	여
15-19	5.3	39.0	0.7	3.4
20-24	56.2	131.5	7.9	27.8
25-29	126.1	47.4	57.1	76.9
30-34	38.1	7.5	44.4	24.1
35-39	8.1	3.5	14.1	9.6
40-44	5.3	2.2	8.1	6.9
45-49	4.1	1.5	6.5	5.2
50-54	3.0	0.8	5.4	3.2

자료 : 통계청, 통계정보시스템(KOSIS)

표 X-3. 혼인율과 이혼율, 1970-2004년

연도	혼인 건수	이혼 건수	조이혼율(‰)	이혼/혼인(%)	1일 평균 이혼 건수
1970	295,137	11,615	0.4	3.9	32
1975	283,226	16,453	0.5	5.8	45
1980	403,031	23,662	0.6	5.9	65
1985	376,847	38,838	1.0	10.3	106
1990	399,312	45,694	1.1	11.4	125
1995	398,484	68,279	1.5	17.1	187
2000	334,303	119,982	2.5	35.9	329
2004	310,944	139,365	2.9	44.8	382

자료 : 통계청(2005), 『세계 및 한국의 인구 현황』; 통계청, 통계정보시스템(KOSIS)

건수)이 0.4건이었으나 1980년 0.6건, 1990년 1.1건, 2000년 2.5건, 2004년 2.9건으로 증가 일로에 있으며, 이혼 비율로 본다면 순차적으로 3.9, 5.9, 11.4, 35.9, 44.8%로서 대단히 높다. 1일 평균 이혼 건수는 역시 순차적으로 32, 65, 125, 329, 382건이나 된다. 20년 이상의 이른바 황혼 이혼이 전체 이혼에서 차지하는 비율이 증가하는 것도 이혼의 여러 특성 중 하나이다. 1981년 4.8%, 1994년 7.2%, 2004년 18.3%로 20여 년 전보다 4배가량 증가한 것이다. 재혼은 2004년 남성 56,700건, 여성 63,600건으로 1972년에 비해 각 4.3배, 9배로 늘어난 것이다. 전체 결혼 가운데 재혼이 차지하는 재혼 비율도 남성이 18.2%, 여성이 20.4%로서 역시 1972년 남성(5.4%)의 3.4배, 여성(2.9%)의 7배나 증가한 것이며(통계청, 2005) 재혼에 대한 인식의 변화를 반영해 준다. 50대 이상의 경우에는 정식 재혼은 아니라 하더라도 동거를 선호하는 성향이 강하다. 오스트레일리아와 같이 정책적으로 독신 노인들의 동거를 지원하고 있는 나라도 있다.

흔히 인구의 성구조와 연령구조를 하나로 묶어서 그림으로 나타낸 것이 인구탑(population pyramids)이다. 인구탑은 인구의 구조적 형태를 시각적으로 파악하고 구조의 특성을 형태와 관련시켜 이해하는 데 편리하므로 자주 이용된다. 인구탑은 전체인구에 대해서 보통 5세 연령 간격의 분포율 또는 분포수를 남·여별로 피라미드 형태로 쌓아놓은 것으로 인구구조에 따라 각양각색으로 나타나겠으나 기본적으로는 증가형(progressive type), 정체형(stationary type), 감소형(regressive type)의 세 가지이다. 그러나 현실적으로 감소형 단독으로 나타나는 경우는 드물고 그림 X-3에서 정체형의 아랫부분처럼 어느 한 피라미드구조에 덧붙여서 그 구조의 변형을 나타내는 과정의 형태로 쓰인다. 다시 말해서

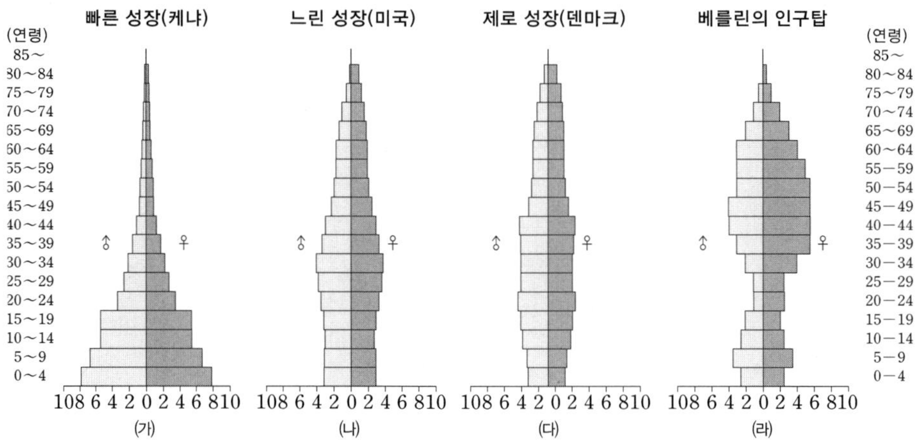

자료 : Knox and Marston(2004), *Human Geography*, 96

감소형이 증가형의 하부구조를 이루면서 정체형으로 전환되는 것이다.

그림 X-3의 (라)형은 심히 왜곡된 극단적인 형태로서 2차 대전 직후의 독일 베를린의 모습이다. 연령층 간 그리고 남녀 간의 심한 불균형이 전쟁의 상흔을 여실히 보여 주고 있다.

모든 인구탑은 이상의 세 가지 형태를 기본으로 하고 거기에 시대적인 인구구조상의 특성이 가미되어 복합적으로 구조화된 것이다. 이 같은 인구탑은 인구의 내부구조를 이루는 각 연령층의 분포율이 상호 연계되어 있음에 유의해야 한다. 예를 들어 특정 지역에서의 청장년층의 유출은 곧 재생산연령층(reproductive age group)의 상실을 의미하고 이는 출생률의 저하로 이어진다. 또한 성비의 극심한 격차가 다음 세대의 인구규모 및 구조에 악영향을 끼쳐 사회인구적 혼란이 야기된다든가 하는 일련의 세대적 연쇄반응을 일으킨다. 결국 인구탑은 장기간에 걸친 출생률과 사망률은 물론 전쟁, 이민, 질병, 인구정책 등 사회적 현상이 복합된 결과이며 시대사회상을 반영하고 있는 것이다.

그림 X-4에서 한국의 1960년과 2000년의 인구탑을 비교해 보자. 근대화 이전 시기인 1960년 형태는 후진국에서 볼 수 있는 전형적인 증가형이며, 특히 양변이 요곡선(凹曲線, concave slope)을 그리고 있어 인구급증형을 나타낸다. 그러다가 1980년대 이후에는 감소형(방추형)으로 변형된다. 그러나 이것은 인구의 절대적 감소를 의미하는 상태가 아닌 앞서 말한 대로 점차 정체형으로 진행되어 가는 과정 중에 나타나는 방추형으로 인구증가의 둔화를 의미하는 것이다. 1990년에는 정체형을 구체화하면서 2000년대에 진입해서 뚜렷

자료 : 통계청(2001), 『장래인구추계』, 54-55

한 정체형을 구현해 준다. 2030년의 인구탑은 전형적 감소형으로 전환되어 2000년 당시의 일본과 비슷한 양상을 보인다. 2000년의 일본은 안전한 정체형의 미국에 비해서 불안한 감소형을 나타내고 있다. 인도는 아직도 후진형을 벗어나지 못하고 있다.

3. 중위연령(中位年齡, Median Age) 및 평균연령(Mean Age)

일정한 연령간격으로 인구구성을 파악하는 방법과는 달리 하나의 지표를 사용하여 인구의 연령특성을 살필 수도 있다. 중위연령이 바로 그런 것인데 주어진 인구집단의 연령특성을 간단하게 알려준다는 장점이 있다.

중위연령을 구하는 공식은 다음과 같다.

표 X-4. 한국 인구의 연령구조, 2000년

(단위 : 천 명)

연령층	인구수
0 - 4	3,130
5 - 9	3,444
10 - 14	3,064
15 - 19	3,691
20 - 24	3,848
25 - 29	4,097
30 - 34	4,093
35 - 39	4,187
40 - 44	3,996
45 - 49	2,952
50 - 54	2,350
55 - 59	1,968
60 - 64	1,789
65 - 69	1,376
70 - 74	918
75 - 79	601
80 - 84	304
85 이상	173
계	45,983

자료 : 통계청(2000), 인구센서스
　　단, 연령미상 1,868명은 제외

$$Mdn = L + \frac{c}{f}\left(\frac{N}{2} - F\right)$$

Mdn : 중위수(31.6)

N : 총도수(45,983)

F : 중위수를 포함하고 있는 계급구간 경계선 하한치까지의 총도수(21,274)

f : 중위수를 포함하고 있는 계급구간의 도수(4,093)

c : 계급의 간격(5)

L : 중위수를 포함하고 있는 계급구간의 경계선 하한치(29.5)

　　(통상적으로 29와 30의 중간치를 사용)

＊ ( ) 속은 2000년 한국 인구의 연령구조로 본 해당 값임.

한국 인구의 2000년 연령구조를 나타낸 표 X-4를 보고 위 공식에 의해 중위연령을 구해

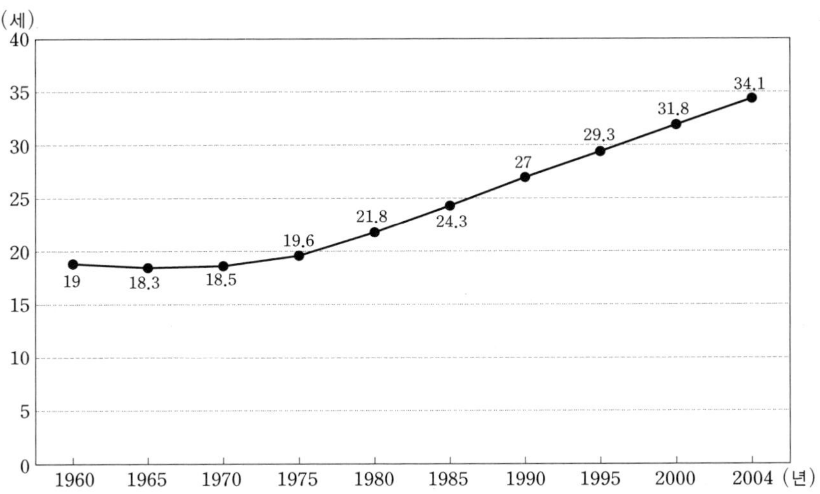

자료 : 통계청(2001), 『장래인구추계』

보면,

$$Mdn = 29.5 + \frac{5}{4.093}\left(\frac{45.983}{2} - 21.274\right)$$

$$= 29.5 + 2.1$$

$$= 31.6(세)이다.$$

　그림 X-5는 한국 인구의 중위연령 변화를 그래프화한 것이다. 1960년 당시는 합계출생률이 6.0이었던 다출산 시대였으며 중위연령은 19세였다. 이후 계속 낮아지다가 합계출생률이 4.5로 하락한 1975년부터 높아지기 시작하였다.

　한편, 2000년 센서스 자료에 의한 한국 중위연령의 분포를 GIS를 활용, 지도화한 그림 X-6을 보면 수도권과 도시 일대가 촌락지역과 시각적으로 뚜렷이 대조됨을 알 수 있다.

　이제 표 X-5를 통해서 한국의 중위연령 변화를 세계 여러 나라와 비교해 보면 1950년 당시 세계에서 가장 낮은 국가 중의 하나였던 한국이 2000년에는 31.8세로 급상승하여 아일랜드(31.9세), 아이슬란드(32.9세)와 비슷한 수준이며, 2050년에는 세계에서 가장 노령화된 국가 중의 하나가 될 것으로 예측됨으로써 한국의 저출산과 수명연장의 속도가 어느

자료 : 통계청(2003), 통계지도 2000, 36

국가	1950	2000	2050	국가	1950	2000	2050
세계 평균	23.6	26.4	36.8	케냐	20.0	17.7	28.8
아프가니스탄	18.6	18.1	26.1	리투아니아	27.8	36.0	44.4
오스트리아	35.8	38.3	50.3	멕시코	19.1	22.9	42.1
방글라데시	21.6	20.0	35.7	몽골	19.0	21.8	39.8
볼리비아	19.2	20.1	34.5	모로코	17.7	23.0	38.3
보츠와나	16.8	19.1	25.6	네덜란드	28.0	37.6	44.9
브라질	19.2	25.4	41.2	필리핀	18.2	20.9	37.5
캄보디아	18.7	17.5	30.4	한국	19.2	31.8	50.2
캐나다	27.7	36.9	45.8	싱가포르	20.0	34.5	52.0
중국*	23.9	30.0	43.8	스위스	33.3	40.2	50.6
이집트	20.0	21.3	36.5	토고	19.4	17.7	28.8
핀란드	27.7	39.4	45.8	터키	19.4	24.2	41.3
가봉	28.4	18.9	32.3	영국	34.6	37.7	43.8
아이티	22.4	18.9	32.6	미국	30.0	35.2	39.7
아이슬란드	26.5	32.9	44.5	우즈베키스탄	24.1	21.5	40.5
이스라엘	25.5	27.9	40.4	베트남	24.6	23.1	40.4
이탈리아	29.0	40.2	52.4	예멘	18.9	15.4	22.3
일본	22.3	41.3	53.2				

* 중국은 홍콩과 마카오 제외.

자료 : UN(2003), *World Population Prospects*, The 2002 Revision.

정도인가를 짐작하기 어렵지 않다.

인구의 연령구조를 평균연령으로 나타내는 방법도 있다. 한국인의 평균연령은 1960년의 23.1세에서 1970년 23.6세, 1980년 25.9세, 1990년 29.5세, 2000년 33.1세로 40년 사이 10세가 증가하였다. 만일 현재와 같은 상태의 변화를 유지한다고 가정한다면 2030년에 45.6세, 2050년에는 51.0세에 이르게 되어 그야말로 극단적인 노쇠 국가가 되고 말 것이다.

4. 부양비와 노령화지수

부양비(扶養比, Dependency Ratio)는 연령구조를 3연령층(three age groups)으로 구분하고 이중 근로연령인구(population of working age), 즉 생산연령인구(15−64세)에 대한

비생산연령인구(0-14세, 65세 이상)의 비를 부양비라 한다. 학자들 사이에 사용되는 근로 연령의 기준은 일정하지 않다. 예를 들어 클라크(J. Clarke, 1972)나 우즈(R. Woods, 1979) 는 15~59세를, 피터스와 라르킨(G. Peters & R. Larkin, 1989)은 20~64를 근로연령층으로 삼는다. 그러나 인구학에서는 15~64세 연령층 인구를 노동력의 대부분을 공급하는 집단 으로서의 경제활동 주체로 간주하는 것이 보편화되어 있다. 생산연령층의 경제활동 참여 는 주민의 생활양식, 경제발전 단계와 교육수준, 사회제도 등 생활환경의 다양한 요소와 관련되므로 사실상 생산연령인구란 그 시대의 사회적 통념에 의한 임의적 해석이다. 이것 은 다음에 언급할 가임연령(child-bearing age)과 유사한 개념이기도 하지만 전자는 사회 적 개념이, 후자는 생물적 개념이 강하다는 차이가 있다.

따라서 가장 일반적으로 사용되는 부양비는 다음 등식에 의해서 구한다.

$$\text{부양비}(DR) = \frac{P_{0\text{-}14}+P_{65^+}}{P_{15\text{-}64}} \times 100$$

$P_{0\text{-}14}$: 0-14세의 인구

P_{65^+} : 65세 이상의 인구

부양비는 연소(年少)부양비(YDR, youth dependency ratio)와 연로(年老)부양비(EDR, elderly dependency ratio)를 합한 것으로,

$$YDR = \frac{P_{0\text{-}14}}{P_{15\text{-}64}} \times 100 \qquad\qquad EDR = \frac{P_{65^+}}{P_{15\text{-}64}} \times 100$$

와 같다.

부양비는 대체로 저개발 지역일수록 높게 나타나는 경향이 있으나 지역 간의 인구수준 을 비교할 때 단순히 전체 부양비만을 고려한다면 오류를 범하기 쉽다. 부양비는 반드시 연소부양비와 연로부양비를 분리해서 고려해야 한다. 왜냐하면 선진지역은 노인의 수명이 길어 인구탑의 상부가 넓어지므로 노년부양비가 높게 나타나고, 반대로 후진지역은 하부 가 넓어 연소부양비가 높게 나타나기 때문이다.

표 X-6은 세계 여러 나라 인구의 연령구조와 부양비를 나타내고 있다.

한국의 인구부양비 38.9%는 15년 전인 1990년(44.1%)에 비해 상당히 낮아진 것으로 이 는 두말할 필요도 없이 최근 쟁점화되고 있는 저출산으로부터 온 것이다. 물론 연로부양비

(단위 : %)

국가	3연령구조			부양비		
	0-14세	15-64세	65세 이상	전체	연소	연로
세계 평균	29	64	7	56.3	45.3	10.9
알제리	31	64	5	56.3	48.4	7.8
나이지리아	43	54	3	85.2	79.6	5.6
말리	47	50	3	100.0	94.0	6.0
우간다	51	47	2	112.8	108.5	4.3
남아프리카 공화국	33	63	4	58.7	52.4	6.3
미국	21	67	12	49.3	31.3	17.9
쿠바	21	69	10	44.9	30.4	14.5
니카라과	42	55	3	81.8	76.4	5.5
브라질	29	65	6	53.8	44.6	9.2
이스라엘	28	62	10	61.3	45.2	16.1
예멘	46	50	4	100.0	92.0	8.0
쿠웨이트	26	72	2	38.9	36.1	2.8
파키스탄	42	54	4	85.2	77.8	7.4
인도	36	60	4	66.7	60.0	6.7
싱가포르	20	72	8	38.9	27.8	11.1
말레이시아	33	62	5	61.3	53.2	8.1
중국*	22	70	8	42.9	31.4	11.4
일본	14	66	20	51.5	21.2	30.3
한국	19	72	9	38.9	26.4	12.5
북한	27	65	8	53.8	41.5	12.3
스웨덴	18	65	17	53.8	27.7	26.2
영국	18	66	16	51.5	27.3	24.2
네덜란드	19	67	14	49.3	28.4	20.9
폴란드	17	70	13	42.9	24.3	18.6
러시아	16	71	13	40.8	22.5	18.3
알바니아	27	65	8	53.8	41.5	12.3
그리스	15	67	18	49.3	22.4	26.9
오스트레일리아	20	67	13	49.3	29.9	19.4
사모아	41	55	4	81.8	74.5	7.3
피지	30	66	4	51.5	45.5	6.1

* 중국은 홍콩과 마카오 제외

자료 : The Population Reference Bureau(2005), *2005 World Population Data Sheet*

는 당시(6.8%)보다 많이 높아졌지만 상대적으로 연소부양비(당시 37.3%)가 대폭 낮아진 것
이다.

　한국은 스웨덴, 영국 등의 유럽 국가와 비교해 볼 때 부양비가 매우 낮다. 그것은 연소부
양비는 비슷하나 연로부양비가 훨씬 낮기 때문이다. 한국은 출산율이나 평균수명은 유럽

표 X-7. 한국의 3연령구조와 부양비, 1960-2030년

(단위 : %)

연도	3연령구조			부양비		
	0-14세	15-64세	65세 이상	전체	연소	연로
1960	42.3	54.8	2.9	82.6	77.3	5.3
1965	43.8	53.1	3.1	88.3	82.5	5.8
1970	42.5	54.4	3.1	83.8	78.2	5.7
1975	38.6	58.0	3.5	72.5	66.6	6.0
1985	34.0	62.2	3.8	60.7	54.6	6.1
1985	30.2	65.6	4.3	52.5	46.0	6.5
1990	25.6	69.3	5.1	44.3	36.9	7.4
1995	23.4	70.7	5.9	41.4	33.0	8.3
2000	21.1	71.7	7.2	39.5	29.4	10.1
2005	19.1	71.8	9.1	39.3	26.7	12.6
2010	16.3	72.8	10.9	37.3	22.3	14.9
2015	13.9	73.2	12.9	36.7	19.0	17.7
2020	12.6	71.7	15.7	39.4	17.6	21.8
2025	11.8	68.3	19.9	46.4	17.3	29.1
2030	11.2	64.7	24.1	54.7	17.4	37.3

자료 : 통계청(http://www.nso.go.kr), 통계정보시스템(KOSIS)
　　 2000-2030년은 장래인구추계 자료임.

과 비슷한 수준에 있지만 오래전에 출산율이 하락하고 수명이 길어진 유럽에 비해서는 역사가 짧은 연유로 연로부양비에서 상당한 차이가 나는 것이다.

우간다(113%), 말리(100%), 나이지리아(85%) 등 대부분의 아프리카 국가들이 높은 이유는 다른 지역에 비해서 연소부양비가 특히 높기 때문이다. 같은 아프리카 대륙이지만 사하라 사막 북부의 알제리나 남부 끝의 남아프리카 공화국은 다소 수준이 높은 편이다. 아프리카뿐만 아니라 아시아(아프가니스탄, 파키스탄), 중동(팔레스타인 지역, 예멘), 중미(니카라과, 과테말라) 그리고 대양주(사모아, 마셜 제도, 바누아투)의 일부 지역들은 부양비가 80%를 상회하는 매우 높은 지역들이다.

한국의 3연령구조와 부양비는 표 X-7에서 보는 바와 같이 과거에서 미래까지 전반적으로 유소년층은 계속 줄고 노년층은 증가함에 따라서 부양비는 지속적으로 감소하다가 다시 증가하기 시작하는 양태이다. 이를 미시적으로 분석해 보면 인구구조상의 유소년층 비율은 1966년(43.9%)에 가장 높았으며 이후 줄곧 감소해 왔다. 지금까지의 출산수준이 지속된다면 2030년에는 11%, 2050년에는 9%까지 하락할 것이다. 반면에 근로연령층은 2015년(73.2%)까지 늘다가 이후 줄기 시작하여 2030년 65%, 2050년에는 54%에 이를 것이다.

한편 1960년 겨우 2.9%에 불과하였던 노년층은 꾸준히 증가를 거듭하여 1999~2000년에 7%에 이름으로써 사회구조상의 노령화 사회(aging society)에 진입하였고 2017~2018년에는 14%에 이르러 노령사회(aged society)에, 2025년에는 20%로서 드디어 초노령사회(super-aged society)에 이를 것으로 전망된다.

2003년 '주민등록 인구통계'에 의하면 현재 전라남도가 이미 14.1%에 이르러 유일하게 노령사회에 진입하였으며 충남(12.8%), 경북(12.3%), 전북(11.8%) 등도 머지않다. 뿐만 아니라 전국 247개 시 · 군 · 구 중에서 30개 군이 이미 초노령사회에 진입해 있다. 경남 의령군과 남해군이 24.7%에 달해 전국에서 가장 높고, 경북 의성(23.6%), 군위(23.5%), 전남 곡성(23.3%), 경남 산청(23.1%) 전북 순창(23.0%), 전남 고흥군(23.0%) 등의 순이다. 특히 전남의 경우 17개 군 가운데 9개 군(곡성 · 고흥 · 보성 · 장흥 · 함평 · 강진 · 신안 · 진도 · 구례)이 노인인구 20%를 상회하는 초노령사회의 인구구조를 이루고 있다. 반면에 울산시 동구(3.3%), 수원시 영통구(3.4%), 울산 남구(3.8%), 울산 북구(4.3%), 창원시(4.3%) 안산시 단원구(4.4%), 시흥시(4.5%) 등의 도시 지역은 매우 낮아 극단적인 대조를 이룬다.

한편, 1965년 절정(88%)에 이르렀던 부양비는 감소를 지속하여 2015년 36~37%의 최저를 기록한 다음 다시 증가하기 시작한다. 2030년에는 55%, 그리고 2050년에는 1960년 근대화 이전 수준을 훨씬 초과하여 86%까지 상승할 전망이다. 2015년까지의 부양비 감소는

그림 X-7. 부양비, 1960-2050년

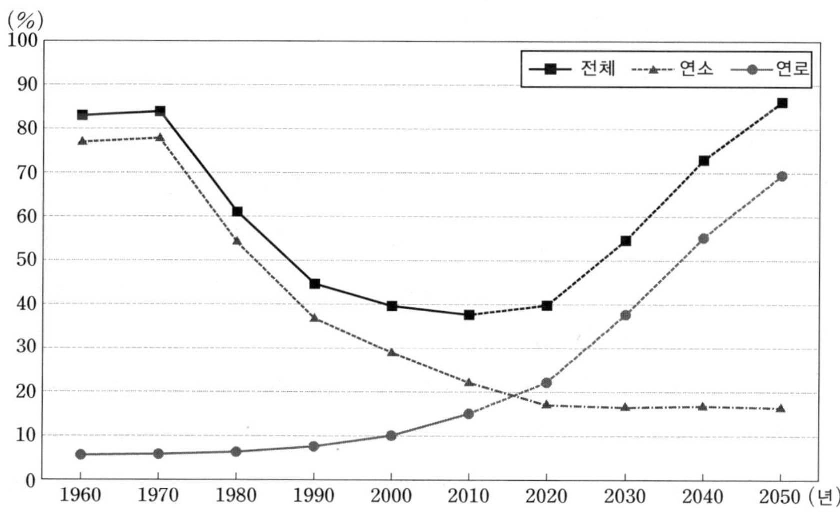

자료 : 통계청(http://www.nso.go.kr), 통계정보시스템(KOSIS)

표 X-8. 인구구조의 노령화 속도 국제 비교

국가 \ 노령인구 비율	도달 연도			증가 소요 연수	
	7%	14%	20%	7%→14%	14%→20%
프랑스	1864	1979	2018	115	39
노르웨이	1885	1977	2024	92	47
스웨덴	1887	1972	2014	85	42
오스트레일리아	1939	2012	2028	73	16
미국	1942	2015	2036	73	21
캐나다	1945	2010	2024	65	14
이탈리아	1927	1988	2006	61	18
영국	1929	1976	2026	47	50
독일	1932	1972	2009	40	37
일본	1970	1994	2006	24	12
한국	2000	2018	2026	18	8

자료 : 일본 국립사회보장 · 인구문제연구소(2005), 『2005 인구통계자료집』 ; 통계청(2005), 『장래인구 특별추계』

저출산으로 인한 유소년 부양비의 대폭 감소에 의한 것이며, 그 이후의 증가는 수명증대로부터 오는 인구노령화로 인한 노년부양비의 지속적 상승의 결과이다.

이상과 같은 부양비를 그래프화하면 그림 X-7과 같다.

한국의 노령구조화 속도는 세계에서 유례없을 정도이다. 표 X-8에서 노령화(노년인구비율 7%), 노령(14%), 초노령 사회(20%)로의 진입 연도를 국가 간 비교해 보면 한국은 이들 변화 단계의 진입은 가장 늦지만, 단계 변화에 걸리는 소요 연수는 세계에서 가장 빠르게 노령화한다는 일본보다도 짧고 빨라 노령화 속도를 실감케 한다.

인구의 연령구조에서 노령화 정도는 부양비 외에 노령화지수(Aging Index)로도 나타낼 수 있으며, 노령화지수는 다음 등식과 같다.

$$AI = \frac{P_{65+}}{P_{0\text{-}14}} \times 100$$

노령화지수는 생산연령층과의 관계를 고려함이 없이 노년인구와 유소년인구와의 직접 대비를 통해서 노령화의 정도를 파악해 보자는 것이다. 다시 말해서 구태여 근로생산연령층의 사회적 부양 개념을 도입할 필요 없이 3연령층의 상부와 하부를 직접 대비해 보자는 의미이다. 따라서 어느 인구집단의 고령화의 진화 또는 후퇴를 현실적으로 보다 쉽게 이해하는 데 도움이 된다.

표 X-9. 세계 여러 나라 노령화지수와 그 변화, 2000-2050년

(단위 : %)

국가	2000년		2050년		2000-2050년	
	노령화지수	순위	노령화지수	순위	증가	순위
이탈리아	126.5	1	313.0	3	186.5	3
일본	116.7	2	291.0	4	174.3	4
그리스	116.5	3	260.0	5	143.5	7
스페인	115.1	4	330.1	1	214.9	2
독일	105.6	5	250.0	6	144.4	6
벨기에	98.4	6	204.6	11	106.1	15
포르투갈	93.5	7	207.1	9	113.6	12
프랑스	85.3	8	167.1	17	81.8	24
체코	84.2	9	241.3	7	157.0	5
영국	83.0	10	182.3	13	99.3	19
우크라이나	77.5	11	220.8	8	143.2	8
네덜란드	74.6	12	180.0	14	105.4	16
루마니아	72.9	13	163.7	19	90.8	21
벨로루시	71.1	14	184.2	12	113.1	13
독립국가연합	69.6	15	204.7	10	135.1	9
캐나다	65.9	16	148.8	20	82.9	22
유고슬라비아	65.1	17	165.7	18	100.6	18
폴란드	63.3	18	177.1	15	113.8	11
오스트레일리아	60.0	19	126.6	22	66.6	33
미국	56.6	20	113.8	25	57.1	46
쿠바	45.3	21	176.0	16	130.7	10
아르헨티나	35.0	22	90.4	30	55.4	47
한국	34.1	23	327.6	2	293.5	1
중국	27.6	24	139.1	21	111.5	14
카자흐스탄	25.6	25	102.2	26	76.7	25
칠레	25.3	26	90.9	29	65.6	36
스리랑카	23.8	27	123.1	24	99.2	20
북한	22.3	28	84.3	33	62.0	41
타이	19.6	29	123.1	23	103.5	17
터키	19.2	30	91.9	28	72.7	26
브라질	17.8	31	89.8	31	71.9	27
베트남	16.0	32	86.3	32	70.2	29
인도네시아	15.7	33	82.4	35	66.7	32
인도	14.8	34	75.3	43	60.4	43
페루	14.4	35	84.1	34	69.6	30
콜롬비아	14.4	36	79.7	39	65.3	38
멕시코	14.2	37	96.6	27	82.3	23
에콰도르	13.9	38	81.5	37	67.6	31
미얀마	13.9	39	80.2	38	66.3	34
우즈베키스탄	12.9	40	78.9	40	65.9	35

※ 순위는 인구 1,000만 명 이상인 국가 77개국을 대상으로 함.

자료 : UN(2001), *World Population Prospects*, The 2000 Revision ; 통계청(2001), 『장래인구추계』

　한국의 노령화지수는 1960년 6.9에서 1970년 7.2, 1980년 11.2, 1990년 20.0, 2000년 34.3으로 높아져 왔다. 현재와 같은 수준이 지속된다면 2010년에는 66.8, 2020년 124.2, 2030년에는 214.8에 이를 것으로 전망된다. 현재(2000년)의 세계 여러 나라 노령화지수를 순위별로 보고 이들의 지수 변화를 2050년으로 투시해 보면 표 X-9와 같다.

　2000년 현재 한국은 34.1로 세계 23위인데 2050년에는 327.6이 되어 스페인 다음으로 2위에 오를 전망이며 50년 사이의 변화량으로 보면 세계 1위가 될 것이다.

　인구의 노령화는 노년층의 수명과 유년층의 출생이라고 하는 두 가지 측면에서 관찰되어야 한다. 문명과 기술의 진보에 따라 인간이 그들의 수명을 연장시킴으로써 오는 노령화 현상(aging at the apex)과, 출생률이 하락함으로써 상대적으로 노년층이 두꺼워지는 노령화 현상(aging at the base)이 아울러 역학적으로 작용하여 나타난 결과이다.

　'OECD Health Data, 2005'에 의하면 우리나라 인구의 출생 시 기대수명은 1960년에 52.4세(남 51.1, 여 53.7)로 OECD 평균 68.4세보다 16년이 낮았다. 그러나 2002년에는 76.9세(남 73.4, 여 80.4)로 40여 년 만에 24.5년이 증가하여 OECD 평균 77.7세에 거의 접근하였다. 그러나 가장 높은 일본(81.8세), 아이슬란드(80.4세), 스위스(80.4세), 오스트레일리아(80.0세), 이탈리아(79.9세) 등에 비하면 아직 2~4년이 낮다.

　한국의 수명은 1960년 52.4세였던 것이 1971년 62.3세(남 59.0, 여 66.1)로 약 10년 만에 10년의 수명이 연장되었으며, 1991년에는 71.7세(남 67.7, 여 75.9)로 20년 만에 또다시 10년을 연장시켰다. 남녀의 수명차는 1960년 2.6세에서 2002년 7.0세로 벌어졌다. 한편 2002년 현재 기대수명 77세는 1960년에 비해서 무려 46.8%(남 43.6, 여 49.7)나 증가한 것으로, 터키(42%), 멕시코(29.7%), 일본(20.7%), 프랑스(12.7%), 독일(12.7%) 등 OECD 국가 전체에서 단연 최고의 증가율을 보였다. 한국인의 수명은 2015~2020년에 80세를 넘어설 것으로 전망된다.

5. 산업구조

　인구집단의 구조를 사회적 · 경제적인 측면에서 분석할 때 흔히 쓰이는 방법 중의 하나가 산업 부문별로 종사하는 경제활동인구 구성으로 보는 것이며, 이 때의 산업 분류는 전통적으로 영국의 경제학자 클라크(Colin G. Clark)의 방식에 따른다. 그는 『The Conditions of Economic Progress』(1940)에서 국가 간 통계분석을 통하여 경제가 진보함에 따라 산업인구 비중이 1차에서 2차로, 2차에서 3차 산업으로 이행되어 감을 밝힌 바 있다.

최근에는 과거보다 훨씬 복잡한 사회에서 수많은 신종 산업이 개발되고 특히 3차 산업의 다양화로 종래의 분류방식으로는 미흡·애매한 경우가 자주 발생한다. 소비와 서비스 중심의 3차 산업이 너무 포괄적이며 바로 그런 이유로 3차로 분류하기에 불합리한 직종도 상당수 발견된다. 예를 들어 지식·정보와 관련된 산업이나 고위 관리직, 연구 및 개발직, 그밖에 고도의 전문성이 요구되는 여러 전문직 등이 바로 그것이다. 그러나 여기서는 과거로부터의 산업인구 변화를 보기 위한 일관성의 유지 및 분류의 애매성을 피하기 위하여 전통적 클라크 방식을 따라 한국의 산업별 종사인구 구성비 변화만을 살펴보기로 한다.

광복 후 처음 조사된 1949년의 한국 산업인구구조는 취업인구의 80%가 1차 산업 종사자였고 2차는 겨우 3.7%에 불과하였다. 근대화 작업이 시작된 직후인 1963년 1차 산업 인구는 63.0%였고 1970년에 50%로 낮아지면서 2차와 3차 산업이 이를 흡수하였다. 표 X-10과 그림 X-8이 보여 주는 것처럼 산업 경제와 도시 발달에 따라 1차는 계속 줄고 3차는 계속 느는 양상이다. 1차와 3차의 비율이 같아진 것은 1978년(38.5%)이고 이후 역전되어 1990년대에 들어와서는 1차가 20% 이하로 떨어진 반면 3차는 50% 이상을 점유하게 되었다. 이 같은 추세는 지속되어 2001년에는 전체 취업자 2,136.2만 가운데 약 10%에 해당하는 220만 명이 1차 산업 인구이고 70%에 해당하는 1,450만 명이 3차 산업 인구이다. 2차 산업은 지속적 증가로 1960년 3.7%가 1988년 28.5%에 이르러 정점을 이룬 후 다시 감소 추세로 돌아섰으며 2001년에는 20% 이하(19.8%)로 떨어졌다. 3차 산업은 전기·운수·통

표 X-10. 산업별 인구구조, 1970-2000년

(단위 : %)

연도	1차	2차	3차
1970	50.4	14.3	35.3
1975	45.7	19.1	35.2
1980	34.0	22.5	43.5
1985	24.9	24.4	50.6
1990	17.9	27.6	54.5
1995	12.4	23.6	64.0
2000	10.9	20.2	68.9

자료 : 통계청(1996, 2002), 『한국의 사회지표』

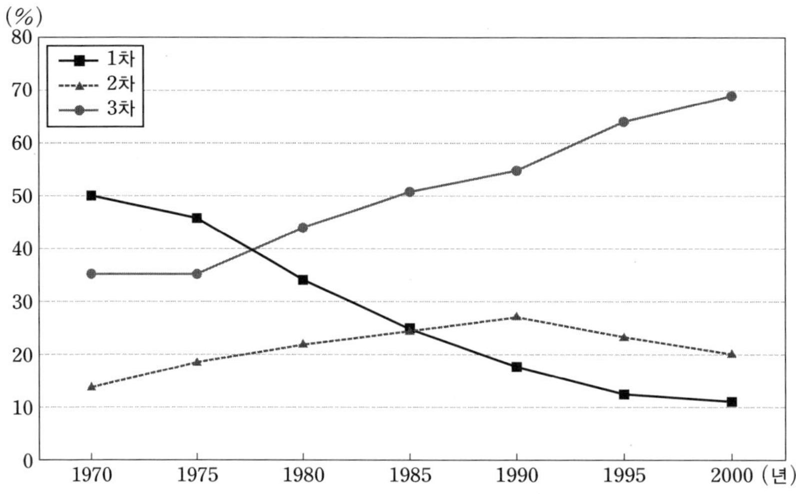

자료 : 통계청(1996, 2002), 『한국의 사회지표』

신업, 금융 및 보험업, 교육 관련 서비스업, 보건 및 사회복지 사업, 오락, 문화 및 운동 관련 서비스업 등이 발전하면서 3차 산업의 질적 변화를 수반하였다.

이 같은 산업인구구조의 변화는 1960년대 초부터 시작된 공업화와 함께 노동집약적 수출산업의 급속한 성장, 그리고 고속도로, 항만, 댐, 전력, 통신 등 사회간접자본의 확충과 이에 수반된 고용기회의 증대에 기인한 것임은 물론이다. 그러나 선진국에 비해서 2차 산업 부문에서의 인구흡수력 둔화나 취약이 3차 산업으로의 배출 형태로 나타난 것으로 볼 수 있는 일면도 있다. 그렇다 하더라도 한국의 획기적 경제발전이 3차 산업으로의 인구비중 이행으로 시현되었음을 결코 부정할 수는 없다.

이 밖에 인구구조는 경제활동 인구율(Economic Activity Rate), 실업률(Unemployment Rate), 혼인별, 교육수준별, 종교별 등으로 분석할 수도 있다.

제 3 부
인구와 사회

XI. 인구에 관한 사회적 이론

1. 맬서스의 인구론

1) 시대적 배경

맬서스(Thomas R. Malthus, 1766~1834) 당시의 유럽 사회는 프랑스 혁명과 유토피아니즘(Utopianism), 중상주의와 중농주의, 인클로저 운동, 나폴레옹 전쟁과 베를린 칙령, 그리고 무엇보다도 산업혁명과 그에 따른 인구의 폭증 등 긴박하게 변하는 시대적 배경을 안고 있었다.

17~18세기 유럽의 경제사상을 석권하던 중상주의(mercantilism)는 무역흑자를 통한 국부(國富)지향적 정책이 결국 값싼 노동력 확보를 위한 인구정책으로 시현되었으며, 혼인과 다출산을 장려하는 출산촉진정책(pronatalism), 공중보건 향상, 국외이출 제한과 숙련 노동자 이입을 촉진하는 인구사회정책을 지지하였다. 항해술과 지리상의 발견으로 무역이 급증하고 절대 국가가 출현하면서 국력, 안보, 세입, 국부가 중시되고 또한 대외 식민정책을 위해서도 인구가 필요하였던 것이다. 중상주의에 반발하여 대두된 중농주의(physiocracy) 역시 건전한 인구증가는 바람직한 것으로 보았다. 그러나 상공업 중심의 경제정책이 농업 생산의 위축을 초래하고 인구증가를 방해하므로 건전한 인구증가를 위해서는 농업에 치중하는 정책을 써야 한다는 것이다. 즉 분업을 통한 노동생산성 향상이 국부를 증대시키며, 인구의 건전한 증가를 위해서는 농법개량, 토지분배 및 공평한 조세분담을 꾀하여 농민, 노동자의 빈곤을 제거해야 한다고 주장한다. 따라서 중상주의에 비해서 개인의 자유와 복지를 더 중시하는 입장이라 할 수 있다. 지드(C. Gide)와 리스트(C. Rist)는 '자연의 질서'를 주장하고 생산에서 토지의 역할을 중시하였다. 공업 부문보다는 농업 부문을 전략적 경제 부문으로 보고 총체적 경제성장은 농업성장에 의해 결정된다고 보았다. 대표적 중농주의자라 할 수 있는 애덤 스미스(A. Smith)는 그의 『국부론(國富論, An Inquiry into the Nature and Causes of the Wealth of Nations)』에서 중상주의를 비판하였다. 즉 부(富)는 금·은

만이 아니고 모든 생산물이라고 규정하면서 분업을 통한 노동생산성 향상이 국민의 부를 증대시킨다는 것이다. 또한 '인구성장은 경제발전의 원인이자 결과'이며 '인구의 지속적 증가는 국가 번영의 증거이며 경제발전의 속도에 의한 것'이라고 주장하였다.

결국 국가 번영의 기반을 어디에 우선할 것인가 하는 점에서 상업 대 농업이라는 대립적 관계에 서 있을 뿐 인구증가를 지지하는 점에서는 둘 다 동등한 입장이다. 그러나 중상주의나 중농주의도 인구증가의 기하급수적 성향을 어느 정도 경고하고 따라서 인구증가를 식량생산과의 관계에서 보려고 한 맬서스적 측면도 없지 않았다. 프랑스 혁명과 유토피아니즘은 인간과 사회의 완전성, 자원의 무한성과 사회진보의 불가피성, 과학문명 발달에 대한 지나친 신뢰 등 공상적(空想的) 이상주의에 치우침으로써 인구문제 따위는 아예 도외시하는 사회 풍조를 이루었다.

산업혁명기의 인구지지력(支持力) 향상은 1800년 당시 출생률과 사망률 사이의 격차로 인한 인구격증을 초래했을 뿐만 아니라 나폴레옹의 대륙봉쇄령에 의한 곡가(穀價)의 급등과도 관련하여 인구문제가 대두될 수 있는 여러 상황을 야기하였다. 산업혁명이 사회발전에 획기적인 공헌을 하였음에도 불구하고 도시빈민문제가 부상하고 구빈법(救貧法, The Poor Law)에 의한 국가 재정은 날로 피폐해져 갔다. 뿐만 아니라 2차에 걸친 인클로저 운동은 농촌의 많은 실업과 이농 현상, 농가의 황폐와 빈곤 증대, 중소 농인의 도시 산업 노동자로의 전락과 함께 도시빈민층의 형성 등, 특히 인구와 관련하여 불안한 사회문제를 일으키고 있었다. 한마디로 맬서스가 그의 인구론을 전개한 시기는 유럽이 사회적·경제적으로뿐만 아니라 정치적으로도 격변기에 처해 있었던 시기라 할 수 있다.

2) 요지

맬서스는 그의 저서 『인구론(An Essay on the Principle of Population)』에서 다음과 같이 말하고 있다.

"I think I may fairly make two postulata. First, that food is necessary to the existence of man. Secondary, that the passion between the sexes is necessary, and will remain nearly in its present state" …… "The power of population is indefinitely greater than the power in the earth to produce subsistence for man. Population, when unchecked, increases in a geometrical ratio. Subsistence only increases in an arithmetical ratio. A slight acquaintance with numbers will show the immensity of the first power in comparison of the second." Thus "The human species would increase as the number 1, 2, 4, 8, 16, 32, 64, 128, 256, and subsistence as 1, 2, 3, 4, 5, 6, 7, 8, 9. In two centuries the population would be to the means of subsistence as 256 to 9 ; in three centuries as 4,096 to 13, and in two thousand years the difference would be almost incalculable." …… Hence, "The increase of the human species can only be kept down to the level of the means of subsistence by the constant operation of the strong law of necessity, acting as a check upon the greater power."

맬서스에 따르면 강력하고도 확실한 어떤 억제 요소에 의해 방해를 받지 않는다면 인구 성장은 언제나 생존수단을 억압할 것이며, 이들 억제 요소는 곧 궁극적 억제(ultimate checks) — 인구와 식료의 증가율 차이에서 오는 식량부족 — 와 적극적 억제(positive checks) — 기근 · 질병 · 전쟁, 가혹한 노동 등 사망률을 높이는, 이른바 곤궁(困窮, misery) — 그리고 예방적 억제(preventive checks) — 출생률을 저하시키는 혼외 성생활, 낙태와 같은 이른바 악덕(惡德, vice) —, 그 외에도 만혼, 금욕과 같은 인간의 도덕적 억제(moral restraints)라는 것이다. 다시 말해서 식량부족으로 전멸했어야 할 인류가 아직도 생존하며 번식할 수 있는 것은 식료와 인구 사이에 균형이 유지되고 있기 때문이다. 이와 같은 균형 유지를 가능케 하는 것은 기하급수적인 인구증가를 방해하는 강력하고도 영속적인 제거작용의 존재이며 이 제거작용의 원천은 인간 사회에 필연적으로 나타날 수밖에 없는 곤궁과 악덕, 그리고 인간의 이성적 행동인 도덕적 억제라는 것이다. 이 같은 맬서스의 인구증가 억제 요소를 정리해 보면 그림 XI-1과 같다.

결국 맬서스의 인류 역사는 인구의 증식 원리와 식료 부족에서 오는 인구규제 원리가 지속적으로 반복되는 순환의 역사이다. 생존 자료 이상으로 인구가 증가하면 생활수준의 하락과 악덕, 빈곤이 초래되고 이는 곧 인구억제라는 반작용을 낳는다. 인구억제로 생존 자료가 인구 이상이 되면 인구는 또다시 증가하게 될 것이므로 피드백은 계속될 것이다. 이와 같은 피드백의 반복은 인간에게 끊임없이 곤욕을 주는 것으로 콩도르세(M. Condorcet)나 고드윈(W. Godwin)이 기대하는 이상(理想)사회는 결코 실현될 수 없음을 증명하는 것

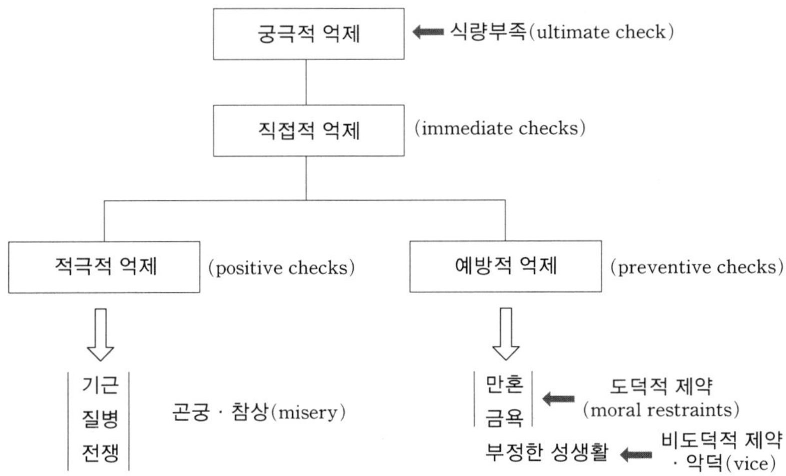

이다. 결론적으로 그의 인구론에서 생활자료와 인구증가 사이의 수준의 균형을 유지하기 위한 제거작용은 필연적으로 곤궁과 악덕, 그리고 인간의 도덕적 억제의 세 가지 요소에 귀착되고 있으며, 이것은 회피할 수 없는 자연의 법칙이자 인구원리이다. 맬서스의 인구론은 출발점으로 삼았던 세 가지 명제 — 생존을 위한 식료의 절대적 필요성, 인구증식의 지속성, 식료와 인구 사이의 격차성 — 를 증명하는 작업이었으며, 인구와 식량과의 관계를 축으로 전개되고 있다. 바로 이 점이 오늘날 인구문제의 핵심이면서 동시에 비판의 대상이 되고 있다.

3) 쟁점

맬서스의 인구론이 나오게 된 동기는 산업사회에 접어들면서 증가하기 시작한 인구추세로 도래할지도 모를 미래의 인간사회에 대한 커다란 불안과 함께 당시 유럽을 휩쓸던 유토피아 사상의 위험성을 부각시키는 데 있다. 인류의 불행을 사회제도적 결함에 두고, 따라서 자유와 평등이 실현될 수 있는 제도만 마련된다면 인류의 행복을 보장받을 수 있다는 유토피아니즘에 반하여 맬서스의 인구논리는 인류의 불행이 사회제도 탓이라기보다는 근본적으로 인구와 식량과의 불균형에서 발생하는 것이라고 확신하는 것이었다. 그의 인구론은 당시 커다란 사회적 반향과 논쟁을 불러일으켰다. 2판(1803년) 이후에 인구증가의 억제 요소로서 '도덕적 억제'를 추가하게 된 것도 바로 이 같은 논쟁의 결과였다. 오늘날의 시점에서 그의 인구론을 조명할 때 다음과 같은 몇 가지 문제점을 들 수 있다.

첫째, 처음부터 끝까지 인구와 식료만의 관계를 축으로 인구문제를 제기하고 있다는 점이다. 바로 이 점이 인간을 다른 동물과 동일시하는 것으로 비쳐지고 있다. 그러나 인간과 관련된 모든 문제가 식량만을 대상으로 발생하는 것은 결코 아니다.

둘째, 기하급수적으로 증가하는 인구와 산술급수적으로 증가하는 식료와의 비율 개념이다. 인구증가의 누적 결과에 대한 문제점을 일찍이 인식하고 이를 경고하고 있는 점에 대해서는 선구자적 역할을 했다고 볼 수 있으나 생활자료의 산술급수적 비율 증가에 대한 그의 사고는 인류 과학 문명의 획기적 발달로 인해 능히 극복할 수 있게 될 미래사회를 충분히 예측하지 못한 결과이다.

셋째, 기하급수적 인구증가 개념은 당시 급증하는 신대륙의 인구증가에서 찾고, 그에 반해서 산술급수적 식량 개념은 식량생산에 그다지 여유가 없었던 영국의 예를 든 것은 양자 간의 증가율 대비에 형평성을 잃은 것으로, 이는 양자 간의 격차를 처음부터 유도하는 결과를 낳은 셈이다.

넷째, 인구의 증식력이 그것을 지지할 수 있는 토지의 생산력에 비해서 무한히 크기 때문에 곤궁이나 악덕과 같은 강력하고 영속적인 힘에 의한 제거작용은 필연적으로 존재할 수밖에 없다고 보는 그의 견해는 지나치게 비관적이다. 예를 들어 산업혁명은 인간 생활수준의 획기적인 변화와 풍요로움을 제고하였고 실제로 인구압을 감소시키는 데 매우 성공적이었다.

다섯째, 맬서스는 인구증가 억제 요소의 하나로서 만혼이나 금욕 등 인간의 이성적 판단에 호소하는 이른바 '도덕적 억제'를 들었는데, 이것으로 인구증가가 식량 수준 이하로 떨어지기를 기대한다는 것은 어려울 뿐만 아니라 모든 사람에게 이 같은 것을 기대할 수도 없고 또한 그 방법 자체가 극히 소극적이며 비현실적이라는 것이다.

여섯째, 지금까지 사실상 인구억제에 가장 커다란 힘을 발휘해 온 피임의 효과에 대해서 과소평가했다는 사실이다. 맬서스는 합법적인 결혼 생활 이외의 다른 비도덕적인 성관계를 조장한다는 의미에서 피임을 '악덕'으로 보고 적극 반대했다. 그러나 오늘날 서구와 미국, 그 밖에 세계 여러 나라에서 인구증가를 효과적으로 억제할 수 있었던 것은 우선적으로 과학적 피임 방법에 의한 것임은 엄연한 사실이다. 피임에 대한 그의 부정적 태도는 신맬서스학파(Neo-Malthusian School)가 등장하게 된 동기를 부여하였다.

일곱째, 인류 역사상 그가 말하는 악덕이나 곤궁은 도처에 존재하여 왔으나 그 원인이 반드시 인구과잉 때문이라고 주장할 만한 근거는 매우 희박하다.

여덟째, 맬서스는 예방적 억제보다는 적극적 억제가 더욱 강력하다고 믿음으로써 인구와 식료와의 균형은 사망률의 증가를 통해서 이루어질 것으로 예측하였으나 현실적으로는 그 반대로 나타났다. 즉, 인구변이모형에서 보듯이 오늘날 오히려 사망률의 격감으로 인구는 폭증하고 있으며, 그럼에도 불구하고 인구는 아직도 절멸하지 않고 생존을 누리고 있다는 사실이다. 그가 말하는 사망으로 인한 균형은 인구변이모형의 1단계에서나 있을 수 있으며, 오늘날 그 단계에 머물러 있는 나라는 거의 발견할 수가 없다는 사실은 그가 지나치게 적극적 억제에 매달렸음을 반증하는 것이다. 당시에도 사망률의 급감 현상이 나타나고 있었으며 그 같은 현상이 그의 인구론에서 반영될 만한 상황이었는데도, 사망률의 감소 추세에는 주목하지 않고 사망률의 증가에만 집착한 것은 가까운 장래를 예견하지 못한 것으로밖에 이해할 수 없다. 그러나 한편 그가 당시 인구동태상의 격차를 직시하고 있었다고 한다면 앞으로 전개될 인구문제의 주원인을 급격한 과잉인구에서 찾으려는 시도일 것이며 따라서 인구억제의 불가피성을 강조하려는 것으로 해석할 수도 있다.

오늘날의 현실에 입각해서 보았을 때 맬서스의 인구론에서 여러 가지 문제점이 발견되고 있음에도 불구하고, 이론의 주축을 이루는 식량과 인구의 불균형은 오늘날의 후진국에서 나타나고 있는 인구문제와 빈곤문제에 그대로 적용되고 있음을 알 수 있다. 현실적으로 인구증가는 개발도상국의 경제성장과 국민복지 향상에 커다란 장애요인이 되고 있음은 주지의 사실이다. 빈곤과 결부된 개발도상국의 인구문제를 부각시키고 그 해결의 근본을 위한 중요한 근거를 그의 인구론에서 발견할 수 있으며, 이 점이 바로 전술한 여러 문제점을 상쇄하고도 남는 가장 중요한 업적이다.

"과도한 인구가 인간의 고통을 증가시키는 원인을 제공하는가? 빈곤과 그에 관련되는 모든 부적(負的) 작용은 과연 인구증가로부터 오는 것인가?" 많은 인구학자들은 이 물음에 대해 긍정적으로 대답하는 데 주저하지 않는다. 인류는 개발도상국뿐만 아닌 세계 모든 국가가 소위 '맬서스적 딜레마(Malthusian Dilemma)'에 빠질 위험성이 상존하고 있음에 유의해야 한다.

4) 역사적 의의

맬서스의 인구론은 비단 인구사회적 측면만이 아니라 다음과 같은 점에서 역사적으로도 상당한 의미를 갖는다.

첫째, 프랑스 혁명 이후 고드윈 등 계몽주의자들이 주장했던 것처럼 미구에 도래할 '완전한 사회'는 결코 실현될 수 없음을 확인해 준 셈이며 따라서 유토피아 사상이 만연하던 당시의 사회 풍조에 결정적 제동을 걸었다.

둘째, 중상주의, 중농주의, 산업혁명과 같은 일련의 사회경제 체제나 사상에 따른 사회의 일대 변화와 관련하여 상품의 생산에만 관심을 기울였던 당시의 사조로부터 벗어나 인간의 재생산에 따른 문제 인식과 함께 인구성장을 억제하는 여러 조치에 대한 긍정적 평가를 갖게 된 역사적 계기를 마련해 주었다.

셋째, 당시 영국의 구빈법은 국가 재정의 피폐와 빈민인구의 증가만을 조장할 뿐이므로 폐지되어 마땅하다는 맬서스의 주장에 영향을 받아 구빈법의 개정을 초래하게 되었고 이로써 원외구조(院外救助)제도가 폐지되었다.

넷째, 사회 불행의 책임자로 몰렸던 프랑스 혁명 당시의 지배 계급이 맬서스 인구론의 법칙으로부터 자기변명의 구실을 찾아, 민중의 비난을 피할 수 있었다.

다섯째, 공리적 이상주의 비판을 위시하여 이민문제, 구빈법, 중상·중농주의 비판, 부의 증가가 빈민에 미치는 영향, 도덕적 억제를 중심으로 하는 사회개선문제 등 사회철학, 경제, 무역, 이민정책 등 광범위한 분야에 걸쳐 상술함으로써 종래의 사변적·추상적·단편적 인구이론과는 달리 인구 분야를 진정한 의미에서의 사회과학의 한 분야로 정립시켰다.

데이비스(K. Davis, 1955)는 맬서스의 이론에 대해 과거나 현재의 경험상의 문제점을 지적하면서도 "이론적으로는 매우 의미가 심장하다. 때문에 역사상 지적으로 안정된 위치를 차지하고 있다."고 말하고 있다.

5) 신맬서스주의(Neo-Malthusianism)

신맬서스주의의 기본적 특징은 맬서스의 인구원리를 전제로 하는 하나의 사회 개혁 운동이라는 데 있다. 신맬서스주의자들은 기본적으로 맬서스의 인구원리를 인정하고 거기에 뿌리를 두고 있지만, 맬서스가 주장했던 '결혼 연기'나 '금욕' 뿐만 아니라 그가 끝까지 반대했던 '피임'에 대해서도 비현실성을 들어 반대하는 입장이다. 만혼이나 금욕은 오히려 질병과 죄악을 수반하여 인구의 질적 저하를 초래할 뿐만 아니라 출산 억제의 효과도 불확실하다는 이유로 반대하는 대신, 적령기의 결혼과 함께 산아조절(birth control)을 통해 인구를 제한함으로써 건강한 가정과 사회를 이루고 이로써 사회개선과 진보를 꾀할 수 있다는 것이다. 맬서스가 그토록 반대했던 피임을 신맬서스주의가 들고 나오는 근본 정신은 혼인 중의 피임이 절대로 부도덕한 것이 아니라는 것, 그리고 이 같은 현실적이고도 구체적인 가족 규모의 제한이 없다면 지속적인 인구성장이 결국 생존을 위한 유용 자원의 한계를 돌파하고야 말 것이라는 위기의식에 근거하고 있다. 사실상 맬서스의 도덕적 억제에는 두 가지 모순이 있다. 인간의 성욕은 강하고 변치 않는다는 것을 전제하면서도 도덕적 억제를 강요하는 것은 이율배반적이며, 생활 설계를 위해 도덕적 억제를 주장하면서 자녀수는 하늘의 뜻으로 간주한 것이 또 하나의 모순이다. 밀(J. S. Mill)은 바로 이 같은 점에서 맬서스적 도덕적 억제를 위험한 편견으로 평가하면서, 결혼 후에는 스스로 양육 가능한 자녀수만을 가져야 한다고 주장하였다.

　신맬서스주의 운동은 영국의 플레이스(F. Place)와 그의 저서 『인구원리의 예증(Illustrations and Proofs of the Principle of Population)』(1822)을 시발점으로 하여 미국의 놀턴(C. Knowlton), 영국의 브래들로(C. Bradlaugh)와 비잔트(A. Besant), 드라이스데일(C. Drysdale) 등으로 이어진다. 특히 놀턴의 저서 『철학의 열매(Fruits of Philosophy)』(1832)가 신맬서스주의 운동의 결정적 확산 계기가 되었다. '산아제한'이라는 용어를 처음 사용한 생어(M. Sanger)는 '잦은 임신과 출산이 여성의 건강에 끼치는 폐해'를 깨닫고 피임법을 널리 보급하였으며 미국 최초의 '산아제한 클리닉'을 뉴욕에 개소(1916년)하고 산아제한 운동의 새로운 전기를 마련하였다. 1차 세계대전 이후 구미 각국에서 활발하였던 산아제한 운동은 1930년대에 이르러서는 가족계획(family planning) 운동으로 승화, 발전하였다. 가족계획 운동은 개개인과 가정의 복지 향상 추구를 목적으로 삼고 있다는 점에서 인구정책적 신맬서스 운동의 산아조절 운동과는 구별되어야겠지만 오늘에 이르러 그 경험적 결과는 동일하다 하겠다.

2. 마르크스의 상대적 과잉인구론

1) 내용

마르크스의 인구론은 맬서스의 인구론을 비판하는 것으로부터 시작된다. 맬서스의 인구론에 대해서 역사적으로 가장 호된 비판을 가한 인물은 바로 공산주의의 창시자인 마르크스(Karl Marx, 1818~1883)이다. 그는 자신이 쓴 『자본론(Das Kapital)』(1867)에서 '자본 축적의 일반 법칙(Das allgemeine Gesetz der Kapitalischen Akkumulation)'을 전개하는 가운데 이른바 '상대적 과잉인구론'으로써 맬서스의 인구론을 통박하였다. 마르크스는 시·공간을 초월하여 획일적으로 통용될 수 있는 인구법칙이란 존재할 수 없으며, 인구문제는 오로지 자본주의 사회의 구조적 모순에서 비롯되는 것으로 단정하였다. 그리고 이러한 인구문제의 해결책이란 급진적 사회개혁을 통해서만 가능하다고 하는 이른바 '계급투쟁이론(Class Struggle Theory)'을 역설하였다.

그가 말하는 상대적 과잉인구란 자본가들이 자본을 축적해 가는 과정 중에 생산 현장에서 축출당한 노동자들로서, 이들은 어디까지나 자본주의 사회에서만 발생하는 상대적 과잉인구, 이른바 산업예비군(industrial reserve army)에 불과하다는 것이다. 만일 장비, 토지, 지식 그리고 적합한 부의 분배 등 생존수단을 무산계급(Proletariat)이 소유하게 된다면 재화나 용역의 생산은 인구성장을 훨씬 초과할 것이며, 따라서 인구문제와 같은 자본주의 산물은 존재할 수 없다고 주장한다. 자본주의하에서의 노동자는 말하자면 자본가들의 자본 축적을 위한 존재이며, 결코 맬서스와 같은 식량에 대한 인구의 과잉이 아니라 자본가들의 노동고용 방식에 의한 과잉이라는 것이다. 이와 같이 인구문제는 자본주의 사회 특유의 문제에 국한될 뿐 결코 인류 사회 전체의 문제는 될 수 없으며, 이에 병행하는 빈곤문제도 자본주의 사회가 존속하는 한 역사적 상황으로 보아 도저히 해결될 수 없는 성질의 것이라고 주장한다. 이에 반해서 인구문제는 인구의 특성상 존재할 수밖에 없으며 이는 곧 자연의 법칙이자 인구의 법칙이라고 하는 맬서스의 이론은 결국 자본주의 사회의 영원한 존속을 의미하는 것과 다름없으므로 마르크스로서는 이를 결코 용납할 수 없다는 것이다. 바로 이러한 점 때문에 맬서스는 대표적 자본주의 옹호자로서 공산주의의 일차적 표적이 되었던 것이다.

마르크스는 농업 노동 현장에서 발생한 실업자를 잠재적 과잉인구(latent overpopulation), 도시의 근로 현장에서 축출당한 도시 실업자를 부유적 과잉인구(floating overpopulation), 그리고 가족노동을 하다가 머지않아 자본가의 대기업 조직에 흡수, 병합되어 버릴 소규모 직종 노동자들(family workers)을 정체적 과잉인구(stagnant overpopulation)라는 세 가지 표현으로 분류하였다. 그는 또한 상대적 과잉인구는 언제나 빈곤과 기아로 고통 받고 있으며 그것은 원천적으로 자본주의 체계와 연계되어 있다고 보았다. 이 같은 빈곤과 기아의 원인도 노동공급의 잉여보다는 노동수요의 결함에서 찾고 있다. 특히 역사적으로 아시아와 아프리카의 경제개발의 구조적 측면에서 볼 때 이 같은 해석은 상대적 우월성을 가지고 계속 논의되고 있다. 한편, 사회주의자들은 인구문제의 원인이 인구성장이 아닌 자원의 계급 간 불균등 분포에 있다는 점에 대해서는 공산주의자들과 의견을 같이한다. 그러나 톰린슨(R. Thomlinson, 1976)이 지적하듯이 양자 간에는 근본적인 차이가 있다. 공산주의자들은 인구문제의 존재 그 자체를 부정하는 입장인 데 반해서 사회주의자들은 그 존재를 인정하면서 다만 사회질서의 점진적 개선을 통해서 인구문제 해결을 모색하자는 입장인 것이다.

2) 비판

마르크스의 공산주의 혁명의 당위성에 입각한 맬서스의 인구론에 대한 비판은 오늘의 시점에서 객관적으로 분석해 볼 때 다음과 같은 근본적 모순과 오류를 지닌다.

첫째, 자본의 축적 과정에서 나타나는 노동자의 상대적 과잉인구는 마르크스 당시의 초기 산업화 시대에서 일시적으로 나타날 수 있는 일면도 있겠으나, 오늘날 고도산업 시대에서의 자본의 투자는 새로운 산업으로의 재투자로 이어지고 그와 함께 새로운 고용을 창출하여 노동력을 흡수함으로써 노동력의 이동현상이 범상적으로 나타나게 마련인데 마르크스는 이를 간과하고 있다는 것이다. 실제로 불변 자본의 투자는 산업예비군 생성이 아닌 생산성 증대의 결과로 나타나고 있으며, 고도의 산업일수록 노동력 고용의 비중이 증대되어 왔음은 명확한 사실이다. 산업 간 연관효과나 방대한 고용의 신분야가 개발되지 못했던 마르크스 시대에는 이를 예측하지 못한 것이 일면 당연한 일일 수도 있다.

둘째, 오늘날 세계의 모든 지역에서 볼 수 있듯이 산업이 가장 발달하고 있는 대도시 지

사진 XI-1. 맬서스(좌)와 마르크스(우)

역의 인구가 지속적으로 증가하고 있고 그 증가의 원인이 이촌향도에 있음을 볼 때, 마르크스의 이론으로는 이 같은 경험적 현상을 설명할 길이 없다. 즉, 도시의 산업예비군은 농촌 지역으로 역류해야 마땅하나 그러한 현상이 일어나지 않고 있다는 것은 위에서 언급한 것처럼 새로운 산업으로의 노동력 재투입을 사실로서 입증하는 것이 된다. 그러나 다른 한편으로, 농업에서도 이미 농업 노동력이 상대적 과잉인구 상태에 도달해 있다면 도시로부터 역류할 산업예비군이 존재할 이유가 없지 않겠는가.

셋째, 자본주의의 구조적 모순으로 인구문제가 존재한다고 규정짓는 마르크스의 주장이 옳다고 한다면, 지금까지 공산주의에 충실해 온 중국이 1970년대 초부터 산아제한정책을 써 온 이유는 무엇으로 설명될 것인가.

넷째, 마르크스 이전부터 수없이 논의되어 왔던 빈곤다산설(貧困多産說)은 다분히 생물학적 차원에서의 이론에 불과한데, 마르크스는 이것을 노동자 계급의 높은 증식력에 결부시켜 자본축적 과정에서의 보편적 법칙으로 규정하고 있다. 즉, 빈곤다산설까지도 자본주의 사회의 독특한 인구법칙의 양상으로 몰고 감으로써 자본주의 비판에 지나치게 몰입하는 결정론적 일면만을 보이고 있다.

다섯째, 인구과잉으로부터 야기되는 모든 문제는 자본주의에 국한된 문제일 뿐 사회주의 체제하에서는 재화의 생산량이 인구성장을 상회할 것이므로 하등의 문제가 발생하지 않는다고 주장하는 마르크스적 사고는 토지나 식료 등 자원의 유한성이 공산주의라고 하는 특정 사회에서는 무시될 수 있다는 억측에 불과하다.

여섯째, 고도로 발달한 서구 자본주의 산업사회에서의 인구가 오히려 오랫동안 안정이 유지되어 온 사실은 마르크스적 사고와는 전면 배치되는 현상이다.

결국, 맬서스나 마르크스(사진 XI-1) 둘 다 인구에 관한 훌륭한 이론가임에는 틀림없으나 미래 사회의 놀라운 가능성에 대한 예견에는 실패한 셈이라 할 수 있다.

3. 밀의 인구론

　19세기 당대 인구사상의 하나로서 영국의 경제학자 밀(John S. Mill, 1806~1873)의 인구론을 들 수 있다. 그는 식량생산을 능가하는 인구성장의 잠재력을 인정하면서도 인구의 속성에 대한 견해는 맬서스보다 낙관적이다. 그 역시 인구문제를 인간의 탁월한 이성적 사고와 속성에 관련시키고 있지만 맬서스의 도덕적 억제와는 전혀 성질을 달리하고 있다. 즉, 궁핍에 의하여 인구가 증식을 억제당하는 것이 아니라 궁핍에 대한 두려움을 느낄 수 있는 인간의 이성적 특성 — 만일 이러한 특성이 없다면 인간이 아닌 다른 동물과 다를 바 없는 — 때문이라는 것이다. 인간의 증식억제요소는 결핍 그 자체가 아닌 결핍에 대한 두려움이며 다른 동물에 대한 인간의 우월성이 손상 받지나 않을까 하는 두려움을 가질 수 있는 바로 그 이성인 것이다. 그러므로 빈곤은 회피할 수 없다는 맬서스식 사고나, 그것을 자본주의적 산물로 보는 마르크스식 혁명적 사고는 인간의 우월성을 믿는 밀의 신념에 비추어 볼 때 용인될 수 없는 일이다. 만일 결핍이 과잉인구에 의해서 인간이 당하는 인과응보라고 한다면 그 원인 제공은 사회의 부정(不正)과 모순이 아닌, 인간의 이성적 · 우월적 본성을 저버린 인간 행위 바로 그 자체라는 것이다.

　한편 밀은 사회의 ‘이상적 상태’(그림 XI-2)를 역설하였는데, 그것은 사회의 구성원 모두가 경제적으로 안정된 상태를 말한다. 그렇게 되기 위해서는 인구가 우선 안정되어야 하고 지속적인 경제적 지향 대신에 문화적 · 도덕적 · 사회적으로 진보하도록 힘써야 한다고 주장하였다. 인구와 생산 둘 다 안정된 상태 — 이상적 상태 — 에 이르기 이전에는 양자 간에 본질적인 경쟁이 일어나며, 이 같은 문제를 해결하는 데 필요한 것은 바로 빈자들의 생활조건을 획기적으로 개선하는 일이다. 그리하여 사회적으로나 경제적으로 발전이 이루어지면 필연적으로 소득증대를 가져오고 나아가 새로운 차원의 생활수준을 낳음으로써 인구성장을 초월하는 잉여생산을 가능케 한다는 것이다. 밀의 인구에 대한 이와 같은 사상은 다분히 인구문제 해결을 인본주의에 입각한 경제적 특성에서 찾고자 하는 것이다. 인구안

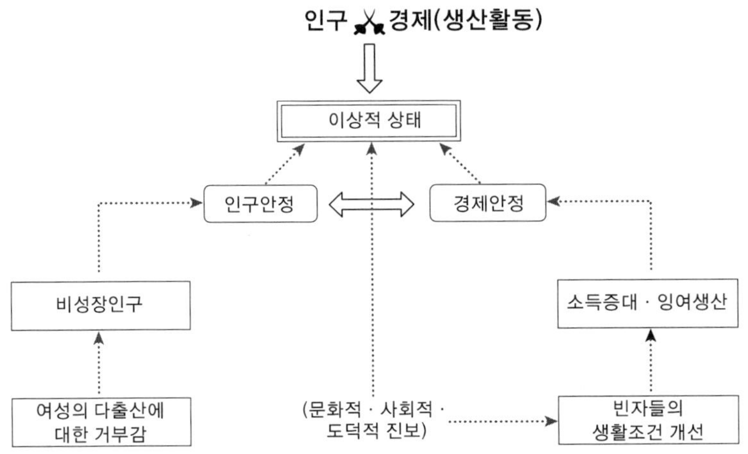

정을 위한 하나의 제언으로서 인구는 비성장인구로의 전환이 중요하며 이를 위해서는 여성의 다출산에 대한 거부감이 필요하다고 주장한 데서 밀의 남녀평등 사상의 일면도 엿볼 수 있다.

XII. 인구에 관한 논쟁 −신맬서스주의 대 풍요주의

1. 배경과 쟁점

인구증가의 문제는 인류의 역사상 일찍이 논의의 대상이 되어 왔다. 고대 그리스의 아리스토텔레스(Aristotheles)는 증가하는 인구가 빈곤을 수반한다고 지적하였고, 플라톤(Platon)이나 헤로도토스(Herodotus)도 도시국가 아티카(Attica)의 존속 · 발전을 위하여 인구성장과 활용 가능한 자원 간에는 균형을 유지해야 한다고 주장하였다. 그들은 인구와 자원과의 관계에서 인구의 과도한 성장에 대해서 경고하였다. 오랜 지질시대를 거치는 동안 인구누적이 급격한 상승 곡선을 그리게 된 것은 비교적 최근의 일이다. 맬서스 시대 이전에는 과도한 인구로부터 발생하는 어떠한 결과에도 별 관심을 기울이지 않았다. 그러다가 1798년에 등장한 맬서스의 인구론은 이후 인구에 관한 심각한 논의를 일으켰다. 그 중 하나는 인구의 증가에 대한 양자 간의 대립적 해석을 낳게 된 것이다. 즉, 인구증가는 세계의 경제적 · 사회적 · 생태적 · 정치적 안정을 위협할 것이라고 하는 비관론파의 신맬서스주의와, 인구증가는 경제나 환경문제와는 별개의 것으로 오히려 변화의 자극제로서 문제해결의 궁극적 가치를 가진다고 주장하는 이른바 낙관론파인 풍요주의(Cornucopianism)가 그것이다. 또 다른 하나는 중도론파로서 인구증가에 대해서 긍정적 또는 부정적 판단 없이 오로지 환경문제가 정치 · 경제 · 사회문제의 원인이라고 말하고 있지만, 그들은 인구증가에 대한 경각심을 심각하게 인식하고 있지 않다는 점에서 낙관론파의 아류에 속한다고 할 수 있다. 맬서스의 인구론은 산업사회와 인구격증, 그리고 당시에 유행했던 유토피아니즘 등의 시대 상황적 불안감의 인식에서 시작되었다. 인류의 불행이 궁극적으로 인구와 식량과의 불균형에서 온다고 확신하는 맬서스적 사고는 오늘날 여러 측면에서 비판받고 있는 것이 사실이지만, 현실적으로 많은 개발도상국에서 이른바 맬서스적 함정에 빠질 우려가 상존한다는 사실을 결코 간과할 수는 없다. 신맬서스주의자들은 인구성장이 자원의 고갈과 함께 경제성장의 붕괴, 식량결핍과 영양부족, 환경파괴 등을 유발하고 인간에게 돌이킬 수 없는 파멸을 초래할지도 모른다고 인식하고 있으며 때문에 이를 두려워하고 있는 것이다.

2. 신맬서스주의 대 풍요주의

1) 신맬서스주의

(1) 관점

상당수의 인구 전문가들은 세계 인구성장이 특히 자원과 관련해서 지구상의 '시한폭탄'으로 다가오고 있으며 이것은 결국 기근, 환경 재해, 전쟁 등의 형태로 나타날 것으로 예언하고 있다. 1992년 미국국립과학원(U.S.A. National Academy of Science)과 런던왕립학술원(Loyal Academy of London)은 만일 현재와 같은 인구증가와 자원소비가 지속된다면 범세계적인 환경파괴나 빈곤문제는 여하한 과학기술로도 해결할 수 없음을 경고했다. 지구상의 인류를 압박하는 요소 가운데 기술과 소비의 문제는 어느 정도 적응할 수 있을지 모르겠으나 압도적인 인구증가는 타협의 여지가 없을 것으로 보는 것이 인구학자나 과학자들의 비관적 견해인 것이다. 인구는 2배, 3배로 증가할 가능성이 있고 정부의 어떠한 정책도, 발달한 문명도, 번영한 경제도 인구증가로부터 오는 압박에서 결코 자유롭지는 못할 것이다. 무엇보다도 중요한 것은 인구문제인 것이다. 인구학자, 생태학자 그리고 인구에 대하여 비교적 유연한 입장을 취하는 경제학자마저도 적어도 한 가지 사실에 동의하고 있다. 그것은 과도한 인구는 환경파괴를 유발하는 유일한 원인이며 양자는 논쟁할 여지가 없는 인과관계에 있다는 사실이다. 『진보(The Progressive)』라고 하는 잡지는 1970년 '지구의 달' 특집호에서 인구과잉, 환경오염, 자원고갈, 핵전쟁을 가리켜 '파멸의 목표를 향하여 질주하는 네 마리의 말'로 비유하고 있다. 이상의 여러 가지 측면에서 언급된 인구의 위기적 상황은 그것이 자원, 환경, 빈곤문제 등과 밀접한 역학적 관계에서 부적(負的) 상호작용을 반복하고 있다는 사실을 우리에게 인식시켜 주고 있는 것이다. 이와 같은 위기와 재앙의 입장에서 인류의 장래를 우려하는 비관론자로서는 P.R. 에를리히(P.R. Ehrlich), A.H. 에를리히(A.H. Ehrlich), 메도우스(D. Meadows), 브라운(L. Brown), 그 밖에 다수의 NGO 환경단체가 있다.

(2) 환경에 미치는 인구의 영향

신맬서스주의자들은 근래 지표면의 여러 환경 변화들이 결국 과도한 인구증가에 그 원인이 있다고 믿고 그와 관련된 많은 사례들을 연구, 보고하고 있다. 그 중에서 삼림훼손, 대기오염과 지구온난화, 물과 식량자원을 대상으로 기술하고자 한다.

① 삼림훼손(Deforestation)

삼림훼손의 정의는 의외로 간단하지 않다. 훼손에 대한 개념 및 측정에 대한 차이는 벌목률과 경향, 문제의 심각성, 정책의 주안점 분석 등에 영향을 끼친다. UN 식량농업기구

사진 XII-1. 일본인에 의한 파푸아 뉴기니의 열대삼림훼손

자료 : Jordan-Bychkov and Domosh(1999), *The Human Mosaic*, 505

(FAO)는 '삼림의 40% 이상이 타 용도로 전환된 것'이라는 제한적 정의를 내리고, 마이어스(Myers)와 존슨(Johnson)은 '삼림의 완전한 제거뿐만 아니라 자원의 고갈로 이어지는 특정의 상업적 목적에 의한 벌채와 같은 행동으로 인하여 삼림의 구조와 구성을 변화시키는 일'로서 포괄적으로 해석하고 있다.

벌목은 인류 역사 초기부터 수천 년간 행하여져 왔고 문명 발달의 상징처럼 여겨져 왔다. 인구가 많아지기 이전의 벌목은 훼손이라기보다 자원의 개발과 이용의 개념이었다. 인구가 압력으로서 작용하기 시작할 때부터 그것은 삼림훼손, 환경파괴라고 하는 재앙으로서 우리들에게 다가왔다. 한마디로 삼림훼손은 '특정의 기능을 수행할 목적으로 삼림의 효력을 감소시키는 일'이라고 할 수 있다. 사실 삼림훼손문제는 주로 삼림에 생활의 대부분을 의지하는 지역 주민에게 강하게 의식되는 문제이다. 삼림을 더욱 효과적으로 이용할 수 있다고 판단되면 벌목은 계속될 것이다. 그러나 벌목에 의해 발생하는 경제적 손실이 더 크다고 판단될 때, 그것은 삼림훼손(사진 XII-1)으로서 인식될 것이다. 최근에는 벌목을 전 지구적 차원에서 인식하는 경향이 강해졌다. 그것은 지구상의 자원이 인구와 경제체제를 유지하는 데 한계에 달한 것으로 인식되기 시작했기 때문이다. 이것은 매우 다행한 일이다. 그리고 이것은 오랫동안 벌목을 해 온 선진국에서 더욱 그렇다.

일반적으로 열대삼림남벌은 삼림에 의존해 생활하는 다수의 인구에 지대한 영향을 준다. 열대림을 유지해 온 토양은 인간에 의한 변화에 금방 영향을 받을 뿐만 아니라 인간의 도움 없이는 생산 능력을 회복하기가 어렵다.

삼림은 현재 지표면의 2/5를 덮고 있고 생태계의 총 생물자원 생산량의 60%에 달한다. 삼림이 훼손되기 시작한 역사적 근원은 세계 경제발전 과정과 관계가 깊다. 즉, 15세기 세계 시장의 성립과 기존의 인간 거주지역에서 토지이용의 새로운 방향 전환이 시작되었다. 특히 17세기 이래 유럽 인들의 식민지 팽창에 수반하는 열대·아열대의 작물과 작물 형태의 새로운 개발이 삼림에 더욱 커다란 위협이 되었다.

지금까지 지구상의 삼림지역은 50억ha에서 40억ha로 1/5이 감소하였으며, 온대림의 감소(32~35%)가 더욱 컸으나, 2차 대전 특히 1950~1960년대 이후에는 개도국의 개발로 열대림의 감소(19~26%)가 더욱 심하였다. 예를 들어 1950~1983년 중앙아메리카의 삼림은 38%를, 아프리카는 24%를 상실하였으며 매년 62,000km^{2}의 열대우림이 상업용지나 목초지로 바뀌고 있다. '삼림의 땅(land of forest)' 이라는 의미를 가지고 있는 과테말라의 경우는 1960~1990년에 1950년 당시의 삼림 약 1/2을 훼손시켰다. 이 같은 현상이 지속된다면 차세대를 지나지 않아 삼림지역 자원 가치는 모두 잃고 말 것이다. 이는 비단 국지적인 현상만이 아니다. 세계적으로 매년 약 10만km^{2}의 삼림이 황폐화되어 간다. 나이지리아, 아이보리코스트는 향후 10년 사이 열대림이 사라져 버릴 위기에 처해 있다. '세계의 허파' 라고 하는 아마존 지대의 삼림훼손으로 인한 이산화탄소의 발생은 전 지구상의 1/10을 차지하고 있어 온실효과를 부채질하고 있다. 게다가 브라질을 비롯한 남미에서는 이미 포화 상태의 도시빈민들을 내륙의 처녀림 지대로 이주시키고 있으며, 이 때문에 열대삼림훼손은 더욱 증가 추세에 있다. 세계 원시림들이 도로, 경지, 광산 개발 등을 위한 무절제한 벌목으로 파괴되고 있으며 정부의 규제 부족도 이를 한층 거들고 있다. 미국 워싱턴 소재 민간 연구 기관인 '세계자원연구소' 에 의하면 인도네시아 전체 목재 생산량의 70%가 불법 벌목으로 이루어지고 있으며, 중앙아프리카 원시림의 절반 이상이 벌채가 허가된 상태이다. 칠레 정부는 고소득 작물재배를 위해 원시림 개발을 장려하고 있고, 베네수엘라에서는 목재 및 광산 개발을 위해 수천 년 된 원시림이 마구 파괴되고 있다. FAO에 의하면 1981년 당시 전 세계의 삼림훼손은 연간 1,100만ha(11만km^2)였던 것이 1990년에는 1,700만ha로 불과 10년이 못 돼 무려 55%나 증가하였다. 벌목은 또한 근본적으로 물의 순환 체계에 변화를 가져온다. 세계 여러 곳에서 빈발하는 홍수와 가뭄이 이것을 말해 주고 있다.

산불은 자연적이든 인위적이든 또 하나의 강력한 삼림훼손의 주범이다. 1987년 대산림지대인 중국 헤이룽장 성의 대싱안링(大興安嶺) 산맥 일대를 휩쓴 대화재로 한국 면적의 10%에 해당하는 면적이 초토화되었다. 1996년 중국 내 몽골 자치구에서의 대화재는 4개월간 100만ha의 산림과 목초지를 불태웠다. 1988년 미국 옐로스톤 국립공원의 화재는 공원을 포함한 인근 지역 65만ha를, 또 1989년 캐나다의 매니토바 주에서는 낙뢰로 인한 화재가 발생하여 한국 면적의 10%에 해당하는 200만ha(2만km²)의 냉대침엽수림을 태웠다. 1997년 인도네시아를 중심으로 한 동남아시아 하늘을 뒤덮은 연무(煙霧)로 수천만 명에게 고통을 주었던 대화재는 고래로 행해져 온 전통적인 열대림의 약탈식 농업 형태에 기인한 인재(人災)였다. 한국의 경우 매년 전체 산림면적의 0.1~0.2%에 해당하는 5,000~1만ha의 산림이 소실되고 있다. 1982~1984년은 광산 개발, 1985~1988년은 다각적 농업 경영의 차원에서 초지 및 과수원으로의 전용, 1989년 이래는 골프장·스키장·별장 등 소득 및 문화 수준 향상에 따른 레저시설 개발, 기타 자동차의 확산과 도로 개설, 공장 건설을 위한 산림훼손이 주원인이다. 이 같은 현상은 최근 주5일 근무제와 이에 수반되는 여가활동 증대로 인하여 더욱 확대될 것으로 전망된다. 한 번 훼손된 온대림이 다시 안정된 생태계로 회복되기까지는 보통 150~200년이 걸린다.

한편, 한국의 입목축적량(立木蓄積量)은 1939년 48m³, 1945년 13.9m³, 1951년 4.8m³(단, 1939년은 한반도 전체, 1945년 이후는 남한)로 감소하였다. 이후 40여 년간의 조림사업으로 1994년 현재 45.8ha로 증가함으로써 1930년대의 한반도 전체 수준에 도달하였다. 벌목은 결국 인구증가와 병행하여 이루어져 왔으며 생태계 안정 구조를 파괴하는 주범 가운데 하나임에 틀림없다. 토양유실을 일으켜 한발을 반복시키고 토지생산력을 저하시킴으로써 영양실조나 기아를 유발시키고 있다. 벌목이 인구와 관련되고 있음은 빌스버로우(R. Bilsborrow)의 견해에서도 나타나고 있다. 그는 인구증가가 산림훼손의 주요인임을 밝혀내고 있다. 즉, 인구증가는 토지의 분할을 초래하여 인구이동을 가속화시킨다. 이동한 인구는 새로운 토지를 확보하기 위하여 벌목을 행하며 연쇄적으로 벌목량이 증가함으로써 결과적으로 벌목은 인구의 규모와 직접 관련된다고 주장한다.

② 대기오염과 지구온난화

ⅰ) 대기오염

세계보건기구(WHO)에서는 대기오염의 정의를 '대기 중에 인위적으로 배출시킨 오염물질이 존재하여 오염 물량의 농도 및 지속 시간이 지역 주민의 불특정 다수에게 불쾌감을 일으키고 공중보건상에, 그리고 인간이나 동식물에 해를 끼치며 도시민의 생활과 재산을 향유하는 정당한 권리가 침해당하는 상태'라고 규정한다. 즉, 대기오염물질에 의해서 생물이 일상생활에 고통을 받는 상태인 것이다.

그리스의 철학자이자 의학자인 히포크라테스(Hippocrates)가 '모든 질병의 원인은 오염된 공기'라고 이미 말했듯이 대기오염문제는 고래부터 있었던 것으로 알려졌다. 그러나 구체적으로 심각하게 인식하게 된 것은 산업혁명 이후 역사적으로 대기오염 사건이 발생한 때부터이다. 역사적이라고 하는 것은 대부분 우리들에게 알려진 스모그(smog) 현상에 의한 것으로, 1909년 글래스고 스모그, 1930년 벨기에의 뫼즈 계곡 사건, 1948년 미국 펜실베이니아 주의 도노라 계곡 사건, 1950년 멕시코의 Poza Rica 사건, 1952년 런던 스모그, 1954년 로스앤젤레스 스모그, 1953~1966년 뉴욕 시 사건 등을 들 수 있다. 이 중에서도 12,000여 명의 사망자를 발생시킨 런던 스모그는 석탄계 연료에 의한 최악의 사건으로서, 로스앤젤레스 스모그는 석유계 연료에 의한 광합성 스모그로서 유명하다.

일본의 경우, 1946년 요코하마 공업지대로부터 정체불명의 가스에 의한 호흡기 질환자 발생을 시작으로 1955년 미에(三重) 현의 한 석유 공장으로부터 배출된 매연으로 수백 명의 호흡 장애 환자가 발생한 사건, 특히 1960년대 이후 대도시 지역을 중심으로 스모그 현상이 빈발하고 있다. 그리하여 일본은 영국의 대기정화법(Clean Air Act, 1956)과 미국의 대기정화법(Clean Air Act Amendments, 1957)보다 10여 년 늦게 1970년 대기오염방지법을 제정하고 1971년 환경청을 설치하는 등, 대기오염 방지를 위한 노력을 경주하고 있다.

한국의 경우는 대기오염의 주원인이 다른 나라처럼 산업시설과 자동차의 급증에 있다. 특히 1인당 에너지 소비 증가량이 경제성장 속도를 훨씬 상회하여 문제점으로 대두하였다. 오염물질 가운데 일산화탄소(CO)의 예를 들면 WHO 경고 기준인 8시간 평균 9ppm을 초과하는 지역이 많고 서울의 연 평균치는 3~4ppm으로 일본 도쿄의 평균치 0.8ppm보다 훨씬 높다.

대기오염보다 더 큰 형태의 재난은 산성비이다. 화석연료로부터 발생하는 아황산가스나 질소 가스가 대기 중에 정체되었다가 비에 녹아 내린다. 오염물질의 상당량이 바람과 함께 이동하면서 발생지에서 멀리 떨어진 지역까지 피해 범위를 넓힌다. 영국, 프랑스, 독일 등지에서 발생한 오염원이 자국은 물론 스칸디나비아 지역에 내리는 산성비의 원인을 제공하고 있다. 이 같은 현상은 한국이나 일본에서도 마찬가지이다. 일본에 내리는 산성비의

사진 XII-2. 산성비의 피해

자료 : Sheppey and Clarke(1994), *Human and Cultural Geography*, 356

50%, 한국의 15%는 중국 대륙이 발생원이다. 한국 국립환경연구원의 발표에 의하면 1996~1997년에 편서풍을 타고 중국으로부터 유입된 질소산화물(NO_x) 양은 국내 발생 총량의 12~27%를, 아황산가스는 22~24%를 점유하고 있다. 산성비의 피해는 산림의 황폐는 물론 토양오염, 농산물 오염 또는 감소, 수질오염, 건축물이나 차량의 부식에 의한 재산상의 피해 등 다양한 형태로, 비교적 장시간에 걸쳐 잠식적으로 진행된다(사진 XII-2).

대기오염은 지구 전반에 걸쳐 인간의 활동량과 관련하여 발생하고 환경과 인간의 건강에 지대한 영향을 끼치는 특성을 지니고 있다. 대기오염의 발생원은 발전소, 공장, 자동차 등 주로 선진국을 중심으로 한 에너지 소비이다. 특히 화석연료로부터 지구로 방출되는 이산화탄소(CO_2) 양은 1950년 이래 3배로 증가하였다. 다시 말해서 지구 환경악화는 대부분 선진국의 과도한 에너지 사용과 관련된다. 1994년 현재, 이산화탄소의 연간 배출량을 국가별로 보면 미국이 22%, 중국 13%, 러시아 7%, 일본 5%로 이상 4개국이 세계의 약 1/2을 차지하고 있다. 특히 중국의 베이징, 상하이 등지의 공업지대로부터 이동하는 각종 산업오염물질은 때론 황사를 동반하여 한국과 일본에 고통을 주고 있어, 머지않아 국가 간 분쟁 요소가 될 가능성도 배제할 수 없는 상황이다(사진 XII-3).

미국의 1인당 화석연료의 소비량은 감소하는 경향이라지만 연평균 260만의 인구증가는 결과적으로 탄소의 총 배출량을 증가시키고 있다. 개도국의 경우, 높은 인구증가율 때문에 1인당 소비량의 미세한 증가만으로도 환경에 끼치는 영향은 막대하다. 요컨대, 환경문제는 선진국의 자원소비와 개도국의 인구증가에 그 원인이 있다. 대기오염은 인구의 밀집정

사진 XII-3. 전국의 황사 현상

2002년 3월 21일 전국에 덮친 황사. 대낮인데도 어두운 황색 도시로 변한 서울의 동대문 부근.

자료 : 동아일보(2001. 3. 22)

도, 공업화의 수준, 에너지 생산시설의 입지 등이 당시의 기상상태나 지형, 화산폭발 등의 자연조건과 관련하여 발생하며 인구수와 함께 인구의 질(삶의 질)과도 밀접하게 관련된다.

ii) 지구온난화

지구온난화 현상도 대기 중에 방출된 이산화탄소, 수증기, 기타 열을 흡수한 2차적 가스(메탄, 질소산화물, 오존, 염화불화탄소)의 증가에 의한 온실효과 때문에 지표면의 온도가 상승하는 일종의 대기오염 현상이다. 한편, 온실효과는 생태계 보존을 위하여 필요한 현상으로 보기도 한다. 일단의 과학자들은 만일 이 같은 현상이 없다면 지표면의 평균 온도는 33℃에서 −18℃까지 떨어질 것으로 예측하기도 한다. 문제는 오늘의 지구온난화가 생활수준의 향상에 수반하여 온실가스를 대기 중에 과도하게 방출한다는 것이다.

1860~1990년, 대기 중 이산화탄소는 평균 25% 증가하였고 지표면 온도는 0.5~0.7℃ 상승하였다. 한 연구는 현재의 상태에서 지구상의 온도 4℃의 상승은 전 해수면을 60~150cm 상승시키고, 만약 그린란드와 남극대륙 빙원이 전부 녹는다면 약 6m의 해면상승을 예측할 수 있다고 하였다. 또한 UN 산하 연구 기관인 IPCC(정부 간 기후 변화 위원회)는 1995년 보고서를 통하여 온실가스가 지금과 같은 추세라면 2100년의 지구 온도는 현재보다 1~3.5℃, 해면은 15~95cm 상승할 것으로 전망했다. 이렇게 되면 해안의 저지나 대양의 많은 작

국가	에너지 소비량		1999년 인구	CO_2 배출량(100만 M/T)			
				1990년		1997년	
	총 소비량 (100 TOE)	1인당 (Kg)	人	총량 (100만 M/T)	1인당(T)	총량 (100만 M/T)	1인당(T)
한국	182.0	3,919.9	46,858	233.0	5.44	422.1	9.18
중국	752.6	599.3	1,266,838	2,362.0	2.08	3,120.6	2.54
일본	507.4	4,018.0	126,505	1,061.8	8.59	1,172.6	9.29
아르헨티나	57.9	1,602.9	35,577	97.3	2.99	137.8	3.86
네덜란드	83.7	5,338.7	15,735	161.3	10.79	184.3	11.81
러시아	607.8	4,122.5	147,196	–	–	1,456.2	9.89
오스트레일리아	102.8	5,550.8	18,705	263.0	15.41	306.1	16.52
뉴질랜드	13.7	3,609.1	3,828	25.4	7.54	33.1	8.81
멕시코	124.6	1,300.2	97,365	302.4	3.66	345.9	3.70

자료 : 통계청, 『국제통계연감 2000』

은 섬들이 수몰하게 될지도 모를 일이다. 표 XII-1은 1인당 에너지 소비량(1999년) 및 이산화탄소 배출량(1990~1997년)을 인구(1999년)와 관련시켜 비교한 것이다. 한국의 1인당 에너지 소비량은 일본에 비해서 약간 낮지만 총 소비량은 일본이 3배 이상 많고, 중국은 한국보다 1인당 소비량은 훨씬 낮지만 총량은 월등히 높아 5.5배 이상이나 된다. 이 같은 현상은 같은 맥락에서 다른 국가에도 그대로 적용됨을 알 수 있다. 에너지 소비량이나 이산화탄소 배출량은 그 지역의 산업구조와 주민의 생활양식에 따라 차이가 나겠으나, 1차적으로는 무엇보다 인구규모의 차이에서 오는 것임을 의심할 여지가 없다는 것이다.

지구온난화는 성층권 오존층의 파괴, 해수면의 상승, 홍수와 가뭄의 반복적 발생 등 지구 생태계를 위협하는 기상의 대재난에 결부될 가능성에 대해 인류는 크게 우려하고 있다. 그리하여 이 같은 현상을 방지하기 위한 국제적 노력의 일환으로 1992년 '리우 환경회의'에서 '기후변화협약'이 채택된 것이며, 이를 구체화시킨 것이 '교토(京都) 당사국 총회'이다.

일본 기상청의 관측에 의하면 1898~1995년의 약 100년 사이에 야마가타(山形), 미야자키(宮崎) 등 15개 측정 지점의 연평균 기온이 0.9℃ 상승하였고, 특히 1980년대 후반 이래 급속한 상승을 보이고 있음으로써 지구 곳곳에서 온난화가 감지되고 있다(사진 XII-4). 한국에서도 1967~1997년의 30년간에 광주(光州)의 평균 기온이 12.6℃에서 15.2℃로 2.6℃

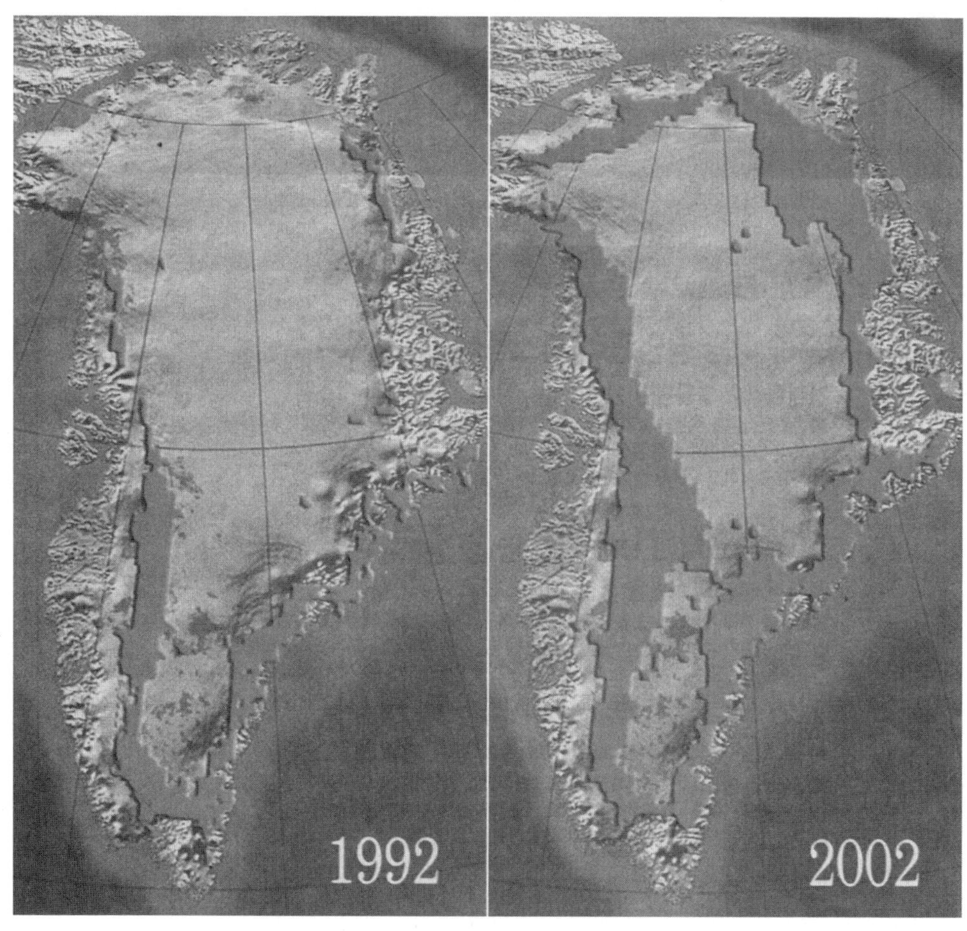

사진 XII-4. 그린란드 빙하의 축소

북극기상영향협회(ACIA)가 공개한 1992년과 2000년의 위성사진(검은 부분이 해빙 지역).

자료 : 동아일보(2004. 12. 1.)

나 상승하는 등, 전국에서 1~3℃ 정도 상승한 것이 판명되었다. 과거 지질시대 최후 빙하기인 뷔름빙기 이후, 1만 년간 지구 온도가 약 4℃ 상승한 것을 고려한다면 최근 1~3℃의 기온 상승이 지구온난화의 위력과 문제의 심각성을 반영하고 있음을 쉽게 알 수 있다.

　한국의 경우 기상 관측이 시작된 1904년 이래 1990년까지의 기온 변화를 보면 그림 XII-1에서와 같이 약 90년 동안에 평균적으로 약 1℃ 상승하였으며, 서울은 1.5℃ 정도 상승하여 전국 평균값보다 높았던 반면 추풍령은 거의 변화가 없었던 것으로 나타났다.

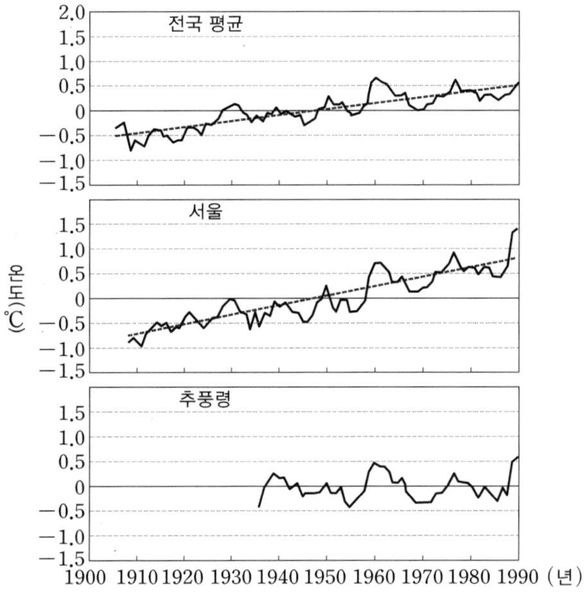

자료 : 구자건 외(1996), 『생태계 위기와 한국의 환경문제』, 82

③ 물과 식량자원

ⅰ) 수자원

'물은 생명의 근원이다' 라고 말한다. 물은 식량과 함께 생명 유지를 위한 필수 불가결한 자원이다. 생명수로서뿐만 아니라 모든 생물의 양육과 식량의 공급원이기도 하다. 그러나 산림의 황폐, 농·공업용수의 과용, 토양오염, 상·하수도 오염, 산업 및 축산폐수 등 현대의 인구증가와 생활의 질 향상에 수반하는 역작용에 의해, 자원으로서의 물에 대한 개념이 오늘날 중차대한 문제로서 인식되기에 이르렀다. 그리고 그것은 물의 부족과 오염문제에 집약된다. 1986년 미국 농무성(USA Department of Agriculture)의 보고서에 의하면 관개 초지 2100만ha 가운데 1/4이 연간 10~15cm씩 지하수면이 낮아져서 관개를 어렵게 하고 있다. 증가 일로의 세계인구에 대응하기 위한 작물의 관개면적은 2배로 확대되고 전체 수자원의 80%는 농업용수로서 소비되고 있다. 지하수면은 더욱 낮아지고 지하수는 고갈되어 간다. 대부분의 경작 가능지는 전부 경작되고 포화상태에 이르렀으며, 매년 80만ha의 농경지가 처락, 도로, 산업 시설 등으로 비농경지화해 간다. 세계은행(IBRD)은 세계인구의

40%가 식수부족으로 고통 받고 있고, 물 소비량의 배증기간은 21년밖에 안 되며, 따라서 물 부족 문제는 시간이 경과할수록 심각할 것으로 예측하였다. 지하수 과용은 대수층(帶水層)의 저하와 그로 인한 지반침하의 원인이 되기도 한다.최근 일본에서도 인구 및 산업시설의 최대 밀집 지역인 간토(関東) 평야 지대에서 지반침하 현상이 매우 심각한 상태인 것으로 알려져 있다. 러시아의 수리학자(水理學者) 시클로마노프(Shiklomanov)는 전 지구상의 수자원 가운데 2.5%만이, 그리고 하버드의 공학자 로저스(Rogers)는 5.8%만이 안전한 물이라고 평가한다. 그것도 안전한 물 가운데 69%는 빙하지역이나 만년설에 덮여 있어 나머지 30%만이 지하수로 이용된다. 이 두 사람의 평가를 종합해 보면 결국 지표수로서 사용 가능한 안전한 물은 전 수자원의 약 0.27~0.33%에 지나지 않는다. 한국은 1993년 기준 용수 수요량 290억m³에 공급 가능량 310억m³로서 약 6.5%의 수자원 예비율을 보이고 있지만, 2011년에는 1.6%로, 2025년경에는 물 부족 국가로 전락할 것으로 예상된다. 1999년 스위스의 '제네바 세계물회의'에서 UNESCO와 세계기상기구(WMO)가 현재 25개국이 물 부족으로 고통 받고 있고 2025년에는 34개국으로 증가할 것으로 전망하였는데 그들 국가 중 하나가 한국이 될 것이다. 현재 안전한 식수를 공급받지 못하는 세계인구는 11억 명이며, 2025년에는 75억 세계인구 가운데 30억 명이 식수난에 직면할 것으로 UN은 보고 있다. 또한 세계보건기구(WHO)는 세계 질병의 60%가 비위생적 식수에서 비롯되며 수인성 질병에 따른 사망자가 연간 340만 명에 달할 것으로 추정하고 있다. UN은 13번째 맞는 2005년 '세계 물의 날(3월 22일)'에 '생명을 위한 물(water for life)'을 주제로 범국제적 캠페인을 벌였으며, 2015년까지 식수 및 하수 시설을 제대로 갖추지 못한 10억 이상의 인구를 절반의 수준으로 줄이는 게 1차 목표이다. 또한 물 보호와 관리, 수자원을 둘러싼 국가 간 협력을 촉구하고 각국에 지속가능한 수자원 이용계획을 개발하도록 호소한다.

오늘날 세계 여러 지역이 수자원 부족으로 국가 간의 분쟁을 겪고 있을 뿐만 아니라 동일 국가 내에서도 지역 간에 물 분쟁을 일으키고 있다. 이스라엘과 인근 중동 국가 간의 분쟁, 나일 강 수자원을 둘러 싼 이집트와 에티오피아의 분쟁, 중국의 메콩 강 상류 댐 건설과 하류 국가들의 물 부족, 중국 내 창장 강(長江, 양쯔 강)의 싼샤 댐 건설에 따른 하류 지역들의 물 문제 등이 예이다.

한국의 경우, 강원도 월령군의 동강을 둘러싸고 수자원 확보를 위해 댐 건설을 하려는 건설교통부 및 수자원공사와 환경운동연합을 비롯한 여러 환경단체와의 격렬한 논쟁이 벌어지고 있다. 물 부족도 문제이지만 이미 있는 물마저도 급속도로 오염되어 가고 있는 것이 더욱 심각한 문제이다. 물의 오염은 인구증가와 그들의 생활양식에 기인한다. 인간이 만든 기술문명에 의하여 방출되는 오염물질의 상당량이 종국적으로 물에 유입된다. 화력발전이나 핵발전의 냉각 과정에서 발생하는 열수가 하천이나 호소의 오염원이 되고 중금속을 방출함으로써 지표수를 화학적으로 오염시키고 있다. 펄프, 제지공장도 마찬가지이다. 토양유실도 연간 200억 톤에 달하고 그 중에서도 미국과 러시아가 40억 톤에 이른 데 반하여 인도와 중국이 80억 톤을 점유하고 있다는 사실은 그들 생활양식의 차이에도 기인하겠지만 그보다는 인구규모의 막대한 영향을 입증하는 것으로 보아야 한다.

ii) 식량자원

맬서스의 인구론은 시종 인구와 식량과의 관계를 축으로 하고 있다. 그의 기본적인 논리는 인구의 불행이 궁극적으로 식량과 인구 사이의 불균형에 있다고 확신하는 것이다. 지금까지 본 바와 같이 인구와 관련되는 문제가 모두 식량만을 상대로 발생하는 것은 아니지만 인구문제에서 가장 기본적인 것은 자원, 그 중에서도 식량과의 관계가 근본적인 것이며 이것보다 더 긴박하고 중요한 것은 없다. 지구상에서 수준 높은 문화생활이라는 것은 식량문제와는 관계없이 행하여져 왔다. 그러나 이것은 어디까지나 선진 지역에 국한된 개념이다. 세계인구의 최부유층 20%와 최극빈층 20%가 갖는 소득의 대비는 1960년 30:1에서 1990년 64:1로 그 격차가 두드러졌다. 오늘날 세계인구의 1/7인 9억 명이 영양부족 상태에 있고, 세계인구의 20%가 1일 1달러에도 못 미치는 수입으로 생계를 유지하고 있는 것으로 보고 있다.

인구와 식량자원과의 관계를 표 XII-2에서와 같이 세계 곡물 비축량의 변화(1961~1996년)를 통해 보기로 하자. 1961년은 비축량 203백만 톤, 비축 일수 90일에서, 1966년 159백만 톤, 62일까지 점차 감소하였다. 이후 파도형을 그리며 점증하여 1987년에는 비축량 465백만 톤, 비축 일수 104일의 최고 수준에 달하였다가 재차 하락하기 시작하여 1996년에 와서는 246백만 톤, 51일로 최저 수준에 이르렀다. 한편, 세계 미곡 생산량의 90% 이상을 점유하는 아시아에서도 1991~1993년, 3년 연속 소비량이 생산량을 상회하는 상황이었다. 식량자원에 관한 한 그 근본적인 문제는 식량의 지속적 증산에도 불구하고 주로 후진국의 급속한 인구증가와 선진국의 환경 파괴에 기인하고 있다는 사실이다. 인구팽창, 공업화, 도시화, 문명 발달이 경지면적의 감소로 연계되는 현실이 그 일례이다.

1950~1990년 세계인구는 2배, 곡물 생산량은 3배, 그리고 해양 어획고는 4배로 증가하

표 XII-2. 세계 곡물 비축량의 변화, 1961-1996년

(단위 : 백만 톤)

연도	비축량	비축 일수	연도	비축량	비축 일수
1961	203	90	1980	316	81
1962	182	81	1981	289	72
1963	190	82	1982	308	77
1964	193	83	1983	357	88
1965	194	78	1984	305	73
1966	159	62	1985	366	85
1967	189	72	1986	434	100
1968	213	78	1987	465	104
1969	244	87	1988	404	89
1970	228	77	1989	314	70
1971	193	63	1990	295	64
1972	217	69	1991	339	72
1973	180	56	1992	324	69
1974	192	56	1993	363	76
1975	200	61	1994	317	66
1976	220	66	1995	302	62
1977	280	80	1996	246	51
1978	279	77	1997	272	55
1979	328	86			

자료 : ワールドウオッチ研究所(1997-1998), 『地球データブック』, 東京, ダイヤモンド社, 33

였고 1인당 식량 공급량도 현저히 증가하였다. 이 같은 사실로 보면 식량과 인구의 관계는 별 문제가 없다. 그러나 이것은 어디까지나 세계 평균일 뿐, 인구나 식량의 지역적 분포는 완전히 배제되어 있음에 유의하지 않으면 안 된다. FAO에 의하면 1990년 당시 세계인구 53억의 16%가 만성적 영양부족 상태로 고통 받고 있으며 이들 대부분은 후진국의 여성과 아이들이다. 미래의 식량 사정을 예측하는 데 비교적 낙관적인 FAO나 IBRD는 식량생산을 과대평가하고 있음을 알 수 있다. 예를 들어 IBRD의 예측과 실제 수확량의 차이는 1992년 5,600만 톤이고 1995년에는 무려 225백만 톤이나 된다.

지금까지 인구가 환경에 얼마나 중대한 영향을 미치는가를 삼림남벌, 환경오염, 물과 식량자원의 측면에서 여러 사례를 통하여 고찰하였다. 물론 이러한 요소들이 개별적으로 작용하는 것은 아니다. 상호역학적 작용이 시너지 효과를 일으켜 인간에게 고통을 주고 생활의 질을 떨어뜨리는 결과를 낳고 있는 것이다. 인구 그 자체가 부적(負的) 작용을 하는 것은 아니며 중요한 것은 이 같은 결과가 적정인구수준(optimum population)을 초과한 과도한 인구증가와 결코 무관하지 않다는 사실이다. 이 점에 대해서는 이미 충분히 강조하였으나

표 XII-3. 한국의 시·도별 인구(2000년)와 대기오염물질 배출량(1999년)과의 순위상관표

시·도	인구	오염물질 배출량(Y)	X의 순위	Y의 순위	$(X-Y)^2$
서울	9,895	325.3	1	4	9
경기	8,984	459.5	2	1	1
부산	3,662	311.7	3	5	4
경남	2,978	308.5	4	6	4
경북	2,724	407.3	5	3	4
대구	2,480	116.3	6	12	36
인천	2,475	168.7	7	10	9
전남	1,996	462.7	8	2	36
전북	1,890	111.1	9	13	16
충남	1,845	290.3	10	7	9
강원	1,487	221.2	11	9	4
충북	1,466	133.7	12	11	1
대전	1,368	58.4	13	14	1
광주	1,352	52.2	14	15	1
울산	1,014	251.0	15	8	49
제주	513	31.4	16	16	0

$$N=16, \ \sum(X-Y)^2=184$$

자료 : 환경부, 『환경통계연감』 ; 통계청, 인구센서스

이들 간의 상관관계를 보다 확실히 하기 위하여 간단한 한 방법으로 인구와 환경과의 순위상관관계를 구명해 보기로 한다.

⑶ 인구-환경의 순위상관

두 요소 간의 상관관계를 분석하는 방법으로서 일반적으로 스피어먼(Spearman)의 상관관계를 구하는 방법을 이용한다. 한국의 지역별 인구규모(2000년)와 대기오염물(아황산가스 · 일산화탄소 · 탄화수소 · 이산화질소 · 먼지) 배출량(1999년)과의 순위상관표(표 XII-3)와 순위상관계수(rank-order correlation coefficient, Spearman P)를 구하여 유의수준 5%에서 검증하기로 한다.

먼저 가설을 설정하면,

H_0 : 인구규모와 대기오염물 배출량과는 상관관계가 없다.

H_1 : 인구규모와 대기오염물 배출량과는 상관관계가 있다. (유의수준 $\alpha=0.05$)

순위상관계수(Sr)는 공식에 의하여

$$S_r = 1 - \left\{ 6\frac{\sum_{i=1}^{n} di^2}{N(N^2-1)} \right\}$$

(단, $\sum di^2$: X와 Y의 순위차 제곱의 총계, N : 사례의 수)

$$S_r = 1 - \frac{6 \times 184}{16(16^2-1)} = 0.7294$$

통계량 $T_c = S_r \sqrt{\dfrac{(n-2)}{1-Sr^2}} = 0.7294 \sqrt{\dfrac{(16-2)}{1-(0.7294)^2}} = 3.9894$

$3.9894 < T_{0.05/2,\ di(n-2)} = T_{0.0025,\ di(14)} = 2.145$이므로 성립하지 않는다.

따라서 귀무가설 H_0는 기각하고 대립가설 H_1을 택한다.

따라서 인구규모와 대기오염물 배출량과는 상관관계가 있다.

이상에서 스피어먼 상관계수를 통하여 인구규모가 크면 클수록 대기 중에 방출되는 오염물질은 많을 것이라는 개연성은 사실로서 입증된 셈이다.

⑷ 성장한계모형

인구가 증가되고 공업화가 지속되며 1인당 소득이 향상됨에 따라 1인당 자원소비도 증가할 것이므로 지구상의 한정된 자원은 머지않아 고갈되고 말 것이라는 하나의 예측이 H. 메도우스(H. Meadows)와 L. 메도우스(L. Meadows)를 중심으로 한 '로마클럽 연구보고서'로서 발표되었다. 'The Limits to Growth : A Report for the club of Rome's Project on the predicament of Mankind' 라는 제목으로 된 이 보고서는 인구, 1인당 식량생산, 1인당 공업생산, 천연자원, 환경오염(공해)의 다섯 가지 요소에 근거하여 1900~2100년의 세계 표준 성장 추세를 예측하고 이를 통해서 성장한계의 모형(그림 XII-2)을 제시하고 있다. 이 모형은 신맬서스주의의 입장을 이해하는 데 도움이 될 것이다. 이 모형에 따르면 급속히 감소해 가는 자원이 공업의 마이너스 성장에 이르기까지 식량생산, 공업생산 및 인구는 지수적으로 성장하며, 산업이 절정에 이른 이후 얼마 동안에도 인구와 오염은 계속 증가한다. 그러다가 종국(2100년)에 가서는 식량과 의료 서비스의 감소에 의한 사망률 증가로 인구성장은 드디어 정지할 것이다.

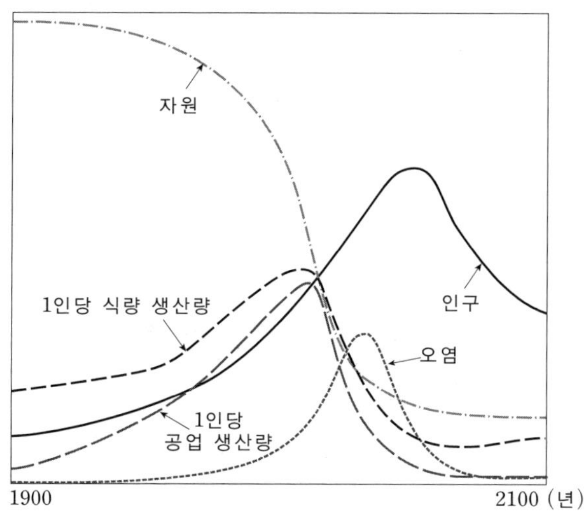

자료 : Meadows, D.H. Meadows, D.L., Randers, J. and Behrens, W.W.(1974), *The Limits to Growth: A Report for the Club of Rome's Project on the Predicament of Mankind.*

성장한계모형에 의해 보고서는 다음과 같은 결론에 이르고 있다.

첫째, 만일 인구·공업화·오염·식량생산·자원소모가 현재와 같은 추세를 지속한다면 지구상의 성장한계는 다음 100년 사이에 나타나고야 말 것이다. 그 결과 인구와 공업의 급격한 감소를 초래하게 될 것이다.

둘째, 그러나 이러한 성장 추세를 변경하고 미래 세계의 지지(支持)를 가능케 하는 생태적 내지 경제적 안정 조건을 설정하는 것은 가능하다. 지구상의 평형상태는 개인이 필요로 하는 물질적 기본 욕구를 충족하고 개개인이 그의 잠재력을 실현시킬 수 있도록 동등한 기회를 부여받은 상태이다.

셋째, 만일 우리가 전자(첫째)보다는 후자(둘째)를 추구하고자 한다면 그것을 실현코자 하는 작업을 빨리 시작할수록 성공의 가능성은 더욱 클 것이다.

이 같은 성장한계모형은 학계에 상당한 관심과 비평을 불러일으켰다. 예를 들어 코울(Cole)을 중심으로 한 과학자들은 앞에서 말한 성장한계모형에 대해서 면밀히 검토하고 그 분석 결과를 발표한 '운명의 모형 : 성장한계의 비평(Models of Doom : A Critique of the

Limits to Growth)'에서 다음과 같은 몇 가지 기본적 이견(異見)을 가지고 이를 비평했다.

첫째, 성장한계모형은 순전히 물리적 한계만을 강조하고 있다. 사회적·정치적 성장의 한계에 더 많은 관심을 두어야 한다.

둘째, 성장한계모형은 계속되는 기술 진보의 가능성을 과소평가하고 있는 데 문제가 있다. 이 기술적 진보는 본질적으로 예측하기 어려운 문제이다.

셋째, 동태적 체계로부터 나온 세계적 모형이라는 것이 미래를 예측하고 정책결정을 수립하는 데 유용한 도구가 될 수 있느냐는 데 근본적으로 회의가 있다. 정책변화나 가치변화 같은 계량화하기 어려운 요소들을 단순히 컴퓨터나 수학적인 기술에 의존, 통합해 버린 데 문제가 있다.

이 같은 비평에 대해서 성장의 한계모형론자들은 다음과 같이 말하고 있다. "인간과 인간의 역할에 대한 서로 다른 견해들을 해결할 수 있는 객관적 방법이란 찾을 수 없다. 세계를 각기 다른 관점에서 볼 수 있기 때문이다. 기술 진보론자들은 인간의 수명연장, 보다 안락한 생활, 인간 지식의 발달, 수확의 증대만을, 그리고 맬서스주의자들은 인구증가, 토지의 파괴, 도시의 퇴폐화, 빈부의 차이만을 보려고 한다."

성장의 한계모형이 우리에게 주는 교훈은 현재와 같은 상황이 미래의 우리에게 줄 결과는 단순히 낙관할 수만은 없는 어려운 상황이며 따라서 미래를 기약할 수 있는 획기적 조치가 기획되고 실시되어야 한다는 미래에 대한 하나의 경고로서 받아들여야 한다는 것이다.

2) 풍요주의

지금까지 환경론자 중심으로 주장되어 온 신맬서스주의와는 상반적으로 경제학자 중심의 풍요주의는 인구증가에 대한 우려를 한마디로 기우라고 간주한다. 과도한 인구를 위기의 재앙 편에 서서 이해하고 인류의 장래를 우려하는 맬서스적 비관론자들과는 달리 보서럽(E. Boserup, 1965; 1981)과 클라크(C. Clark, 1967)는 인구성장이 곧 새로운 기술창조와 자원개발을 필연적으로 유도하는 자극제라 주장한다. 보서럽은 식량의 결핍에 봉착하는 인구문제는 곧 인간으로 하여금 기술적 지식에 보다 빠르게 적용하도록 하며, 특히 증가하는 인구밀도는 농업기술의 진보에 자극제가 된다는 것이다. 인구증가가 기아선상에 이르는 시점에 새로운 농업기술이 도입됨으로써 위기는 언제나 극복될 수 있다는 낙관론적 주장이다. 다시 말해서 농업의 발달은 인구성장에 수반하여 나타나는 결과이며, 기술 발달은 또다시 인구성장으로 나타나는 피드백이 지속된다. 말하자면 인구성장과 기술변화는 상호 역동적 관계인 것이다.

한편, 역사가들은 메소포타미아에서의 관개시설 발전이 자그로스(Zagros) 산지의 수렵·채집 생활자들로 하여금 평야지역에 인구 대량 거주지 형성을 가능토록 하였다고 믿는다. 보서럽은 8,000년 동안에 걸쳐 이 지역에 인구가 밀집하게 되었고 그와 함께 점차 원시적 식량 채집 생활자들은 고대의 가장 훌륭한 식량생산 체계를 갖춘 문명인으로 변신할 수 있었다'고 보고 있다. 과잉인구는 도로건설, 도시의 출현을 유도하고 보다 발달되고 효과적인 경제조직을 낳았다. 모든 국가들은 노동의 분업을 통하여 그들의 부와 복지의 극대화를 추구할 수 있었다.

고드윈(W. Godwin)과 같은 이상주의자들은 맬서스가 말하는 빈곤이 식량부족에서 오는 것이 아니라 식량의 분배가 잘못된 탓이라고 믿는다. 합리적 분배를 위한 사회제도의 부재 탓이라는 것이다.

지리학자 앨리슨(A. Alison)은 식량이 산술급수적 비율로 증가한다는 맬서스 사고의 근거가 도대체 무엇인가에 대해서 의문을 제기하고 있다. 그에 의하면 노동의 증가에 따른 생산의 정비례적 증가를 부인한다고 하더라도 거기에는 제3의 요소로서의 과학기술이 존재한다는 것이다. 과학은 선대(先代)로부터 물려받은 지식에 비례해서 증가하는 것이며 경제학자들이 말하는 과학적 진보야말로 가히 기하급수적이라는 것이다. 만약 과학기술의 기하급수적 비율을 사실로 인정한다면 이는 곧 인구에 대해 매우 희망적인 것이다. 왜냐하면 기하급수적 인구증가에 못지않게 지식의 빠른 증가율을 기대할 수 있기 때문이다. 심지어 사이먼(J. Simon, 1981)은 인구야말로 최대의 자원이며 인구가 많을수록 인간의 노동력과 창조력, 그리고 발명의 재간(才幹)도 그만큼 확보되어 아인슈타인(Einstein)이나 베토벤(Beethoven)과 같은 천재가 탄생할 수 있다는, 말하자면 자원으로서의 인구확보를 강조하고 있다.

한편 롬보르(B. Lomborg)는 그의 저서 『회의적 환경주의자』에서 다음과 같은 여러 사실을 들어 생태주의자들의 주장에 대해서 반박하고 있다.

"생태주의자들이 환경문제의 심각성을 지나치게 과장하고 있으며 환경제일주의의 입장에서 국가정책에 관여하고자 하는 걱정스러운 경향이 나타나고 있다. 예를 들어 UN의 정의에 의한 기아 상태 — 어떤 사람이 충분한 음식을 섭취하지 못해서 가벼운 신체 활동도 할 수 없을 때 — 에 처한 사람의 비율은 1949년 45%에서 1970년 35%, 1997년 18%로 떨어졌으며 이후에도 계속 감소하여 2010년에는 12%로 낮아질 것으로 예상된다. 개발도상국 인구가 2배로 증가했음에도 불구하고 세계적으로 기아 상태에 놓인 사람의 비율이 감소하고 있다는 사실은 놀라운 일이다. 또한 영양결핍으로 간주되는 개도국 어린이들의 비율은 지난 15년 동안 40%에서 30%로 감소하였으며 앞으로도 계속 낮아져 2020년에는 24%가 될 것으로 전망된다. 이 같은 결과는 물론 식량생산의 획기적 변화에 기인한다. 이른바 녹색 혁명이라고 일컫는 다수확 품종 개발은 식량생산 증대에 엄청나게 기여한 것이다. 개발된 신품종 작물들은 발아 시기가 이르고 성장이 빠르며 질병과 가뭄에 저항력이 크다는 공통점을 지녔다. 일찍 발아하고 빨리 성장한다는 것은 세계의 많은 지역에서 2모작 혹은 3모작이 가능하다는 의미이다. 이제는 벼를 수확하기까지 150일씩이나 걸리지는 않으며 90일 만에도 생산이 가능하다. 뿐만 아니라 여러 곡물 재배의 기후적 조건 극복도 가능해졌다. 예를 들어 옥수수 재배의 북한계는 800km나 확대되었으며, 이는 캐나다, 러시아, 중국, 아르헨티나 같은 나라에 커다란 축복이었다. 밀은 백분병이나 녹병 같은 대부분의 질병에 더 큰 저항력을 갖게 되었는데, 이는 경제적 여유가 없어 농약을 사지 못하는 개발도상

그림 XII-3. 세계 곡물 생산량 변화, 1960-2000년

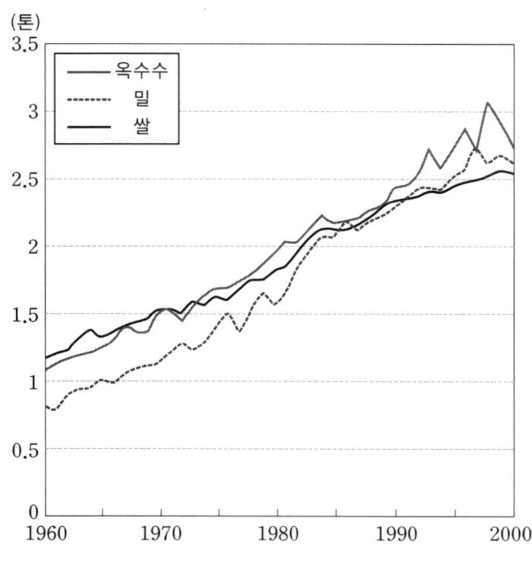

자료 : 비외른 롬보르(2003), 『회의적 환경주의자』, 184

국 농부들에게 커다란 의미를 지닌다. 이제 신품종 밀은 개도국에서 생산하는 밀의 거의 90%를 차지한다. 녹색혁명 덕분에 그림 XII-3에서 볼 수 있듯이 개도국에서 가장 중요한 세 가지 곡물인 쌀, 옥수수, 밀의 생산량이 1960~2000년 각각 122%, 159%, 229%나 증가하였다."

"농작물뿐만 아니라 닭고기와 돼지고기도 과거 60년 전보다 2배나 많이 생산되고 젖소의 우유 생산량도 2배로 늘었다. 유전자 조작과 현대적인 양식법 덕분에 노르웨이의 연어 양식업은 1970년대 초 이후 생산성이 거의 2배나 높아졌다. 관개시설은 토양을 훨씬 더 비옥하게 만들며 2모작이나 3모작을 가능케 한다. 관개시설이 완비된 경작지의 비율은 1961년 10.5%에서 1997년에는 18% 이상으로 거의 2배나 늘었는데 여기에서 전체 식량의 40%가 생산된다. 1960년대만 해도 아시아에서 수확하는 쌀의 거의 1/3을 곤충들이 먹어 치웠으나 화학비료와 농약 사용이 증가하면서 그동안 질병이나 해충에게 빼앗겼던 상당한 양의 곡물을 되찾아 올 수 있게 되었고 식물의 성장속도도 빨라졌다."

"환경주의자들은 농약 사용과 집약적 농법이 환경에 미치는 해에 대해서 우려하고 있으나, 만약 우리가 집약적 농법과 농약 사용을 중지한다면 현재와 같은 양의 곡물을 생산하기 위해서 훨씬 더 많은 경작지를 개발해야 할 것이며 그렇지 않을 경우 굶주리는 사람의 수가 지금보다 크게 늘어날 것이다. 또한 새로운 품종의 곡물들은 질병에 더 큰 저항력을 가지므로 농약 사용을 그만큼 줄일 수 있으며 동시에 토양에서 영양분을 흡수하는 능력이 크게 향상되었으므로 화학비료의 과잉 사용도 줄일 수 있다."

"지금까지 아프리카 또는 중앙아메리카 여러 나라에서 열대우림의 상당량을 잃어버렸다고 주장하지만 실제로 지난 반세기 동안 전 세계의 삼림면적은 감소하지 않았다. 월드워치 연구소(Worldwatch Institute)는 1998년 '종이를 비롯해서 임산가공품의 급격한 증가로 인해 …… 지역적인 삼림파괴가 세계적인 재앙으로 변해 가고 있다' 고 언급했다. 그러나 사실 우리가 소비하는 나무와 종이는 현존하는 전체 삼림면적의 5%만 가지고도 충분히 충당할 수 있다."

"세계자연보호기금(WWF)은 '지구의 허파' 인 아마존을 삼림훼손으로부터 구하자' 고 주장했다. 그러나 이 말은 근거 없는 속설에 불과하다. 식물들이 광합성을 통해 산소를 만들어 내는 것은 사실이지만, 식물이 죽어서 분해될 때에는 정확히 똑같은 양의 산소가 필요하다. 따라서 평형상태(전체 생물량이 대략 일정하게 유지되는 삼림)를 이루고 있는 삼림은 순수한 의미에서 산소를 생산하지도 소비하지도 않는다."

"화재로 인한 삼림손실에 대해서도 환경주의자들이 자주 우려해 온 것이지만 지금까지의 삼림화재는 대부분 매년 사탕수수 수확 작업의 일환으로서, 또는 밭과 목초지를 확보하기 위해서, 혹은 불이 토질을 좋게 한다는 믿음 때문에 이미 개간된 땅에 불을 놓는 과정에서 발생한 것이다."

롬보르는 이 밖에도 대기오염, 수질오염, 생물 다양성, 지구온난화 등 여러 환경적 요소들에 걸쳐 매우 광범위하고 다양하며 자세하게 환경론자들의 주장에 대해서 조목조목 반박하고 있다. 한편 베일리(R. Bailey)도 그의 저서 『에코스캠(Ecoscam)』에서 롬보르와 같은 견해의 논조를 전개하고 있다.

"1989년에 브라운(L. Brown)은 세계의 식량 재고를 평가절하하고 전 지구적 식량부족이 드디어 닥쳐왔다고 선언했으며 에를리히(P. Ehrlich)도 같은 주장을 펼쳤지만 그들의 예언은 매번 빗나갔다. 세계의 식량공급은 오히려 증가하고 있고 가격은 계속해서 떨어지고 있다. 1960년대에 브라운은 곡물생산이 더 이상 증가하고 있지 않으며 더 이상 경작할 수 있는 땅이 늘지 않는다는 것을 근거로 대기근이 임박했다고 주장하였고 에를리히 역시 수십억이 사망할 대기근을 예측한 바 있으나 그 같은 일은 결코 발생하지 않았다. 녹색혁명으로 인해서 곡물 생산성은 오히려 극적으로 증가했으며 사망률이 증가하기는커녕 전 세계적으로 평균수명이 급격히 증가하였다. 개도국 중심의 상당수 어린이들이 굶주림으로 죽어간 건 사실이지만 에를리히가 예측한 것과 같은 종말론적 규모의 사망은 결코 일어나지 않았다.……"

이와 같이 풍요주의자들은 신맬서스주의의 환경론자들이 우려하는 지구 환경적 위기는 결국 통계나 예측이 과장된 것에서 비롯되는 것으로, 하나의 기우에 불과하므로 종말론적 위기의식은 당연히 불식되어야 한다는 논리를 전개하고 있다.

한 가지 분명한 사실은 과연 우리가 환경위기를 인정하고 이를 사실로서 받아들여야 할 것인지, 아니면 하나의 억측과 과장으로 치부해야 할 것인지 신중히 고려하고, 하루빨리 그에 적합한 선택적 행동을 취해야 할 시점에 이르렀다는 것이다. 표 XII-4는 지금까지 설명한 (신)맬서스주의자와 마르크스주의자, 풍요주의자들의 입장을 표로 요약, 정리한 것이다.

표 XII-4. (신)맬서스주의자, 마르크스주의자, 풍요주의자

관점	가설 · 전제	문제점	해결책	비평
맬서스 주의자와 신맬서스 주의자	• 과잉인구는 문제다. • 자원은 원칙적으로 제한적이며 새로운 기술이 식량생산을 향상시킬 수는 없다. • 세계의 부는 제3세계의 빈곤과 무관하다. • 해외 이출이 식량 원조가 될 수는 없다. • 빈곤층의 사람들이 도덕적 억제력을 갖는 것은 아니다.	• 인간은 너무 많고 식량은 충분치 못하다. • 인구성장은 빈곤과 환경 잠식으로 이어진다. • 도덕적 억제력의 부족. • 서민층의 비극.	• 적극적, 예방적 특히 도덕적 억제. • 출산 조절(신맬서스주의자). • 인간의 죽음을 너그럽게 받아들인다.	• 인간을 동물적 존재처럼 대한다. • 기술의 역할을 경시한다. • 부자와 빈자의 관계를 무시하고 빈곤을 빈자의 탓으로만 돌린다. • 도덕적 억제만이 허용할 수 있는 유일한 억제 요소이다(맬서스주의자). • 역사와의 무관성.
마르크스 주의자	• 자원과 부의 불균등한 분포. • 빈곤은 높은 출생률의 원인이다. • 부유층 국가에 의한 지나친 소비, 즉 자본가들의 탐욕.	• 자원과 부의 불균등 분포. • 빈곤은 높은 출생률을 낳는다. • 부국들에 의한 과소비. • 자본가들의 탐욕.	• 부자로부터 빈자들의 자원 재분포. • 개발과 발전.	• 일괄적 재분포를 기대하는 비현실성. • 사회주의 국가들에도 인구문제는 있다. • 비문화적.
풍요 주의자	• 인간은 곧 자원이다. • 자원이 근본적으로 제한적이지는 않다. • 기술은 유용한 것이며 기술 변화는 쾌적한 것이다(매우 다행스럽고 바람직한 일이다).	• 문제없다. • 수적으로 인간이 많다는 것은 더 큰 시장과 아울러 해결해야 할 문제들에 대한 더 많은 인력을 의미하는 것이다(해결할 인간 능력의 증가).	• 인구는 인구 그 자체를 도울 것이다(자생력을 갖는다). • 기술 개발과 자유시장 경제는 부족한 식량문제를 해결해 줄 것이다.	• 인간은 자신들이 곤궁하고 영양상태가 악화되고 교육을 받지 못하면 더 이상 자원이 될 수 없다. • 힘과 계급의 논쟁을 무시. • 신기술이 개발되지 못할 수는 있으나 유해할 수는 없다.

자료 : State, University of New York at Albany(homepage)
http://www.albany.edu/~yhuang/Demographic Perspectives Comparison.doc

XIII. 인구정책

1. 인구정책의 의미

인구정책의 정의는 다양하게 표현되고 있으나 그 의미는 대체로 유사하다. 정책이 정부의 어떤 목적이나 목표를 달성하기 위해 취해진 행동이라고 한다면, 인구정책은 인구의 증가 · 감소 · 규모 · 구조 · 분포에 영향을 끼칠 목적으로 취한 정부의 행동 또는 조치라고 정의할 수 있다. 또 다른 표현으로는 '국가가 그 사회의 존속과 번영, 즉 국민의 복지를 위해 현재의 인구동향을 변형시키거나 개선하기 위해 취하는 정부 차원의 입법, 행정 등 모든 시책'이라고 정의할 수 있다. National Academy of Science(1971)는 인구정책이란 '국가나 정부 차원에서 행해지는 것으로서 인구문제를 해결하려는 의도를 가지고 어떤 일정한 이념 혹은 목적하에 실시되는 정책으로 광의로는 국민의 복지를 포함하는 국가정책의 전부'라고 정의하고 있다. 데미니(Demeny, 1974)는 '출산, 사망, 인구이동과 같은 인구과정에 영향을 줄 목적으로 마련된 조치들', 베럴슨(Berelson, 1971)은 '인구에 관련된 사상(事象)을 변경시킬 의도나 실제 변경시키게 하는 정부 차원의 행동'으로 정의하고 있으며, 이러한 정의에 입각하여 인구정책의 특성을 세 가지로 요약하고 있다. 첫째, 정부가 실질적인 행동을 보여야 한다. 예를 들어 정부의 입장을 표명하고 법률을 제정한다거나 구체적인 사업을 실시하는 것이다. 둘째, 인구사상에 관련이 있어야 한다. 즉, 인구의 규모, 증가율, 분포, 구성과 같은 인구변수에 영향을 주어야 한다는 것이다. 셋째, 정부가 인구사상을 어떻게 바꾸겠다는 의도가 분명해야 할 뿐만 아니라 그 결과로서 의도하는 바가 나타나야 한다. 이와 같이 인구특성에 관련된 정책은 추상적이거나 묵시적이어서는 안 되며, 구체적이며 명시적이어야 한다.

결국 인구정책은 인구의 수, 구조, 분포 등 인구와, 이들로부터 발생되는 제반 인구문제가 현재 또는 미래의 국가 · 사회 발전에 저해가 되지 않도록 변화를 예측 · 판단하여 인구와 관련된 대비책을 세우고 그에 따른 사업계획을 벌이는 일까지 포함하는 일체의 인구계획을 말하는 것이다. 따라서 인구정책은 인구의 질적 향상을 위한 조처이자 국가의 사회정책인 것이다. 이와 같은 인구정책은 그 목적과 이를 수행하기 위해서 채택되는 수단의 차이에 따라 인구조정정책(population-influencing policies)과 인구대응정책(population-responsive policies)으로 구분된다. 전자는 인구현상, 즉 출생·사망·이동을 중심으로 하여 발생되는 인구문제에 국가가 직접 관여하여 바람직한 방향으로 해결하고자 하는 적극적 접근 방법으로 출산조절정책과 인구이동정책이 있다. 후자는 인구변화로 야기되는 제반 사회적·경제적 문제의 해결을 위하여 국가가 추구하는 정책으로 식량정책, 자원개발정책, 주택정책, 고용정책, 경제개발정책, 교육정책, 사회복지정책 등 인구의 질적 향상을 도모하고 인구와 관련되는 사회문제에 대처하기 위한 정책이다. 이 정책은 국가의 다른 모든 정책과 전반적으로 밀접하게 관련되므로 광의의 인구정책이라 할 수 있다. 이 장에서는 인구조정정책만을 다루고 주택정책, 경제개발정책, 교육정책, 사회복지정책을 중심으로 하는 인구대응정책은 노인을 중심으로 하는 사회복지정책과 인구교육정책만을 별도의 장에서 다루기로 한다.

2. 인구조정정책

1) 출산조절정책

인구조절정책은 국가나 시대에 따라 정책 초점이 다르며 크게 출산장려정책(pro-natalist policies)과 출산억제정책(anti-natalist policies)으로 분류된다. 전자는 출산 보조금, 출산 및 육아 휴가제도, 여성의 사회지위법, 피임법 사용 제한, 인공임신중절과 해외이민의 금지 및 제한, 모자보건법, 육아 및 유아 교육시설, 장기 교육 프로그램 개발 등을 통해서 출산을 유도하는 정책으로, 과거 중상주의 시대나 오늘날의 프랑스, 이스라엘 등 장기간에 걸쳐 인구가 정체되었던 선진 제국과 최근 급속한 인구감소를 겪고 있는 일본, 한국 등이 필요로 하는 정책이다. 후자는 피임 교육과 기구의 보급, 가족계획(family planning)의 관리, 출산 자녀수에 따른 각종 규제 및 보상제도, 소자녀 가족관의 확립과 남아선호사상의 불식, 해외이민 장려, 임신중절 허용 범위의 확대 등, 인구증가의 위험성과 인구—자원 간의 불균형으로 인한 인구압에 대비하여 인구를 통제하고 제한하려는 정책으로서 중국이 대표적이며, 그 밖에 인구증가로 인한 고통을 경험하고 앞으로 인구문제와 빈곤으로부터의 탈피를 시도하려는 후진국이 선진국으로의 도약 과정에서 흔히 나타나는 정책이다.

2) 인구이동정책

인구이동은 출생, 사망과 함께 인구변화의 중요한 한 요소이다. 한 국가(지역) 내 인구가 과다하거나 과소할 때 인구의 재분포가 요구되며 이에 따라 인구이동정책이 필요하게 된다. 인구이동정책은 국가(지역) 내 인구의 전출입 유도를 통해 지역 간 인구를 재분포시키는 국내이동정책과 국가 간의 인구 이출입을 통해 국가의 인구수를 조절하는 국제이동정책으로 나누어 볼 수 있다. 지역 간의 인구 불균형을 해소시킬 목적으로 인구를 분산시키거나 유입시키는 인구정책은 오늘날 흔히 볼 수 있으나 그 중에서도 특히 대도시 인구 유입으로 인한 과밀도시의 인구분산책이 대표적이다. 대부분의 대도시들은 교외화(suburbanization)와 위성 도시(satellite city)의 발달로 대도시권을 형성하고 비도시 지역으로부터 막대한 양의 인구를 흡수하면서 인구 및 경제 구심력이 더욱 커져 간다. 그 결과 교통혼잡, 소음, 주택난, 공기오염이 도시 환경을 악화시키고 도시의 질을 떨어뜨린다. 이같은 현상은 지역 간의 불균형을 초래하고 국토의 효율적 이용이라는 지역개발 목적과 정면으로 배치된다. 그러므로 지역의 적정인구배치와 지역 간 균형 발전의 차원에서 국가는 인구이동정책을 수립하고 이를 수행하지 않으면 안 된다. 한국의 신행정도시(행정수도) 개발계획은 중부권 개발보다는 수도권의 인구분산에 더 큰 의도를 갖는 반면, 브라질의 수도 브라질리아(Brasilia)의 도시개발은 인구분산 차원이 아니라 내륙개발을 유도하기 위한 국내이동정책이라 할 수 있다. 한편, 국가의 과잉인구를 배출하기 위하여 해외로 송출하는 이민정책, 또는 노동력 부족이 흡인요인(pull factor)으로 작용하여 해외로부터 수민(受民)하는 이민정책은 국제이동정책이다. 오늘날처럼 국제 교류가 빈번하고 국가 간 상호작용이 다양할수록 국제이동정책의 중요성은 점차 증대해 간다.

이 밖에 인구자질 향상 정책을 들 수 있으나 이것은 말 그대로 인구의 질적 수준 향상을 도모하기 위한 것으로 사회복지, 보건위생, 주택, 교육, 고용개발정책 등과 관련되어 나타나며 광범위하게 인구대응정책에 포함되는 것이라 할 수 있다.

3. 인구정책의 역사

고대로부터 오늘에 이르기까지 인구정책은 시대적, 문화적, 경제적, 종교적 특성을 기반으로 한 인구사상과 밀접한 관련을 가지고 행하여져 왔다. 원시 사회에서의 인구에 관한 정책은 인구정책이라기보다는 하나의 사회적 관습으로서 시행되어 왔다. 영아살해 또는 노약자의 살해 내지 유기가 바로 그와 같은 것으로 이것은 식량부족을 근원으로 하여 나타난 악습이라고 할 수 있다. 고대 그리스의 인구정책은 우량인구를 유지하기 위한 우생 정책과 도시국가에 적절한 인구규모를 유지하기 위한 것이었으며, 로마 제국은 전시 사망자로 인한 인구부족 현상 때문에 시민들에게 다출산, 조혼의 인구정책을 실시하였으나 사회적·경제적 변화로 인해 출생률 저하와 인구감소를 가져왔다. 기독교 사상이 지배하던 중세에는 금욕적인 인구정책, 전쟁과 전염병에 의한 사망자 수 증가 등으로 인구증가는 정체되거나 미약하였다.

그러나 중상주의 경제사상이 지배적이던 근세에 이르러서는 인구가 생산력 증대와 식민지 획득의 원천으로 인식되면서 인구증가정책이 시행되었고 18세기 산업혁명을 계기로 인구증가는 급속히 진행되었다. 그 후 맬서스의 인구론(1798년)의 등장과 그에 따른 신맬서스주의 사상은 산아조절을 통한 인구제한의 필요성을 부각시키기에 충분하였다. 이 후 선진국을 중심으로 한 인구조절정책이 사회운동으로서 넓게 확산되기에 이르렀다. 오늘날 선진 국가 대부분은 인구정체 또는 감소 현상을 보이고 있으며 이들의 인구정책은 복지정책, 노인정책과 관련하여 시행되고 있다. 이에 대해서는 뒤에 구체적으로 설명할 것이다. 한편 개발도상국들은 급속한 인구증가와 대도시로의 인구집중 현상의 인구문제에 봉착하고 있으며, 인구증가와 경제개발과의 관계에서 빈곤의 악순환을 거듭하고 있다. 이를 해결하기 위한 인구와 경제발전의 조화로운 정책개발과 실시가 시급히 요청되며, 이는 단지 개도국에만 국한되는 문제가 아닌 전 세계적인 국가의 협력과 이해로써 해결해야 할 지구촌의 과제이다.

4. 여러 나라의 인구정책

세계 각 나라는 인구의 역사, 관습과 전통, 사회적·문화적 발달배경과 과정, 경제발전 단계, 지역개발정책, 인구문제 및 도시문제 등 시대적 사회환경이 다르므로 각 나라의 입장에 따라 적의하게 인구정책을 시행하게 된다.

1) 중국

1950년 제정된 혼인법은 남성 20세, 여성 18세로 조혼(早婚) 성향이었다. 그러나 사회주의 체제하에서의 인구문제는 존재하지 않는 것으로 여기는 마르크스의 인구론에 입각하여 인구증가에 대한 어떠한 우려나 제재 조치도 없었다. 오히려 마오쩌둥(毛澤東)의 인구에 대한 사상은 '人口越多越好'로, 인구를 곧 국력의 신장으로 간주함으로써 다산(多産)을 장려하는 인구개방정책을 썼다. 그리하여 1949년 5.4억이던 인구는 산아제한 캠페인이 시작되기 직전인 1970년에 8.3억으로 증가, 이 기간에 줄곧 연 30‰ 이상의 조출생률, 연평균 성장률 2.0%의 고성장률을 보이고 있다. 그동안 류사오치(劉少奇), 저우언라이(周恩來), 마인추(馬寅初) 등 중국공산당 지도층에 의한 실용주의 인구관이 대두되었다. 1956년 중국공산당 제8차 전당대회에서 저우언라이는 "국민의 건강과 번영을 유도하는 방향으로, 여성들과 아이들을 보호하고 우리의 젊은 세대를 교육하기 위해서는 산아제한에 대한 적절한 조치가 바람직하다."고 제안하였으며, 같은 해 중국 입법기관이자 국가 최고 권력기관인 '전국인민대표대회'에서 마인추는 인구문제의 중요성과 조기 인구억제정책의 필요성을 주장하는 이른바 '신인구론(新人口論)'을 발표하였다. 이와 같이 마오 사상의 전통적 출산장려 인구정책에 반하는 실용주의에 의한 인구제한의 필요성은 계속해서 제안되었으며, 그 결과 1950~1960년대에는 출산장려와 산아제한이라는 상이한 정책이 충돌하면서 출산력도 상당히 요동치고 있었다. 합계출생률을 예로 들면 5.8(1950년) → 6.3(1955년) → 5.7(1958년) → 3.3(1961년) → 7.5(1963년) → 6.2(1964년) → 6.4(1968년) → 5.8(1970년) 식이다. 그러다가 1971년부터 시행된 '완시샤오 계획생육(晩·稀·少 計劃生育, wan xi shao family planning campaign)'으로써 중국은 공식적이고 본격적인 인구정책을 쓰기 시작하였다. 이는 1975년까지 출생률을 도시지역에서는 10‰, 농촌지역에서는 15‰의 수준으로 억제하려는 시도였으며 1979년 1월 공포된 '一家一子女(一對夫婦一子女)' 운동은 그 해 말까지 인구증가율을 1%로, 1985년까지 0.5%로, 2000년대 이전까지는 제로성장에 인구 12억 명에 이르도록 하는 것이었다. 아울러 1980년 개정된 혼인법에서는 혼인연령을 남성 22세, 여성 20세로 상향 조정하였다. 그러나 지역에 따라서 — 광둥(廣東) 성은 남성 26세, 여성 23세, 베이징은 남성 28세, 여성 25세 — 초혼연령 규정은 다르다.

혼인과 출산수에 대한 규정을 산시(山西) 성(1982년)을 중심으로 보면, 한 자녀를 출산한 부부에게는 '한 자녀 명예증'을 수여하고 그에 상응하는 권한을 준다. 이들 부부가 만약 한 자녀를 더 출산하여 두 자녀가 될 경우, 명예증 회수와 함께 모든 권한은 철회되고 엄한 벌칙을 받는다. 그리고 어떠한 경우에도 셋째 아이는 허용치 않는다. 한 자녀 부부에게 주어지는 특전의 예를 보면 출생과 동시에 모든 건강관리가 14세까지 무료로 제공되며 아이가 아플 경우 병원에 등록·검사·입원 등의 전 수속을 다른 사람보다 최우선으로 한다. 산모는 두 달간의 완전 유급휴가를 가지며 불임시술을 할 경우 2주일을 추가해서 받을 수 있다. 혼인법상 결혼연령을 3년 이상 경과해서 혼인을 하는 만혼 부부에게는 15일간의 별도 휴가가 주어지고, 25세 이후 첫 출산을 하는 산모에게는 100일간의 휴가가 주어진다. 그렇게 출산한 자녀는 유치원과 학교를 무료로 다닐 수 있으며, 대학에 지원할 때나 정부기관에 직

사진 XIII-1. 중국의 가족계획 캠페인
"아이를 적게 낳고 잘 기르면 남아나 여아 모두 같다. 단 한 명의 보배(아이)라도 총명하고 가치롭다."는 내용으로 한 자녀 갖기를 권유하고 있다.

자료 : Getis, A.·Getis, J. and Fellmann, J.D.(1996), *Introduction to Geography*, 185

업을 구할 경우에 우선권이 주어진다. 이와 같은 사례에서 한 자녀 가족계획(사진 XIII-1)에 대한 중국 정부의 의욕과 적극성을 충분히 인식할 수 있다.

'완시샤오' 가족계획의 시행 결과 1970년 33.4‰에 달했던 조출생률이 1980년에 18.3‰로 급격히 하락하였으며 2000년에는 13.4‰에까지 이르렀다. 중국의 인구변화는 국가적 인구계획 이외의 사회적 인자에 의해서 영향을 받은 바도 크다. 1958~1960년 전반의 대약진운동이 그 좋은 예이다. 이 기간 동안 생산체제의 집단화로 인하여 전통적 대가족 구조에 반하는 결과가 나타났다. 출생률은 1957년 34.0‰에서 1958년 29.2, 1959년 24.8, 1960년 20.9, 1961년 18.0‰로, 합계출생률 또한 6.4에서 5.7, 4.3, 4.0, 3.3으로 급락하였다. 중공업 중심 정책으로 경공업은 쇠약하고 농업생산은 대폭 감소하였다. 그 결과 생필품 품귀현상과 식량부족이 심하여 사망률이 급증하였다. 감소 일로에 있던 사망률이 1957년 10.8‰까지 떨어졌으나, 1958년 12.0, 1959년 14.6, 1960년 25.4‰로 다시 상승하였으며 1961년에 14.2, 1962년에 겨우 10.0‰로 회복되었다. 출생률 또한 대약진운동의 여파에서 벗어나 1961년의 18.0‰가 1962년에 30.0‰로 급등하였으며, 1963년에 사상 최대인 43.4‰에까지 이른 후 점차 하강하여 1980년 18.2, 1990년 21.1, 2000년에는 13.4‰의 수준까지 이르렀다. 합계출생률도 1961년 3.3에서 1962년에는 6.0으로 급등하고 1963년 7.5의 최고 수준에 이르렀다가 1985년 2.2, 2000년에는 1.8로 떨어졌다(표 XIII-1).

표 XIII-1. 중국의 인구변화, 1952-2000년

(단위 : ‰)

연도	출생률	사망률	자연증가율	연도	출생률	사망률	자연증가율
1952	37.0	17.0	20.0	1989	21.6	6.5	15.0
1957	34.0	10.8	23.2	1990	21.1	6.7	14.4
1962	37.0	10.0	27.0	1991	19.7	6.7	13.0
1965	37.9	9.5	28.4	1992	18.2	6.6	11.6
1970	33.4	7.6	25.8	1993	18.1	6.6	11.5
1975	23.0	7.3	15.7	1994	17.7	6.4	11.2
1978	18.3	6.3	12.0	1995	17.1	6.5	10.6
1980	18.2	6.3	11.9	1996	17.0	6.6	10.4
1985	21.0	6.8	14.3	1997	16.6	6.5	10.1
1986	22.4	6.9	15.6	1998	16.0	6.5	9.5
1987	23.3	6.7	16.6	1999	15.2	6.5	8.8
1988	22.4	6.6	15.7	2000	13.4	6.4	7.0

자료 : 중국국가통계국 · 국가가족계획위원회 통계자료

12.7억(2000년)의 인구를 가진 중국은 '중국국민경제·사회발전 제9차 5개년 계획(1996~2000)' 시기에 이르러 저출산, 고성장 시대로 접어들었다. 세계에서 가장 광범위하고 엄격한 인구조절 프로그램을 실시하고 있으며 그동안 많은 난관에 직면하기도 하였다. 특히 농촌지역의 반발이 심하였지만 중국 공산주의의 획일적 국가 통제로 이를 극복하고 인구규제정책의 실효를 성공적으로 거두고 있다. 그 결과 최근 20년 동안 약 2.6억 명에 이르는 인구를 억제할 수 있었다. 중국의 인구억제 정책은 성공적이었으나 그 강압성 때문에 사회 전반에 끼친 부적(負的) 영향 또한 상당하였다. 세계인구의 21%를 차지하고 있으면서도 세계의 담수와 경작지의 7%, 삼림자원의 3%, 석유자원의 2%만을 보유하는 중국으로서는 이 같은 강압적인 인구정책이 불가피한 것으로 이해되지만 과거 한국이 성공한 인구정책과 같은 국민의 자발적 참여의 민주 방식이 아쉽다고 하겠다.

2) 일본

일본의 인구정책은 제2차 세계대전을 시점으로 해서 근본적인 전환이 있던 것으로 보인다. 메이지 시대(明治時代, 1868~1911년) 이전은 차치하고라도 메이지 이후 2차 대전까지의 인구정책은 일관되게 근대 국가의 확립과 발전을 위한 부국강병에 있었다. 메이지 30년대(1897~1906년)부터 농촌의 과잉인구와 도시의 빈민문제가 논의의 대상이 되었고 또한 다이쇼(大正) 7년(1918년)의 미곡(米穀)소동, 1차 대전 후의 불황, 그에 수반된 식량문제와 실업문제 등으로 소란스러웠지만 이러한 문제에 대한 본격적인 대책은 행해지지 못하였다. 오히려 식량문제·실업문제의 심각성이 실마리가 되어 만주사변, 중·일 전쟁 등의 해외 진출을 도모하고 전쟁 수행을 위한 인적 자원의 확보 강화라는 지상 명령하에 국책으로서의 인구증가 정책이 나왔다. 특히 쇼와(昭和) 16년(1941년) 발표한 '인구정책확립요강'은 이 이념을 단적으로 표명한 것이며, 이 밖에도 여러 가지 인구정책의 방법이 망라되어 있다.

2차 대전 종료 후 인구정책의 이념과 방향은 180도 전환하였다. 전후 베이비 붐(baby boom), 해외로부터의 귀환 또는 철수로 인해 인구는 급증하고 반면에 국토와 경제규모는 축소되고 국민생활은 핍박받아, 인구조절이야말로 최대의 급선무가 되었다. 따라서 정부의 특별한 시책을 기다릴 것도 없이 수태조절과 인공임신중절은 국민 사이에 급속히 확산되었고, 그 결과 출생률은 현저히 저하하였다. 정부는 쇼와 22년(1947년)에 피임약이나 피임기구의 판매를 금지하고 있던 약사법을 개정, 쇼와 24년(1949년)에 해금하였다. 또한 23년(1948년)에 제정된 우생보호법(優生保護法)은 인공임신중절에 대한 규제를 이전보다 완화시켰다.

2차 대전 후의 인구문제 해결은 인구증가율의 하락은 물론이려니와 한편으로 눈부신 경제발전을 통하여 실현된 측면도 크다. 실제로 전후 일본의 경제성장률은 연 10%를 초월하는 높은 수준이었으며 이러한 고도성장을 배경으로 하지 않고서 종전 직후 우려된 심각한 인구문제를 해결하는 것은 불가능했을 것으로 여겨진다. 이러한 이유로 2차 대전 후의 인구정책은 전전(戰前)과는 달리, 직접적이고 적극적인 것은 보이지 않는다 하더라도 적어도 정부가 인구문제에 무관심해 온 것은 아니라는 사실을 알 수 있다. 종전(終戰) 직후 정부는 수많은 귀환인구로부터 오는 인구문제의 중대성을 깨닫고 인구문제에 관련한 여러 정책을 개발하기 시작하였다. 후생성의 '신인구정책 기본 방침에 관한 건의안(1946)'을 비롯하여 내각에 '인구문제 심의회(1949)'가 설치되었으며, 특히 1953년 후생성에 설치된 '인구문제 심의회(1953)'는 생활수준, 산업구조, 자원, 수태조절, 국민의 자질 향상 등 인구문제에 관한 광범위한 사항을 조사ㆍ심의하고 의견을 관계 기관에 진술하는 등 활발한 활동을 전개하였다. 쇼와 29년(1954년)에는 '인구의 양적 조절'을 결의하고 인구압력이 자본의 축적과 산업의 합리화를 저해하는 현상을 파악하여, 정부가 인구증가 억제정책을 채택할 필요가 있음을 지적하였다. 또한 쇼와 30년(1955년)의 '인구수용력에 관한 결의'에서는 인구의 양적 조절과 함께 인구의 수용 모체인 국민경제 측면에서 강력한 상응조치가 필요함을 역설하였다. 나아가서 '잠재 실업 대책에 관한 결의'에서는 전후 일본 경제의 양적 또는 질적 성장에도 불구하고 여전히 불완전 실업자가 대량 존재하고 있음을 지적하였으며, 그 대책으로서 경제구조 개편의 필요성을 강조하였다. 그리하여 쇼와 34년(1959년)에는 생산연령 인구의 격증과 고용문제의 중요성, 출생억제의 필요와 가족계획 보급문제 등을 종합하여 최초의 '인구백서'를 공포하였다. 여기에서 지적된 중요한 점은 사회활동인구의 빠른 성장에 따른 고용문제, 널리 확산된 인공임신중절을 대신할 더 나은 피임방법의 개발, 그리고 경제적으로 소외된 집단의 인구의 질적 향상이다.

1960년대에 들어와서 경제의 고도성장이 시작됐음에도 불구하고 그에 수반하여 인구의 측면에서는 여러 가지 새로운 문제가 발생하였다. 그러한 변화에 대응하여 인구문제 심의회는 다음과 같은 결의와 의견을 발표하였다. 즉, 쇼와 37년(1962년)에는 '인구자질향상대책에 관한 결의'를 공표, 고도성장하의 사회개발이나 사회복지 향상이 경시되는 경향이 있음을 지적하고 인구자질향상 대책의 추진에 맞추어서 경제개발과 사회개발의 균형을 유지할 것을 요청하였다. 또한 38년(1963년)의 '지역개발에 관하여 인구문제의 견지에서 특히 주의해야 할 사항'에 대한 의견에서는 지역개발에 관한 많은 계획이나 구상이 실시 단계에 돌입하고 있을 당시에 그것이 인구에 미치는 영향을 노동력 수급, 산업구조의 변화, 생활환경, 공해문제 등 광범위에 걸쳐서 검토하여 지역개발이 참된 복지국가 실현을 위한 강력한 수단이 될 것으로 기대하고 있다.

쇼와 44년(1969년)의 '우리나라 인구재생산의 동향에 관한 의견'에서는 인구동향의 기본인 인구재생산력의 동향과 그 연령구조나 노동력 인구에 대한 의견을 검토하고 특히 순재생산률이 31년(1956년)부터 약 10년간에 걸쳐 1에 머물러 있다는 사실을 문제시하여 출생력의 회복을 꾀할 필요가 있다고 서술하고 있다. 49년(1974년) '세계 인구의 해'를 맞이하여 '일본 인구의 동향─정지(停止)인구를 목표로(통칭 제2회 인구백서)', '국련(國聯) 세계인구회의 대처방침에 관한 의견'이 발표되는 등, 국내외적으로 인구문제 논의가 활발하였고 특히 정지인구라는 목표를 명확히 하는 인구정책이 두드러졌다. 55년(1980년)에는 '출생력 동향에 관한 특별위원회 보고'가 나왔는데 이는 49년(1974년) 이래의 출생력 저하에 대해서, 주로 인구학적 관점에서 분석된 결과로서 대체수준을 약간 밑도는 정도에 머물러 있음을 지적하고 금후의 조사 연구 필요성 등에 관하여 제언하였다. 최근 인구문제 심의회의 활동은 1984년의 멕시코 국제회의의 개최를 계기로 제3차 '인구백서'라 할 수 있는 보고서를 작성하고 아울러 국제인구회의에 치중하는 심의회로서의 의견을 작성, 종합하기 위해서 '국제인구회의에 관한 특별위원회'를 설치하고 집중적으로 토의를 거듭하였으며, 그 성안(成案)은 심의회의 보고서로서 총회에서 결정되었다. 그 보고서가 곧 『일본의 인구 · 일본의 사회 · 고령화 사회의 미래도(未來圖)』라는 제목으로 출간되었는데, 이는 고령자의 자립과 풍요한 생활환경을 지향하는 것, 인구에 관한 교육 · 연구 수준의 향상, 국제협력의 추진 등에 관해서 종합하고 있다. 더더욱 최근에는 인구문제와 가족의 문제가 밀접하게 연관돼 있으므로 가족 형태의 변화나 가족을 둘러싼 경제사회의 변화를 근거로 장래의 가족 상황도 전망하면서 금후 필요한 정책을 논의하고 제언을 하도록 쇼와 62년(1987년) 1월 '인구와 가족에 관한 특별위원회'를 설치, 토의를 거듭한 결과가 보고서로서 간행되었다.

이상으로 인구정책을 토의하는 공공 기관인 인구문제 심의회의 활동을 중심으로, 전후 일본의 인구정책의 전개를 추적해 보았는데, 이로써 시대의 요청에 대응하여 발생하는 인구문제의 변천과 정책의 개요를 알 수 있을 것이다(이상 山口喜一, 1990). 이상과 같은 일본의 인구정책은 인구의 흐름에 반영된다. 일본의 인구변화를 개관해 보면 일본이 도쿠가와(德川) 봉건체제로부터 근대적 중앙집권 국가로 전환하는 계기가 되었던 메이지 유신 당시의 일본 인구는 3,500만으로 추정된다. 당시의 인구증가율은 연평균 0.5%였으며 그 후 증가 속도가 빨라져서 메이지 30년(1897년)에는 1.0%를 초과했다. 다이쇼 14년(1925년)에는 5,973만, 쇼와 5년(1930년)에는 6,445만으로 증가하여 5년 사이 470만이 증가함으로써 증가율 7.9%, 연평균 증가율 1.5%를 기록하였다. 이를 정점으로 감소세로 돌아선 이후 마이너스 성장을 지속하여 쇼와 15~20년(1940~1945년)에는 0.2%의 정체수준에 머물러 최저의 성장률을 보였다. 그러나 전후 1945~1950년의 베이비 붐 시대를 맞이하여 7,200만에서 8,400만으로 급증함으로써 이 시기 인구증가율 15.3%, 연평균 증가율 2.9%라는 일본 인구역사상 최고 수준을 기록하였다. 그러나 1950년대부터는 '소자화(少子化)' 현상이 두드러지면서 본격적인 인구감소기에 접어들었고 특히 1950~1957년에는 급감하여 대체수준에 이르렀다.

쇼와 35~45년(1960~1970년)은 인구증가율 0.9~1.1%의 안정기였으며 쇼와 42년(1967년)에는 일본 인구가 1억을 돌파하였다. 쇼와 45~50년(1970~1975년)은 제2차 베이비 붐 시기로 이 기간의 증가율은 7.0%, 연평균 증가율은 1.4%의 2차 상승 곡선을 그리다가 이후 다시 연평균 증가율은 1.0% 이하로 떨어졌다. 헤이세이(平成) 2~7년(1990~1995년) 이후에는 0.3%의 안정 상태를 유지하고 있다.

일본은 1975년을 기점으로 합계출생률이 2.0 이하로 하강하였으며 1990년대 이후 1.5 수준(2003년 1.32)을 유지하고 있다. 그러나 일본도 한국처럼 저출산 시대가 지속되고 있어 1980년대 후반부터 '소자화' 현상에 대한 대책 마련에 부심하고 있다. 그 일환으로서 2003년에는 이른바 'work sharing'이라는 인구정책을 내놓았다. 인구재생산 및 육아의 주 연령층인 30~40대 근로자들의 노동시간을 줄이고 대신 고령자와 20대 젊은이로 하여금 고용시간을 보충하려는 세대 간 노동분담정책이라 할 수 있다. 말하자면 인구에 관한 여러 문제 — 저출산 문제·실업문제·노령화 문제·개인의 삶의 질 문제 — 를 동시에 해결하려는 종합대책인 셈이다. 또한 2003년 7월에는 '소자화 사회 대책 기본법'을 국회에서 통과시키기도 하였다. 이 법안은 소자화를 유사 이래 미증유의 사태로 규정하고 '가정과 육아의 꿈을 가질 것'을 아예 국민의 책무로 명기한 것으로서 현재 일본이 겪고 있는 소자화 문제의 심각성을 말해 주고 있다. 그러나 한편으로는 개인의 가치관에 대한 인권침해라는 비판도 안고 있다.

3) 싱가포르

도시국가인 싱가포르는 한때 300만에 육박했던 인구를 수용할 여지가 거의 없었으므로, 그들에게 인구억제정책이란 선택의 여지가 없는 필연적 과업이었다. 1966년에 채택한 인구정책은 1990년까지 대체수준에 이르고 2030년에는 제로성장에 이르는 것을 목표로 한 것이다. 이를 위해서 한 자녀 이상을 둔 산모의 피임, 낙태, 불임시술을 자유롭게 할 수 있는 효과적인 가족계획을 세웠다. 그런데 매우 성공적으로 진행되어 1차 목표인 1990년보다 15년이나 앞서 대체수준 목표를 달성하였고, 이후 지속적인 출산율의 감소로 1980년대에는 노년인구구조로 변하였다. 이내 정부에서는 상당히 빠른 출산율의 감소, 특히 교육 및 생활수준이 높은 사회계층에서 이러한 현상이 두드러지고 지적 수준이 낮은 인구층에서는 반대로 높은 출산율을 보임으로써, 이것이 전체 인구수준의 질적 저하로 이어지지나 않을까 우려하기 시작하였다. 그리하여 1984년에는 가장 높은 교육수준의 여성에게는 출산보상금을, 가장 낮은 교육수준의 여성에게는 불임시술보상금을 지원하는 이중인구정책을 쓰게 되었다. 전자는 산모 소득의 일정 비율, 예를 들어 셋째 아이 출산의 경우 부인 소득의 15%에 해당하는 보상금을 준다든가 하여 최고 1만 달러까지 지불할 수 있도록 하고, 후자의 경우는 시술과 함께 1만 달러를 지원하되, 두 명 이하의 자녀를 둔 저소득층이라는 조건을 충족시켜야 한다. 만약 시술 후 다시 아이를 출산하는 경우는 지원금을 10%의 복리이자와 함께 환불하여야 한다. 그러나 이러한 정책은 엘리트층의 편견으로 싱가포르의 출산율을 높이는 데는 별로 성공적이지 못하였으므로 2년 뒤인 1986년에는 모든 사회계층의 여성에게 출산을 장려하는 새로운 정책으로 전환하였다. 'Two is enough' 라던 인구억제 시대의 구호는 'Three children or more if you can afford it' 으로 바뀌었다.

1986년 새 인구정책에서도 둘째~넷째의 자녀수당제, 셋 이상의 자녀를 둔 부모에게 학교 선택권 부여와 임신 및 출산에 따르는 의료보험 지원, 자녀 출산 직장 여성에 대한 육아 서비스 및 탄력적 근무 시간제 운영의 확대 등을 포함하고 있다. 낙태는 가능하되 사전에 반드시 상담할 것을 의무화하였다.

1986년 새 인구정책은 2년 내에 바로 효과가 나타났다. 출생률 16.7이 20.0으로 치솟았다. 그러나 1994년에 이르러서는 17.0으로 다시 떨어졌다(Population Reference Bureau, 1994). 인도, 이란, 싱가포르의 인구정책은 출산력을 감소시키거나 증가시키려는 정부 노력의 집중력과 강도에 따라서 얼마나 성공적일 수 있는가를 현실적으로 잘 보여 주고 있다.

4) 인도

　인도는 인구정책상의 변화가 심하였다. 2차 대전 후 인도 정부는 정확히 다출산주의라고 까지 할 수는 없지만 상당 기간 동안 인구증가의 흐름을 막을 만한 어떠한 정책도 없었다. 1952~1953년에 이르러서야 경제에 부합하는 수준의 인구를 유지하려는 가족계획 프로그램을 실험적으로 시도하기 시작하였다.

　처음 10년 동안은 조사하고 스태프들을 교육하는 데 한했지만 이후 1960년대부터 점차 가정 방문 설득, 콘돔·자궁 내 피임기구(IUD)·리듬(rhythm)법 등 다양한 피임법을 조심스럽게 보급·시행하였다. 그러나 인도인의 무지와 빈곤은 콘돔이나 IUD와 같은 일시적 또는 반영구적 피임 방법으로는 효과가 없었으므로 가장 확실한 불임시술 방법으로 인구억제정책을 강행하였다.

　정부가 보다 많은 산아제한 수단을 공급하고 조언하는 노력을 기울이게 된 것은 1960년대 말경이다. 구체적인 예로, 남성들이 자발적으로 불임시술에 응할 경우 그로 인한 며칠간의 임금손실을 금전적으로 보상해 주는 것이었다. 이리하여 1960년대 말~1970년대 초에 매년 150만~200만 건의 시술이 이루어졌다. 출생률은 1956~1976년의 20년 동안 2~3차례의 변곡점(knick point)을 그리면서 서서히 낮아졌다. 그러다가 1983년 목표로 조출생률 25‰로 설정한 인도 정부는 1976년부터 매우 강한 인구정책을 시행하였다. 그 결과, 정부의 공식적인 '1981~82년 인도의 가족복지 프로그램 연감'에 의하면 1974~1975년 불임시술 140만, 1975~1976년 270만, 1976~1977년에는 갑자기 830만 명으로 급상승했다가 1977~1978년에는 다시 100만 이하로 급격히 낮아진 이후, 1981~1982년까지 200~300만으로 서서히 증가하였다. 이처럼 급상승, 급하강을 보인 데는 그만한 이유가 있었음을 암시해 준다. 그 당시 정부는 단순한 설득만으로는 부족함을 인지하고 강한 압박을 가하기 시작하였다. 일차적으로 두 자녀 이상을 가진 가족이 정부기관에의 취업, 정부차관(借款), 각종 사업의 개시, 무료학교, 정부주택, 기타 정부가 주관하는 각종 혜택을 받을 경우, 부부 중 어느 한 사람은 불임시술을 받도록 의무화하였다. 급기야는 '시술할당제'를 시행하여 할당량을 채우지 못한 정부 기관원에 대해서는 견책, 징계, 감봉, 심지어 해고까지도 함으로써 지역에 따라서는 상당한 저항을 받았다. 그러나 당시 수상이었던 인디라 간디(Indira Gandhi)는 이를 무릅쓰고 국익을 위해 이 제도를 강행하였다. 650만 명의 불임시술이 불과 6개월 만에 행해지는 사상 유례없는 행위적 확산이 이루어졌고, 현대적 형태의 피임률 또한 1년 사이 17.2%에서 23.9%로 급상승하고 있었다. 이렇게 빠른 속도의 불임시술 확산은 다소 무리가 있었다고는 하나 사실상 거의 자발적인 것이었다. 하지만 이것이 차기 선거에서 간디의 재선 실패의 한 원인으로 작용하기도 하였다. 그러나 여러 가지 비용 부족 또는 불임시술에 대한 저항 등으로 기대만큼 큰 효과는 미치지 못하는 양상이었다. 1982년의 조출생률이 목표치에 훨씬 못 미치는 35‰에 그친 것이다. 그리하여 정책 입안자들은 새로운 대안을 찾게 되었다. 그 내용을 보면 다음과 같다.

- 법적 혼인연령을 상향 조절하는 것.
- 출생제한의 한계를 지향하지 않는 지역에 대해서는 정치적 이익을 주지 않도록 30년 동안 국회 하원수를 동결하는 것.
- 1971년의 센서스를 활용하여 이후 30년 동안 성공적으로 출생을 줄이지 못하는 주에 대해서 중앙정부의 자원 또는 재원을 분배하는 데 불이익을 주는 기초 자료로서 삼을 것.
- 교육을 받음으로써 가족의 규모를 감소시킨 사람들의 본을 받을 수 있도록 여성의 교육기회를 증진시키는 것.
- 어린이들의 생잔율(生殘率)을 높여서 더 많은 어린이를 가질 필요성을 제거할 수 있도록 어린이의 영양문제를 강조하는 사업을 시작하는 것.

실제로 인도의 출생률은 현재 낮아지고 있다. 1960~1980년대의 20년 사이 17세도 못 되었던 평균 혼인연령은 19세로 올라갔으며, 전반적으로 출생률도 1/4이 감소하였다. 출생률의 감소는 한편으로 혼인율의 감소에도 상당한 원인이 있었다. 그러나 총체적으로 보면, 인도는 1950년대 초부터 가족계획을 국가정책의 첫 번째 반열에 올리고 다양한 전략적 시도를 하였지만 현재의 센서스를 보면 획기적 성공이라고 말하기는 곤란하다.

5) 스웨덴

19세기 말엽까지도 가난한 농업 국가로서 미국으로의 많은 이민이 있었던 스웨덴은 세계 최저의 출생률과 자연증가를 오랫동안 지속해 온 최연로국이다. 이러했던 스웨덴 정부는 1911년 피임금지법을 제정함으로써 다출산주의(pronatalism) 방향으로 나아갔으며, 20세기 초까지 인구의 자연증가는 매년 1%를 넘었다. 그러다가 신맬서스주의자인 빅셀(J. Wicksell)로 대표되는 산아제한운동이 일어났고 이 운동은 합리적인 사고와 사회 연대감이 강한 스웨덴 시민에게 공감을 일으켜 삽시간에 널리 파급되었으며 도시화·산업화와 함께 출생률이 급감하였다. 이 같은 현상은 특히 1920~1930년대 초반에 현저하게 나타나 1931-1935년의 자연증가율은 연 0.25%밖에 되지 않았다. 1930년대 초반까지의 낮은 출생률과 지속적 인구감소는 가족개혁의 필요성을 자극하였다. 1930년대 후반부터 정부는 다시 인구증가정책으로의 전환을 신중하게 고려하기 시작하였다. 두 개의 인구정책위원회가 1935~1939년에 설립되었으며 이를 통하여 산아제한의 부정적인 태도의 지양과 모자보건의 적극적 지원 등 출산할 수 있는 사회적 분위기를 조성하였다.

사실상 오늘날의 스웨덴에는 인구지향 또는 억제에 대한 공식적인 인구정책이 없다. 스웨덴 가족계획의 기본 가정은 모든 아이들은 필요에 의하여 존재하는 것이며 그들은 반드시 보살핌을 받아야 한다는 것이다. 대부분의 선진국처럼 스웨덴의 인구정책 역시 복지정

그림 XIII-1. 스웨덴의 인구구조 변화, 1900-2025년

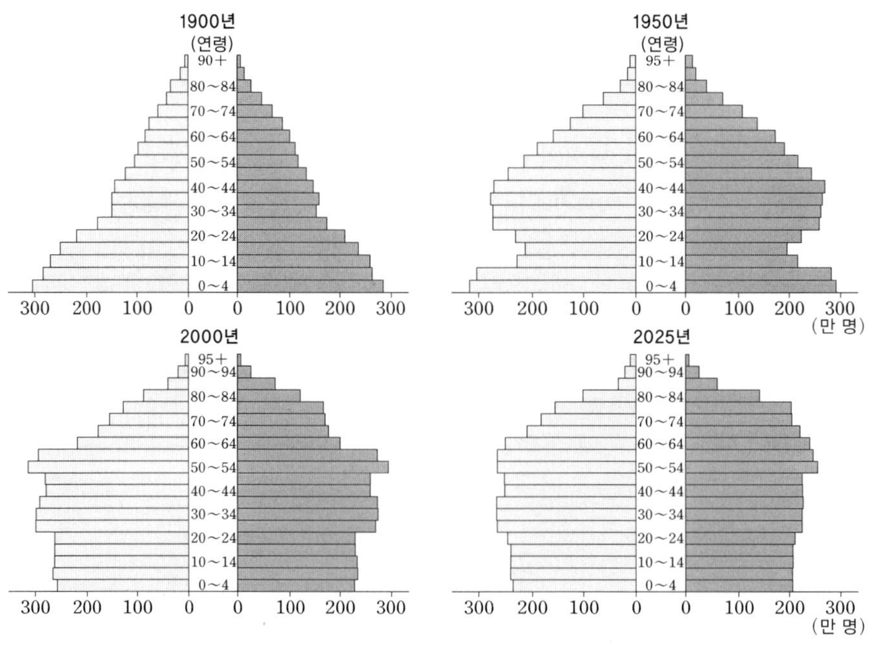

자료 : Hewman and Matzke(1984), *Population-Patterns, Dynamics and Prospects*, 282

책과 관련되어 있다. 자녀수에 따른 세금공제, 학교급식, 출산수당제도, 미혼모에 대한 아동보호비 지급, 낙태의 합법화 등 출산 및 육아에 따르는 사회적·경제적 손실이 없도록 국가가 책임지고 있다.

스웨덴의 인구구조 변화(1900~2025년)를 보면 그림 XIII-1과 같이 오랫동안 안정된 인구구조를 지속하고 있다.

6) 미국

(1) 대내적 인구정책

미국은 대외적 인구정책을 제외하고, 대내적으로는 특별히 인구정책이라고 할 만한 것이 없다. 다만 역사적으로 미합중국 초기에 인구증가를 지향하는 현상은 당연한 일이었다. 하지만 그것은 실제로 출생에 의한 자연적 증가보다는 이민을 수용하는 사회적 증가에 의존하는 것이었다. 그것은 의회에서 행한 링컨(A. Lincoln) 대통령의 연설에서도 잘 나타난다. "우리는 모든 산업현장 특히 우리의 농장이나 광산에서 노동자들의 심한 부족 현상을 겪고 있다."며 강한 수민(受民)정책을 국가정책으로 채택하고 있다.

한편, 미국의 공공보건정책은 사망률 감소를 목표로 하였고 그 결과는 자연히 인구증가로 나타나게 되었다. 그러나 출생지원금이나 그와 유사한 어떤 형태의 직접적 출산장려책이란 것은 없었다. 싱가포르, 캐나다 그리고 많은 유럽 국가들이 임신과 출산에 대한 거부감을 가진 반면, 미국은 적어도 공식적으로는 출산 의욕을 떨어뜨리는 어떠한 정책도 행하지 않았으며 오히려 출산에 대한 소득세 감면과 같은 사실상의 여러 간접적인 출산장려책들이 있었다. 근래 사회과학자, 인구학자, 환경학자 들이 기술적으로 뒤진 후진 사회의 출생인구보다 특히 미국과 같은 산업사회의 출생인구에 의해서 보다 많은 자원소비와 오염문제가 발생하고 있음에 주의를 환기시키고 있다. 이러한 점에 입각해서 미국은 세계의 많은 개도국에서 행해지고 있는 정도의 출산억제책을 시행해야 하겠지만 적어도 정부 공식적 차원에서 출산을 억제하는 어떠한 시도도 보이지 않는다. 미국의 확실한 인구정책이란 해외로부터의 이입(immigration)에 관한 정책뿐이라 할 수 있다.

(2) 이입정책(이민정책, Immigration Policy)

　19세기 후반 4반세기(1875년)까지는 세계 어느 지역에서나 미국으로의 이입이 자유로웠으나 이후부터 이입정책이 시작되었다. 이입정책에는 기본적으로 세 가지 질문이 적용되었다. 첫째, 얼마나 많은 사람을 받아들일 것인가? 둘째, 어느 나라들로부터 받아들일 것인가? 셋째, 이입자들을 선택하는 기준을 어디에 둘 것인가? 이 같은 질문은 이민규제에 관한 토론이나 정책수립에 반복적으로 적용되어 왔다.

　초기의 이민규제법에는 주로 두 번째 질문이 적용되었다. 미국인들은 새로운 이입자들에 대한 걱정과 두려움을 가지고 있었으며, 이민규제는 자주 인종주의(racism)나 외국인 혐오증(xenophobia)에 뿌리를 두고 있었다. 1850년대부터 각종 상업적 목적으로 수입된 중국 노동자들은 그 때부터 차별과 편견을 받기 시작하였다. 점차 여러 가지 방법으로 중국인 이민들을 제재하기 시작하더니 드디어 1882년에는 '중국인 제외법(Chinese Exclusion Act)'이 의회에서 통과되었다. 이것이 특정의 국적을 소지한 자에게 미국이 가하는 이민제한의 첫 번째 사례이다. 그 결과 이 법령이 적용되기 전 4만 명에 달했던 중국 이주민이 1885년에는 단 23명으로 줄었다(LeMay, 1987). 중국인들보다 조금 늦게 이민 온 일본인들에게 가해지는 외국인 차별도 중국인과 다를 바가 없었다. 백인과의 혼인은 금지되고 미국 시민권은 물론 사유재산권도 인정받지 못하였다. 1907~1908년에는 일본 정부에 대해 스스로 미국으로의 이출을 억제하도록 압박하였고 이 후 일본인 이민수는 급격히 감소하였다. 19세기 미국의 산업발달은 비숙련공이나 수공업자들의 대량 이입을 필요로 하기 시작하였으며 19세기 내내 서부 및 남부 유럽으로부터의 이입이 이어졌다. 1900~1910년에 이민수는 거의 900만에 육박할 정도로 절정에 이르렀다. 이 수치는 1910년 당시의 미국 인구 9,200만 명의 무려 10%에 해당하는 것이었다. 1820~2000년 미국으로의 합법적 이민수는 표 XIII-2와 같다. 이와 같은 세계 여러 지역으로부터의 대량 이민은 미국으로 하여금 이민제한의 필요성을 증대시켜 주었다. 미국 사회를 주도하는 위대한 국민으로서의 미국적 가치와 이념 — 영어를 사용하고 기독교를 신봉하는 백인 — 에 부적합한 모든 이민에 대한 거부감이 미국민 사이에 점차 커져 갔다. 이민국, 의회, 노동기구 등 여러 집단으로부터의 이민 반대 의견이 드세지는 와중에 1924년에는 '출신 국적별 이민할당제(National Origins Quota System)'가 의안으로 가결되었다. 이 법안은 당시 이민의 주류였던 남부 및 동부 유럽 이민을 주 대상으로 한 이민제한이 목적이었으며, 동시에 세계의 모

표 XIII-2. 숫자로 본 미국 이민사, 1821-2000년

시기(년)	이민수(명)	전 인구수에 대한 비율(%)
1821-1830	143,439	1.2
1831-1840	599,125	3.9
1841-1850	1,713,251	8.4
1851-1860	2,598,214	9.3
1861-1870	2,314,824	6.4
1871-1880	2,812,191	6.2
1881-1890	5,246,613	9.2
1891-1900	3,687,564	5.3
1901-1910	8,795,386	10.4
1911-1920	5,735,811	5.7
1921-1930	4107,209	3.5
1931-1940	528,431	0.4
1941-1950	1,035,039	0.7
1951-1960	2,515,479	1.5
1961-1970	3,321,677	1.7
1971-1980	4,493,314	2.1
1981-1990	7,338,062	3.1
1991-2000	9,095,417	3.2

자료: U.S.A. Bureau of the Census, Statistical Abstract of the United States(1993)
U.S.A. Department of Homeland Security and Office of Immigration Statistics, *2003 Yearbook of Immigration Statistics*

든 지역으로부터의 이민 흐름을 저지하고자 하는 것이었다. 미국의 새로운 이민정책으로서의 이 같은 이민할당제는 1890년 현재 미국에 이입한 국가별 이민수에 비례하여 앞으로의 이민을 할당·수용하자는 이민정책이었다. 1920년대에 채택된 이민할당제는 맥카런-월터 법(McCarren-Walter Act, 1952), 이민국적법(Immigration and Nationality Act, 1965), 이민개정조정법(Immigration Reform and Control Act, 1986), 이민법(Immigration Act, 1990) 등으로 몇 번의 변화를 거치면서 오늘에 이르렀다.

맥카런-월터 법은 1952년 맥카런과 월터의 제안으로 의회에서 제정된 이민법으로, 근본적으로는 국적별 이민할당제를 유지하고 있지만 특별히 두 가지 목표를 가지고 있다. 이민에서 인종적 차별을 없애는 것, 그리고 법무성의 이민귀화국(Immigration and Naturalization Service, INS)으로 하여금 범죄자·위험인물·마약불법거래자·파괴활동에 종사한 이민 또는 귀화 시민을 이민에서 제외시키거나 국외로 추방할 수 있도록 허용하는 것이다.

미국에 살고 있는 가족들과의 결합을 우선적으로 고려하는, 말하자면 인본주의에 입각

함과 동시에 사회안정을 도모하는 것이다. 이와 같은 가족 재결합은 오늘날에도 미국 이민법의 기본 정신이다. 또 하나의 특징은 미국이 필요로 하는 직업 또는 전문직의 경험을 갖고 있거나 그와 관련된 훈련 및 교육을 받고 있는 자에게 우선적으로 이민기회를 주는 것이다. 또한 이것은 정치적 격변이나 공산주의자에 의해서 추방된 자, 또는 자연재해를 당한 이재민을 위해서 개방된 이른바 난민 구제의 성격을 띠는 법령이다.

　　1986년의 이민개정조정법(Immigration Reform and Control Act, 1986)은 불법 외국인의 이민 홍수를 막기 위한 것으로 특히 미국과 국경을 맞대고 있는 멕시코로부터의 밀입국에 초점을 맞추고 있다. 동시에 미등록 이민을 고용하는 사용자에 대해서는 벌금 또는 형벌을 가할 수 있도록 한 점에서 전에 없이 엄격히 이민을 제한하는 법이다. 하지만 또 다른한편으로는 1982년 이래 미국에서 살아온 불법이민에 대해서는 정식으로 이민을 합법화하는 현실적인 법령이기도 하다. 사실상 정부의 어떤 법령이나 조치도 미국에 입국하는 불법이민을 완전히 차단할 수는 없는 형편이다. 1986년 개정조정법 시행 후 처음 2년간 미국-멕시코 국경을 넘어온 불법이민은 400만에 달하고 있으며 이 중 상당수는 멕시코로 되돌려 보내졌다. 오늘날 대폭 강화된 국경 수비대가 엄히 감시하고 있지만 실제로 얼마만큼의 밀입국자가 있는지는 통계에 정확히 잡히지 않고 있다.

표 XIII-3. 미국 이민정책의 특징

- 미국 이민법에 의해 주어지는 우선적 이민 지위 :
1. 미국 시민 또는 영주권이 있는 자와 밀접한 가족관계에 있는 외국인
2. 미국이 필요로 하는 직업적 숙련 기술을 가진 외국인
3. 난민 지위를 획득한 외국인
- 수치상의 직접적 제한을 받는 두 가지 이민 군(群)(366,000명) :
1. 가족관계 우선 : 226,000명
2. 직업관계 우선 : 140,000명
- 수치상의 직접적 제한에 해당하지 않는 이민 범주 :
1. 미국 시민의 직접적 인척: 21세 이상 시민의 배우자, 자녀(고아 포함), 부모
2. 난민 또는 수용소 보호자
3. 1965년의 이민귀화법에 의해 역풍 맞은 국가들(34개국)에 해당하는 외국인
4. 1986년의 이민개정조정법에 의해서 합법화된 외국인의 배우자와 자녀
5. 베트남에서 태어난 미국인(베트남계 미국인)
6. 구소련과 인도차이나로부터 온 임시 입국 허가자(이민법에 의한)
- 연간 이민 총수
1992-1994년　700,000명
1995년 이후　675,000명

자료 : Immigration and Naturalization Service(1993)

표 XIII-4. 2003년 국가별 이민수(상위 20개국)

국가	이민수(명)	전 이민수에 대한 비율(%)
멕시코	115,864	16.4
인도	50,372	7.1
필리핀	45,397	6.4
중국	40,659	5.8
엘살바도르	28,296	4.0
도미니카 공화국	26,205	3.7
베트남	22,133	3.1
콜롬비아	14,777	2.1
과테말라	14,415	2.0
러시아	13,951	2.0
자메이카	13,384	1.9
한국	12,512	1.8
아이티	12,314	1.7
우크라이나	11,666	1.7
캐나다	11,446	1.6
폴란드	10,526	1.5
영국	9,601	1.4
파키스탄	9,444	1.3
페루	9,444	1.3
쿠바	9,304	1.3
계	481,710	68.2
기타	224,117	31.8

자료: Office of Immigration Statistics, *2003 Yearbook of Immigration Statistics*

최근 가장 새로운 이민에 관한 법령은 1990년의 이민법(Immigration Act, 1990)이나, 새 이민법이 기존의 이민정책을 근본적으로 변경시키는 것은 아니다. 미국에 이민을 허용하는 기본 정신은 전술한 바 있는 가족의 해후와 재결합이며, 한편으로는 미국이 필요로 하는 직업 특성에 맞는 직업인을 선택적으로 받아들이는 것이다. 하지만 이 법은 매년 허용하는 이민을 실제적으로 증가시키는 결과를 초래하였다. 1992~1994년의 법정 이민 한계는 70만 명으로, 이는 법 시행 전보다 무려 35%나 증가한 수치다. 현재 미국 이민정책에서 두드러진 몇 가지 특징은 표 XIII-3에, 그리고 최근(2003년)의 국가별 이민수는 표 XIII-4에 나타나 있다.

신대륙 국가로서의 미국은 많은 노동력의 필요에 의해서 1860~1920년대에 수천만의 이민을 불러들였다. 그러다가 19세기 초부터 이민을 제한하기 시작하였으며 특히 아시아 국가들의 이민에 대해서는 더욱 심하게 적용하였다. 20세기 초 이민이 절정에 달하자 1920년

대부터 출신국적별 할당제를 도입하였다. 이 법안은 1930년대 대공황과 제2차 세계대전을 거치면서 수십 년 동안 미국 이민을 줄이는 데 효과적으로 작용하였다. 그리고 20세기 중반 이래 앞서 말한 맥카런–월터 법을 비롯하여 여러 이민법이 적용되어 왔다. 오늘날의 이민정책에 기본적으로 우선하는 이민 대상은 미국 거주민의 가족, 미국이 요하는 직업과 전문적인 기술자, 그리고 정치적 난민들이다. 이민에 관한 한 미국이 갖는 가장 큰 관심은 역시 불법이민이다. 그리고 미국은 서로 다른 정치적 · 경제적 집단이 치열하게 경쟁하고 있는 사회이므로 이들 모두를 포괄하는 인구정책을 수립하기란 거의 불가능한 일이다.

7) 멕시코

멕시코는 인구역사상 국가 차원의 인구정책이란 없었다. 처음으로 정부와 관련되어 제기된 논쟁점은 인구성장이 한 국가의 사회 · 경제 · 군사 · 안녕에 본질적인 의미를 갖는다는 매우 광범위하고도 원론적인 것이었다. 멕시코 혁명이 종식된 1917년부터 1972년 획기적인 정책 변화가 있기까지 멕시코의 인구정책에서 드러난 몇 가지 예를 보면 다음과 같은 것들을 들 수 있다.

- 근로자의 봉급수당과 가족수당에 대한 권한은 헌법상에 보장된 사항으로 이것은 대가족 규모를 자극하였다.
- 공중위생법은 피임이나 임신중절에 대한 선전, 광고를 금하였다.
- 국정 교과서는 대가족 제도가 바람직하다는 것을 교육하고 있다.
- 정부는 매년 최다 출산 부인의 가치를 높이 평가하고 상을 수여하였다.
- 1947년 제정된 법률은 내무장관에게 결혼 장려, 출생률 증가, 해외로부터의 인구이입을 포함한 국가인구문제의 해결을 위하여 필요한 조치를 취할 수 있는 권한을 합법적으로 부여하였다.

혁명 기간 동안 겪었던 인구감소는 증가로 돌아서기 시작하였으며 발전의 도약으로서의 인구성장 수준만큼 1950년대까지 확실하게 지속되었다. 한동안 경제활동이 인구성장을 극복하는 것처럼 보였다. 왜냐하면 국민총생산이 미국의 그것을 능가하였기 때문이다. 그렇지만 이내 실직의 물결과 미국으로의 이출이 모든 것이 순조롭게만 진행되지 않을 것임을 예고하였다. 1970년대는 주변 환경으로 인하여 주요한 인구정책의 전환 시점이 되었다. 통제되지 않는 출산력과 사망률 저하는 국가의 복지에 심각한 압박을 가하였다. 가족계획 활동은 1960년대에 개별적으로 시작되었지만 범국가 차원의 활동은 없었다. 1970년 대통령 선거에 에체베리아(Echeverria)는 강력한 다출산주의에 기반을 두고 당선되었지만 바로 2년 뒤 1972년에는 정부가 가족계획 프로그램을 시행할 것임을 천명함으로써 극적으로 방향을 전환하였다. 1974년에는 가족계획을 헌법상으로 보장하는 세계에서 두 번째(유고슬라비아 다음으로) 국가가 되었다. 무제한적 인구성장 정책으로부터 멕시코는 대표적 가족계획운동의 국가로 돌변한 것이다.

8) 브라질

브라질은 1995~2000년의 연평균 성장률 1.4%, 합계출생률 2.3~2.4 정도의 인구대국(2005년 현재 1억 8,400만)이면서도 광대한 영토로 인구밀도는 km²당 20명의 아주 낮은 수준이다. 그러나 전 국토의 60%를 점유하는 열대밀림지역은 국토 공간의 효율적인 인구분포를 방해하는 지형적 · 기후적 요인이 되고 있다. 최대 도시인 상파울루를 중심으로 리우데자네이루, 살바도르 등 남동 해안을 따라 인구가 편포하는 브라질이 당면하고 있는 인구의 현실적 정책은 인구규모와 구조에 대한 것보다는 인구재분포에 대한 정책이 위주인 것으로 보인다. 물론 인구의 조절정책으로 현재의 합계출생률이 2010~2015년에는 1.98의 대체수준 이하로 떨어질 것으로 예측되기는 하지만 내륙 밀림지역 'Amazonia'(그들은 아마존의 열대우림지역을 이렇게 부른다)의 엄청난 자원(삼림 · 주석 · 고무 등)을 개발하기 위한 노동력 확보에 초점을 두고 있다. 1960년에 수도를 내륙에 위치해 있는 브라질리아로 옮긴 것은 브라질 정부의 이 같은 내륙 개발의 국가적 의지를 드러낸 것이다. 또한 1971~1978년 트랜스아마조니카(Transamazonica) 동서횡단도로 건설은 또 하나의 산물이다. '땅 없는 사람에게 주인 없는 땅을(land without men for men without land)' 이라는 구호를 내걸고 도시빈민들을 내륙으로 유도하는 정부 정책이 곧 브라질의 인구정책이다. 그러나 이 같은 정부의 노력에도 불구하고 아마존 내륙개발정책(Amazon Basin Development Project)은 삼림훼손과 수질오염의 환경 파괴라는 많은 비난을 받고 있을 뿐 인구의 재분포라는 점에서는 실패한 것으로 보인다. 인구중심은 내륙 쪽으로 거의 이동하지 않았기 때문이다.

9) 한국

한국 사회에는 전통적 관념으로서 다출산 다복(多福)사상과 남아선호사상이 일관되게 흐르고, 이는 대가족 제도로 이어졌다. 농업에 근거한 우리의 생업과 효사상은 대가족 구성의 호구(戶口) 다음으로 촌락공동체가 사회구성의 기본단위가 되도록 하였으며, 향촌은 공간적·사회적 활동의 주 무대였다. 그러나 1960년대 초부터 시작된 근대화 작업은 필연적으로 전통적 가족관의 변화를 요구하였으며 이는 대가족에서 소가족 제도로의 전환을 의미하는 것이었다. 또한 경제발전의 과정으로서 일반적으로 겪게 되는 인구·사회변화이기도 하였다. 이때부터 시작된 산업발달은 농업에서 공업으로, 시간이 경과할수록 경공업에서 중공업으로의 산업구조 변화와 함께 이촌향도의 대도시 발달과 국토 공간의 인구재분포를 초래하였다. 한국의 인구정책은 후진국에서 개발도상국으로 진행하는 거의 모든 국가에서 그랬듯이 출산억제정책으로 시작되었고, 이를 유도하는 각종 표어와 포스터들이 등장하였다. 우리나라가 인구정책을 처음 쓰기 시작했던 1960년 당시의 합계출생률은 무려 6.0 수준의 전형적 후진지역 수준이었다. 이때의 구호를 보면 '많이 낳아 고생 말고 적게 낳아 잘 키우자', '덮어놓고 낳다 보면 거지꼴을 못 면한다', '적게 낳아 잘 기르면 부모 좋고 자식 좋다' 등 높은 출생률의 억제를 위한 것들이었다. 특히 1966년부터 사용된 '3·3·35'는 구체적으로 출산 자녀수를 제한하는 것이었다. 1960년대 후반의 평균 자녀수는 5명 정도이고 가족계획 실천율은 25%이었는데, 시작 초기에 어느 정도 성공하고 있음을 보여 주는 것이다. 1971년에 이르러 '딸·아들 구별 말고 둘만 낳아 잘 기르자'라는 표어가 나옴으로써 뿌리 깊은 남아선호사상에서 벗어나기를 권유하고 있으며, 1978년의 '하루 앞선 가족계획 십년 앞선 생활 안정'은 아직 참여하지 못한 가족을 상대로 하루빨리 참여할 것을 유도함과 동시에 소가족 규모의 경제적 이점을 강조하고 있는 것이다. 이 무렵 평균 자녀수는 2.6명(1976), 실천율은 49%(1978)였다. 1983년부터는 '축복 속에 자녀 하나 사랑으로 튼튼하게', '하나씩만 낳아도 삼천리는 초만원', '둘도 많다' 등의 표어로 '한 자녀 갖기 운동'이 전개되었으며 '하나 낳아 젊게 살고 좁은 땅 넓게 살자'는 표어는 인구억제의 당위성을 국토 규모와 관련시켜 호소했다는 데 의의가 있다. '한 자녀 갖기'에 대한 홍보가 시작되기 전인 1982년의 출산의식에 대한 조사(尹汝松, 1984)에서는 '한 자녀도 괜찮다'는 부인의 비율이 15.9%에 불과하던 것이 1985년 조사(한국인구보건연구원, 1985)에서는 47.8%로 나타나 불과 3년 만에 3배의 증가율을 보였다.

한편, 1990년대에 들어와서는 '아들 바람 부모 세대 짝꿍 없는 우리 세대', '사랑으로 낳은 자식 아들·딸로 판단 말자'의 표어가 등장함으로써 한 자녀를 갖되 남아를 선호하는 행태가 그대로 배어 있음을 반영함과 동시에 성비의 불균형에 대한 경계를 내포하고 있다. 1990년대 이후 합계출생률은 1.59(1990년)에서 1.47(2000년)로 지속적으로 하강하였으며 특히 2000년 이후에는 짧은 시간에 1.15(2004년)까지 급강하하였다. 이에 정부는 출산을 장려하는 정책과 제도를 여러 각도로 모색하고 있으며, 종래의 '대한가족보건복지협회'도 출산 및 모자보건을 적극 선도한다는 의미에서 '인구보건복지협회'로 개칭하였다. 표어도 '아빠! 혼자는 싫어요. 엄마! 저도 동생을 갖고 싶어요', '자녀에게 물려줄 최고의 유산은 형제입니다', '출산으로 얻은 기쁨 함께하는 자녀 양육' 등으로 확 바뀌었다. 한편, 출생성비는 115.3(1993년)~110.0(2002년)으로 상당히 높은 수준을 유지하고 있다. 사진 XIII-2는 각 시대별로 나타난 포스터들이며, 표 XIII-5는 시대별 가족계획 특성을 보여 주는 것이다.

가임연령층의 자녀 출산과 관련한 행태 변화를 보면 이상적인 자녀수를 1965년 3.9명, 1981년 2.46명, 1990년 2.19명, 1995년 2.48명, 2005년에는 2.42명으로 생각하고 있으나 실제 출산은 앞에 말한 바와 같이 그보다 훨씬 낮다. 최근의 '아들 하나는 꼭 있어야 한다' 의식 조사(2005년 서울대 사회발전연구소·조선일보·한국갤럽)에서 찬성 44.2%, 반대 32.2%로 나타났는데, 1985년의 조사(여성개발원)에서는 찬성 71.0%, 반대 25.6%로, 과거에는 월등 보수적인 성향이었음을 알 수 있다.

결과적으로 현대 여성의 실제 출산 행태는 희망 자녀수에 미치지 못하고 있으며, 이는 과거보다 특히 여성들의 전문직 종사자의 수적 증가, 사회계층과 관계없이 모든 여성의 사회참여 의욕과 진출로 인한 사회구조 변화, 그리고 출산·육아에 따른 사회비용의 증대로

| 1960년대 | 1970년대 | 1980년대 | 2000년대 |

사진 XIII-2. 각 시대별로 나타난 가족계획 포스터들

표 XIII-5. 가족계획 사업의 시대별 특성

시기	구호	평균 자녀수(명)	가족계획 실천율(%)	사업 및 교육	홍보 및 연구 담당
1961~1965 (60년대 초)	알맞게 낳아서 훌륭하게 기르자	6 (1961년)	9 (1964년)	• 가족계획 개념 주지 • 남아선호사상 타파 • 가족계획의 필요성(가정경제, 자녀교육, 모자보건)	• 보건소 • 가족계획협회(1961년)
1966~1970 (60년대 말)	3, 3, 35	5 (1966년)	25 (1966년)	• 인구문제 인식 • 소자녀 출산 동기 형성 • 노후 문제의 자발적 해결	• 가족계획 어머니회 • 가족계획 협의회 남직원(군) • 이동 시술반
1971~1977 (70년대 초)	딸아들 구별 말고 둘만 낳아 잘 기르자	4.5 (1971년)	25 (1971년)	• 피임 서비스 기관 집중 안내 • 남아선호사상 타파 • 여성 지위 향상 • 모자보건법 공포 • 난관 수술 보급 시작(1976년) • 소득세법, 법인세법, 가족법 개정	• 예비군 훈련원 • 유엔인구기금(UNFPA) • 가족계획연구소 설립 • 인구정책 심의위원회 설립 • 한국보건개발연구원 설립(1976년)
1978~1980 (70년대 말)	하루 앞선 가족계획, 십년 앞선 생활 안정	3.2 (1976년)	49 (1978년)	• 법적, 제도적 종합지원대책 강구 • 주 교육 대상-도시의 20대	• 보건사회부
1980년대	'하나 낳기 운동', '하나씩만 낳아도 삼천리는 초만원', '사랑으로 가족계획, 하나로도 만족하자', '둘도 많다'	2.6 (1983년)	57 (1982년) 70.5 (1985년)	• 내무부-인구증가억제대책 발표(1981년)	• 모자보건센터 설립(1992) • 한국인구보건연구소 설립(1981년) • 한국보건사회연구원으로 개칭(1989년) • 보사부의 사회보장 심의위원회 연구 기능 통합
1990년대	'아들 바람 부모세대 짝꿍 없는 우리 세대', '사랑으로 낳은 자식 아들딸로 판단 말자'	1.6 (1990년) 1.7 (1996년)	77.4 (1994년) 80.5 (1997년)	• 정부 신 인구정책 발표 • 산아제한 정책 파기(1996년)	• 대한가족보건복지협회 • 보건복지부
2000년대	'출산으로 얻은 기쁨 함께하는 자녀 양육', '자녀에게 물려줄 최고의 유산은 형제입니다'	1.47 (2000년) 1.19 (2003년) 1.15 (2004년)	79.3 (2000년)	• 출산 장려금 지급 • 육아 양육비 지급 • 출산 휴가 의무제 • Papa Quata System • 고령화 대책	• 대한가족보건복지협회 • 인구보건복지협회로 개칭 • 보건복지부 • 한국인구학회 • 고령화 및 미래사회 위원회

자료 : 홍문식(1994), 「1994년 전국출산력 및 가족보건실태조사」, 한국보건사회연구원 ; 조남훈(1997), 「1997년 전국출산력 및 가족보건실태조사」, 한국보건사회연구원 ; 윤여송(1984), 우리나라 가족계획사업 추진현황, 「인구문제논집」 제25호, 인구문제연구소, 6-9 ; 고갑석·김병숙(1977), 가족 계획 사업 실적 분석, 「인구문제논집」 제21호, 인구문제연구소, 211-229 ; 문현상(1989), 「1988년 전국 출산력 및 가족 보건 실태조사」, 한국인구보건연구원 ; http://www.kihasa.re.kr 기타 저자 첨가, 조정

인한 출산기피 현상 때문이라 할 수 있다. 또한 과거보다는 한층 나아졌다고는 하지만 아직도 남아선호 의식이 남아 있음도 알 수 있다. 그러나 이는 50대 이상 63.1%에 비해서 20~30대(32~34%)가 훨씬 낮으므로 세대가 지날수록 남아선택적 의식은 사라져 가리라고 추론할 수 있다.

최근 한 조사(동덕여대 한국여성연구소)에 의하면 '자녀를 꼭 가질 필요는 없다'고 생각하는 우리나라 성인이 12.2%에 달한다. 특히 출산의 핵심 연령층인 20대 여성과 30대 여성이 각각 23%, 21.4%이며, 남성은 그보다 낮은 13.4%와 11.6%로 나타났다. 이러한 현상은 맞벌이 부부에서, 그리고 교육수준과 소득이 높을수록 현저하다. 저출산주의, 독신주의 또는 부부 중심 지향적 사고의 확산으로, 출산의욕이나 가족관에서 과거와는 상당한 행태차이를 보인다. 여성의 사회참여도를 경제활동 참가율로 보면 1980년 42.8%, 1990년 47.0%, 1995년 48.3%, 2003년 49.8%로 지속적 증가 일로에 있으며, 단시간 노동(주 40시간 미만)은 전체 단시간 노동자 중 기혼여성만도 2000년 549,000명(29.6%)에서 2003년 688,000명(32.6%)으로, 3년 사이 약 14만 명이나 늘었다.

1980년대 말~1990년대 초 다른 나라에 비해 두드러진 한국의 저출산 현상으로 말미암아 급기야 한국 정부는 30여 년 동안 시행되어 온 인구제한정책을 포기하고 1996년부터 모자보건·육아·성교육·성비조절 등 보다 질적 개념 중심의 '신인구교육정책'으로 전환할 것임을 선언했다.

5. 세계인구에 대한 정책적 활동

UN이 세계인구성장에 관해서 토론하기 시작한 것은 1950~1960년대부터이고, 그 결과는 각 나라에서의 대외적 인구정책으로 나타나기 시작하였다. 그러나 수년 동안에 걸친 UN의 인구정책을 공산주의 국가나 가톨릭 국가들은 효과적으로 차단하여 왔다. 국제연합 세계인구회의(UN World Conferences on Population)는 1974년부터 10년마다 열려 왔고 매번 국가적 또는 국제적 정세에 의해서 영향을 받아왔다.

1) 1974년 세계인구회의 – 부쿠레슈티

UN의 인구전문가들은 인구성장을 조절할 세계행동계획을 위한 인구회의를 구성할 필
요성에 공감하고 있었다. 그리하여 1970~1974년 세계 여러 지역에서 예비회담이 이루어
졌다. 1974년 9월 5~13일 루마니아의 수도 부쿠레슈티에서 개최된 세계인구회의는 세계
136개국의 대표들이 모인 최초의 가장 큰 국제인구회의로서, 많은 나라에서 보았듯이 본
질적으로 급속한 인구성장이 경제발전의 장애가 된다는 것, 그리고 각 나라와 국제기구에
서 인구조절과 가족계획 프로그램을 실행할 것을 촉구하자는 것이었다. 대부분의 국가들
은 세계의 인구문제를 통하여 각기 자기 나라에 인구문제가 존재함을 인식하는 것에는 공
감하였으나 문제의 원인과 해결 방법에 대해서는 의견이 분분하였다. 이 회의에서는 서로
다른 커다란 견해차를 갖는 두 집단으로 나뉘었다. 이른바 '성장론자(incrementalists)' 와
'재분배론자(redistributionists)' 였다. 전자는 인구성장이 곧 경제성장의 주 걸림돌이 된다
는 입장으로 미국 · 영국 · 캐나다 · 서독(독일 통일 전) 등 선진국이 해당되었다. 반면에 후
자는 인구문제가 경제의 후진성에 기인하는 것이며 경제성장을 위한 가장 효과적인 방법
은 세계의 경제자원을 재분배하는 것이라는 입장이다. 다시 말해서 부유한 국가들이 그동
안 쌓아 온 부는 오랫동안 후진국을 착취해 온 결과이며 따라서 이제 세계의 부는 재분배
되어야 마땅하다는 것이 그들 주장의 핵심이다. 참가국들 다수가 고출생률 원인을 사회 ·
경제발전의 후진에 두고 있으며, 고로 인구나 가족계획 프로그램이 문제가 아니라 우선 개
발에 중점을 두어야 한다는 데 동의했다. 부쿠레슈티에서 등장한 구호가 이러한 점을 반영
하고 있다. "사람을 돌봐라, 그러면 인구는 스스로를 도울 것이다(Take care of the
people, and population will take care of itself)."

근본적으로 인구문제에는 적어도 세 가지 다른 견해차가 존재하고 있다. 하나는 인구성
장을 곧 위기로 보고, 그것을 억제하는 과감한 어떤 행동을 취하지 않는 한, 대재앙에 직면
하게 될 것이라는 것이다. 두 번째는 인구성장이 다른 여러 가지 사회적 문제를 수반함으
로써 인구가 하나의 사회문제일 수는 있지만 그것만이 전부는 아니라는 것이다. 세 번째는
인구는 결코 문제가 될 수 없으며 진정으로 문제가 되는 것은 개발과 소득과 힘의 균형이
라는 것이다. 결론적으로 인구문제의 본질과 인구성장의 결과에 관해서 과거 어느 때보다
작금에 깊은 성찰과 연구, 분석이 있어야 한다는 것이다.

2) 1984년 세계인구회의 - 멕시코시티

제2차 세계인구회의로서 50억 시대를 눈앞에 두고 멕시코의 수도 멕시코시티에서 148 개국이 참여한 가운데 개최되었다. 여기에 주목할 만한 것은 10년 전의 입장과는 반대로 뒤바뀐 미국의 주장이다. 당시 레이건(Reagan) 행정부는 과거에 지지해 왔던 가족계획 프로그램이나 기구에 대해서 낙태를 조장한다는 이유로 더 이상 지원하지 않을 것임을 천명했고, 여기에 준하여 종래의 가족계획 지원을 반대하는 입장에 선 것이다. 아울러 가족계획정책보다 자유경제체제하에서의 경제발전을 우위에 놓은 것이다. 그러나 10년 전 과거의 재분배론과는 달리 경제발전의 첩경으로서 자유기업경제체제를 주장하였다. 그런데 정부가 바뀌자 클린턴(Clinton)은 멕시코시티 정책(Mexico City policy)을 뒤엎는 새로운 노선으로 또다시 급선회하여, 멕시코시티 세계인구회의에서 미국이 주장했던 가족계획 지지를 철회하는 정부 문서에 서명하였다. 즉, 멕시코시티에서의 미국의 그 같은 주장은 지금까지 외국에서 실행해 온 안전하고 효과적인 가족계획 프로그램을 증진시키려는 노력을 잠식시켜 버렸다는 것이다. 클린턴 정부는 낙태 및 그와 관련된 활동에 종사하는 기구에 외국 원조를 제한하는 정책을 철회해 버렸다. 정치가 인구정책에 중요한 영향력을 행사할 수 있음을 보여주는 예들이다. 하지만 미국은 가족계획의 일환으로서 낙태를 위한 어떠한 행동에도 미국의 기금이 사용되는 것을 허락하지 않는 법률을 통과시킴으로써 클린턴의 정책은 수포로 돌아갔다.

1974년 부쿠레슈티 인구회의 이후 10년 만에 열린 이 회의에서는 급증하는 인구와 개발 문제에 관한 토론 끝에 '세계인구계획을 계속 실시하기 위한 권고'와 '인구와 개발에 관한 멕시코시티 선언'을 채택하였다. 부쿠레슈티 인구회의에서 채택된 세계인구행동계획의 원칙과 목적을 재확인하는 한편, 개발도상국의 도시지역이 급속한 팽창을 지속하고 있는 데 대해 경고하고, 각국 정부에 자조 노력을 촉구하였다.

3) 1994년 국제인구개발회의 - 카이로

인류가 21세기의 문턱에 이르는 시점에 마지막으로 열린 제3차 세계인구회의가 1994년 9월 5~13일, 이집트의 수도 카이로에서 열렸다. UN 국제인구개발회의(ICPD)는 급증하는 세계인구를 안정시킬 절대적 필요성을 인식하고 150여 국가의 합의에 의한 20년간의 행동계획(program of action)을 수립하였다. 즉, 2050년까지 110억~120억으로 예상되는 세계인구성장 결과로 나타날 수 있는 환경적 결과를 피하는 방법을 강구하는 한편, 1차적으로 2015년까지 72억 7,000만 명으로 세계인구를 제한할 전략과 아울러 1994년 당시 50억 달러의 인구안정 투자기금을 2000년까지 170억 달러로 3배 이상 증가시킬 것을 약속하였다. 이것은 1992년 리우데자네이루에서 열렸던 UN 환경개발회의와 맥을 같이하는 것이다.

여기서 미국은 또다시 가족계획 지원과 함께 여성평등권의 중요성, 특히 교육기회의 균등, 모자보건을 위한 국제적 지원을 촉구하는 강력한 입장을 개진하였다. 카이로 회의에서의 주 쟁점은 바티칸 교황청과 몇몇 이슬람 국가들의 완강한 낙태 반대를 둘러싼 선진국과의 의견 대립이었다. '외설스럽다' 느니 '무자비하다' 느니, 이 회의를 둘러싸고 몇몇 욕설까지 동원된 그야말로 열띤 논쟁을 벌인 국제회의였다. 그러나 종국에 가서 대부분의 참석자들은 세계 여러 나라들이 과거 어느 때보다도 한 차원 높게 서로 일치하는 인구정책에 이르도록 힘쓸 것에 합의하는 결론을 이끌어냄으로써 이 회의는 성공적으로 끝났다.

카이로 회의는 1차와 2차의 세계인구회의에서 논의되었던 사항을 구체적으로 실천하기 위한 행동계획 수립에 주력하려는 것이었고 그 계획은 여성의 인권과 건강, 개도국의 생활수준 향상, 지속적 개발 등에 초점을 맞추고 있으나 행동계획안 중 낙태와 관련하여 바티칸의 강력한 반대에 부딪혔다. 그러나 행동계획안은 여성들이 낙태를 피하도록 적절한 조치를 취할 것을 각국 정부 측에 촉구하고 낙태가 가족계획의 방법으로 권장되어서는 결코 안 된다는 점을 강조하였다. 그러나 이 계획안은 세계의 수많은 여성들이 안전치 못한 낙태에 노출되고 있음을 인정하면서, 여성들의 안전한 건강관리의 필요성을 촉구함과 동시에 국가별 · 지역별 사정에 따라 낙태를 허용할 수 있음을 시사하였다. 또한 이번 회의는 개도국들에게 인구와 개발과의 상관관계, 여성의 권익과 성건강문제에 관한 상황을 인식함으로써 인구 및 개발정책의 새로운 지표를 수립하는 데 기여했다. 한편 선진국들로서는 지구촌 공동체의 일원으로서 어려운 이웃들의 가족계획과 개발을 자원하는 협력자임을 다짐하는 계기가 되었다는 데 커다란 의의를 둘 수 있다.

카이로 세계인구회의의 주 논쟁거리였던 인구제한정책에 대해서는 세계 언론사들도 서로 엇갈린 논조를 전개하고 있어 당시 세계적 관심의 대상이었음을 보여 주었다.

1950년 당시 개도국에서 부부당 평균 출산 숫자는 6.2명이었다. 40년 뒤 이 숫자는 3.6

명으로 줄어들었다. 피임이 확산된 것이 주원인으로 8쌍 중 1쌍에 불과하던 피임률이 절반 수준까지 증가했다. 향후 인구증가는 우리 자식, 손자 세대의 생활수준 및 생존경쟁에 큰 영향을 끼칠 것이다. 고어(Gore) 미 부통령은 소말리아나 르완다 사태가 기본적으로 인구 문제에서 발생한 것이라고 역설했다. 가족계획은 도덕적이고 인도주의적 차원의 일이다. 부부는 그들이 원하고 부양할 수 있는 능력만큼만 아이를 낳아야 한다. 아이들은 자신을 소중히 여기는 가정에서 키워질 권리가 있다.   — 『The Washington Post』

이번 카이로 회의는 중대한 실수를 저지르고 있다. 그들은 임신중절과 산아제한을 통해 인구를 억제하려 한다. 인구폭발은 과도한 출산에 있는 것이 아니라, 노년층 인구의 증가에 따른 것이다. 이는 평균수명의 증가에 따른 당연한 결과다. 출산율은 서서히 감소하고 있으며 획기적으로 줄어들고 있는 곳도 많다. 맬서스가 인구폭발을 경고했지만 대부분의 복지지표는 나아지고 있다. 비단 부유한 국가에만 해당되는 것이 아니다. 1960년대 이래 개발도상국의 임금은 2배로 올랐다. 세계경제는 팽창하고 있으며 개발화는 세계적 추세다. 영아사망률이 대폭 감소했으며, 기대수명도 크게 늘어나고 있다. 카이로 회의는 많은 인구가 인류의 발전을 저해한다는 데 초점을 맞추고 있다. 네덜란드에는 1km²당 450명이 산다. 이 수치는 중국의 3배에 해당하지만 아무도 네덜란드의 인구가 많다고 생각하지 않는다. 중요한 것은 사람들이 국가 간을 자유롭게 서로 이동할 수 있는 권리를 보장하는 것이다. 부(富)는 사람에게서 나오는 것이지 정부로부터 나오는 것이 아니다.
            — 『The Far Eastern Economic Review』

이번 인구회의의 중심 의제는 지구상에 너무 많은 사람이 살고 있다는 것이다. 『균형 잡힌 지구』의 저자 앨 고어(El Gore) 미 부통령을 비롯, 많은 사람들이 제한된 자원으로 더 많은 인구를 먹여 살리는 것이 불가능하다고 주장한다. 이는 잘못된 인식이다. 사람은 골칫거리가 아니라 자원 그 자체이다. 문제는 자유를 제한하는 정부나 성장을 저해하는 경제체제다. 인구증가는 경제발전에 장애가 되는 것이 아니다. 자유로운 인간은 경제의 활력소가 된다. 한국·일본·홍콩·네덜란드 등 인구밀도가 높으면서도 잘사는 나라는 많다. 인구는 짐이 아니라 자산이다. 경제가 발전하면 출생률은 자연히 떨어지므로 걱정할 일이 아니다.
            — Carl Thomas(칼럼니스트)

4) 1999년 세계인구회의 – 헤이그

카이로 회의 이후 중간평가를 위해서 1999년 2월 8~12일 UN인구기금(UNFPA)과 네덜란드 정부가 주최한 세계인구회의이다. 이른바 헤이그 포럼(Hague Forum)이라 불리는 이 회의는 세계인구가 60억 명에 이르는 1999년의 인구위기 의식을 일깨우는 의미에서, 그리고 2015년까지의 세계인구억제, 가족계획과 모성관리, 인구정책을 위한 투자관리 등 카이로 회의의 행동계획을 중간 점검하기 위한 성격의 인구모임이다. 1960년 세계인구가 30억이었으니 배증기간은 39년밖에 안 되는 것이며, 늘어나는 세계인구는 대부분 아시아, 아프리카, 남아메리카의 개도국에서 주도한다. 1999년 현재 세계적으로 매초당 5명의 출생과 2명의 사망으로 3명의 증가를 거듭하여 1년에 7,800여 만 명이 증가하며 2012년에 70억, 2043년에는 90억 명을 돌파할 것으로 예상된다. 그리고 에이즈 확산 방지를 위한 각국의 노력에도 불구하고 매일 16,000명의 에이즈 환자가 새롭게 발생하고 이중 대다수는 여성과 어린이이며, 25세 이하가 절반을 차지한다.

이 회의에서 자주 등장하는 'reproductive health and rights', 'freedom of sexual expression', 'gender equity'와 같은 용어에 대한 지지 또는 반대에 대한 논란이 참석자들의 관심을 집중시켰다. 교황청과 임신중절 합법화에 반대하는 NGO들은 이러한 용어들, 특히 'reproductive health and rights'라는 용어가 낙태나 피임의 의미를 포함하도록 재해석하는 데 대해서 완강히 거부하였다. 다시 말해서 이 용어가 '다출산으로부터의 건강보호 및 권리'라는 의미로 해석된다면, 이는 임신중절을 허용하는 의미와 마찬가지이므로 적극 반대한 것이다. 그러나 바티칸 교황청의 이 같은 강경한 입장은 일반 가톨릭 교회와도 상충하는 일면이 있었다. 서방 국가들은 여성의 평등권 및 여성의 건강 차원에서 낙태할 권리를 인정하려는 것이며 그것이 곧 인류 공동의 인권이라는 것이다. 결국 UN은 낙태가 인류의 보편적 권리이며, 강요된 임신은 국제적인 범죄임을 선언하였다(Mary Jo Anderson, 1999, UN FRONTLINE REPORT, Upholding the teachings of the Catholic Church, Spring 1999, Vol. XIV, No 1 / http://www.wf-f.org/ UNmja. html).

5) 2004년 세계인구현황 보고서 - 세계인구기금

1994년 카이로 인구회의 후 10년째, 그리고 2015년 목표연도까지의 중간에 해당하는 2004년에 나온 UN세계인구기금(UNFPA)의 인구상황보고서(The State of World Population 2004 Report from UNFPA)이다. 인구재생산(연령층)의 건강을 돌보고 빈곤을 종식시키려는 전 지구상의 노력에 대한 보고서로서 각국 행동계획 실천도를 점검하는 성격을 띠고 있다. 10년 전, 카이로 회의 179개국에 의해서 채택된 그 계획은 지구상의 인간과 자원과의 균형을 유지하고 여성 지위를 향상하며 가족계획을 포함한 인구재생산을 위한 건강보호에 대한 만인 공동의 접근 방법을 확인하는 것이었다. 그 출발점은 인구의 규모와 성장과 분포가 전향적 발전에 서로 밀접하게 관련된다는 것, 그리고 한 지역의 실행은 곧 다른 지역의 행동을 강화한다는 것을 전제하는 것이다. 그러나 카이로에서의 합의는 인구성장을 억제하는 것보다 사람에 투자하고 그들에게 보다 광범위하게 기회를 부여하는 것이 우선이었다. 개개인의 여성과 남성과 청년들이 재생산의 건강, 그리고 어린이를 가질 기회와 출산의 의사결정(출산을 할 것인가, 말 것인가)을 포함한 그들의 권리를 인정하고 부여하는 것이야말로 지속적 경제성장을 도모하고 빈곤을 줄이는 결정요인이 된다는 것을 확인하는 것이다. 그들의 성공적인 계획실행은 2015년 국제연합 천년발전목적(UN Millennium Development Goals, MDGs) ― 극빈과 기아를 극복하고 (여)성의 동등권과 전 세계적 기초 교육을 진작하며, 모성 및 유아사망률의 감소, 에이즈 바이러스와의 전쟁, 환경을 보존하는 것 ― 을 달성하는 것이 결정적이라는 데 동의하였다.

2004년 세계인구현황의 몇 가지 주요 보고 내용을 요약해 보면 다음과 같다.

- 포괄적인 가족계획 서비스를 아직도 받지 못한 부부가 3억 5,000만 이상이나 된다.
- 임신과 출산의 합병증이 현재도 여성 사망과 질병의 주원인이다. 매년 529,000명의 여성이 죽어 가며 그 대부분은 미연에 방지할 수 있었던 것들이다.
- 2003년 한 해에 발생한 HIV 감염자가 500만 명이며 그중 여성이 거의 절반에 이르고, 그들의 3/5은 아프리카 사하라 이남의 여성들이다.
- 많은 지역에서 출생률이 감소하는 한편, 세계인구는 오늘의 64억에서 2050년 89억으로 증가할 것이다. 특히 50개의 하위 빈국들이 3배로 증가하여 17억에 달할 것이다.

ICPD 10주년인 2004년은 각국 정부와 국제공동체가 그들의 공약을 새롭게 새기고 나머지 미결행의 목표를 달성할 행동방법을 확인하는 해였다(www.unfpa.org/swp/swpmain.htm, UNFPA state of world population 2004, The Cairo Consensus at Ten).

XIV. 노인문제

1. 노년학의 발달

일찍이 프랑스, 스웨덴 등 유럽 선진국을 중심으로 한 노년인구 증가는 필연적으로 노령자에 대한 관심을 불러일으켰으며, 노령자에 대한 계획적·조직적 연구의 필요로 노년학(gerontology)이라는 새로운 학문이 대두되었다. 그러나 사실상 노령화에 대한 과학적 연구는 케틀레(A. Quetelet)나 갈턴(F. Galton) 등에 의한 수명측정학으로부터 시작되었다(町村自治研究會, 1989). 이후 주로 미국, 영국에 의해서 노년인구에 대한 여러 연구기관이나 학회가 설립되고 노령화의 사회적·경제적·인구적 현상과 노인병·노인연금·노후생활 및 건강·노인복지문제에 걸친 연구와 관심을 집중시켜 왔다. 1950년에는 제1회 국제노년학회가 벨기에의 리에주(Liege)에서 열렸다.

1990년 UN총회에서는 10월 1일을 '세계 노인의 날'로 지정하고 이 날의 기념행사는 세계보건기구(WHO)가 각국 비정부기구(NGO)를 통해 개최했다. 연이어 1991년 UN총회에서는 자립(independence)·참여(participation)·자아실현(self-fulfillment)·보호(care)·존엄(dignity)의 노인을 위한 5대 원칙에 합의하였고, 1992년 총회에서는 1999년을 '세계 노인의 해(International Year of Older Persons)'로 정하고 그림 XIV-1과 같은 로고(logo, 의장)도 제작하였다. 또한 '세계 노인의 해' 주제로서 '모든 세대를 위한 사회의 지향(towards a society for all ages)'을 설정함으로써 노령화가 다차원·다분야·다세대에 걸친 문제임을 부각시켰다. 여기서 다차원이란 삶을 구성하는 다양한 차원 모두에서 높은 수

그림 XIV-1. UN이 정한 '세계 노인의 해' 로고

햇불 모양의 곡선은 노인들의 활력 · 다양
성 · 협력 · 운동 · 발전을 의미함.

자료 : 총무청(2000), 『고령사회백서』

준에 이르는 것을 의미하며, 이는 생존지향적 단계를 넘어서서 물질적 측면은 물론 사회
적 · 심리적 측면까지 포괄하는 다양한 구성요소를 갖는다는 것이다.

한국은 원래부터 경로효친(敬老孝親) 사상을 근본으로 사회구조 특성을 이루어 온 나라
임은 두말할 나위가 없겠지만, 그것은 어디까지나 전통적 사회사상에 불과한 것이다. 한국
에서 노인에 관한 연구는 1968년 한국노인병학회가 설립되면서 시작되었다고 볼 수 있으
며, 1975년 한국노인문제연구소, 1976년 노인복지연구소, 1978년 한국성인병학회와 한국
노년학회가 연이어 설립되면서 점차 발전하였다. '세계 노인의 해' 에 맞추어 1999년 '21세
기 노령사회를 대비한 노인보건복지 중 · 장기 발전계획' 을 수립하고 '세계 노인의 해 한
국조직위원회' 를 재단법인으로 설립하였으며, 특히 1999년 6월 8일~6월 11일에 '제6차
아시아 · 오세아니아 국제노년학대회' 를 서울에서 개최, 한국 노인복지의 위상을 한 차원
높였다.

한편, 일본은 한국보다 앞서 1959년 '제1회 일본노년학총회' 를 개최하였고, 1972년에는
일본 최대 노년학 연구기관으로서 동경도노인총합연구소(東京都老人總合研究所)를 창설
하였으며, 한국노년학회 설립 해인 1978년에는 앞의 동경도노인총합연구소(東京都老人總
合硏究所)가 일본고령사회총합연구센터(日本高齡社會總合硏究センタ)로 확대 · 개편되어
노령자의 복지 · 의료 · 주택 · 여가 · 문화활동 · 노령자 인구변화 및 상태 등 다양한 종합
적 연구를 하고 있다(町村自治硏究會, 1989). 또한 '세계 노인의 해' 와 관련하여 관계성청
연락회의(關係省廳連絡會議)를 설치, 제반 관련 업무를 수행할 때 긴밀한 협력관계를 유지
하도록 하였으며, 그 밖에 기념우표와 포스터, 마스코트(그림 XIV-2) 등도 제작하였다.

그림 XIV-2. 일본이 정한 국제고령자 해 기념 마스코트

자료 : 총무청(2000), 『고령사회백서』

2. 노인의 의미

노인이라 함은 노화(老化, aging)된 인구를 가리킨다. 노화라 함은 시간의 흐름에 따라 나타나는 신체 기능의 점진적인 저하 또는 퇴화를 의미하는 것으로, 광의적으로는 인간의 출생으로부터 사망에 이르기까지의 전반적인 변화라고 할 수 있다. 따라서 노화는 인간 발달 단계의 자연스러운 한 과정이며, 결코 병리적 현상이 아니다. 노화는 인간의 성장 및 발달과정의 한 부분으로 '생물학적 노화', '심리학적 노화', '사회학적 노화' 등의 과정을 포함하는 넓은 뜻으로 이해되어야 한다. 생물학적 노화(biological aging)란 신체의 기관과 체계의 구조 및 기능이 시간의 변화에 따라 변화하는 것, 심리학적 노화(psychological aging)란 축적된 경험에 의한 행동, 감각, 지각기능, 자아에 대한 인식 등이 시간의 경과로 변화해 가는 것, 그리고 사회학적 노화(sociological aging)란 생애주기를 통하여 일어나는 규범, 기대, 사회적 지위 및 역할의 변화 등을 의미한다.

연령이 증가함에 따라 신체적으로 노화되어 가는 현상은 누구나 겪는 일이지만, 실제로 '노인' 이라는 통념으로서 각인된 노인이 갖는 사고나 활동력의 차이는 각자 다르다. 신체적 내지 정서적 건강, 적극적 사고와 행동, 소속감, 자신감, 참여의식과 책임감 등의 유무와 정도에 따라 다양한 행태적 특색을 나타낸다. 그러나 이러한 다양성에도 불구하고 노인이라 함은 인구학적으로는 65세 이상의 노령인구를 통칭하는 것이다. 일본에서는 75세 이

전의 노령인구를 전기노령인구, 75세 이후를 후기노령인구라 칭하기도 한다. 1982년에 발표된 UN의 한 보고서에 의하면 65세 이상의 인구를 노령인구[노인]라 하고 80세 이상을 고령인구라 부르고 있다.

실제로 노인이라는 용어는 당연히 긍정적 의미로서 사용될 수 있지만, 이보다는 부정적으로 사용되는 경우가 더 많다. 다시 말해서 통념상으로 주는 노인의 이미지는 자주 부정적인 의미로 사용되어 왔다. '노인문제'라고 말하는 것은 노년인구가 상대적으로 높은 분포와 점유율을 차지하는 사회에서 나타날 수 있는 여러 가지 문제를 의미하는 것이므로, 흔히 부정적인 의미로 사용하는 말이다. 한마디로 '노인'을 해결해야 할 문제의 대상으로 보는 것이다.

그러나 미국에서는 노인을 'senior citizen(선임 시민)', 'golden age(황금 연령)', '우리들의 존경하는 노인들' 등으로 높여서 호칭하며, 일본에서는 노령인구의 사회적 공헌에 대한 감사를 내포한 의미로서 '고령자(高齡者)'라 칭한다. 스위스에서는 '빨간 스웨터', 프랑스에서는 '제3세대층', 중국에서는 50대를 '숙년(熟年)', 60대를 '장년(長年)', 70대 이상을 '존년(尊年)'이라 부르기도 한다.

한편, 노인에 대한 고정관념은 그들이 동정받을 만한 존재라는 것이다. 노인들은 가난하고 취약하며 사회에 의존할 수밖에 없고 차별받고 있으며, 무엇보다도 도움받지 않으면 안될 사람들이라는 것이다. 이 고정관념이 가지고 있는 일종의 '동정적 연령차별주의(compassionate ageism)'에 비추어서 최근에는 이에 반하는 새로운 고정관념이 대두되었다. 노인은 젊은이에 비해 풍요롭고 유리한 위치에 있을 뿐만 아니라, 극단적으로는 이기적이고 탐욕스러운 존재로까지 보는 견해이다. 이 고정관념을 빈스톡(Binstock, 1985)은 '희생양 논리로 위장한 연령차별주의(scapegoat ageism)'라는 용어로 표현한다. 노인을 궁핍한 집단이 아닌 엘리트 집단으로 보는 것이다. 이처럼 노인에 대한 관념적 이미지는 서로 상반되는 것으로 인지되기도 한다.

3. 노화와 관련된 사회학적 이론

1) 현대화이론(modernization theory)

인간의 노화는 사회적 관계와 상황 속에서 이루어지므로 노화가 사회적 요소에 어떤 영향을 미치는가에 대해 설명하는 여러 이론들이 제시되고 있다. 그 중에서도 카우길과 홈즈(Cowgill & Holmes, 1972)가 주장한 현대화이론은 현대 산업사회에서의 노인문제의 원인을 이해하는 데 가장 설득력 있는 이론이다. 카우길은 현대화의 네 가지 요인인 보건 및 의료기술의 발전, 생산기술의 발달, 도시화의 촉진, 교육의 대중화가 인과적으로 다른 요인들을 유발시켜 산업사회에서의 노인의 지위를 약화시키고 있기 때문에 현대화가 진전될수록 노인의 지위는 저하된다고 주장한다. 노인의 사회적 지위가 낮아지는 것은 곧 역할상실, 고립, 소외감, 정신건강 악화 등 노인복지의 핵심적인 문제가 되므로 현대화는 결국 노인문제를 유발하는 직·간접적 요인으로 작용하게 된다. 그러나 이 이론은 현대화 이전에는 노인의 지위가 높았다는 가정하에 전개되고 있고, 산업사회에서는 노인의 지위가 낮았지만 점차 가속화되는 고령화에 따라 후기산업사회에서는 오히려 노인의 세력과 함께 지위도 향상될 가능성을 배제하고 있다. 또한 이 이론은 전통적인 효의 가치관, 노인복지제도의 개선과 향상 등 노인의 지위 저하를 방지하는 긍정적인 측면은 외면한 채 현대화의 부정적인 영향만을 다루고 있다는 점에서 일반화하는 데에는 문제가 있다는 비판을 받는다.

2) 연령계층화이론(age stratification theory)

라일리와 포너(Riley & Foner, 1968)에 의하여 제창된 이론으로 연령계층과 사회구조, 연령계층 간의 관계 및 특성을 다루고 있다. 사회는 기본적으로 연령등급에 의해서 구분되는 연령층으로 구성되어 있고 서열화되어 있다는 것이다. 한 연령계층에 속하는 사람들은 서로 비슷한 역사적·문화적 경험을 공유하면서 성장해 왔기 때문에 유사한 태도, 가치 또는 전망을 가지게 되며 다른 역사적 경험을 하며 성장해 온 다른 연령집단과는 구별된다.

따라서 노인연령집단은 사회적 역할 수행의 능력이나 의지, 기대되는 사회적 역할 또는 사회에서 부여하는 권리와 권위도 다른 연령집단과 구별된다. 그러므로 노인은 다른 젊은 연령층과의 관계에서 그들의 지위와 역할을 찾아야 하고 활용 가능한 여러 지위와 역할, 기회 등을 선택하여 이용해야 한다는 것이다.

이 이론은 세대 차이나 동년배 집단 간의 차이를 이해하는 데는 유용한 이론이지만 연령계층에 대한 실제적이고 명목(名目)적인 정의가 어려우므로 실증적으로 검증하는 데는 어려움이 있다.

3) 하위문화이론(subculture theory)

노화에 대한 하위문화이론은 근본적으로는 연령계층화이론에 근거하고 있다. 노인연령집단이 그들의 동질성 내지 유사성에 따른 사회적 · 문화적 거리가 짧아지면서, 그들만의 상호작용 형성으로 노인 나름대로의 독특한 문화를 형성하게 된다. 그러나 사회에서의 소외와 부정적인 반응으로 인하여 노인들끼리만 상호작용하기에 용이한 조건이 형성되며, 그 결과 노인 특유의 하위문화를 형성하게 된다는 것이다.

로즈(Rose, 1965)에 의해 제창된 이 이론은 실제적으로 노인들의 결집력을 인정하고 그들의 정보교환으로 서로 간에 기회를 제공할 수 있다는 긍정적인 측면도 있으나, 노인들만의 좁은 공간적 상호작용으로 인해 전반적으로 보았을 때 젊은 계층보다 하위적 개념을 형성시키고, 이는 사회적 통합의 측면에서 바람직하지 못한 부정적인 측면이 강하다.

하위문화이론은 특수한 노인집단의 상호작용을 설명해 주는 것으로 현실적으로 유용하기는 하지만 노인집단 간에도 사회적 계층, 인종, 성별에 따라 존재하는 다양성을 충분히 고려하지 않고 있다는 측면도 있다.

4) 분리이론(disengagement theory)

분리이론은 커밍과 헨리(Cumming & Henry, 1961)가 미국 캔자스 시의 노인을 대상으로 조사한 결과로서, 노인들이 왜 사회의 중심권에서 벗어나는가를 설명하기 위한 것이다.

노인은 젊은이에 비해서 건강 악화, 죽음에 대한 높은 확률에 노출되어 있으므로 사회체계의 입장과 개인의 최적의 만족을 위해서도 노인과 사회는 상호 간에 분리되기를 원하며 이것은 정상적이고 회피할 수 없는 것이다. 즉, 분리를 통하여 사회적으로 보다 유능한 젊은이들에게 일할 수 있는 기회를 제공하고, 이와 동시에 개인적으로도 사회생활로부터의 궁극적인 분리(죽음)를 준비할 수 있는 기회가 마련된다는 것이다. 분리의 결정은 개인이 먼저 선택할 수도 있고 사회(제도)가 먼저 취할 수도 있다. 전자를 개인적 분리(individual disengagement)라 하고 후자를 사회적 분리(social disengagement)라고 한다.

5) 활동이론(active theory)

해빙허스트와 알브레히트(Havighurst & Albrecht, 1953)에 의해서 주장된 이론으로 후에 레먼(Lemon)과 그의 동료들(1972)에 의해서 더욱 발전하고 공식화되었다. 분리이론과는 상반되는 입장으로서, 활동이론은 한마디로 노인의 사회참여의 정도와 생활만족도는상관관계가 있다는 것이다. 즉, 보다 적극적으로 사회활동에 참여하는 노인일수록 심리적 만족감 또는 생활만족도가 높다는 것이다. 이와 같은 주장은 '생물학적 측면과 건강의 불가피한 변화를 제외하고는 노인은 근본적으로 중년기와 다름없는 심리적 및 사회적 욕구를 지니고 있다'는 가정에서 나온 것이다. 따라서 역으로, 노인은 퇴직 혹은 배우자나 친구의 사망으로 인한 역할 상실이나, 사회적 활동 참여에 제약을 받게 되면 부정적 자아상을 형성하고 이로 인하여 노인의 심리적 내지 사회적 만족감은 낮아지게 된다. 다시 말해서 노인의 사회활동은 긍정적 자아상을 유지해 주고, 이는 곧 높은 생활만족도로 이어지는 메커니즘을 갖는다는 것이다.

활동이론은 분리이론과 대립적인 이론으로서 노인의 사회활동 참여를 통한 생활만족도를 향상시킬 필요성을 강조한다는 의미에서 매우 긍정적이지만, 이는 활동유형(공식, 비공식, 또는 개인활동)과 개개 노인이 처한 상황(건강 또는 경제적 상황)에 따라 다른 결과를 초래할 수 있다는 점이 충분히 고려되지 않았다.

6) 교환이론(exchange theory)

원래 호먼스(Homans, 1961)가 『사회적 행태 : 그 기초적 형식(Social Behavior : Its Elementary Forms)』을 통해 공식적으로 제기한 이론이다. 사회적 제 현상을 설명하는 데 설득력이 큰 것으로 여기고, 사회적 현상에 다양하게 적용되어 왔다. 이 이론에서는 사회적 행동을 '적어도 두 사람 사이의 활동의 교환'으로 보고 대인 관계는 '사람들 사이에 보상(報償)을 반복적으로 교환하는 것'으로 본다. 한 행위자가 상대방에게 어떤 호의를 베풀면 후자 역시 그에 상응하는 보답을 한다는 '호혜성의 원리'가 사회질서를 유지하는 기반이 된다고 보고, 행위자는 최소한의 비용으로 최대한의 이득을 추구하려고 한다는 것이다.

교환이론을 노화 및 노인문제에 적용한 사람은 다우드(Dowd, 1975)로, 노년기의 사회적 상호작용 감소를 노년층과 사회 간의 교환과정의 산물로 파악한다. 즉, 노인들은 제한된 자원(낮은 소득, 불건강 등)만을 소유하고 있기 때문에 젊은층과의 상호작용의 지속은 젊은층의 입장에서는 비용이 되는 셈이다. 그 결과 노인들은 호혜성의 원리에 입각해서 사회 참여의 빈도가 감소하게 마련이다. 그러나 이러한 노년기의 문제는 모든 노인이 동일한 정도로 경험하지는 않는다고 보았다. 교환이론은 노인과 타 연령층과의 직접적인 상호작용에 대한 이해를 높임으로써 노인연구에 새로운 차원을 추가하였다. 하지만 교환의 양적인 요인을 지나치게 강조함으로써 교환관계에서 비용과 보상의 의미를 다양하게 정의할 수 있는 개인의 능력을 과소평가하고 있다고 지적된다.

한편, 로소우(Rosow, 1974)는 노인의 지위를 약화시키고 문제를 초래하는 일곱 가지 요인을 구체적으로 제시하였다. 즉 ① 노인의 재산소유 및 통제권의 약화, ② 노인의 지식 낙후, ③ 노인의 종교적 전통에의 연결 약화, ④ 핵가족화, ⑤ 노인의 생산성 약화, ⑥ 도시화로 인한 공동체적 유대성 약화, ⑦ 상호의존성의 약화이다.

4. 한국의 노인문제

1) 인구구조의 노령화

어느 인구집단의 연령구조상 노년인구의 상대적 증가현상을 일컬어 노령화라고 한다. 로소우(I. Rosow)는 노년기는 일생에서 연령별·성별로 본 역할 계열의 최종단계를 의미하며 그것은 대체로 60세 정도에서 시작된다(嵯峨座晴夫, 1997)는, 노령자에 대한 사회학적해석을 하고 있다. 하지만 인구학적으로는 통상 65세 이상의 인구에 대해 사용한다.

노령화란 한 인구집단의 연령구조상 노년인구의 상대적 증가현상을 일컬으며, 그 정도에 따라 노령화 사회(aging society), 노령사회(aged society), 초노령사회(super-aged society)라 한다. 노령화 사회는 65세 이상의 인구가 7% 이상 분포하는 경우를, 노령사회는 노령화가 더욱 진전되어 14%에 이르는 경우를, 초노령사회는 노령화의 마지막 단계로서 20% 이상일 경우를 말한다.

노령화 정도를 측정하는 방법은 이 같이 전체 인구 대비 노인인구의 비율을 측정하는 분포비율 방법 외에도 노년부양비, 부양비지수 등 직접적인 방법이 있으며, 그 밖에 인구 피라미드, 평균연령 및 중위연령의 시기별 변화를 통해서 간접적으로 보는 방법도 있다.

한편, UN의 정의에 따르면 특정 공간의 65세 이상 인구비율이 4% 미만을 연소인구(young population), 4~7% 미만을 중년인구(mature population), 7% 이상을 노령인구(aged population)라고 부르기도 한다. 이 같은 방법을 따른다고 할 때, 우리는 노령화 시기에 따라 노령인구를 네 가지 유형으로 분류할 수 있다. 첫째 유형은 '조기 노령화(early aging)' 형으로서 19세기에 이미 노령화 현상을 보인 유형이다. 프랑스와 스웨덴이 이에 속한다. 둘째, '중기 노령화(intermediate aging)'는 그리스, 이탈리아, 영국처럼 1920년대에 나타난 유형이다. 셋째, '후기 노령화(later aging)'는 1950년대 이후 나타난 유형으로 아르헨티나, 일본 등이 이에 속한다. 넷째 유형은 '초기 노령화(nascent aging)'로서 2000년 기준 전후로 노령화에 진입한 한국, 중국, 자메이카 등이 이에 해당한다.

비록 한국은 노인인구비율이 2000년에 이르러서야 7%대에 이르는 초기 노령화 국가이긴 하지만 세계 유례가 없을 정도로 노령화가 빠르게 진행되고 있다. 현재와 같은 수준으로 노령화가 진전될 경우 2050년에는 37.3%로, 세계의 16.1%에 비해서 무려 21.2%P나 더 높으며 이 같은 대폭적 비율증가는 원래의 예상을 능가하는 수준이다. 공식적으로 2000년에 노령화 사회를 이룬 한국은 18년 만인 2018년에 노령사회로, 그리고 그 후 불과 8년 만인 2026년에는 초고령사회로 변하고 있다. 이는 세계에서 가장 빠른 노령국가인 일본을 훨씬 앞지르는 것이다. 이와 반대로 유·소년층(0~14세) 인구는 계속 감소하여 2019년에는 노인인구가 유·소년층 인구를 추월, 2050년에는 어린이 1명에 노인 3명이라는 초노인국이 된다는 것이다. 노령인구의 수명증대와 저출산의 역학적 상승작용으로 빚어진 결과이다.

2) 노령화의 지역차

한국의 노령화 문제는 무엇보다도 인구노령구조로의 변화 속도에 있다. 그러나 또 한 가지 간과할 수 없는 중요한 사실은 이 같은 노령화가 지역적으로 커다란 편차분포를 이루고 있다는 것이다. 그 이유는 두말할 것도 없이 오랫동안 지속되어 온 이촌향도와 그에 따른 촌락의 인구재생산성 상실이다. 앞에서도 논한 바 있으나, 우리나라 고령자 통계(통계청)에 의하면 2003년 전국 247개 시·군·구 중 30개 군이 이미 노년인구 20%를 넘는 초고령사회로 변하였다. 가장 높은 곳은 경남 의령군과 남해군으로 무려 24.7%에 달한다. 다음으로 경북 의성(23.6%)과 군위(23.5%), 전남 곡성(23.3%), 경남 산청(23.1%), 전북 순창(23.0%), 전남 고흥(23.0%) 등이다. 한편, 시·도별로 보면 전남(14.1%)이 유일하게 노령사회로 진입했고 다음으로 충남(12.8%), 경북(12.3%), 전북(11.8%), 강원(10.9%) 순이다. 주민등록상의 인구통계에 의하면 2003년 현재 우리나라 노년인구 분포율은 8.1%로, 노령화사회를 넘어서 노령사회로 진행 중에 있다. 특히 전남은 전국에서 제일 먼저 노령사회로 이미 진입했을 뿐만 아니라 20%를 초월하는 초노령사회가 되어 버린 군도 17개 군 가운데 9개 군(곡성·고흥·보성·장흥·함평·강진·신안·진도·구례)이나 된다.

우리나라가 노령사회로 진입할 것으로 예상되는 시기가 2018년이며, 초노령사회의 예상시기가 2026년임을 감안한다면 전남의 노령화문제가 얼마나 심각한 수준인가를 쉽게 짐작할 수가 있다.

3) 노인문제와 대책

(1) 노인문제

　　근래 우리나라는 평균수명이 늘어나 사망률이 감소하고 산업화로 인한 가치관의 변화로 출생률이 극도로 낮아졌다. 이로 인해 노동력 부족 문제가 나타나고 있으며 노년층 인구의 증가로 노인복지문제가 사회문제로 등장하고 있다.

　　저출산에 의한 생산기능인구 감소 및 고령화는 노동공급 감소, 노동생산성 저하, 저축률 하락, 소비 및 투자 위축, 재정수지 악화 등을 동반함으로써 결국 경제성장 둔화의 요인이 된다. 성장 둔화는 실업증대와 소득감소로 이어지며 노년부양비, 연금, 건강보험 부담이 급증하여 재정적자와 가계의 짐이 커지면서, 젊은 세대는 더욱 출산을 기피하는 악순환이 발생하고 세대 간 갈등마저 증폭시킬 소지가 있다.

　　노령화가 심화되면 전체 국민의 생활수준을 떨어뜨릴 수도 있을 뿐만 아니라, 노령인구의 증가로 연금제도를 포함하는 사회보장제도를 유지하는 데 막대한 비용이 소요되어 국가 경제 및 사회의 균형적인 발전을 해치게 된다. 또한 고령인구사회는 보수성이 짙어 새로운 개혁이나 진취적이고 독창적인 사고가 결여되기 쉽고, 결과적으로 젊은 연령구조 사회보다 처지기 쉽다.

　　OECD는 고령화가 향후 수십 년 동안 1인당 GDP 성장률을 연간 0.25~0.75%포인트 떨어뜨리는 영향을 끼칠 것으로 분석했는데, 그렇다면 한국도 2000~2050년 연평균 GDP 성장률이 2.9%에 머무는 저성장 시대에 접어들게 된다.

　　노령화 사회일수록 납세인구에 비해 비노동 연금생활자의 비율이 높아져 사회보장비용이 급속히 증가한다. 2000년 현재 65세 이상 노인 1명에 대해 10명의 근로자가 있지만 2004년에는 8.2명, 2030년에는 2.8명으로 감소할 예정이며 이미 유·소년인구 100명당 노령인구가 47.4명(노령화지수)으로 전 세계 평균의 2배에 가깝다. 현재의 저출산 수준이 지속될 경우 2050년에는 불과 2명의 근로자가 1명의 노인을 부양해야 할 정도로 노령화가 심각해진다.

　　노령화 및 인구감소는 노동력의 감소를 의미하고 이는 성장동력의 저하로 이어진다. 이는 출산율이 낮은 일부 선진국에만 해당되는 문제가 아니다. 전 세계가 '늙은 나라, 늙은 경제'의 덫에 걸리면서 노년층 연금과 의료보험 비용의 증가, 국가재정의 악화, 도시의 공동화 등의 문제에 직면하게 될 것이다. 수십 년 내 세계 경제가 성장동력을 상실하고 마이너스 성장시대로 들어갈 것이란 암울한 경고도 들려온다.

이처럼 급속한 인구고령화와 인구감소가 우려되면서 '출산억제형'에서 '출산장려형'으로 전환해야 한다는 주장이 강하게 대두되었다. 반면 인구수가 경제력, 국력이던 시대는 이미 지났고, 지금은 국경 없는 '지구촌 시대'로 노동시장의 국제화가 빠르게 진행되고 있어 출산율 저하로 인한 노동력 감소 우려는 세계화 시대에 맞지 않는 편협한 시각이라고 주장하는 반론이 제기되기도 한다. 또한 결혼·출산에 대한 가치관이 바뀌었고, 미래는 노동력의 양보다 질을 중요시하는 시기이며, 남북통일·인구이동 등 고려해야 할 요인도 많아 출산장려정책은 아직은 시기상조라는 주장 역시 만만치 않다.

미국 경제 주간지 『비즈니스 위크(Business Week)』는 세계경제를 위협하는 가장 큰 요인은 고령화 문제라고 지적했다(2005.1.31). 경제협력개발기구(OECD)의 도널드 존스턴(Donald Johnston) 사무총장은 '이민유입을 늘리고 퇴직연령을 높여 노동인구 감소를 막거나 생산성을 끊임없이 개선하지 못하는 나라는 연금재정 파탄과 삶의 질 저하에 직면하게 될 것'이라고 경고했다. 특히 2차 대전 후 태어난 베이비 붐 세대는 20년 후 대거 노인층으로 편입되는 데 반해 출산율은 사상 최저 수준으로 떨어지고 있다. 이에 따라 중국은 2030년에 2명의 노동인구가 1명의 노령인구를 부양해야 할 형편이다. 전 세계적으로 1950년에는 65세 이상 인구 1명당 노동인구가 12명에 달했지만, 2000년대 초에는 9명으로 줄었으며 2050년이면 다시 4명으로 감소할 전망이다.

노령화 문제는 전술한 바와 같이 노년인구 자체의 수명증대(aging at the apex)와 저출산에 따른 상대적 노령화(aging at the base)가 맞물려 나타난다. 어느 국가를 막론하고 노인문제의 심각성은 단순히 노인인구의 수적 증가에만 비례하지는 않는다. 그것은 그 사회의 정치적·경제적 구조와 가족제도 그리고 노인복지정책의 실효성에 의해 크게 달라질 수 있다. 예를 들어 정년퇴직제도를 갖고 있거나 가족의 결속력이 약화되어 있거나 노인에 대한 의료보장체계가 미비한 국가는 그렇지 않은 국가들보다 훨씬 심각한 노인문제에 봉착할 수 있다는 것이다.

인구의 노령화는 비단 한국뿐만 아니라 전 세계적인 현상이다. *2004 World Population Data Sheet*에 의하면 전 세계의 65세 이상 인구가 7%에 달하여 이미 노령화 사회에 접어들었고 특히 선진국은 15%에 달함으로써 노령사회에 도달하였다.

노인들의 수명연장은 단순히 생존의 연장만을 의미하는 것은 아니다. 노인이 한 인간으로서 존엄성과 가치를 인정받고, 보다 질적으로 개선된 삶을 영위하는 사회적 생존의 연장까지 포함되어야 한다. 늙어 가는 우리 사회에서 노인들이 그들의 성공적 노화를 경험하고 삶의 질을 높일 수 있도록 하기 위한 노인의 생활환경에 대한 지원이 그 어느 때보다 절실하다.

오늘날 노인의 지위가 약화되고 노인문제가 발생하는 것은 생물학적 노화에 따른 노동력 상실, 정년제도로 인한 소득원 상실, 노인 자신의 노후대책 미흡, 노인 사회보장제도의 불충분, 가족의 부양기능 약화 등이 원인이며, 이러한 요인들은 독립적 또는 상호복합적으로 작용하여 노인들의 경제적 취약성을 가중시킨다. 바로 이 경제적 약화야말로 노인문제의 가장 크고 직접적인 원인이라 할 수 있다.

고독과 소외는 현대의 인간 모두가 경험하는 것이지만 사회경제적 및 건강의 악화 또는 상실에서 경험하는 노인들에게는 더욱 심각한 문제가 아닐 수 없다. 사회적으로는 퇴직으로 고립되고, 가족적으로는 세대 간 교육수준과 가치관의 차이 등으로 인해 노인들의 소외감은 거의 절망에 가깝다. 또한 도시화, 핵가족화로 자녀 세대와의 거주 분리나 지리적이동으로 인한 대화의 단절 등은 한층 더 노인에게 고독감을 불러일으키게 된다. 특히 우리 사회의 노인들은 전통적 가족주의 가치관을 지니고 자녀에 대한 기대가 높기 때문에 자녀의 부양의식과 자신의 부양기대가 일치하지 않을 때는 더 큰 소외나 좌절감을 경험하게 된다. 따라서 현대 사회에서 노인의 고독과 소외감은 경제적 취약성에 따른 역할상실 못지않게 커다란 노인문제가 되고 있다.

2001년 현재 인구 10만 명당 자살자 수는 연령층이 높을수록 증가하고 있으며, 노인 자살자 수도 1990년 310명, 1994년 510명, 1998년 1,159명, 2002년 2,023명, 2003년 2,760

그림 XIV-3. 노인들의 소득 분포(소득이 있는 노인 대상)

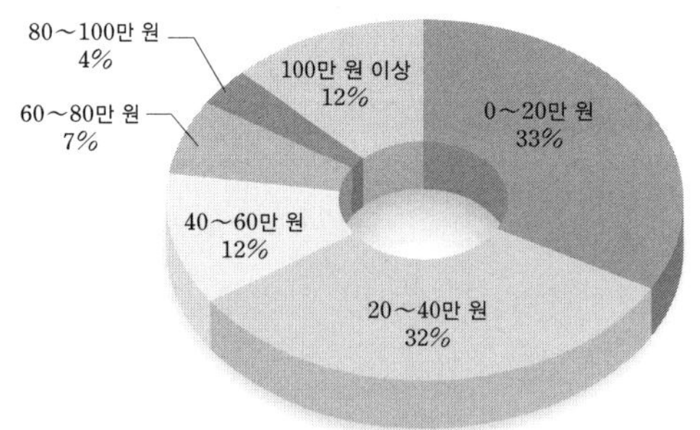

자료 : 한국보건사회연구원(2001)

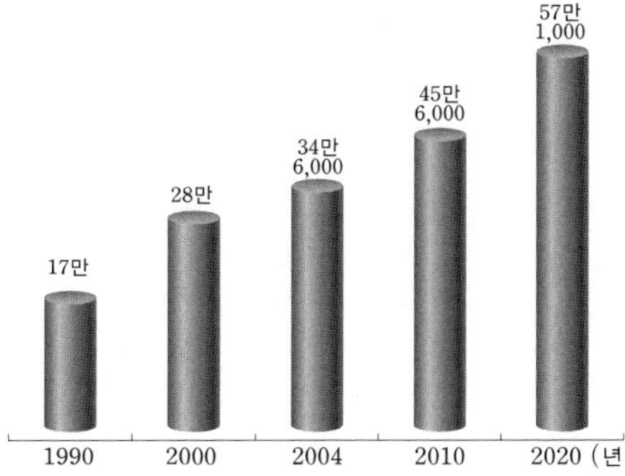

명으로 노인비율 증가와 함께 급증하고 있다. 또한 2004년 65세 이상 노인인구 418만 명 가운데 홀로 사는 노인이 68만 명에 이르며, 이는 1998년에 비해서 거의 20만 명이나 증가한 것이다. 그리고 노인들의 소득분포를 보면 그림 XIV-3과 같이 소득이 있는 노인들 가운데 65.3%가 월 40만 원 이하의 소득에 의존하여 살고 있다. 이처럼 상당수의 노인이 빈곤으로 고통 받고 있으며 고독과 질병, 그로부터 오는 무력감과 좌절감, 우울증에 시달리다 스스로 생을 마감하기까지 한다.

노인인구가 증가함에 따라 만성질환·와상(臥床)·치매성 노인 등 장기 요양이 필요한 의존노인의 수도 급속히 증가하고 있다. 그림 XIV-4에서 보는 바와 같이 1990년 17만 명의 노인 치매환자 수는 2004년 현재 34만 6,000명으로 증가하였고, 2010년에는 45만 6,000명, 2020년에는 57만 1,000명으로 증가할 것으로 예상되고 있다. 이와 함께 노인의료비도 증가 일로에 있다. 국민건강보험공단이 발표한 '65세 이상 노인 의료이용 실태분석 결과'에 따르면 전체 진료비 가운데 차지하는 노인진료비의 비율이 1994년 11.3%에서 2004년 22.8%로 10년 사이 2배로 증가하였다(그림 XIV-5). 노인인구비율이 10.9%에 이르는 2010년에는 노인진료비 점유율이 28.1%에 이를 것으로 내다보았다. 이런 추세라면 노인인구비율 20%가 넘는 2026년의 초고령사회에서는 노인의 진료비가 전체의 50%에 육박할 전망이다. 또한 2004년 한 해 동안 건강보험 재정에서 노인의료비로 지출된 금액은 5조 1,000억 원으로, 10년 전의 5,511억 원에 비해 무려 10배가량 증가하였다. 같은 해 노인 1인당 진료비는 연간 140만 2,142원으로, 65세 미만의 39만 8,395원보다 3.5배에 달하였다(동아일보, 2005.3.22.).

오늘날 평균수명의 연장 추세를 고려할 때 정년 시기에 대한 낮은 연령규정은 퇴직이 실

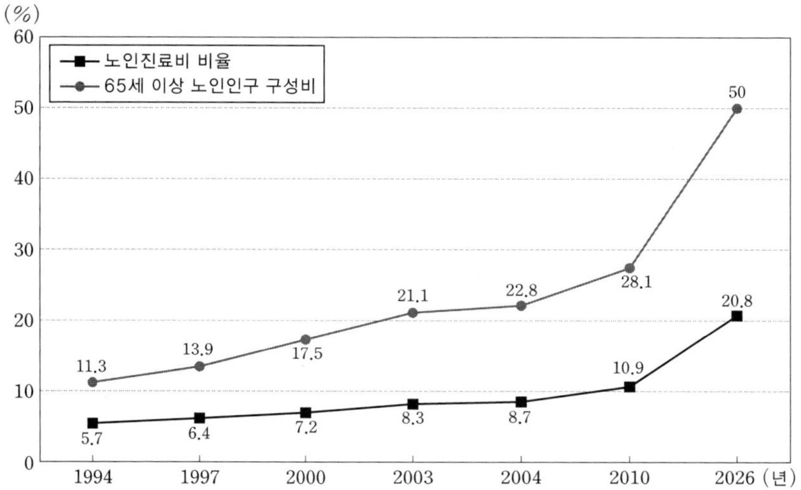

자료 : 국민건강보험공단, 통계청

제적으로 노년기에 접어들기 이전에 이루어지고 있다는 점과 함께, 정년 이후의 시기가 더욱 길어지고 있다는 점도 문제점으로 지적된다.

노인의 지식, 경험, 노동력의 가치 등은 급변하는 기술환경과 노동시장의 요구에 적응하기 어려워지고 있다. 급속히 진행된 한국의 사회·경제구조의 변화는 노인층을 단순히 피부양인구만으로 전락시키고 노인의 삶의 질을 저하시키는 결과를 초래하고 있다. 더구나 사회복지체제가 아직도 미비한 우리나라의 노인들은 자녀의 지원에 의존하는 실정이나, 점차 가족과 사회의 지원으로부터 격리되면서 노인들의 경제적 문제 외에도 가족으로부터의 소외, 사회적 고립, 건강 상실, 정서의 황폐화 등 여러 심각한 문제들과 직면하게 된다.

산업화, 도시화에 따른 핵가족화의 파급과 자녀와의 가치관 및 생활습관 등에서의 세대 차이로 노부부 또는 독거노인의 비율이 해마다 증가하고 있다. 정서적·신체적 부양은 물론 경제적 부양에서도 가족에 의존하기가 점점 어려워져 가는 실정이다. 특히 노인 단독가구, 극빈 저소득 노인, 그리고 농촌 노인의 경우에 그 어려움은 더욱 심하다.

퇴직은 생애주기의 새로운 사이클임에 틀림없다. 동시에 경험해 보지 못한 연령규범(age norm)의 격차가 너무 크므로, 그로부터 오는 생활환경의 변화를 극복하기가 어려운 만큼 더욱 고립감과 소외감이 크다고 할 것이다.

우리나라도 고령화 사회로 진입하면서 인구학, 사회학, 사회복지학 등의 여러 분야에서 노인문제가 중요한 연구 주제의 하나로 부상하고 있다.

⑵ 대책

과학과 기술, 의약의 발전, 산재 예방조치, 영양과 교육환경의 개선으로 사망률이 크게 감소한 데서 비롯되는 노인인구의 증가는 21세기에 들어와서 선진국뿐만 아니라 다수 국가가 공감하는 중요한 사회적 문제가 되고 있다.

인구의 고령화가 진행되면서 사회의 활력을 유지하기 위해서는 노인인구와 차세대 주역인 청소년을 포함한 인구의 자질향상이 바람직하다. 또한 사람들이 고령에 이르러 건강한 생활을 보낼 수 있도록 건강의 자기관리와 그것을 지지해 주는 보건의료보장이 필요하다. 노인문제를 공포로 느끼는 한 어떠한 생산적인 해결책도 없다. 노인을 허약하고 생산성이 낮으며 젊은 세대의 행복을 앗아가는 '사회의 짐'으로 인식하는 관념을 근본적으로 바꿔야 한다. 노인은 우리 사회의 물질문명에 기여한 시민의 일원이자 잠재력이 충분한 사회적 동반자라는 인식을 가질 때, 고령화 공포에서 벗어날 수 있다.

노인들이 생산성을 발휘할 수 있는 업무와 직종을 기업과 국가가 보다 적극적으로 개발해 더 오래 일할 수 있는 사회를 만드는 것이야말로 고령화 사회 문제를 극복하는 가장 좋은 방법이다. 세계보건기구(WHO)는 2003년 '세계 노인의 날'에 즈음한 보고서에서 노년층 인구는 '개발 이슈'라고 강조하고 '건강한 노인들은 가족은 물론 사회와 경제의 자원'이라는 입장을 밝혔다. 동시에 노인들이 자원봉사·경험과 지식전수·가사활동·재취업 등을 통해 점점 더 중요한 역할을 하게 될 것임을 전망하였다. 또한 2002년 세계 노령화대책회의는 전 세계 모든 사람들이 안정과 존엄 속에 노령화를 준비하고 완전한 권리를 갖는 시민으로서 계속 사회에 참여토록 할 것을 촉구하는 '국제행동계획'을 마련했다.

행동계획의 우선과제는 노인들을 개발과정에 동참시키고 이들의 건강과 복지를 증진하며 선택 가능한 환경을 조성하는 데 초점을 맞추고 있다. OECD가 발표한 최근 보고서에서 '노인들을 더 오래 현역에 두어야 하며 노령화를 연금 측면에서만 접근하지 말 것'을 촉구한 것도 주목할 만하다.

국가가 건강관리 프로그램에 적극 투자해 현재 한국의 건강수명 64.8세(2002)를 5년만 늘려도 젊은 세대가 내는 건강보험료를 줄일 수 있고 사회 전체의 노인부양 부담은 더욱 크게 줄일 수 있다는 주장도 있다.

인구노령화의 사회적 문제로 흔히 노동력 결핍을 드는 예가 많은데 그것은 노년인구에 대해서 노동력 부재로 인식하는 관념적 사고에 불과하다. 그것은 사실상 노인의 노동력 부재가 아닌, 노인으로부터의 노동력 탈취에서 오는 것이다. 인생을 잘 마무리 짓고자 하는 그들의 성취의욕과 다양한 경험으로부터 기대할 수 있는 보다 정밀한 노동의 효과를 외면한 채, 노인들의 능력을 무시하거나 이제는 안식해야 할 때라고 하는 극히 부정적이고 비생산적인 사회 통념만으로 노인들의 사회적 가치와 지위를 빼앗고 있는 것이다. 노인을 한낱 노인문제를 야기하는 장본인이자 정리해야 할 대상으로서만 인식하는 사회에서는 올바른 노인문제 해결책이 있을 수 없다. '세계 노인의 해' 주제로서 '모든 세대를 위한 사회의 지향'을 다시 한 번 되새겨 봐야 한다.

'고령화 및 미래사회위원회'의 김용익은 "노동력 감소를 극복하는 유일한 방법은 개개인의 생산력을 늘리는 것이다. 서구 사회가 고령화에 버틴 이유도 사람들의 생산성이 올라갔기 때문이다."라고 주장한다.

한국이 고령사회(2018년)에서 불과 8년 만에 초고령사회(2026년)로 진입하게 되는 것은 1950년대 중반~1960년대 초반에 출생한 베이비 붐 세대가 15년 뒤부터 대거 노년층으로 진입하기 때문이다. 그는 또 "이들 세대는 현재 노년층을 이루는 1930년대 출생자들과는 문화적 코드, 기호(嗜好), 교육수준 등에서 큰 차이를 보이므로 앞으로는 그들 노인들을 보살핀다는 개념에서 탈피하여 생산과 여가활동을 부여해 주는 노인정책으로 가야 한다. 또한 65세 이상의 노인 개념을 75세 이상으로 상향 조절하는 것이 '고령화 및 미래사회위원회'의 슬로건이다."라고 말하고 있다. 이 위원회는 인구구조 분석, 저출산·고령화뿐만 아니라 노후대책과 일자리 문제 등 광범위한 분야를 다루는 대통령 자문기구로서 2004년 2월 출범했다.

가족의 부양부담을 줄이고 노인의 부양만족도를 향상시키기 위해서는 자녀 간의 심리적 유대를 높이고 노인 자신의 경제적·정서적·신체적 측면의 자립도를 높여 줄 수 있는 복지서비스 방안이 마련되어야 할 것이다. 주택은 물론 버스나 지하철 등 대중교통, 여가문화 시설, 고용문제 등 국가정책 전반이 노인친화적 환경으로 설계되어야 한다.

정부는 2005년 초 인구·가족, 보건·복지, 재정·금융, 제도·고용 관행 등 4개 분야별로 저출산·고령사회에 대응하는 국가실천전략을 수립했다. 구체적으로는 아동수당제 및 출산축하금제, 임신·출산 지원 확대, 정년·연령 차별제도 개선, 노후소득보장 사각지대 해소, 공적 노인요양보장체계 구축, 실버산업 지원 육성 등을 담고 있다. 하지만 이 같은 정책이 어느 정도 효과를 거둘 수 있을지는 미지수다. 사회구조의 근본적 개선 없이 개별 정책을 통한 접근방식으로는 한계가 있기 때문이다. 일각에선 저출산 고령사회화의 속도에 비해서 정부정책의 긴박감이 부족하다는 지적도 나온다.

여가시간이나 역할상실 문제는 퇴직제도의 개선과 여가시설의 확충 및 프로그램의 개발 등으로, 수입 감소 및 건강보호 문제는 연금제도와 의료보험 및 보호제도의 실시·개선 등으로, 그리고 사회적·심리적 고립 및 소외문제도 지역사회의 참여와 관심 속에서 사회적 서비스를 강화함으로써 해결될 수 있는 것이므로 노인문제는 지역사회와 국가적 차원에서의 계획적인 개입과 지원이 필연적으로 요구되며, 이를 통해서 근본적으로 해결될 수 있을 것이다.

노인정책은 이제 효(孝)를 실천하는 도덕적 정책이 아니다. 인류 사회의 최대 난제로 떠오른 고령사회에서의 노인문제를 슬기롭게 대처하기 위한 사회적 투자가 절대 필요한 오늘의 노인정책임을 깊이 인식해야 한다.

5. 노인복지와 실버산업

1) 노인복지의 의미

노인복지(the aged welfare)란 노인이 인간다운 생활을 영유하면서 자기가 속한 가족과 사회에 적응하고 통합될 수 있도록 필요한 자원과 서비스를 제공하는 데 관련된 공적 및 사적 차원에서의 조직적 제반 활동을 말한다. 여기서 인간다운 생활이란 노인이 속한 사회의 발전수준에 비추어 의·식·주의 기본적인 욕구를 충족하고 건강하고 문화적인 삶을 사는 것을 뜻하며, 가족과 사회에 적응하고 통합된다는 것은 노인이 속한 사회적 조직망에서 사회적·심리적으로 소외감을 갖지 않도록 하는 것이다.

노인복지 정책의 목표는 국민적 최저 수준의 생활유지 원칙, 사회적 통합의 원칙, 개인의 성장욕구 충족이라는 세 가지 원칙하에 이루어진다. 노인도 국민의 한 사람으로서 국가의 경제적·사회적 여건에 맞는 인간다운 생활을 유지할 수 있두록 최소한의 경제적 보상을 받아야 함이 바로 국민적 최저 수준의 생활유지 원칙이다. 최저 수준의 명확한 한계는 설정된 바 없으나 대체로 빈곤선(poverty line) 이상이라는 개념으로 인식된다.

노년기는 인간 성장의 최종 단계로서, 이 시기에 있는 개인은 연장자로서의 사회적 존엄성 확립과 풍부한 경험을 활용하여 사회에 기여하고자 하는 발달적 욕구가 있다. 그러므로 노인복지 프로그램은 노인이 개인으로서 자신의 고유하고 특수한 욕구를 충족시키고 노년기의 발달적 과업을 잘 성취할 수 있도록 하는 데 목표를 두어야 한다.

2) 노인복지의 영역

노인복지는 노인의 삶의 질을 높이기 위한 국가적 · 사회적인 활동이다. 그러므로 노인복지는 항상 사회적 여건과 국가 시책의 흐름과 밀접한 연관을 맺는다. 국가적 정책과 사회적 지지가 없는 것은 복지활동이라 할 수 없으며, 노인복지는 언제나 정책적 흐름 내에서 발전한다.

우리나라에서는 1981년 '노인복지법'이 공포된 이래 본격적으로 노인복지 시대를 열었다. 이후 수차례 법개정이 이루어지면서 노인복지의 폭이 점차 확대되고 있으나 아직도 그 영역과 수준은 미약하다. 우리나라 노인복지는 '선 가정 후 사회보장'이라는 정책기조 아래 특히 서비스 영역에서는 일부 저소득층의 노인만을 대상으로 이루어져 온 실정이다. 그러나 표 XIV-1과 같이 노인들의 주거형태가 점차 자녀들과 격리되고 그에 따라 가족의 결속력과 자녀의 부양의식이 크게 약화되면서 노인들이 가정에서 보살핌을 받을 수 있는 환경이 열악해지고 있다.

또한 노인 자신도 자녀에 의존하는 데 대해서 큰 기대감을 표시하지 않는 현상이 두드러지고 있으며 이 같은 현상은 이웃 나라인 일본보다도 현저하다. 한국(광주 · 전남)과 일본

표 XIV-1. 65세 이상 가구 중 1인 단독 가구 및 1세대 가구의 비율

(단위 : %)

연도	1990	1995	2000
1인 단독 가구	8.9	13.3	16.2
1세대 가구	16.9	23.3	28.7
합계	25.8	36.6	44.9

자료 : 통계청(http://www.nso.go.kr), 통계정보시스템(KOSIS)

(히로시마 현)의 50세 이상을 대상으로 1999~2000년에 조사된 한 연구(조혜종, 2001)에 의해서도 이 같은 사실이 뒷받침된다. 표 XIV-2에서 거주 선호 유형별 분포율을 보면 한국은 자녀의 의사와는 상관없이 독립해서 살고자 하는 적극적 독립형이 41.7%로 일본의 22.7%보다 압도적으로 높은 분포를 보인다. 이를 의존형(가+나)과 독립형(다+라)으로 2분해서 본다면 일본이 한국보다 더 의존형(10%p의 차이)임을 알 수 있다. 이는 한국의 경제발전과 함께 사회적 독립성이 과거 어느 때보다 강해졌고 적어도 자녀에게만 의존하지는 않겠다는, 자녀에 대한 한국의 전통적 가치관의 변화로 받아들여진다.

그러나 의존형(39.3%) 역시 독립형(44.5%) 못지않은 분포를 보여 아직도 상당수의 노인(또는 예비 노인)이 오랜 가치관에서 크게 벗어나지는 못하고 있음을 알 수 있다. 다만 적극적 의존형보다는 소극적 의존형이 훨씬 높은 것으로 보아 종래의 대가족적 행태와는 다소 성격을 달리하고 있다고 봐야 할 것이다. 한편 '자녀의 의사대로 따르겠다' 는 자녀 위임형

표 XIV-2. 거주 선호 유형별 분포(한국 · 일본)

기호	설문 내용	유형	분포율(%) 한국	분포율(%) 일본
가	자녀가 원하면 함께 살고 싶다.	소극적 의존형	28.4	38.9
나	자녀가 원하든 원치 않든 꼭 함께 살고 싶다.	적극적 의존형	10.9	10.8
다	자녀가 원하든 원치 않든 혼자 또는 부부만 살고 싶다.	적극적 독립형	41.7	22.7
라	자녀가 원하든 원치 않든 사회복지 기관에 의존하고 싶다.	소극적 독립형	2.8	4.4
마	나 자신은 아무래도 상관없으며 자녀가 원하는 대로 따르겠다.	자녀 위임형	14.7	14.37
바	기타	기타형	1.4	8.9

표 XIV-3. 적극적 의존형과 적극적 독립형의 이유별 분포

(단위 : %)

	이유	한국	일본
적극적 의존형	경제적 능력 때문에	21.7	22.7
	혼자 살면 외로워 못 살 것 같아서	43.5	63.6
	손자가 좋아서	26.1	4.5
	다른 사람과는 함께 살고 싶지 않아서	8.7	0.0
	기타	0.0	9.1
적극적 독립형	내 마음대로 살 수 있어서	46.6	26.1
	자녀에게 폐 끼치고 싶지 않아서	25.0	39.1
	조용한 삶이 좋아서	27.3	19.6
	의지할 자식이 없어서	1.1	13.0
	혼자 사는 생활이 어떤 것인가 느껴 보려고	0.0	0.0

은 양국이 거의 비슷한 분포로 나타났다. 또한 이 연구에서, 노령화할수록 한국은 적극적 독립형에서 적극적 의존형으로 이행하는 성향을 보이나 일본은 적극적 의존형 아니면 적극적 독립형으로 발산하는 성향을 보이고 있음을 밝히고 있다. 그리고 표 XIV-3에서 보는 바와 같이 적극적 의존형의 가장 큰 이유로 양국 모두 '독거의 외로움'(한국 43.5%, 일본 63.6%)을 들고 있으나, 특히 일본이 20%포인트나 더 높아서 외로움에 대한 느낌이 훨씬 더 강하다는 사실도 밝히고 있다.

이상에서 설명한 바와 같은 이유로 노인이 가족의 도움으로 생활할 수 있도록 지원하는 제도적 방안도 중요하지만, 보다 바람직한 앞으로의 기본방향은 가족부양을 사회적 부양으로 전환하는 정책을 강구하는 것이다.

우리나라 중앙 정부나 지방자치단체의 관리 및 지원하에 추진되고 있는 노인복지정책의 활동영역은 다음과 같다.

(1) 소득보장

노년기의 경제적 안정과 보장은 의·식·주의 기본 욕구를 충족시켜 주는 것은 물론, 건강을 유지하고 여가활동을 증진시키며 노인의 사회적 지위와 자아를 유지시킴으로써 성공적인 노후의 삶을 영유하는 데 가장 큰 영향을 끼친다. 따라서 노인을 위한 소득보장은 그들의 기본적 욕구를 충족시켜 주는 최우선적인 분야의 정책이라 할 수 있다.

소득보장정책에는 퇴직으로 인한 노후의 경제적 문제를 해결하고자 1960년대부터 실시되어 온 군인·공무원·사립학교 교직원을 대상으로 한 특수직 연금제도와 1988년부터 실시하는 국민연금제도를 근간으로, 경로연금, 장애연금 등 연금정책이 있다. 그 밖에 생계비 지원과 같은 저소득층 노인 생활보호정책, 취업상담 및 알선·노인공동작업장·노인고용촉진법에 의한 고용 권장 등 노인취업추진정책, 그리고 대중교통 요금과 공공시설 이용요금의 무료 또는 할인혜택을 주는 경로우대제나 경로식당과 같은 간접적 소득보장정책이 실행되고 있다.

(2) 의료보장

노인은 병에 걸리기 쉽고 건강상의 많은 문제를 안고 있을 뿐만 아니라 일단 병에 걸리면 만성화되기 쉬우므로 노인병을 조기에 발견하여 치료에 임할 수 있도록 의료비 면제나 경감 등의 서비스가 요청된다.

의료보험제도, 노인건강진단, 노인전문병원과 요양시설 운영, 노인간병 및 가정봉사원 관리 제도, 주간보호소 운영, 재가복지 지원 등이 실행되고 있다.

(3) 주거보장

안전하고 안락한 주택을 확보하고자 하는 욕구는 인간의 공통적인 기본욕구이지만 특히 노년기에는 사회적 관계가 가족을 중심으로 축소되고 생활의 주 공간이 가정이기 때문에, 노인에게 있어 주택에 대한 욕구는 생활주기의 어떤 단계에서보다도 강하다. 따라서 노인 복지의 중요한 프로그램 중의 하나는 주거서비스의 개발이다.

노인주거보장의 방법으로는 노인을 위한 주택수당, 주택임대료 보조 또는 할인, 임대료 및 재산세 변제, 공영주택입주권 우선부여, 시설수용보호 형태의 주거보장과 노인주택이 있다. 우리나라의 노인주거보장은 시설수용보호가 대부분이고 노인들을 위한 주택수당이 나 임대아파트, 노인주택은 미비한 상태에 있다.

(4) 사회적 서비스 보장

사회적 서비스 보장 프로그램은 비물질적인 것으로, 일상생활에서 문제를 겪고 있는 노 인들의 사회적 기능을 향상시키기 위하여 신체적·심리적·사회적인 제 측면의 서비스를 포괄적으로 제공하는 것이라고 할 수 있다. 칸과 카머만(Kahn & Kammerman, 1979)은 사회적 서비스를, '가정생활을 보호 또는 회복시키고, 개인의 내적·외적 문제에 대처해 나갈 수 있도록 도우며, 개인의 발전을 촉진하고 정보, 안내, 대변(代辯) 및 구체적인 도움 을 통하여 서비스에 잘 접근할 수 있도록 하는 프로그램'이라고 정의했다.

사회적 서비스 보장에는 사회적 적응과 일상생활 유지 등 당면문제 해결을 위한 서비스, 스스로 사회적 지위와 역할을 확보하고 삶의 질을 향상시키는 것을 지원하는 발달욕구충 족 서비스, 그리고 여러 가지 노인복지 프로그램에 접근할 수 있도록 도와주는 접근안내 서비스 등이 있다. 칸의 정의는 이와 같은 사회적 보장 프로그램의 기능을 중심으로 한 것 이다. 당면문제 해결 서비스는 가정봉사원파견 서비스, 주간보호 서비스 등이 있으며, 발달욕구충족 서비스는 노인정, 복지회관, 노인학교 등의 운영과 자원봉사활동 참여 지원이 있다. 접근안내 서비스는 교통기관 무료이용 또는 할인, 고궁·박물관·공원의 무료입장, 그리고 노인을 위한 생활 및 복지정보를 제공해 주는 여러 단체 및 조직 활동(한국노인의 전화, 한국노인문제연구소, 대한노인회) 등이 있다.

한편 노인복지가 이루어지는 장소 및 시설에 따라서 크게 시설보호(out-home service)와 지역사회보호(community care)로 대별할 수도 있다. 시설보호는 보호 대상 노인을 입소시켜 급식, 치료, 기타 편의를 제공하는 시설의 보호 서비스를 말하며 노인요양원(nursing home)이 대표적이다. 지역사회보호는 세부적으로는 재가보호 서비스와 지역사회 서비스로 나누어진다. 전자는 대상 노인의 가정에서 행해지는 서비스로, 가정간호와 가정봉사원 서비스 등이 여기에 해당한다. 후자는 재가노인을 대상으로 지역사회 내에서 일시적으로 주간에만 보호해 주는 주간보호와 일정 기간의 보호를 제공하는 단기보호가 있다. 그러나 주간보호나 단기보호도 결국은 가정에 기반을 두고 지역사회 서비스가 행해진다는 점에서 재가보호 서비스와 다를 바 없다. 따라서 재가노인복지 서비스란 좁게는 재가노인보호 서비스만으로 한정하나 넓게는 지역사회 서비스까지 포함하는 것으로, 시설보호의 상대적인 개념으로 사용되기도 한다. 최근 선진국의 경우 전통적으로 강조되어 오던 시설보호에서 재가노인복지 서비스 중심으로 전환하는 것이 일반적인 추세이다.

오늘날 지역사회에 기반을 둔 지역사회복지와 가족 중심의 서비스가 중요하게 고려되는 시점에서 재가노인복지 사업은 지역사회복지뿐만 아니라 노인복지 및 가족복지의 중요한 부문을 차지하고 있다. 현재 우리나라의 재가노인복지 사업에는 가정봉사원 파견 시설·주간보호시설(무료·실비)·단기보호시설이 있고 이와 같은 사업에 필요한 자원봉사자를 교육하기 위한 가정봉사원 교육기관이 있다. 2003년 재가노인복지의 시설 현황은 표 XIV-4와 같으며, 현재 전체 시설수의 약 30%만이 정부 지원을 받고 있지만 이 사업은 계속 확대되고 있다(이인수 외, 2004).

앞으로 재가노인복지 체계를 강화하고 현재 저소득층 위주로 설계되어 있는 재가복지 서비스 체계를 중산층을 포함한 일반 가정을 지원하는 보편적인 서비스로 발전시켜야 한다. 특히 노인이나 장애인을 보호하고 있는 가정에 대한 지원을 강화함으로써 가족의 기능을 제고하고 가능한 한 시설수용을 억제해야 한다. 그리고 시설수용이라 할지라도 보호시설의 질적 향상을 도모하여 노인들 스스로가 시설에서 사는 것이 편안하다는 인식에서 자발적으로 입소할 수 있는 수준에까지 이르도록 발전해 나가야 한다.

표 XIV-4. 재가노인복지의 사업별 시설 현황, 2003년

구분	전체 시설수	지원 시설
가정봉사원 파견 사업	120	20
주간보호 사업	116	16
실비주간보호 사업	50	50
단기보호 사업	31	4
계	317	90

자료 : 보건복지부(2003), 『노인보건복지사업안내』

3) 실버산업

(1) 실버산업의 개념

'실버(silver)' 란 노인의 흰머리를 은에 비유하여 표현한 것으로 황혼기, 즉 사회적 활동으로부터 은퇴하여 남은 삶을 보내는 단계에 있는 계층을 가리킨다. 1970년대 말 일본에서 처음 쓰였다는 의견이 있으나 '실버산업' 이라는 용어의 유래에 대해 학술적으로 명확히기록된 자료는 없다. 영어로 silver market, elderly market, silver business 등으로 사용되고 있는 실버산업은 '노인의 정신적 · 육체적 기능을 향상시키거나 지속시키고, 완전한 사회활동을 위하여 민간기업이 시장경제의 원리(영리 추구)에 의하여 상품이나 서비스를 공급하는 산업', '민간기업이 경제력이 있는 노인인구계층 및 노후대책을 준비하는 예비 노인인구계층을 대상으로 하여 그들의 욕구에 적합한 상품과 서비스를 시장원리로 공급하는 산업' 또는 '은퇴한 노인들을 대상으로 생활의 안정과 보호, 편의를 민간부문에 의해 시장에서 재화 및 서비스를 제공하는 일련의 경제활동' 등의 의미로 사용되고 있다. 이러한 개념을 정리해 보면 첫째, 실버산업은 그 대상이 노인이나 혹은 노후를 대비하는 연령층이고, 둘째, 제품이나 서비스 제공 및 운영 주체는 민간기업이라는 것, 셋째, 시장원리에 의해서 공급되며, 넷째, 실버산업에서 제공할 수 있는 제품이나 서비스는 노인의 욕구에 따라 다양하게 개발될 수 있다는 것이다.

실버산업은 공급 주체가 민간부문이고 상품과 서비스가 시장경제원리에 의하여 공급된다는 점에서 사회적 약자에 대한 재정적 원조나 서비스를 제공하는 좁은 의미의 비영리적 사회복지 사업과는 구별되어야 할 것이다. 그러나 경제력 있는 노인층을 대상으로 노후생

활의 안전과 안락함을 제공한다는 측면에서 노인복지적 사회보장의 보완기능을 갖는 노인복지의 관심 영역이며, 동시에 운영 주체의 입장에서는 영리를 목적으로 한다는 점에서 경제활동의 의미도 갖는다고 할 수 있다. 그리고 정부가 직접 혹은 간접으로 재정지원을 하여 운영되는 노인복지시설이라 하더라도 이를 유료화시켜 운영할 때는 실버산업의 범주에 포함된다.

결국 실버산업은 사회복지 서비스 정책에 시장원리를 도입한 것으로 실버산업이 발전되면 중산층 이상의 노인들은 개인의 경제적 능력에 따라 질 좋은 복지상품을 구입할 수 있게 될 것이다. 그러나 민간시설의 수익에 따른 과도한 팽창은 공공부문의 발전을 가로막고, 지역 간·계층 간 수혜의 차별성을 강화하는 역작용을 불러일으킬 수 있다는 비판이 있다. 따라서 실버산업은 공공부문의 지속적인 확대를 전제로 하고, 영리적 측면과 사회복지적 측면의 양측 한계를 상호보완하는 조화의 문제를 항상 고려해야 할 것이다.

(2) 실버산업의 등장 배경

실버산업의 등장 배경은 고령화에 따른 제품 수요의 필요성, 가족의 노인부양기능의 약화, 경제력 있는 노인계층의 형성, 노인욕구의 다양화가 복합적으로 작용한 결과이다. 인간의 수명이 확대되고 노인수가 증가함에 따라 만성적 노인질병과 그에 수반되는 개호(介護)문제가 가장 시급한 문제로 등장하였다. 전통 사회에서는 가족이 노인을 부양하는 1차적인 기능을 수행하였지만 현대 사회에서는 가족규모의 축소 변화와 구성원의 사회적 역할기능이 복잡, 다양해지면서 노인개호문제는 가정으로부터 지역사회로 확대, 이동되는 것이 불가피하게 되었다. 즉, 가족부양자의 과중한 부담을 완화하고 노인의 정신적·육체적 기능을 향상, 유지시켜 줄 사회적 기능이 절실히 요구된다. 거기에 산업의 고도화, 도시화, 그에 따른 사회구조의 변화로 인한 핵가족화와 '빈 둥지(empty nest)', 가족 구심력의 약화와 효 사상의 붕괴, 가족구성원 간의 갈등 등의 복잡한 사회문제가 얽힌 결과로, 노인개호문제는 사회적 개입·지원을 필연적으로 요청하게 되었다. 또한 노인 자신도 자녀부양을 받지 않고 스스로 해결하려는 독립심이 총체적인 가족부양기능을 약화시키는 한 요인으로도 작용하고 있다.

이와 같이 실버산업은 노인인구의 증가, 특히 노인단독가구의 비율이 점증하는 현실 속에서 필연적으로 등장하게 되었으며, 다른 한편으로는 생활수준 향상과 함께 새로운 소비

계층으로 떠오른 노인들의 다양한 욕구를 충족시켜야 할 미래산업으로, 그리고 21세기에 빠른 속도로 성장할 것으로 기대되는 유망산업으로서 등장하게 된 것이다.

(3) 실버산업의 유형

고령화 사회에 진입한 우리 사회는 서구 사회가 경험해 왔던 저출생 · 저사망, 수명연장, 급속한 핵가족화, 노년층의 경제력 향상과 구매력 증가, 안락하고 편안한 노후를 보내는 데 재산을 활용하려는 에이지 붐(age-boom) 세대 노인의 증가 등의 변화를 그대로 겪고 있으며 이러한 변화는 실버산업에 대한 수요와 기대를 한껏 높이고 있다. 최근 민간기업이 참여한 서비스는 개호 · 의료 서비스 부문이 많으며 금융 관련 서비스, 스포츠, 레저, 재택 관련 서비스에도 많은 참여가 이루어지고 있다. 우리나라도 점차 공공부문이 감당하지 못하는 영역을 실버산업이 채워 가는 양상을 띠고 있다. 우리 사회가 건강과 장수 그리고 웰빙(well-being)에 많은 관심을 쏟고 있으며, 중요한 것은 이와 관련된 상품을 소비할 수 있는 경제력을 갖춘 노인계층이 등장했을 뿐만 아니라 점차 증가하고 있다는 사실이다. 최근 유행하는 통크(tonk : two only, no kids)족은 젊은층의 부부뿐만 아닌 손자를 돌보는 데 시간을 허비하지 않고 편안하고 자유로운 노후를 보내려는 노부부에게도 해당하는 신조어로서, 이미 '21세기는 통크족의 시대' 라는 말이 나올 정도로 노인들의 사회 참여 활동과 가치변화의 사회적 의미는 크다.

이 같은 성향을 보이는 고령자들을 위해 노후보장 금융상품, 재테크 상품, 장기요양보험, 실버주택, 실버레저 등 다양한 형태의 실버산업이 등장하고 있다. 실버산업은 여러 유형으로 분류할 수 있는데 표 XIV-5는 그 한 예이다.

실버산업 중에서 가장 주목을 끄는 것은 실버타운(silver town)이다. 실버타운은 노인계층의 신체적 · 사회적 · 심리적 특성을 고려하여 노인전용주거, 질병예방센터, 복지회관, 의료기관, 스포츠 시설, 기타 노인의 특성에 맞는 특성화된 시설이 갖추어진 노인전용 주거시설로서, 일정 지역에 집단 혹은 촌락을 형성하여 노인들만의 동질성이 강조된 안전한 주거문화가 정착된 곳이라 할 수 있다. 다시 말해서 노인들이 의식주 및 기본 의료 관리를 주목적으로 체류하는 통합형 노인주거시설로서 그 규모와 형태는 매우 다양하다. 특히 미국과 같은 곳에서 잘 발달한 대규모 노인촌락은 단독주택 · 아파트 · 연립주택 · 양로시설 · 요양시설 등 다양한 형태의 시설들이 상호협조체제를 유지하며 공동주거구역을 이루

표 XIV-5. 실버산업 분류의 한 예

분야	분류	내용
주거 관련 서비스	장기 체재형 주택	실버타운, 전용 실버 맨션
	개호 관련	유료노인 홈(Home), 유료 너싱하우스(Nursing house)
	단기 체재형 주택	주간보호시설, 단기보호시설
건강 관련 서비스	건강관리	검진센터, 건강관리센터
의료 관련 서비스	병원 부문	노인전문병원
	제약 부문	노인성 질환 약국
	인력 부문	의료요원의 알선 및 파견
	의료, 정보 부문	병원 관리, 의학 정보
금융 관련 서비스	연금 부문	공적 연금, 사적 연금
	보험 부문	개호 보험, 연금형 보험
	자산관리 부문	신탁, 부동산 관리
생활 관련 서비스	의료 부문	일상복, 정상복, 환자복
	식품 부문	건강식품, 기호식품
	생활용품 부문	가전제품, 일상용품
여가활동 서비스	사회활동 부문	취업, 교육
	여가활동 부문	스포츠, 오락, 취미, 관광

자료: 조성남(2004), 『에이지붐시대』 ; 삼성경제연구소 · 삼우설계(1992), 『실버산업의 현황과 전망』

고 있다. 이 같은 노인촌락은 핵가족화로 인해 더 이상 가족 안에서 보호받지 못하는 노년층의 문제를 해결할 수 있는 하나의 좋은 대안으로 제시되고 있다. 그러나 여가시설, 의료시설 등이 고루 갖추어진 실버타운이 아직까지는 실버상품을 소비할 수 있는 충분한 구매력을 갖춘 노인들만을 대상으로 하고 있어, 웬만한 중산층도 이용하기 어렵다는 문제점이 있다. 우리나라는 1988년 경기도 수원에 '유당마을'이라는 실버타운이 생긴 이래로 현재 전국에 20여 개의 실버타운이 조성되어 있다.

앞으로 고령화 시대의 다양화된 욕구를 수용할 있는 다양한 서비스를 마련함으로써 노인을 위한 사회복지 서비스를 확충해야 한다. 고령화 시대에는 노인들의 욕구와 함께 경제력도 성장하고 있기 때문에 기초적인 서비스는 물론 다양한 부가적인 서비스가 골고루 발전해야 할 것이다.

6. 한국 노인복지정책의 현황과 과제

우리나라는 1981년에 노인복지법이 제정되면서 노인복지와 관련된 법적 근거를 마련하였으며, 1990년 보건사회부(현 보건복지부)에 노인복지과가 신설된 후 세 차례에 걸쳐 법 개정이 이루어지는 동안 노인복지의 폭이 점차적으로 증대되면서 비교적 짧은 기간 동안 노인들의 삶의 질 향상을 위해 다각적으로 많은 노력을 기울여 왔다. 현재 우리나라에서 실시되고 있는 노인복지정책은 소득보장, 보건 · 의료, 주택 서비스, 사회적 서비스, 여가 서비스, 경로효친사상의 앙양 및 노인봉양의식 제고를 위한 서비스 등의 분야를 통해 이루어지고 있다. 그러나 서비스의 영역과 수준을 확대해 온 추세임에도 불구하고 아직은 미약한 수준에 머물러 있다. 우리나라 노인복지는 '선 가정, 후 사회보장'이 정책기조를 이루고 있으며 서비스 영역에서도 생활보호 대상자를 중심으로 일부 저소득층 노인만을 대상으로 이루어져 온 실정이다.

우리나라는 노령화 속도가 최근 세계에서 가장 빠르기 때문에 그로 인한 사회적 비용 증대가 크게 문제되고 있으며, 이것이 곧 노인복지 구축에 커다란 장애요인이 되고 있는 현실이다. 의료보장의 경우 진료비를 예로 든다면 2000년 상반기의 노인진료비가 1조 30억 원이었는데 2005년 상반기에는 2조 9,167억 원으로 무려 3배 가까이 급증하였다던가, 노인 월평균 진료비는 12만 7,000여 원으로, 전체 월평균 진료비 42,000여 원보다 역시 3배 정도나 많다는 사실 등이 그 심각성을 말해 주고 있다(KBS 뉴스, 2005. 8. 28.).

전반적인 생활환경의 변화와 함께 노인들의 욕구와 의식도 날로 변하는 상황에서 노인복지문제를 가장 시급한 사회 현안으로 인식하는 사회적 풍토가 반드시 이루어져야 한다는 것이 오늘의 과제이다. 노인 가족의 1차적인 책임의식에서 탈피하여 국가와 지역사회가 주체가 되고, 전 사회의 공동부양 책임의식 속에 보다 적극적이고 다양한 노인복지 서비스를 개발 · 제공하는 복지 체계를 구축함으로써, 지금까지 국가 사회 발전에 이바지해 온 노인들도 사회구성의 일원으로서 정당하고 인간다운 노후의 삶을 유지할 수 있도록 사회적 역량을 다해야 할 것이다.

7. 외국의 노인복지

OECD 가입국을 비롯한 선진국들은 1930년대부터 저출산·고령화 추세에 대응하기 위한 다양한 출산장려정책을 시행하고 있으며, 고령화 대책 또한 1950년대 태동하여 본격 가동에 들어갔다. 고령화 대책은 노후 삶의 질 향상과 건강한 노후관리에 집중되고 있다.

1) 미국

1930년대 맞은 대공황기의 실업과 빈곤층의 증가는 빈곤문제를 포함한 제반 사회문제를 해결하기 위해서는 정부의 역할이 확대되어야 한다는 신자유주의를 대두시켰다. 이러한 정치적 조류의 변화와 함께 당시의 루스벨트(Roosevelt) 행정부는 1935년 노령보험(Old Age Insurance)을 주 내용으로 하는 최초의 '사회보장법(Social Security Act of 1935)'을 제정하여 노인의 빈곤문제를 해결함과 동시에, 노인층을 노동시장 밖으로 유도함으로써 젊은이에게 더 많은 고용 기회를 제공하는 데 기여하였다. 그 후 1939년 유족보험(survivers insurance), 1956년 장애보험(disability insurance), 1965년 병원의료보험(hospital insurance)이 통합되어 오늘의 사회보장제도라 할 수 있는 노령·유족·장애·의료보험(OASDHI)이 확립되었다. 특히 주목할 만한 노인복지법으로서 1967년 제정한 '고용에서의 연령차별금지법(Age Discrimination in Employment, ADEA)'은 특수직을 제외한 대부분의 직종에서 65세 이전의 강제 퇴직을 금지시켰으며, 1978년에는 이 법을 개정하여 고용 차별 금지 연령을 75세로 확대하였고, 1986년에는 급기야 금지 연령을 완전히 철폐하기에 이르렀다.

미국 노인들에게 필요한 모든 서비스와 관련된 법적 근거는 1965년의 '미국노인복지법(Older American Act, OAA)'이다. 이 법은 노인을 위한 포괄적인 서비스의 시행을 위해 연방·주·지방정부 간 협력방식으로 노인복지망(aging network)을 구축하여, 미국 노인법의 원활한 집행을 도모하고 미국 전역의 노인들이 쉽게 서비스를 접할 수 있도록 하고 있다. 연방정부에는 보건복지성(Department of Health and Human services, DHHS) 하부기구로 노인청(Administration on Aging, AoA)이 있으며, 주정부에는 57개의 노인국

사진 XIV-1. 애리조나 주 은퇴노인들의 주거 단지

자료 : Rowntree, L. et al.(2005), *Globalization and Diversity*, 73

(State Units of Aging, SUAs), 그리고 지역 정부에는 약 700개의 지역노인기관(Area Agencies on Aging, AAAs)이 있다.

미국은 인종에 따른 인구구조의 변화가 다르다. 흑인 또는 히스패닉(Hispanic)계의 높은 출생률과 해마다 밀려오는 이주민에 의해 노동력 확보에는 큰 어려움이 없다고 할 수 있다. 그러나 노령인구, 특히 85세 이상의 노인인구수가 높은 분포율을 보이며 지속적으로 증가함으로써 미국 역시 노인문제로부터 자유롭지 못하다. 2050년까지 노인인구가 20%에 이르는 초고령사회가 될 것으로 예측되며, 그 중에서도 85세 이상의 초고령인구가 가장 빠른 증가를 나타낸다. 플로리다~남부 애리조나 주에 이르는 이른바 '선벨트(Sun Belt)' 지역은 최근 은퇴노인들의 전입지로 널리 알려져 있다(사진 XIV-1).

미국인들은 GDP의 14% 이상을 건강관리(보건 및 의료 관련 보장, health care)에 사용하며 4,500만 명은 건강관리보험의 보호 밖에 있다. 이 수치는 1990년에 비해 무려 30%나 증가한 것이다. 노령화와 함께 심장병, 암, 뇌졸중 등 3대 질병으로 인한 만성 질병 환자의 꾸준한 증가 현상이 사회보장이나 보건 · 의료보장의 사회적 비용을 높이면서 전반적 노인 건강관리 체계를 위협하고 있다.

보건 및 의료보장에 관한 제도는 1965년에 제정된 Medicare와 Medicaid의 두 가지가 있다. Medicare는 연방정부에서 실시하는 미국의 대표적인 노인의료보험으로 병원 및 입원 의료 서비스를 급여하는 Part A와, 진단 및 치료에 관한 비용과 기타 서비스를 포함하는 보충적 의료서비스를 급여하는 Part B로 구성되어 있다. Medicaid는 주정부에서 주로 저소 득층의 노인과 장애인을 대상으로 의료 서비스를 제공하는 의료보호제도로, 노인전용의 제도는 아니지만 대상자의 55%가 65세 이상이고 급여비의 1/3이 노인의료비로 지출되어 노인의료의 중요한 몫을 차지한다.

미국의 노인과 관련하여 특기할 만한 것은 '노인연합회(National Council of Senior Citizen, NCSC)'나 '미국은퇴자협회(American Association of Retired Persons, AARP)'와 같은 노인권익을 대변하는 사회단체가 조직되어 있어 타운젠트 운동(Townsend Movement)과 같은 사회활동을 활발히 전개함으로써 노인의 사회적 위상을 크게 신장시 키고 있다는 사실이다. 1970년대는 이처럼 범국가적인 노인권익계몽운동이 상당히 큰 세 력을 형성하면서 노인문제를 중요한 사회적 관심사로 집중시키고 '국립노화연구원 (National Institute on Aging)'과 같은 학술적 연구기관을 조성하는 데에도 기여하였다.

2) 일본

세계 최장수국이자 1970년(노인인구비율 7.1%)에 이미 고령화 사회에 접어든 일본은 일 찍이 노인문제를 의식하고 1963년 노인복지법 제정을 시작으로 대책 마련에 착수하였다. 이 법은 노인복지시설의 설치, 건강진단의 실시, 사회 참가의 장려 등을 구체적 시책으로 포함하고 있으며, 저소득 고령자에 한정되었던 이전의 생활보호법에 비해 소득에 관계없 이 사회적 지원이 필요한 고령자를 대상으로 하는 보다 폭넓은 복지정책의 시도라 할 수 있다. 그 중 노인복지시설에 대해서는 생활보호법에 근거하였던 양로시설이 요양노인 홈 으로 전환되었고 새롭게 특별요양노인 홈과 경비노인 홈이 포함되었다. 요양노인 홈은 경 제적으로 궁핍한 고령자를 대상으로 하는 반면, 특별요양노인 홈은 소득에 상관없이 심신 의 장애가 심해서 개호를 필요로 하고 있지만 재택요양이 곤란한 고령자를 대상으로 한다. 그리고 이 두 시설이 65세 이상을 대상으로 하는 데에 비하여 경비노인 홈은 60세 이상, 일 정 소득 이하의 사람으로 가정환경, 주택사정의 이유로 집에서 생활하기가 곤란한 사람이 대상이며 기본적으로는 입소자가 시설운용비의 전액을 부담한다.

1973년에는 노인의료비 지급제도가 시행되어 70세 이상 노인의료비를 전면 무료화했으 며, 1982년에는 노인보건법 제정으로 노인의 심신 상태에 따라 별도의 진료비를 책정하는 노인병원이 실시되었다. 1986년에는 의료·복지 서비스를 동시에 제공하는 노인복지시설을 도입하였으며, 재택 의료도우미를 35만 명으로 늘리는 골드 플랜 21(Gold Plan 21, 2000-2004)'을 수립했다.

일본은 고령화 대책과 함께 합계출생률 1.57을 기록한 1989년의 이른바 '1.57 쇼크' 이후 본격적인 출산장려정책도 시작하였다. 2003년 '소자화(小子化) 대책 플러스 원' 정책을 도입, 산모의 남편에게도 출산휴가를 주고 자녀가 있는 근로자는 1일 잔업 시간을 1시간 미만으로 제한하도록 기업에 요청하고 있다. 그 밖에 사회의 경제 활력을 유지하기 위하여 고령자의 풍부한 지식과 경험을 살려 사회 각 분야에서 활약할 수 있는 기반을 마련해 주고 있다. 1998년 고령자고용안정법을 제정, 60세 이하로 정년을 정하는 것을 법으로 금지하여 노년 근로자들을 보호하고 있다. 또한 일본 사회의 노령화 진행, 부양의식 등 가정과 사회환경의 변화, 연금제도의 결실에서 오는 구매력 있는 고령자 소비행태에 부응하기 위한 양질의 실버서비스를 제공·보급하고 소비자 보호를 목적으로 하는 실버마트(Silver Mart) 제도가 1989년부터 실시되었다.

일본은 40여 년에 걸쳐 지속적으로 노인 관련 법을 개정하면서 고령화 현상에 단계적으로 대응해 온 것으로 평가된다.

3) 독일

*2004 World Population Data Sheet*에 의하면 독일의 65세 이상 노인은 17%에 달한다. 전체 노인 중 94.5%는 노인 단독 또는 노부부끼리만 생활한다. 노인의 자력으로 일상생활을 하는 데 다소의 어려움이 있더라도 타인의 도움 없이 스스로 독립된 생활을 하는 것을 자랑으로 생각하는 경향이 있다.

노인복지가 본격적으로 이루어진 시기는 노인에게 소득, 재원, 개인 보조의 도움을 주는 연방사회보조법이 제정된 1960년대 이후이다. 이는 노인의 경제적·신체적·정신적·사회적 상황의 질적 향상을 목표로 하여 노인의 경제적 상황의 향상뿐만 아니라 그들이 사회에서 인간다운 생활을 할 수 있도록 각종 서비스를 보장하기 위한 것이다.

독일의 연금제도는 모든 근로자가 의무적으로 가담하는 사회보험 프로그램이 있는데 국민의 81.5%가 노후보장을 위한 각종 공적 여금에 가입되어 있다. 독일의 5대 사회보험 —

연금보험 · 의료보험 · 재해보험 · 실업보험 · 수발보험 ─ 가운데 특히 연금보험과 수발보험(장기요양보험)은 노후보장을 주목적으로 한 것이라 할 수 있다. 독일의 노후소득보장은 공적연금을 중심으로 이루어져 있으며, 공적연금의 체계는 다양한 계층에 대한 각각의 제도를 둠으로써 상당히 복잡한 양상을 띠고 있다. 독일은 전 국민을 적용 대상으로 기초보장을 원칙으로 하는 보편주의와는 달리 기초보장과 소득비례보장을 하나의 제도에 포함하고 있어 선별주의 제도에 입각하고 있다. 이로써 경제활동 계층에 대한 노후보장이 이루어지고 있으며, 경제활동 계층 중에서도 직종 또는 업종에 따라 적용을 달리하는 체계를 구축하고 있다. 그리고 의료보험과 요양보험이 원칙적으로 하나의 조직에 의해서 운영됨으로써 피보험자를 위한 상담, 급여신청, 보험료의 결정, 급여 공급자와의 계약 체결 등을 효과적으로 수행할 수 있다.

독일 연금제도의 특이한 사항은 노인을 위한 보호 기간의 신용제도라 할 수 있는데, 이는 노인에게 1주일에 10시간 이상의 보호 서비스를 제공하는 사람은 연금갹출금을 지불한 것으로 간주함으로써 노인보호의 사회적 참여를 유도하고 있다. 또한 병역의무의 대체 의무로 시민의무제도가 있는데, 이는 노인보호를 위한 노동력을 사회적 차원에서 확보함은 물론 노인을 위한 봉사는 병역의무와 동등한 사회적 의무임을 국민에게 인식시켜 주는 것이기도 하다.

독일의 노인주거 형태는 자립주택형보다는 시설보호 형태가 더 발달하였다. 노인전용 주거시설은 양로원(Altenheim), 노인용 아파트(Altenwohnungen), 수발형 요양원(Altenpflegeheim/ Altenkrankheim) 등 세 가지 유형이 있다. 양로원은 자립이 불가능한 노인에 대해 생활주거를 제공하고 개호하는 형태이며, 노인용 아파트는 자립 가능한 노인을 대상으로 한다. 그리고 수발형 요양원은 신체적 · 정신적으로 노쇠 현상이 심한 노인을 입소시켜 치료 및 일상생활에 필요한 편의를 제공하는 시설이다. 최근에는 이러한 시설들이 인접 부지에 건설되어 혼합된 형태로 운영되는 복합시설(Altenzentrum)이 증가하는 추세이다.

독일은 또한 간호보험제도가 발달되어 있다. 가정 내에서 간호받기를 원하는 노인과 노인을 직접 간호할 수 없는 부양자의 욕구를 동시에 수용하는 제도로서 재가노인(1995년), 시설노인(1996년) 모두에게 적용되고 있다. 간호보험에서 요간호자란 신체적 · 정신적 질병이나 장애를 가진 사람이 정상생활을 영위하기 위해 일상적이고 규칙적인 업무수행능력을 회복하는 데 필요한 기간이 적어도 6개월 이상으로 여겨지는 사람들을 말한다. 간호보험은 공적사회보험과 사적개인보험이 있는데 대부분 책임보험에 가입한 국민의 90% 정도가 공적간호보험에 속해 있고 일부 부유 계층이 좀 더 질 좋은 간호를 받기 위해 개인보험에 들고 있다.

독일은 노인문제 해결을 위한 3대 원칙하에 노인복지정책을 펴나가고 있다. 즉, ① 노인들이 자립하도록 함과 동시에 사회 참여를 극대화하고, ② 수발 또는 간병을 요하는 노인이라 하더라도 가급적 자신이 스스로 문제를 해결할 수 있도록 도와주며, ③ 독일 통일 이후 과거 동·서독 간에 생활수준의 차이를 평준화하여 형평을 유지하도록 하는 것이다.

1990년 독일 통일 이후 동·서독 간의 경제 격차 및 통일 비용으로 인하여 최근 경제성장률은 0% 내외로 추락했으며 실업률도 1990년 6.4%대에서 2002년 11%대로 치솟았다.

연금을 받는 노령층은 늘어나고 젊은 세대는 갈수록 줄어드는 세대 간 부담과 혜택의 균형을 맞추려는 노력의 일환으로 2003년 '어젠다 2010'이 발표되었다. 이는 노령화라는 인구변화에 맞춰 노인복지의 재정부담을 줄이고 젊은이들의 취업률을 높여 연금납세자를 늘리려는 조치로, 그동안의 복지 위주의 분배적 정책에서 균등한 기회의 경제 사회로의 사회개혁정책으로 받아들여진다.

4) 뉴질랜드

뉴질랜드의 65세 이상 노인인구는 2004년 현재 12%에 이르며, 2010년에는 14%를 상회하여 노령화 사회에서 노령사회로 접어들 것이다. 1951~1998년 기간에 노인인구는 2배로 증가하였는데 75세 이상은 3배, 85세 이상은 5배로 증가하여 후기 고령인구의 증가가 현저한 특징을 보이고 있다.

1930년 이후 점진적으로 실시된 '요람에서 무덤까지'라는 이념 아래 밀도 높은 사회보장제도의 실현으로 대부분의 고령자들은 공적연금과 의료보장의 혜택을 받고 있어 비교적 안정된 생활을 누리고 있다. 현행 뉴질랜드 노령연금(New Zealand Superannuation)은 20세부터 그 재원을 조세 부담으로 하고 있지만 20세부터 10년 이상, 또는 50세부터 5년 이상 뉴질랜드에 거주하고 있는 사람이 연금수급 연령에 도달하였을 경우 누구든지 연금수급이 가능하다. 노인들은 노령연금제도에 의해서 생계를 보장받고 있지만 연금수급만으로는 생계가 불가능한 노인들에게는 주택 보조 수당, 거주지 보호 수당, 특별 수요 보조금,

장례비 보조금 등을 추가로 지급하기도 한다.

고령자의 대부분은 단독주택에서 생활하고 있지만 약 20%는 노인전용 아파트에서 생활하고 있으며, 근래에는 성장한 자녀와 동거하는 비율이 낮아지고 노인 단독 또는 노부부끼리만 사는 비율이 증가하는 경향이다. 1998년 현재 뉴질랜드의 65세 이상 노인 가운데 독신으로 단독가구를 형성하는 비율이 30%이고, 부부끼리만이 44%, 부부 이외의 가족 및 친척과 동거하는 경우는 9.8%, 요양시설에서 살고 있는 비율은 약 5%이다. 그리고 요양 시설로는 분류되지 않지만 은퇴자 주거시설(Retirement Village)이 있다. 이는 종전에 살아왔던 주택의 유지가 어려워서, 의료보호를 쉽게 받을 수 있고 동시에 독립성을 유지할 수 있는 새로운 주택으로의 이전을 희망하는 고령자의 욕구에 호응하기 위해 설립된 고령자 보호 주택 시설단지이다. 독립된 주거공간을 확보하면서 24시간 간병, 간호 또는 일상생활상 필요로 하는 지원이나 서비스의 제공을 받는다. 은퇴자 주거시설 중에는 잘 가꾸어진 정원, 식당이나 오락실 등이 완비된 곳도 많다. 고령자가 이 시설로 옮길 경우, 매월 서비스 비용을 부담하는 것이 원칙이나 비용 부담이 어려운 노인은 국가로부터 주택 보조 수당의 혜택을 받기도 한다.

뉴질랜드의 의료보장제도는 의료보험 방식이 아닌 조세 부담에 의해서 전 국민이 무료 또는 실비로 의료 서비스를 받을 수 있게 되어 있다. 1938년 사회보장법이 제정된 후 국민들은 이 제도에 의해서 국공립 병원이나 민간 병원을 막론하고 진료 또는 입원 서비스 비용에 대해서 무료혜택을 받는다. 그러나 1980년대 이후 증대되는 국민의료비를 감축시키는 방안의 일환으로 일정 소득 이상의 국민은 의료비의 일부를 본인 부담으로 전환하여 국공립 병원 이용 시 약간의 혜택만 부여하고 민간 병원은 전액 자부담으로 하였다. 그러나 일정 소득 이하의 국민에게는 의료보호카드(Community Card)를 발부, 거의 무료나 다름없는 혜택을 받을 수 있다. 또한 만성 질환으로 수진 횟수가 많은 환자에게는 특별 치료를 받을 수 있는 카드(High Needs Health Card)가 발급된다.

노인의 간병보호로서 시설보호 외 재가보호의 필요성이 증대됨에 따라 1973년에는 가정지원급부제도가 마련되어 가정에서 간병보호에 임하고 있는 가족에게까지 국가가 수고비를 지급하고 있다. 또한 입원해야 할 만한 질병이나 장애가 있는 노인을 가족 중 한 명이 재가 개호하는 일로 취업을 못할 경우 그 보호자에게 국가가 보호수당을 지급한다.

이와 같이 나라마다 나름대로의 노인을 위한 복지정책을 수립 내지 실시하고 있으나 활동력을 상실한 노인은 결국 사회적 부담이 되는 것이 분명한 사실이다. 선진국도 최근에는 국가의 재정적 지원 부족으로 압박을 받고 있으며, 따라서 노인들도 빈부차에 의한 차별은 어느 정도 감수할 수밖에 없는 상황에 처해 있다. 더구나 후진국이나 개도국에서의 노인복지는 요원할 뿐이다. 그러나 모든 사람은 인간다운 인간으로서의 노인이 될 자격이 있으며, 그것이 곧 인간의 기본권임은 명명백백한 사실이자 진리이다.

〈참고 문헌〉

고승제(1973), 『한국이민사연구』, 장문각, 58-59, 233.

구자건 외 12인(1996), 『생태계 위기와 한국의 환경문제』, 도서출판 따님, 82.

국립소록도병원(2003), 『호주 · 뉴질랜드 노인복지시설방문 귀국보고서』, 5-8.

국민복지기획단(1995), 『「삶의 질」 세계화를 위한 국민복지의 기본구상』, 국민복지기획단, 131.

권태환 · 김두섭(2002), 『인구의 이해』, 서울대학교 출판부.

권혁재(2003), 『한국지리-우리 국토의 자연과 인문』, 법문사, 434-436.

기광서(2001), "구소련 한인의 민족정체성 상실과 회복 : 역사와 현재", 『재외한인연구』, 제10호, 142.

김경란(1998), "한국 고등학교 지리교과서에 반영된 인구교육의 분석", 전남대학교 교육대학원 석사
    학위논문.

김두섭 · 박상태 · 은기수 편(2002), 『한국의 인구 1』, 통계청, 122.

김두섭 · 박상태 · 은기수 편(2002), 『한국의 인구 2』, 통계청, 416.

김민경(2000), 『인구센서스의 이해』, 서울, 글로벌, 2-13, 27-35, 98-100, 127-128.

김용화(2003), "고령자 취업의 활성화방안에 관한 연구", 대전대학교 석사학위논문.

김진수(2001), "독일의 노후소득보장정책과 관련법", 『주요선진국의 노인소득보장정책』, 한국노인문
    제연구소, 노인복지정책연구총서 2001-01, 113.

김태현(2002), "고령화 사회의 노인과 생활환경", 『생활과학논집』, 6-1, 117-123.

대한간호협회회원복지팀(2004), "간호사 해외취업의 역사", 『대한간호』, 230호(2004, 7·8월).

독고순(1987), "사회주의 인구문제 논쟁과 중공의 인구정책에 관한 연구", 연세대학교 사회학과 석사
    학위논문, 82-83.

동서문화(1991), 『세계대백과사전』, 4, 1922-1923.

동서문화(1992), 『세계대백과사전』, 22, 12847.

류황건(1998), "미국의 노인복지제도와 지역정부의 정책사례 고찰", 『보건과학연구소보』, 제8권 제1
    호, 고신대학교 보건과학연구소, 41-42.

문남철(2004), "북한이탈주민의 이주요인과 이주패턴 및 이주경로-재외거주공간정책의 필요성",
    『지리학연구』, 제38권 제4호, 500, 509.

박규상(1977), 『인구문제와 인구정책』, 한얼문고, 61-83.

박규상 · 현문길 · 박재영 · 박일규(1985), 『인구론』, 박영사.

박미영(2003), "고령화 사회를 대비한 실버산업 발전방안", 명지대학교 사회복지대학원 석사학위논
    문, 11-12.

박상태(1996), "동아시아의 인구와 인구정책", 『동아연구』, 제31집, 105.

박성호(1980), "인구와 취락", 건설부 국립지리원, 『한국지지-총론』, 467-468.

박종면(2002), "간호사 파독의 배경과 전개", 『대한간호』, 41권 3호(2002), 대한간호협회, 8-9.

박진도 역(1997), 『식량대란-실태와 극복방안』(Lester R. Brown, 1996, *TOUGH CHOICES, Facing
    the Challenge of Food Scarcity*), 한송, 158-161.

범공균(2004), "고령화시대의 실버산업 육성방안에 관한 연구", 조선대학교 정책대학원 석사학위논
    문, 14-18.

보건복지부(2000), 『2000 보건복지백서』, 서울, 139-140, 173.

삼성경제연구소 · 삼우설계(1992), 『실버산업의 현황과 전망』.

설동훈(1993), "인구와 노동력(제5장)", 장경섭 편, 『현대중국사회의 이해』, 사회문화연구소, 162.

손명세(2000), "장기이식의 법률적 문제", 『대한병원협회지』, Vol. 1, No. 3, 78-79.

송병락(1979), 『한국의 국토 · 도시 · 환경 - 문제와 대책』, 한국개발연구원, 31-32.

신현국 · 김낙주(1996), 『환경과학총론』, 동아기술, 218-220.

심혜숙(1992), "중국조선족 유입과 분포", 『북한학보』, 제16집, 149-177.

안홍순(1999), "독일의 고령화와 사회요양보험의 과제", 『고령화 사회와 노인복지』, 권 4-1호, 333.

오영근(1998), "장기수급의 형법적 문제점-장기 등 이식에 관한 법률안을 중심으로", 장기이식에 대한 심포지엄.

외교통상부(2002), 재외동포재단 내부자료외무부(1993), 『해외동포현황』.

외교통상부(2004), 『세계각국편람』.

유공순(1998), "독일노인복지서비스 현황과 문제점", 『노인복지연구』, 제1권 2호, 한국노인복지학회, 307-329.

유성호 · 모선희 · 김형수 · 윤경아(2000), 『노인복지론』, 아시아미디어리서치.

유수정(2004), "연해주에 대한 이해", 『러시아 한인이주 140주년 기념관 건립자료집』, 90.

유충걸 · 심혜숙(1993), 『백두산과 연변조선족 - 지리학적연구』, 215.

윤여송(1984), "우리나라 가족계획사업 추진현황", 『인구문제논집』, 제25호, 인구문제연구소, 6-7.

이가옥 · 이현송 · 김정석 · 이미진(2000), "노년기 삶의 질 : 개념 및 지표구성", 『노년기 삶의 질 : 지표개발과 평가』, 세계 노인의 날 기념 제6회 학술세미나 논문집, 3-43.

이경재(1995), "심어논 나무 전부 어디 갔나", 『환경운동』(1995, 4월호), 환경운동연합, 75.

이광규(1998), 『러시아 연해주의 한인사회』, 49, 112.

이문웅(1996), 『세계의 한민족(일본)』, 세계한민족총서 4, 통일원, 65-68.

이병곤 · 김일곤 · 전영권(1994), 『지구환경문제와 보전대책』, 법문사, 75, 81-84, 93.

이상돈 역(1999), 『에코스캠』(Ronald Bailey, 1993, *ECO-SCAM, The False Prophet of Ecological Apocalypse*), 이진출판사, 30.

이순 · 이화영 · 정재구 · 장영식(1992), 『인구분석』, 자유아카데미.

이승환 역(1993), 『지구환경과 세계경제』(Lester R. Brown, et al., 1992, *VITAL SIGNS 1992*, Worldwatch Institute), 도서출판 따님, 42-45.

이아령(2000), "현대중국의 인구정책- '한 자녀 낳기' 인구정책을 중심으로", 서울여자대학교 사학과 석사학위논문, 19-24.

이우영(2003), 『북한 이탈주민의 지역사회정착』, 통일연구원, 1.

이인수(2001), 『노인복지론』, 양서원, 22-27, 106, 135-136.

이인수 · 김미주 · 신은영(2004), 『21세기 국내외 노인복지와 실버산업』, 대왕사.

이인희(1986), "8.15와 6.25를 전후한 북한출신피난민의 월남이동에 관한 연구", 서울대 석사학위논문.

이전(2001), 『미국에 살고 있는 한인』, 도서출판 한울, 61-63, 74.

이홍탁(1994), 『인구학-이론과 실제』, 법문사, 75-76, 94-95.

이희연(2003), 『인구학-인구의 지리학적 이해』, 법문사.

인구문세언구소(1972), 『1970년 인구센서스 결과에 입각한 우리나라 인구구조의 분석과 예측에 관한 조사연구』.

인구와 미래연구회(1986), 『인구와 미래-인구문제의 제영역』, 을유문화사.

장경섭 편(1993), 『현대중국사회의 이해』, 세종문화연구소, 221(부표 5-2).

장묘문화개선교육연구팀(광양제철고등학교, 1999), 『우리의 장묘문화와 개선방향』.

장인협 · 이혜경 · 오정애(2000), 『사회복지학』, 서울대학교 출판부, 270-276.

장인협 · 최성재(1987), 『노인복지학』, 서울대학교 출판부.

전경수(1996), 『세계의 한민족(중남미)』, 세계한민족총서 6, 통일원, 45-73.

전광희(1992), "일본사회의 고령화 문제-도전과 과제", 『동국사회연구』, vol. 1, 81.

정광민(2005), 『북한기근의 정치경제학』, 시대정신.

정성호(1998), "해외 한인의 지역별 특성", 『한국인구학(한국인구학회지)』, 제21권 제1호, 107-112.

정신철(1999), 『중국 조선족사회의 변천과 전망』, 심양, 료녕민족출판사, 5-6.

정차근 · 김덕환 역(2003), 『중국의 어제와 오늘』(王順洪 편, 1993, 『中國槪況』), 평민사, 97-100.

정해본(2002), "간호사 파독이 세계화와 경제적 측면에 끼친 영향", 『대한간호』, 41권 3호

정현주(2004), "한국 실버산업 활성화방안에 관한 연구", 대전대학교 경영행정 · 사회복지대학원 석
    사학위논문, 4-5.

조성남(2004), 『에이지붐 시대』, 이화여자대학교 출판부.

조성희(1982), "우리나라 인구의 국제적 이동의 지역적 패턴에 관한 연구", 『지리학연구』, 제7집,
    143.

조혜종(1983), "전남 인구집중의 이동에 관한 연구 : 1960~1980", 『지리학』(대한지리학회), 27호,
    72-90.

조혜종(1983), "Lorenz곡선의 집중지수에 의한 전남인구 집중도 측정과 분석", 『지역개발연구』(전남
    대학교), 7-14.

조혜종(1984), "강원, 충북, 전남의 인구분포 비교", 『지역개발논문집』(경희대 국토개발연구소), 12
    집, 25.

조혜종(1993), "광주 중심의 인구이동 특성에 관한 연구", 『지리학』(대한지리학회), 28-1, 40-41.

조혜종(1993), 『인구지리학개론』, 명보출판사, 162.

조혜종(2001), "인구변화 및 노년인구에 관한 한국과 일본의 비교연구", 『대한지리학회지』, 36권 4호
    (2001).

조화룡 외 7인(2003), 『고등학교 한국지리』, 금성출판사, 139.

진단학회(1961), 『한국사』, 중세편, 335-336.

최봉윤(1983), 『미국 속의 한국인』, 종로서적, 75.

최인현 · 박재수(1969), 『1966 특별인구조사결과 및 개요』, 서울대학교 인구및발전문제연구소.

최진욱 · 박영호 · 배정호 · 신상진 · 이애리아(2004), 『동북아 한민족사회의 역사적 형성과정 및 실
    태』, 통일연구원, 58-61, 95-116.

최진호(1986), "인구분산 및 이동의 특성과 전망", 『한국인구학회지』, 제9권 제1호, 32-35.

최창래 · 진통하 · 주성화(1989), "연변인구여계획생육간론(沿邊人口與計劃生育簡論)", 수희림(隋喜
    林) 외, 『발전중적연변(發展中的沿邊)』, 연길(延吉), 연변인민출판사, 771.

통계청(1990, 2004), 『인구이동통계연보』.

통계청(1992, 2002), 『한국의 사회지표』.

통계청(1996, 2002), 『한국의 사회지표』.

통계청(1998), 『1997년 인구이동특별조사 보고서』.

통계청(1998), 『통계로 본 대한민국 50년의 경제사회상 변화』, 85.

통계청(2001), 『장래인구추계』.

통계청(2003), 『2003 고령자 통계』.

통계청(2004), 『2002년 생명표』.

통계청(2004), 『2003 인구동태통계』.

통계청(2004), 『2003년 기준 주민등록 인구통계』.

통계청(2005), 『1970년 이후 혼인·이혼의 주요특성변동추이』.

통계청(2005), 『2004 사망원인통계』.

통계청(2005), 『세계 및 한국의 인구현황』.

통계청(2005), 『장래인구특별추계』.

통일원(1991), 『남북한 사회·문화지표』.

한국관개배수위원회·농어촌진흥공사(1997), 『물(水) 2000년, 담수호의 효율적인 관리와 수계 환경』
    (제5회 '세계물의날' 국제심포지엄), 의왕, 농어촌진흥공사, 176.

한국교육개발원(1977), 『인구분석』, 28-31.

한국노인문제연구소(1996), 『외국의 노인복지정책』, 동인, 150.

한국여성개발원(1996), 『노인보호서비스 개발을 위한 연구 : 영국과 미국의 사례를 중심으로』, 서울,
    한국여성개발원.

한국인구보건연구원(1985), 『1985년 출산력 및 가족보건실태조사』, 한국인구보건연구원.

한군자 외 14인(2002), 『한국사회문제』, 한국방송통신대학교 출판부, 331-334.

한상복·권태환(1986), 『경제인구학』, 서울대학교출판부, 142-157.

한상복·권태환(1993), 『중국연변의 조선족 – 사회의 구조와 변화』, 서울대학교 출판부, 25-26.

한주성(1999), 『인구지리학』, 한울아카데미.

홍봉선(1999), "재가노인복지의 사회적 의의와 발달", 박광순 외 10인 편(1999), 『고령자사회와 노인
    복지』, 세종출판사, 121-122.

홍순완·이문종·임한수·박찬석·황만익(1988), 『인구와 자원』, 한국방송통신대학 출판부, 108.

홍옥희·김승욱 역(2003), 『회의적 환경주의자』(Bjørn Lomborg, 2001, *The Skeptical Environ-
    mentalist*, Cambridge Univ. Press), 에코리브르, 175-190, 283-287.

환경과학교재연구회 역(2003), 『환경과학-지구보존』(Tyler Miller, Jr, 2000, *Sustaining the Earth*,
    4th ed.), 광림사, 104.

황만익 외(2003), 『고등학교 한국지리』, 지학사, 137.

황성철(1999), "미국의 노인문제와 노인복지정책", 『고령화 사회와 노인복지』, 제4권 제1호, 313.

金哲(1965), 『韓國の人口と経済』, 28, 35-39.

金哲(1965), 『韓国の人口と経済』, 岩波書店, 6-8.

大友 篤(1997), 『地域分析入門』, 東洋経済新報社, 64-65.

朴在一(1957), 『在日朝鮮人に関する綜合調査研究』, 新紀元社.

山口喜一(1990), 『人口と社會 − 理論・歴史・現状』, 東洋経済新報社, 17−21.

山藤 泰 역(1997), 『地球データブック, 1997~98』, ワールドウォッチ研究所 *VITAL SIGNS 1997*, 33.

善生永助(1925), 『朝鮮の人口研究』, 朝鮮印刷株式会社, 9−14.

町村自治研究会・町村研究フォーラム(1989), 『高齢化社会と町村自治−「朗年社会」をめざして』, 東京, 千里, 15.

朝鮮總督府(1927), 『朝鮮の人口現象』, 調査資料, 第22輯, 2.

趙弼済(1961), "韓国の人口統計 − 李朝時代以前", 『統計情報』(1961), 6,7月号,(経済企劃院統計局).

重定南奈子・瀬野裕美・高須夫悟 역(1998), 『新人口論, 生態学的アプローチ』(Joel E. Cohen, 1995, *How Many People Can the Earth Support?*), 515−526.

嵯峨座晴夫(1997), 『人口高齢化と高齢者』, 大蔵省印刷局, 東京, 4.

環境庁(1997), 『環境白書, 東京都』, 大蔵省印刷局, 57.

黑田俊夫・大淵寛(1990), 『現代の人口問題』, 東京, 大明堂, 36.

総務庁(2000), 『高齢社会白書』, 大蔵省印刷局, 9−10.

総務庁統計局(1997), 『我か国人口の概観』, 東京, 日本統計協会, 7.

광주드림, 2004. 10. 4.

국민일보, 2005. 3. 14.

대한일보, 2004. 9. 7.

동아일보, 2004. 10. 2/ 2004. 10. 4/ 2005. 1. 3/ 2005. 1. 19/ 2005. 3. 22/2005. 4. 28/ 2005. 9. 29/ 2005. 10. 31.

병원신문, 2003. 10. 6.

사회복지신문, 1999. 8. 16.

연합뉴스, 2004. 12. 22/ 2005. 10. 20.

조선일보, 1997. 9. 27/ 2002. 7. 9/ 2003. 7. 26/ 2003. 8. 6/ 2003. 10. 21/ 2004. 10. 2/ 2005. 1. 20/ 2005. 1. 24/ 2005. 1. 25/ 2005. 2. 17/ 2005. 3. 5/ 2005. 3. 21/ 2005. 6. 22/ 2005. 9. 5/ 2005. 11. 9.

중앙일보, 2005. 10. 21.

한겨레, 2003. 9. 23/ 2005. 11. 9.

KBS 밤 9시 news, 2005. 8. 28/ 2005. 11. 7.

Abrahamson, D. E.(Ed.)(1989), *The Challenge of Global Warming*, Covelo(CA), Isl and Press.

Berelson, B.(1971), "population policy : personal Notes", *Population Studies : A Journal of Demography*, vol. 25−No 2, 173−182.

Berry, Brian J. L.(1980), "Urbanization and Counterurbanization in the United States", *Annals of the American Academy of Political and Social Science*, 451, 13−20.

Binstock, R. H. and Shanas, E.(Eds.)(1985), *Handbook of Aging and the Social Sciences*, 2nd ed., New york, Van Nostrand Reinhold.

Blaikie, P. and Brookfield, H.(1987), *Land Degradation and Society*, London, Methuen, 12.

Borders, William(1976), "Mrs Gandhi Confirms Some Died in Protests over Sterilization Drive", New York Times, October 28, 1976.

Boserup, E.(1981), *Population and Technological Change*, University of Chicago Press.

Brown, L. A. and Moore, E. G.(1970), "The Intra-urban migration process : perspective", *Geografiska Annaler*, 52B, 1-13.

Brown, Lester R. and Kane, Hal(1994), *FULL HOUSE, Reassessing the Earth' Population Carrying Capacity*, W. W. Norton & Company, 38-48.

CIA(2000), *World fact book*.

Clarke, John I.(1972), *Population Geography*, 2nd ed., Pergamon Press.

Claus, Vollers(2002), "간호사 파독이 정치 · 외교적 측면에 끼친 영향", 「대한간호」, 41권 3호(2002), 10-11.

Coale, Ansley and Zelnik, M.(1963), *New Estimates of Fertility and Population in the United States*, Princeton(N.J.), Princeton University Press.

Coale, Ansley J.(1964), "How a population ages or grows younger", in R. Freedman(Ed.), *Population : The Vital Revolution Garden City*, New York, Anchor Books, Doubleday and Co.

Cohen Joel E.(1995), *How Many People Can the Earth Support*, New York, W. W. Norton & Co., 299-300.

Coupe, R. T. and Morgan, B. S.(1981), "Towards a Fuller Understanding of Residential Mobility- A Case Study of Northampton England", *Environment and Planning*, A. 13, 201-215.

Cowgill, D. and Holmes, L.(1972), *Aging and Modernization*, New York, Appleton-Century-Crofts.

Crook, Nigel(1997), *Principles of Population and Development*, Oxford University Press.

Cumming, E. and Henry, W. E.(1961), *Growing Old : The Process of Disengagement*, New York, Basic Book.

Daugerty, Helen G. and Kammereyer, Kenneth C. W.(1995), *An Introduction to Population*, 2nd ed., The Guilford Press.

Davis, K.(1955), "Malthus and The Theory of population", in Lazarsfeld, P. F. and Rosenberg, M., Ed., *The Language of Social Research,* Glencoe(Ⅲ), Free.

Davis, Kingsley(1963), "The Theory of Change and Response in Modern Demographic History", *Population Index*, 29, 345-366.

Deevey, E. S.(1960), "The Human Population", *Scientific American*, Vol. 203.

Demeny, P.(1974), "Population Policy : The Role of National Governments", *The First Regional Population Conference, United Nations Economic Commission for Western Asia*, Beirut Lebanon 18. Feb.-1. March.

Demko, George J., Rose, Harold M., and Schnell, George A.(1970), *Population Geography : A Reader*, Mcgraw-Hill, 298-306.

Dowd, J. J.(1975), "Aging as Exchange : A Preface to Theory", *Journal of Gerontology*, Vol. 30.

Duncan, O. D.(1957-1958), "The Measurement of Population Distribution", *Population Studies*, 11, 27-45.

Ehrlich, Paul and Ehrlich, Anne(1990), *The Population Explosion*, New York, Simon & Schuster.

Finkle, Jason L. and Crane, Barbara R.(1975), "The Politics of Bucharest : Population

Development and the New International Economic Order", *Population and Development Review*, 1(1), 87-114.

Freedman, R., Coombs, L., Chang, M. and Sun, T.H.(1974), "Trends in Fertility, Family Size Preference and Practices of Family Planning : Taiwan, 1965-1973", *Studies in Family Planning*, 5. 9(Sept.), 270-288.

Getis, Arthur, Getis Judith and Fellmann, Jerome D.(1996), *Introduction to Geography*, Dubuque(Iowa), WCB.

Gibbs, Jack P.(1963), "The Evolution of Population Concentration", *Economic Geography*, 39, 119-129.

Gleick, Peter H.(Ed.)(1993), *Water in Crisis : A guide to the world's fresh water resources*, Oxford University Press.

Hardaway, Robert M.(1994), *Population, Law, and the Environment*, Praeger, Westport(CT), 18.

Havighurst, R.J. and Albrecht, R.(1953), *Older People*, New York, Longmans, Green & Co.

Homans, G. C.(1961), *Social Behavior : Its Elementary Forms*, New York, Harcourt Brace Javanovich.

House, J. W. and Knight, E. M.(1965), *Migrants of North East England 1951-61 : Character, Age, and Sex*, University of Newcastle-upon-Tyne, Dep, of Geography, Papers on Migration and Mobility, 2.

Hutchinson, Edward P.(1981), *Legislative History of American Immigration Policy, 1798-1865*, Philadelphia, University of Pennsylvania Press, 48.

James, W. H.(1966), "The Effect of Altitude on Fertility in Andean Countries", *Population Studies*, 20, 97-101.

Johnson, B.(1991), *Responding to Tropical Deforestation*, Washington, D.C., WWF.

Jones, Huw R.(1981), *A Population Geography*, Harper & Row, 218-221.

Kahn, A. J. & Kammerman, S. B.(1979), *Social Policy & Social Services*, 2nd ed., New York, Random House.

Kitagawa, E. and Hauser, P.(1973), *Differential Mortality in the United States : A Study in Socioeconomic Epidemiology*, Cambridge, Harvard University Press.

Knox, Paul L. and Marston, Sallie A.(2004), *Places and Regions in Global Context, Human Geography*, 3rd ed., Pearson Education.

Kwon, Tai-Hwan(1990), "The Trends and Patterns of Urbanward Migration in Korea, 1960~1985" in, Bui Dang Ha Doan(Ed.), *Urbanization Geographical and Distribution of Population*, Social Survey Research center, Pusan National University and Committee for International Cooperation in National Research in Demography, 156-157, 171.

Lee, Everett, S.(1966), "A Theory of Migration", *Demography*, 3, 47-57.

LeMay, Michael C.(1987), *From Open Door to Dutch Door : An Analysis of U.S. Immigration Policy since 1820*, New York, Praeger, 67.

Lemon, B. W., Bengtson, V. L. and Peterson, J. A.(1972), "An Exploration of the Activity Theory of Aging : Activity Types and Life Satisfaction among In-Movers to a Retirement Community", *Journal of Gerontology*, 27, 511-523.

Lewin, Kurt(1951), *Field Theory in Social Science*, New York, Harper & Row

Lewis, G. J.(1982), *Human Migration*, St. Martin's Press, 84, 134.

Malthus, Thomas R.(1830). "A Summary View of the Principle of Population" in *Population Geography : A Reader Demko,* George J. et al., 1970, McGrow-Hill, 44–71.

Marsh, William M. and Grossa, John, Jr.(2005), *Environmental Geography- Science, Land Use, and Earth Systems,* 3rd ed., John Wiley & Sons, 211.

Mather, A. S.(1990), *Global Forest Resources,* London, Belhaven.

Melendy, H. Brett(1977), *Asians in America : Filipinos, Koreans, and East Indians,* Boston, Twayne Publishers(A Division of G. K. Hall & Co.), 126.

Merrick, Thomas W.(1986), "World Population in Transition", *Population Bulletin*(April), 4–19.

Moffett, George D.(1994), *Critical Masses : The Global Population Change,* New York, Viking, 100, 124–132.

Mudd, S.(Ed.)(1964), *The Population Crisis and the Use of World Resources,* The Hague, Dr. W. Junk.

Myers, Norman(1984), *The Primary Source : Tropical Forests and our Future Earth,* New York, W. W. Norton & Company.

National Academy of Science(1973), *In Search of Population Policy,* Washington, D.C., National Academy of Science.

Neurath, Paul(1994), *FROM MALTHUS TO THE CLUB OF ROME AND BACK- Problems of Limits to Growth, Population Control, and Migrations,* M. E. Sharpe, 160–162, 191--192.

Newman, James L. and Matzke, Gorden E.(1984), *POPULATION - Patterns, Dynamics, and Prospects,* Prentice-Hall, Englewood Cliffs(New Jersey).

OECD(2005), *OECD Health Data 2005.*

Ogden, Philip(1984), *Migration and Geographical Change,* Cambridge University Press, 13, 17–27, 38, 52.

Overbeek, J.(1982), *Population : An Introduction,* New York, Harcourt Brace Jovanovich, 38.

Pacione, Michael(2001), *Urban Geography,* Routledge, 22.

Pampel, Fred C.(2000), 노년불평등과 복지정책, 나눔의 집, 38.

Paul, Tabori(1972), *The Anatomy of Exile,* 729.

Peters, Gary L. and Larkin, Robert P.(1989), *Population Geography,* 3rd ed., Dubuque(Iowa), Kendall/Hunt.

Peterson, William(1975), *Population,* New York, MacMillan, 39.

Pickles, A. and Davies, R.(1985), "Longitudinal Analysis of Housing Careers", *Journal of Regional Science,* 25, 85–101.

Population Concern(1991), *Population Concern : Working for Change 1981-1991,* London, Population Concern, 5.

Population Reference Bureau(1994), *World Population Data Sheet.*

Repetto, R. and Gills, M.(Eds.)(1988), *Public Policies and the Misuse of Forest Resources,* Cambridge University Press, 4–6.

Retherford, Robert D., Naohiro Ogawa, and Satomi Sakamoto(1996), "Values and Fertility Change in Japan", *Population Studies,* 50, 5.

Richmond, A. H.(1969), "Sociology of migration in industrial and post-industrial societies", in Jackson, J. A.(Ed.)(1969), *Migration, Sociological Studies 2,* Cambridge University Press, 238–281.

Riley, M. W.(1980), "Social Gerontology and the Age Stratification of Society", in Quadagno, J. S.(Eds.), *Aging, the Individual and Society*, New York, St. Martin's Press, 87−102.

Rogers Peter P.(1985), "Fresh Water" in Repetto Robert Ed., *The Global Possible : Resources, development, and the new century*, New Haven, Yale University Press, 255−298.

Rose, A. M.(1965), "The Subculture of the Aging : A Framework in Social Gerontology", in A.M. Rose and W.A. Peterson,(Eds.), *Older People and Their Social World*, Philadelphia, F. A. Davis, 3−16.

Rosow, I.(1974), *Socialization to Old Age*, Berkeley(CA), University of California Press.

Rossi, Peter H.(1955), *Why Families Move : A Study in the Social Psychology of Residential Mobility*, The Free Press of Glencoe(Illinois).

Rowntree, Les, Lewis, M., Price, M. and Wyckoff, W.(2005), *Globalization and Diversity*, Pearson & Prentice Hall,(New Jersey).

Samuel, T.(1966), "The development of India's policy of population control", *Milbank Memorial Fund Quarterly*, 44, 49−67.

Schmink, Marianne(1994), "The Socioeconomic Matrix of Deforestation" in Arizpe Lourdes et al. (Eds.), *Population and Environment-Rethinking the Debate*, Westview Press, 254−255.

Schnell, George A. and Monmonier, Mark S.(1983), *The Study of Population- Elements · Patterns · Process*, Bell & Howell, 236−237.

Schultz, T. W.(1962), "Reflections on Investment in Man", *Journal of Political Economy*, Vol. 70, Supplement(October), 1−8.

Shelley, Fred M. and Clarke, Audrey E.(1994), *Human and Cultural Geography*, 88-89.

Singh, Kuldip, Fong, Yoke Fai, and Ratnam, S. S.(1991), "A Reversal of Fertility Trends in Singapore", *Journal of Biosocial Science*, 23, 73−78.

Sjaastad, L. A.(1962), "The Costs and Returns of Human Migration", *Journal of Political Economy*, Vol. 70, Supplement(October), 80−93.

Sloggett, Gorden and Dickason, Clifford(1986), *Ground-Water Mining in the United States*, Washigton, D.C., USDA, ERS.

Speare, Alden Jr., Speare, M. C. and Lin, Hui-Sheng(1973), "Urbanization, Non-Familial Work, Education and Fertility in Taiwan", *Population Studies*, 27. 2(July), 323−334.

Speare, Jr., A.(1970), "Home Ownership, life cycle stage, and residential mobility", *Demography*, 7, 449−458.

The Population Reference Bureau(2005), *2005 World Population Data Sheet*.

Thomlinson, Ralph(1976), *Population Dynamics Cause and Consequences of World Demographic Change*, 2nd ed., New York, Random House.

Trewartha, G. T. and Zelinsky, W.(1955), "Population Distribution and Change in Korea", *Geographical Review*, vol. 45, 25.

U. N. Development Programme(UNDP)(1993), *Human Development Report 1993*, New York, Oxford University Press.

U. N. FAO(1982), "Tropical Forest Resources", *Forestry Paper*, 30, Rome, 1982.

U. N. Population Division(2002), *World Population Prospects : The 2002 Revision*.

U. S. Bureau of the Census(1990), "Fertility of American Women : June 1990", *Current Population Reports*, Series P-20, no 454, U. S. Government Printing Office.

U. S. Immigration and Naturalization Service(1993), *Statistical Yearbook of Immigration and Naturalization Service*, 1992.

UN(2005), *World Population Prospects*, The 2004 Revision.

UNAIDS and WHO(2004), 『세계 에이즈현황 보고서』.

United Nations(1958), *Handbook of Population Census Methods*, New York, Statistical Office of the United Nations.

United Nations(2003), *World Population Prospects*, The 2002 Revision Population on Database.

Weeks, John R.(1994), *Population-An Introduction to Concepts and Issues*, 5th ed., Belmont(CA), ITP.

Weeks, John R.(2002), *Population-An Introduction to Concepts and Issues*, 8th ed., Belmont(CA.).

Williams, M.(1990), "Forest" in B. L. Turner et al.(Eds.), *The Earth as Transformed by Human Action, Global and Regional Changes in the Biosphere over the Past 300 Years*, Cambridge University Press, 180, 189–190.

Wilson, Christopher (Ed.)(1985), *The Dictionary of Demography*, Basil Blackwell, 177.

Wolpert, Julian(1965), "Behavioral Aspects of the Decision to Migrate", *Papers and proceedings of the Regional Science Association*, 15, 159–169.

Wolpert, Julian(1966), "Migration as an Adjustment to Environmental Stress", *Journal of Social Issues*, 22, 92–102.

Woods, Robert(1979), *Population analysis in geography*, London, Longman Group, 207.

http://healthguide.kihasa.re.kr

http://news.media.daum.net/foreign/200210/13/yonhap/v3170245.html

http://nursestudycom.ne.kr/

http://webzine.koreanurse.or.kr

http://www.bast.de/htdocs/fachthemen/irtad

http://www.hani.co.kr

http://www.pndkorea.org

http://www.stat.fi/tup/maanum/05

http://www.unikorea.go.kr